臺灣歷史與文化 研究輯刊

六 編

第 17 冊

從歐洲到臺灣：
道明會玫瑰省臺灣傳教研究

楊嘉欽 著

花木蘭文化出版社

國家圖書館出版品預行編目資料

從歐洲到臺灣：道明會玫瑰省臺灣傳教研究／楊嘉欽 著 -- 初
版 -- 新北市：花木蘭文化出版社，2014〔民 103〕
目 4+270 面；19×26 公分
（臺灣歷史與文化研究輯刊 六編：第 17 冊）
ISBN 978-986-322-960-5（精裝）
1.道明會 2.天主教 3.傳教史 4.臺灣
733.08   103015092

ISBN-978-986-322-960-5

臺灣歷史與文化研究輯刊
六　編　第十七冊　　　　　　　　ISBN：978-986-322-960-5

從歐洲到臺灣：
道明會玫瑰省臺灣傳教研究

作　　者　楊嘉欽
總 編 輯　杜潔祥
副總編輯　楊嘉樂
編　　輯　許郁翎
出　　版　花木蘭文化出版社
社　　長　高小娟
聯絡地址　235 新北市中和區中安街七二號十三樓
　　　　　電話：02-2923-1455／傳真：02-2923-1452
網　　址　http://www.huamulan.tw 信箱 hml810518@gmail.com
印　　刷　普羅文化出版廣告事業
初　　版　2014 年 9 月
定　　價　六編 21 冊（精裝）新台幣 42,000 元

從歐洲到臺灣：
道明會玫瑰省臺灣傳教研究

楊嘉欽　著

作者簡介

楊嘉欽

高雄市人，第五代天主教徒

成功大學歷史系碩士、博士

現任高雄市天主教道明高級中學教師

著有《高雄前金天主教聚落研究》、〈成功大學歷史所碩論，1998 年 6 月〉、〈萬金社區的天主教信仰〉（1997 年）、〈日治時期台灣總督府對天主教之政策與態度〉（2008 年）、〈道明會玫瑰省戴剛德神父在臺傳教紀略〉（2012 年）、〈2012 年高雄市玫瑰天主堂「復活節三日慶節」禮紀實〉（2013 年）等論文。

提　要

修會是天主教會中的特殊團體，基督教學者特爾慈將修會視為教會內的小派，由於教會組織的發展是教會世俗化的呈現，而修會則是訴諸回到純粹的宗教生活，與世俗化的教會組織處於對立的地位，惟其仍願意接受教會體制、教義與領導，由於修會訴求純粹的宗教生活，修會發展特有的修道與生活方式，也進而帶領教會內部的革新，十三世紀成立的道明會就有如此的特色。

本文以道明會作為主要研究對象，乃因該修會自十六世紀隨著西班牙的海外擴張，前往墨西哥、菲律賓傳教，並成立專責中日兩地傳教的玫瑰省。十七世紀西班牙曾短暫占領台灣北部作為前往中國、日本貿易與傳教的前進基地。因此本文敘述道明會由歐洲前往中南美洲、菲律賓、中國福建、十七世紀臺灣北部的傳教歷程，並討論其傳教方式及所遭遇的困難。

十九世紀道明會玫瑰省正式在臺灣奠定基礎後，隨著臺灣政權的轉變，道明會士在臺灣的傳教也有不同的變化。文中敘述道明會玫瑰省在臺灣由清朝時期仇外仇教氣氛的奠基，經歷日治時期穩健進步到戰後 1950 ～ 60 年代諸修會共同傳教突飛猛進的傳教發展。其中並討論日治時期日本政府對天主教之態度與戰時體制下如何控制天主教，要求其協力日本政府的對外侵略，最後則討論道明會玫瑰省在臺灣的現況與困境。

道明會玫瑰省在臺灣的傳教，可以視為墨西哥、菲律賓、中國三地傳教的結合體，其中以菲律賓傳教模式的複製最為明顯，表現在傳教對象、傳教方式、本土傳教人員的培育、禮儀問題、天主教聚落、教育與社會救護事業等方面。因菲律賓華人與臺灣漢人皆屬移民，雖臺灣當時已步入定居社會，但傳統束縛仍弱，傳教發展較不似中國福建的情況；另臺灣也有平埔族、高山族等原住民，道明會士的傳教方式亦是複製自對菲律賓土著的傳教。

道明會玫瑰省與政治總是保持距離，無太頻繁的接觸或抵抗，也將臺灣視為前往中國傳教的前哨。今日道明會玫瑰省已非臺灣唯一修會，也面臨臺灣信徒成長停滯及神職人員缺乏的困境，他們仍努力地在臺灣持續他們的使命。

致　謝

　　謝謝指導教授陳梅卿老師十多年的教導，於公於私皆爲我的良師，許多的要求雖無法令老師滿意，卻已讓我成長不少，這份恩情身爲學生的我將永銘於心。

　　謝謝查時傑、古偉瀛、鄭梓、王崇堯等諸位口試老師詳細地審閱我的論文，並提出精闢的意見與問題，使我的論文得以更臻於完整。同時老師們在學術上的研究奠定良好的基礎，更使我在論文寫作的過程中，得以在老師們紮實的研究基礎上順利地前進。

　　謝謝啓峰提供的論文與整理的資料，因爲你的慷慨協助，我能事先很快的掌握菲律賓的發展與當地華人的情形，論文的寫作也才能順利完成。

　　謝謝「兩周 meeting 一次」夥伴們的倍伴：淑玲、麗芬兩位學姊、禮仁、宴菖、鉅強、建言，還有總是默默關心的孟欣學長。兩周 meeting 是一段辛苦且煎熬的過程，但因有你們的陪伴與關心，這段歷程仍是最令我難忘的。而道明同事團的鼓勵與敦促論文進度，更是我論文寫作的重要動力之一。

　　謝謝中華道明會的侯倉龍、李漢民、黃金昆、尤間運、潘貝頎、玫瑰省的徐天德、盧懷信及已故戴剛德諸位神父接受我的訪問或提供資料，使我得以深入了解道明會的精神、運作及生活，而潘貝頎神父協助我前往菲律賓時的住宿與行程安排，使我能明確地掌握天主教、道明會在菲律賓的情形。

　　謝謝內人貝露多年來的包容與對家庭的照顧，讓我無後顧之憂地進行論文寫作，皓、淇兩位寶貝雖然常在我水深火熱時，來「噓寒問暖」，卻被我趕出書房，今後身爲老爸的我，將有時間可以好好地陪伴你們。

　　感謝天主，因爲您的看顧，讓我的家人、老師與朋友們平安、健康，也

讓我能心無旁鶩地順利完成論文，更讓我重新認識信仰。

最後，謝謝我的父母親與家人，因為您們的支持、照顧，更給予我這個信仰，讓我能專心地、無顧慮地在求學的路上前進，僅將此論文獻給您們。

目次

致　謝

緒　論 1

第一章　道明會的發展及玫瑰省的建立 25

　　第一節　道明會的創立與發展 28

　　第二節　道明會的特色 39

　　第三節　拉丁美洲的征服與傳教 50

　　第四節　菲律賓的征服與傳教 55

　　第五節　道明會玫瑰省的建立 63

第二章　玫瑰省在華人區域的傳教 73

　　第一節　菲律賓的華人 73

　　第二節　前往中國 87

　　第三節　玫瑰省在福建的活動 92

第三章　道明會玫瑰省的來臺 105

　　第一節　玫瑰省的首度來臺 105

　　第二節　天主教正式在臺奠基 115

　　第三節　傳教據點的建立 121

　　第四節　傳道員養成與傳教方法 127

　　第五節　天主教聚落 133

第四章　日治時期的臺灣天主教　143
　第一節　乙未之際會士與信徒的抉擇　143
　第二節　日治前期天主教的發展　148
　第三節　本土傳道員的培育　159
　第四節　教育及社會救護事業的設立　162
　第五節　戰時體制下的天主教政策　169
第五章　戰後臺灣天主教的變化　185
　第一節　道明會在臺灣南部勢力的形成　185
　第二節　高屏原住民的傳教　193
　第三節　教育與社會事業的興辦　203
　第四節　道明會會士本土化的發展　209
　第五節　道明會玫瑰省在臺的現況　223
　第六節　信徒家族的變化　233
結論　239
參考書目　257
表次
　表 1-1：道明會玫瑰省成立時的創省會士　64
　表 1-2：道明會玫瑰省會士初抵菲律賓後的傳教
　　　　　區分配　66
　表 2-1：1700～1815 中國信徒人數統計　98
　表 2-2：1707～1814 年道明會傳教區信徒人數統
　　　　　計表　98
　表 2-3：1875～1909 福建地區信徒人數統計　102
　表 3-1：1859～1895 年間道明會在臺之傳教據點
　　　　　122
　表 3-2：1886 年教務統計　137
　表 3-3：1895 年以前道明會所擁有土地狀況　137
　表 3-4：道明會在高雄前金購地之土地買賣情形
　　　　　139
　表 3-5：1895 年以前道明會土地原屬業主之統計
　　　　　140
　表 4-1：日治時期道明會在臺之傳教據點／信徒
　　　　　人數（至昭和十五年（1940））　167

表 5-1：1950 年代臺灣各教區、監牧區成立時間
　　　　及轄區 ·· 188
表 5-2：戰後高雄玫瑰天主堂領洗人數曲線圖
　　　　（1946～1994 年） ································ 190
表 5-3：1950～1960 年代道明會玫瑰省管轄之堂
　　　　區 ·· 191
表 5-4：1950～1960 年代道明會玫瑰省管轄堂區
　　　　之附屬事業 ·· 203
表 5-5：道明中學歷任校長 ································ 207
表 5-6：1920 年以後道明會玫瑰省在福建地區會
　　　　士人數表 ·· 212
表 5-7：道明會玫瑰省培育國籍會士統計表（1600
　　　　～1900 年） ·· 214
表 5-8：1920 年代以後道明會玫瑰省培育的國籍
　　　　會士（統計至 1950 年） ··················· 215
表 5-9：1960 年代臺灣各教區成立時間及轄區 ··· 219

表 5-10：1970 年道明會玫瑰省中華區會成立會
　　　　　士名單 ·· 221
表 5-11：1978 年道明會中華聖母總會區成立會
　　　　　士名單 ·· 222
表 5-12：1961～1975 年高雄教區信徒數曲線圖 ··· 224
表 5-13：1961～1975 年高雄教區成人與兒童受
　　　　　洗人數曲線圖 ································· 224
表 5-14：1961～1975 高雄教區慕道者人數曲線
　　　　　圖 ··· 225

圖　次

圖 1-1：聖道明像 ·· 33
圖 1-2：菲律賓群島 ··· 56
圖 1-3：薩拉札像 ·· 59
圖 1-4：和平與順風聖母 ··································· 62
圖 1-5：菲律賓 Santo Domingo Church 內的海上
　　　　聖母像 ·· 62
圖 1-6：馬尼拉鄰近地區圖 ································ 66

圖 2-1：17 世紀馬尼拉道明會玫瑰省所屬建築物
　　　　分布圖 ················· 75

圖 2-2：1583-1593 年的巴利安位置圖 ······ 79

圖 2-3：景永（左）與 Juan de Vera（右）的畫像，
　　　　該畫像目前懸掛於菲律賓聖多瑪斯大學
　　　　Miguel de Benavides 圖書館。 ···· 82

圖 2-4：《辯正教眞傳實錄》書影 ········· 83

圖 2-5：福安地區地圖 ·············· 93

圖 3-1：玫瑰省在臺灣南部傳教據點圖 ···· 124

圖 3-2：玫瑰省在嘉雲彰三地的傳教據點圖 126

圖 4-1：教友乞求仁慈堂女子條規 ······ 166

圖 5-1：道明會玫瑰省會士與佳平頭目合影 200

圖 5-2：萬金天主堂的西樂隊 ········· 229

圖 5-3：萬金天主堂的轎班 ·········· 229

圖 5-4：「福傳 150 萬金永流傳」行腳活動一景 230

圖 5-5：萬金聖母遊行路線圖 ········· 231

圖 6-1：漢人信徒傳統正廳的轉化 ······ 244

圖 6-2：玫瑰堂信徒於殯葬禮儀後合影 ··· 244

圖 6-3：玫瑰聖母像 ··············· 250

圖 6-4：萬金聖母像 ··············· 250

圖 6-5：中華聖母像 ··············· 251

緒　論

　　本文以天主教道明會玫瑰省作爲研究對象，主要探討道明會玫瑰省的創立與發展，並以其在臺灣傳教的 150 年作爲主要的研究區域。

　　道明會（The Dominican Order）於十三世紀時由聖道明創立於西班牙。該修會主要特色乃是度貧窮生活，進入城市向市民宣道，因當時教宗特別賦予該修會有「宣道」的權力，故該修會最早的名爲「宣道兄弟會」（Order of Preschers，簡稱 OP）。創立者聖道明死後，會士們爲紀念其會祖，方改稱「道明會」。

　　道明會在天主教修會中以宣道、學術研究著稱，隨著十六世紀大航海時代的風潮，道明會士跟隨西班牙船隊來到東方，成立了玫瑰省（Province of Holy Rosary）。道明會玫瑰省以菲律賓爲中心，專司東亞地區的傳教。十七世紀他們進入中國福建、日本與臺灣，雖遭遇極大的困難，仍在中國福建與日本奠定天主教在當地發展的基礎；臺灣方面，1642 年臺灣北部的西班牙人被荷蘭人打敗而離開，因而中斷臺灣的傳教工作，至十九世紀二度來到臺灣，方奠定天主教在臺灣發展的基礎，成爲 1945 年以前唯一在臺進行傳教活動的天主教修會。

　　本章主要進行本文的研究主題說明。第一部份主要在表明本文的研究動機與研究的目的，企圖藉由此研究來了解道明會玫瑰省的海外傳教歷程。第二部份則是敘述說明文中所主要運用的文獻史料，及所運用史料的價值。第三部份則是透過現有研究成果的回顧，表達目前的研究成果提供給本文研究過程中的協助。第四部份則是敘述本文的研究方法與章節安排。

一、研究動機與目的

　　1997 年我完成碩士論文〈高雄前金天主教聚落研究〉後，對於日後臺灣天主教的研究方向開始產生掙扎，掙扎的是不願投入傳統傳教史研究的窠臼，卻苦無新課題的開拓方向，這是我當時所面臨的研究困境。

　　2000 年退伍後，隨即在指導教授的引薦下，參與台南市文化資產保護協會的「西方宗教在臺灣大展」的策展工作。策展期間我將收集來的新舊資料重新研讀、思考，加強了天主教在臺灣的發展有更系統的了解。2006 年此特展內容再次於成功大學歷史文物館展出，雖然內容大致相同，但在呈現內容上已不再只是看板、模型，更增加了指導教授與我對天主教在臺灣發展的新註解，也引領我對於道明會玫瑰省在臺灣傳教的興趣。

　　修會在天主教會中屬於特殊的團體，按教會教義的理解，每個修會的產生都代表了一種神恩的展現，張春申對修會的成立有以下的定義：

> 一位會祖創立一個修會，幾乎沒有一位是教宗任命的，而是天主聖神的工作，聖神臨於修會團體中的每一個人的心靈上，邀請他度一個恩寵的生活，這恩寵生活不是在靜態中，而是在動態中培養，……
>
> 在聖神的恩寵中，在某一個時代或某一需要下，聖神推動某些人在神貧、貞潔、服從的形式下度恩寵的生活，這便是修會的生活。……
>
> 因此修會的特殊性質是藉著天主聖神的充滿推動教會而創新。〔註1〕

由張春申對修會的定義中，可看到天主教修會是各具特色（或神恩）的，它可以是呼應時代的需求而產生，如十三世紀的托缽修會、十六世紀的耶穌會；也可以為提供社會特殊需求而產生，如靈醫會。各修會所提供的是一種生活方式，它們邀請具有類似性格並且願意遵守三願生活的信徒來加入修會。因為修會的成立原有其特殊使命，因此修會透過特有的修道方式，思索教會內外、人與天主間的問題，加上修會不受當地主教管轄的獨立地位，所以我們看待修會，可以視其為教會內的反動力量，亦是教會內的正向提升力量。由於修會具有的創新力強，卻仍需要教會組織的約制。故教會與修會間是互相合作的關係。

　　由天主教修會發展的歷史來看，修道運動起源於東方，聖奧古斯丁等人將修道運動移植西方，聖本篤制定會規建立起修院制度，將修院組織成一個有紀律、共同生活的宗教社團，並也將修院制度納入教會的體制。

〔註 1〕張春申《教會與修會》（台中：光啓，1980 年 7 月），頁 172。

　　教宗格列高里一世（Gregory I，590～604 在位）將修院在人事、經濟脫離當地教會與主教的管轄，〔註2〕因爲修會納入教會體制中，因此教會的變化也會影響到修會，但又由於修會的獨立性，也使得當修會本質開始有所變化時，修會內的有志之士也會挺身而出，號召改革，進而帶動教會的革新。本研究的對象——道明會，就是在十一、十二世紀時羅馬教會改革過程中，面對當時社會中因反對天主教會而蓬勃發展的小派〔註3〕，如亞爾比派（Albi）等的挑戰，爲捍衛教會、教義所發展出來的修會。

　　道明會成爲本文研究的對象，有幾個原因：首先目前學界對臺灣天主教的研究成果中，除了傳統傳教史的敘述外，較多數是朝向個案式的研究，如某堂區、某教會學校、某族群的信仰、禮儀、社會事業等，以某修會爲研究對象者，也多集中在中國方面的傳教，幾乎沒有以某修會在臺灣的發展過程作爲研究主題。臺灣的修會除道明會外，其他都是在 1945 年以後來臺，道明會在臺傳教 150 多年，時間雖然不長，卻也在臺灣歷史占有重要位置。

　　再者，筆者任教於天主教道明會所創辦的中學，因工作內容及信徒的身分，使我得以近距離地與道明會神父們接觸，漸對他們的生活方式、修會特色產生興趣。同時與道明會神父接觸的過程中，常聽到所謂「道明會精神」之一，即聖托馬斯（St. Thomas Aquina）所言「默觀所得，與人分享」，此乃道明會的特殊神恩——「宣講」。藉由宣講福音，讓人接受一個新的信仰，必須是對教義精通後所累積的功力與口才，方有能力去說服人改變原有的信仰，如此特別能力其中必有特別之處，促使我想了解道明會的原因之一。

　　第三，道明會在天主教會中歷史悠久，亦在全球各地也成立會省進行傳教工作，又爲何獨選擇道明會玫瑰省來作爲我研究的主要對象？1587 年道明會玫瑰省乃是針對中國、日本傳教而成立，其會士則是循西班牙、墨西哥、

〔註 2〕 許列民《沙漠教父的苦修主義——基督教隱修制度起源研究》（上海：上海人民，2009 年 12 月 1 版），頁 279。

〔註 3〕 小派運動，由基督教學者特爾慈（Ernst Troelisch）所提出，他認爲基督教派朝世俗化體制發展時，部分人士反對此世俗化的發展，提出回歸基督宗教精神的訴求，所發展出的宗教團體。此類團體著重於小規模的組織，希望尋求個人內在的完滿，並求取各成員間的直接契合，直接指引信徒到超自然的生活目標，對世俗社會的態度是淡漠的。著重上帝的國度與世俗體制間的對立。（特爾慈（Ernst Troeltsch）著，戴盛虞等譯《基督教社會思想史》（香港：基督教文藝出版社，1991 年 7 月 4 版））：這類的小派若納入天主教會體制，則是修會，反之，與教會持續對立、反抗教會，則有可能被宣告爲「異端」；而小派也有可能發展成新教派，再朝向體制化發展。

菲律賓這條大帆船貿易的路線，也可說是傳教路線而來，由於道明會玫瑰省的傳教脈絡清晰，加上該省會士也同時在中國福建、日本、臺灣建立起三角的傳教連結，這是比道明會早到菲律賓的奧斯丁會、方濟會及中國的耶穌會所缺乏的條件。

故本文以臺灣爲中心，以道明會玫瑰省爲研究對象的方向上，主要企圖了解道明會隨西班牙艦隊首先由中南美洲至菲律賓，1587 年玫瑰省成立後，遂以菲律賓爲中心，前往中國、日本、臺灣傳教。此傳教歷程中，菲律賓扮演重要的地位，該地不僅是傳教方式的形成區，也是傳教方式的輸出區。道明會玫瑰省在菲律賓、中國經歷了菲律賓土著、菲律賓華人、中國漢人的傳教，這些經驗與方式複製到臺灣，憑藉著不同的傳教經歷（菲律賓經驗與中國經驗），會士們在臺灣的傳教方式如何策劃？而這些傳教方式勢必在臺灣天主教社群中留下一些影響與變化，如信徒的變化，這是我想在本文中首先試圖了解的問題。

再者，道明會玫瑰省在臺傳教 150 多年，道明會玫瑰省在與世俗政治層面的介入上，是比較薄弱的，尤其在臺灣經歷了 1895 年及 1945 年兩次的政權轉換與統治，道明會玫瑰省與世俗政權間的互動。最後則是我想了解這 150 多年道明會玫瑰省對於臺灣的傳教定位。

二、文獻探討及研究方法

由於本文所研究的對象——道明會玫瑰省的傳教區域主要著眼於菲律賓、中國、臺灣三地，主要所利用的文獻可以分爲道明會玫瑰省的出版文獻、菲律賓、中國、臺灣等方面的文獻，茲討論於後。

（一）道明會玫瑰省方面文獻

道明會玫瑰省方面的文獻，如會士的信件、教務報告書都存放在菲律賓、羅馬、西班牙阿維拉（Avila）等地，因此筆者所運用的玫瑰省方面的資料，以玫瑰省已出版的專書、工具書爲主，首先有會士阿都阿特（Diego Aduarte，1570～1637）的 *Historia de la Provincia del Santo Rosario de la Orden de Predicadores en Filippinas, Japon y China*（《道明會玫瑰省在菲律賓、日本與中國的歷史》）一書二冊〔註4〕。該書首先出版於 1640 年，1637 年成書時，正值

〔註 4〕Diego Aduarte, *Historia de la Provincia del Santo Rosario de la Orden de Predicadores en Philippinas, Iapon y China,* （Madrid：Departamento de Misionologia Espanola, 1962）

玫瑰省成立 50 週年，使我們對於玫瑰省在成立後最初 50 年間的發展情形，得到清楚的了解。該書除詳述了玫瑰省的成立經過、及其對菲律賓土著、華人傳教的過程，並且對該省會士前往中國、日本、臺灣傳教的過程與經歷做了概略性的描述，雖然如此，書中對菲律賓華人作為前往中國傳教的中介者的角色有特別的描繪，也在此過程中慢慢的浮現出臺灣的傳教位置。

　　玫瑰省另一本重要的專書是由會士岡薩雷斯（Jose Maria Gonzalez，1895～1970）所編著的 *Historia de las Misiones Dominicanas de China*（《道明會士在中國傳教史》）〔註5〕，該書分為 1632～1700、1700～1800、1800～1900、1900～1954 及書目共五冊。他大量運用早期道明會玫瑰省會士的信件、報告、著作，呈現了 1632～1954 年間道明會玫瑰省會士以福建為中心的傳教活動，其中的內容非常豐富。該套書另有有價值的資料，即每冊書中大多數都有教務統計資料，藉由這些統計資料尚可對當時道明會玫瑰省在福建地區的傳教有某種程度的了解，其中的第四冊更表列出自 1632 年開始前往中國傳教的會士，其中也表列了部分來到臺灣並曾前往中國的會士，及曾經受道明會玫瑰省培育的國籍會士，這是目前臺灣天主教的研究中，不曾運用過的資料。

　　2000 年道明會玫瑰省由會士芮拉（Eladio Neira Zamora，1931～2012）〔註6〕所編著的 *Misioneros Dominicos en el extremo oriente（1587～1940）*（《道明會士在遠東》）一書〔註7〕，該套書分為 1587～1835、1836～1940 二冊，紀錄了道明會玫瑰省自 1587～1940 年來到遠東傳教的會士的簡要經歷，可以幫助我們了解來到臺灣的玫瑰省會士的個人生平及傳教經歷，是一套重要的道明會玫瑰省的人名辭典，同時該書也整理了道明會總會與道明會玫瑰省中重要職務的人員、任期及玫瑰省的傳教區域地圖，這些都提供我在論文寫作過程中對道明會及玫瑰省重要資訊的來源，也同時更正了長期有關臺灣天主教史紀錄中錯誤的資訊，是非常有價值的工具書。

〔註5〕Jose Maria Gonzalez ed., *Historia de las Misiones Dominicanas de China*（Madrid：Ediciones Stvdivm,1955～1966）

〔註6〕Eladio Neira Zamora（1931～2012），其是玫瑰省中的歷史學家，著作等身。曾歷任菲律賓 Colegio de San Juan de Letran、香港玫瑰崗修院等學校校長。1979 年其代表道明會總會長及玫瑰省會長來臺主持中華聖母總會區的成立，2012 年 4 月 25 日病逝馬尼拉聖胡安市。

〔註7〕Eladio Neira OP, Hilario Ocio OP. ed., *Misioneros Dominicos en el extremo oriente（1587～1940）*（Manila, 2000）

　　道明會玫瑰省也有出版傳教刊物，如 *El correo sino-annamita ò correspondencia de las misiones del sagrado orden de predicadores en China, Tung-King, Formosa, y Japon*（《中國與安南書信——道明會士在中國、東京、臺灣、日本傳教的書信》）*Misiones Dominicanas*（《道明會的傳教》）等，其中前者共有 40 冊，時限爲 1862～1913 年，後者則是涵括 1916～1950 年。這些刊物中收錄了不少遠東地區如越南、日本、中國、臺灣等地的會士的信件，及傳教經歷與感想，亦是可以利用的重要文獻。

　　最後是該省會士兼歷史學家的費南德茲（Pablo Fernandez，1917～1992）由 *Ultramar*、*Misiones Dominicanas*、*El correo sino-annamita ò correspondencia de las misiones del sagrado orden de predicadores en China, Tung-King, Formosa, y Japon* 等道明會刊物中，收集了有關道明會玫瑰省會士由臺灣寄往馬尼拉的信件、教務報告書等文件編集成書，並由 Felix B. Bautista 翻譯成英文出版 *One Hundred years of Dominican Apostolate in Formosa*（1859～1958）〔註 8〕。此書是目前研究臺灣天主教中最廣泛運用的文獻，後有耶穌會士黃德寬（1961～2005）將此書中譯出版《天主教在臺開教記——道明會士的百年耕耘》〔註 9〕，不過黃德寬的譯本中，有些部分並未譯出，因此筆者運用時仍以英文原書爲主。此書中所收集的書信、報告書主要呈現 1859 年以後道明會玫瑰省在臺灣傳教的情況，並可以透過會士的眼光來窺看臺灣在兩次政權間的傳教情形及當時臺灣社會的變化。

（二）菲律賓方面文獻

　　1898 年美西戰爭後，美國爲能儘快了解西班牙統治下的菲律賓，由 E. H. Blair 與 J. A. Roberston 大量收錄關於西班牙統治時期菲律賓的文件、書籍，並完整或部分翻譯成英文，編成 *The Philippine Islands,1493～1898*（菲律賓群島）55 冊〔註 10〕，其中阿都阿特的著作也收錄於該套書的第 30～32 冊。該套書中五大傳教團（奧斯丁會、方濟會、道明會、嘉布遣會、耶穌會）的會士都有向西班牙國王進行相關的報告或反應問題，對菲律賓的傳教活動可以有深入的認識。

〔註 8〕 Fr. Pablo Fernandez ed., Felix B. Bautista translated, *One Hundred years of Dominican Apostolate in Formosa*（1859～1958）（Taipei：SMC., 1994）

〔註 9〕 黃德寬譯《天主教在臺開教記——道明會士的百年耕耘》（台北：光啓，1991 年）

〔註 10〕 E. H. Blair & J. A. Roberston ed., *The Philippine islands,1493～1898*,（Cleveland Ohio:A. H. Clark,1903～1906）.

同時十六世紀前來菲律賓進行貿易活動的華人也是我們要注意的對象，較重要的有 Alfonso Felix, Jr.所編的 *The Chinese in the Philippins* 二冊〔註11〕，其中收錄了 1570～1898 年間關於華人在菲律賓的政治、經濟、社會、歷史等課題的論文。中國人在菲律賓的活動非常重要，他們也是道明會玫瑰省在菲傳教的主要對象之一，因此道明會士寫給西班牙菲律賓總督與西班牙國王關於當地華人的信件，就顯得很重要，如首位道明會出身的馬尼拉主教薩拉札、道明會玫瑰省會士高母羨寫給西班牙國王的信件中，就表現出他們對在菲華人的看重，此二封書信同時收錄在 *The Chinese in the Philippins* 中。

還有菲律賓每月出版的傳教刊物 *Boletin Eclesiastico de Filipinas*（《菲律賓教會公報》）的第 435 號〔註12〕中收錄了奧斯丁會、方濟會、耶穌會、道明會自十六世紀至二十世紀初的傳教簡史，其中道明會的部分則是由前述玫瑰省會士費南德茲主筆，簡要的敘述了道明會玫瑰省自創立後在菲律賓傳教的情況，其中也包含了教育事業、救護事業及對當地華人傳教的情況，可以帶領讀者很快地進入道明會玫瑰省在菲島的傳教歷程。

1930 年代後期日本開始進行其南進政策，並對東南亞國家各方面進行深入的了解，其中菲律賓則是重點地區，其中該地的天主教信仰更是為日本政府所重視，因此在 1940 年曾派遣宗教班前往該地進行宣撫工作，意圖透過宗教來遂行其統治目的，此時由小野豐明、寺田勇文所編集的《比島宗教班關係史料集》二卷〔註13〕，為我們提供了日本政府意圖在菲律賓透過天主教進行宗教統制的紀錄，而寺田勇文運用此史料所寫的〈宗教宣撫政策とキリスト教会〉一文〔註14〕，使我得以藉此將 1940 年代日本政府在日本、臺灣、菲律賓三地間的透過天主教所進行的宗教統制策略聯結起來。

（三）中國方面文獻

天主教在中國的傳教，多數著眼於耶穌會在中國傳教所採取的適應性的態度，自然中國禮儀問題便是討論的熱點，由於道明會玫瑰省是最初引發對

〔註11〕 Alfonso Felix, Jr. ed., *The Chinese in the Philippines, 1570～1770*,（Manila；New York：Solidaridad Publishing House, 1966～69）

〔註12〕 Official interdiocesan organ ed., *Boletin Eclesiastico de Filipinas, vol.39 No.435*,（Manila：University of Santo Tomas,1965.1～2）．

〔註13〕 小野豐明、寺田勇文編集《比島宗教班關係史料集》（東京：龍溪書舍，1999 年）

〔註14〕 寺田勇文〈宗教宣撫政策とキリスト教会〉收錄於池端雪浦編《日本占領下のフイリピン》（東京：岩波書店，1999 年 9 月初版 2 刷）。

中國禮儀討論的修會，此課題便成爲我要討論的「場域」，中國禮儀問題的經過不是我要討論的方向，反而是想要透過中國禮儀問題來了解耶穌會與道明會間進入中國傳教後的傳教方式、態度，因此所利用的文獻資料，除前述岡薩雷斯的五冊有關道明會玫瑰省會士在中國傳教的紀錄外，古明斯（J. S. Cummins）所編著的 *Jesuit and Friar in the Spanish Expansion to the East* 〔註15〕及 *A Question of Rites：Friar Domingo Navarrete and the Jesuit in China* 〔註16〕等書則是提出另一種不同的角度來談中國禮儀問題。

　　古明斯所編著的書中對於傳統耶穌會在中國傳教採取的適應性作法的正面論點提出討論，他認爲耶穌會所提出的適應性方式，最初並未得到會內共識，後來則將會內異議之聲消音，將適應性方式成爲主要態度；再者古明斯也認爲以西洋科技來作爲與明清士紳交流的媒介是有危險性的，而道明會透過民間的醫療傳教也有其危險性，古明斯審視了道明會玫瑰省會士的信件及其後續的討論與著作，他認爲最初中國禮儀問題的產生，似乎應著眼於道明會與耶穌會由天主教教義的不同認知，進而延伸成對保教權上的意氣之爭的觀點，引領我們從不同的角度來看中國的禮儀問題。

（四）臺灣方面文獻

　　十七世紀的臺灣史以往多著重於荷蘭時代的研究，近幾年來由於有學者將十七世紀西班牙有關臺灣的史料出版、翻譯、譯註，爲十七世紀的西班牙人在臺灣北部的活動提供不少的研究基礎。〔註17〕

　　同樣在十七世紀道明會玫瑰省會士也跟隨西班牙軍隊來到臺灣北部，會士們在臺灣北部的活動紀錄有限，因此臺灣學界對此時期的描述不多，前述 *One Hundred years of Dominican Apostolate in Formosa（1859～1958）*只有概略性的描述當時道明會在臺灣北部活動的情況；關於此時期較詳盡的描述道明會的傳教情況以前述阿都阿特的書及該會會士阿瓦列斯（José María Alvarez）

〔註15〕 J. S. Cummins ed., *Jesuit and Friar in the Spanish Expansion to the East*（London：Variorum Reprints, 1986）.

〔註16〕 J. S. Cummins ed., A Question of Rites：*Friar Domingo Navarrete and the Jesuit in China*（England：Scolar Press, 1993）

〔註17〕 這幾位學者如鮑曉鷗、李毓中、方眞眞等人，其中前二位稍後的文章中將會提到，此地不再贅述，而方眞眞所譯註的史料多著重在西班牙的大帆船貿易方面，主要著作有《臺灣西班牙貿易史料（1664～1684）》（台北：稻鄉，2006年2月）及《華人與呂宋貿易（1657～1687）：史料分析與譯註》（新竹：國立清華大學出版社，2012年5月）。

的著作 *Formosa, Geogràfica e Històricamente Considerada* 第二冊爲主，不過限於語言，學界始終沒有廣泛的運用。

台大外文系教授鮑曉鷗（Josè Eugenio Borao Mateo，1955～）〔註18〕收集了關於十七世紀關於臺灣的西班牙文資料，採西文與英文並陳的方式，編集成 *Spaniards in Taiwan* 二冊〔註19〕，其中也包含阿都阿特書中有關臺灣傳教的資料，爲十七世紀西班牙人在臺灣的活動提供日後研究的史料基礎。

另一位學者李毓中首先翻譯了阿瓦列斯的著作 *Formosa, Geogràfica e Històricamente Considerada* 第二冊中有關道明會玫瑰省在臺灣傳教的部分，出版《西班牙人在臺灣（1626～1642）》一書〔註20〕，後來他也將收集的有關臺灣的 41 件西班牙文史料，其中有信件、報告書等，翻譯出版《臺灣與西班牙關係史料彙編 I》〔註21〕。此書所收錄翻譯的史料不僅包含西班牙人在臺灣活動的狀況，也包括了林鳳（西班牙人及菲律賓人皆稱爲 Limahon）進攻菲律賓的情況、西班牙在菲律賓與華人接觸的情形，可說非常豐富。上述有關十七世紀西班牙人在臺灣活動史料的先後翻譯與出版，充實了十七世紀臺灣的史料基礎，也幫助我更進一步了解十七世紀道明會玫瑰省會士們在臺灣北部活動的情形。

關於道明會玫瑰省在日治時期的傳教活動，筆者除運用道明會玫瑰省的文獻外，另一主要運用的史料則是公文書、報紙。

公文書方面，以《臺灣總督府公文類纂》（簡稱《公文類纂》）及《臺灣總督府府報》（簡稱《府報》）爲主。在《公文類纂》的相關公文中，我們可以看到一個決策討論的過程，例如以當時道明會玫瑰省在臺灣土地所有權、買賣等問題方面，可以了解到當時臺灣總督府對於天主教在臺灣活動的看法，並非著眼於宗教，而是著重在天主教傳教士的外國身分，由此來思考問題，最後進行決策，這是《公文類纂》中非常重要的價值；《府報》則主要是

〔註18〕鮑曉鷗（Josè Eugenio Borao Mateo，1955）生於西班牙 Zaragoza，巴塞隆納自治大學歷史系博士，現任臺灣大學外文系教授。（參閱台大外文系網站：http://www.forex.ntu.edu.tw/people/bio.php？PID=31#personal_writing，2012 年 11 月 24 日）

〔註19〕Josè E. Borao ed., *Spaniards in Taiwan*（Taipei：SMC, 2001）

〔註20〕荷西・馬利亞・阿瓦列斯（José María Alvarez）著，李毓中、吳孟眞譯著《西班牙在臺灣（1626～1642）》（南投：國史館臺灣文獻館，2006 年）

〔註21〕李毓中主編、譯註《臺灣與西班牙關係史料彙編 I》（南投：國史館臺灣文獻館，2008 年）

針對法令的公布，先有《公文類纂》中的討論，也可能才會有法令的正式公布，其中還有部分是日本本土所公告的法令，再由臺灣總督府透過《府報》以敕令或律令的形式公布，透過法令公布的正式條文，也可以推演出當時日本政府或臺灣總督府對於道明會玫瑰省在臺灣傳教的態度。

　　關於此時期日本天主教的發展，高木一雄所編著的《明治カトリック教会史研究》上中下三冊〔註22〕、《日本・ヴァチカン外交史》〔註23〕、《大正昭和カトリック教会史》四冊等書〔註24〕都爲我了解天主教在日本方面的發展提供極大的幫助，其中也有部分提到臺灣，便可適度與大國督的《台湾カトリック小史》一書作連結。

　　大國督的《台湾カトリック小史》一書是目前清領至日治時期臺灣天主教史的重要運用資料，另一本需要參閱的書籍江傳德的《天主教在臺灣》一書中的清領及日治的敘述則是多翻譯自大國督的專著，不過江傳德的《天主教在臺灣》的價值在於它呈現了戰後臺灣天主教發展，幫助我們能夠很快地掌握戰後天主教的發展脈絡。

三、研究回顧

　　關於臺灣天主教的研究，相較於其他領域，雖然仍屬少數，但就研究成果來說，已日漸豐富。臺灣天主教的研究主要建構在傳教歷史，傳教史方面的研究是目前臺灣天主教研究中最多的部分。因此我首先探討目前臺灣天主教傳教歷史的研究現況。近十多年來在傳教歷史的主架構下，研究者們開始注意到傳教過程中一些細微的部分，如傳教人物的探究、天主教在各地發展過程、傳教方式，或因傳教發展出的特殊社會現象：如天主教聚落的形成；或面對當地社會與政治變遷所做的因應，如本土化、政教關係，這幾個部分都是我在此將要進行的回顧。

（一）傳教史的研究回顧

　　天主教在臺灣的傳教可以分爲兩個階段，第一階段（1626～1642 年）是西班牙人佔據臺灣北部的時間到西人被荷蘭人驅逐止，第二階段（1859 年至今）是中國自英法聯軍後開放傳教，天主教第二次來臺傳教至今。

〔註22〕高木一雄《明治カトリック教会史研究》（東京：キリシタン文化研究会，1978 ～1980）

〔註23〕高木一雄《日本・ヴァチカン外交史》（東京：聖母の騎士社，1984 年）

〔註24〕高木一雄《大正 昭和カトリック教会史》（東京：聖母の騎士社，1985 年）

1、十七世紀天主教在臺的傳教（1626～1642）

第一階段早期以中村孝志〈十七世紀西班牙人在臺灣的佈教〉一文最爲詳盡〔註25〕，爾後的相關文章大多仍侷限在該文的範疇中。中村氏的文章中提到1626年西班牙佔據臺灣北部有其政治和經濟上的因素，起初西班牙人因敵視日本而考慮佔領臺灣，後因荷蘭人佔領臺灣南部，中斷中、日與日、菲（菲律賓）間的貿易，由於利益被壟斷，爲了對抗荷蘭人，西班牙人因而想在臺灣北部尋求基地〔註26〕。

該文中提到宗教熱忱也是不可忽略的因素。當時西班牙的君王們都認爲傳教於異教地是神聖使命，教化當地的野蠻人成爲當時國家與教會向外傳教的驅動力。因此西班牙佔領臺灣北部後，除了軍隊外，多數以道明會玫瑰省會士爲主，開始向臺灣北部原住民傳教，也同時向當地活動的漢人、日本人傳教。

該文也分析到西班牙人佔領臺灣北部，乃是將臺灣視爲進入日本與中國的跳板，不論是在工商業的擴展或者是宗教的興趣皆期待由此可以進入日本或中國從事傳教工作，因此該文是針對十七世紀天主教在臺灣傳教重要的論文。

不過可能因史料的缺乏與語文的限制，使得十七世紀西班牙人與道明會玫瑰省在臺灣北部的活動情形，學界的研成果長期停滯於此，始終無法有更進一步的開展。

近年來開始有學者整理關於臺灣的西班牙文檔案、史料，如李毓中整理西班牙印度總督檔案館中有關臺灣的史料，其中附有道明會在臺傳教書目〔註27〕，同時鮑曉鷗的 "The Catholic Dominican Missionaries in Taiwan，1626～1642"（〈天主教道明會在臺灣的傳教活動，1626～1642〉）〔註28〕，此文除了利用現存檔案，特別是兩位玫瑰省會士艾斯基維（Jacinto de Esquivel del

---

〔註25〕 中村孝志，賴永祥譯〈十七世紀西班牙人在臺灣的佈教〉，收錄於中村孝志《荷蘭時代臺灣史研究　下卷——社會、文化》（台北：稻鄉，2002年4月），頁135～181。

〔註26〕 中村孝志，賴永祥譯〈十七世紀西班牙人在臺灣的佈教〉，頁140。

〔註27〕 李毓中〈西班牙印度總檔案館所藏臺灣史料目錄——附道明會在臺傳教史書目〉，《臺灣風物》48卷1期，1998年3月。

〔註28〕 鮑曉鷗（Jose Eugenio Borao Mateo）"The Catholic Dominican Missionaries in Taiwan，1626～1642"，收錄於林治平主編《臺灣基督教史——史料與研究回顧論文集》（台北：宇宙光雜誌社，1998年6月初版），頁33～76。

Rosario，1595～1633）與阿都阿特兩位的留存紀錄外，加上前述玫瑰省會士岡薩雷斯所撰的書中所記載來到中國的該省會士的傳記而撰寫成此文。

　　2008 年鮑曉鷗利用前述他所蒐集並翻譯的有關十六至十七世紀在臺灣的西班牙文的史料所出版的 *Spaniards in Taiwan, 1582～1682* 兩冊史料，並參酌學界的相關著作，撰寫《西班牙人的臺灣體驗 1626～1642──一項文藝復興時代的志業及其巴洛克的結局》一書〔註 29〕。文藝復興與巴洛克在歐洲藝術史的表現上呈現對立的風格，文藝復興的風格強調均衡、對稱、和諧，而巴洛克則是以誇張、華麗的線條來表現其藝術。作者以「文藝復興」所代表的自信、對東方的嚮往來比擬西班牙人前來臺灣的壯志豪情，卻用「巴洛克」來比喻西班牙最後落寞離台的結局，重新詮釋了西班牙人十七世紀在臺灣北部的活動，也標示了道明會玫瑰省會士當初來臺的熱情使命與不敵現實局勢的無力感間的強大對比，是關於十七世紀北部臺灣史的重要著作。

　　除了有關臺灣方面的研究成果外，由於道明會玫瑰省的傳教區域──菲律賓與中國，也是筆者會涉及的區域，也同時討論關於中國與菲律賓方面的成果。

　　中國方面有張先清的《官府、宗族與天主教──17～19 世紀福安鄉村教會的歷史敘事》〔註 30〕，福建福安是道明會玫瑰省進入中國後第一個且重要的傳教區，因此由張先清的研究帶領我們看到道明會玫瑰省在中國傳教的過程中也與當地宗族建立起緊密的關係，透過福安地區的宗族支持了道明會玫瑰省在當地的傳教工作，同時也將信仰生活深入當地居民的生活中，而在面對中國禮儀問題的衝突中，宗族中的信徒成員在非信徒的宗族成員與官府擔負起緩衝的角色，同時兼顧了信仰、教會、宗族三方的需求，也在官府的壓力下協助道明會傳教士的活動。

　　關於菲律賓方面，施雪琴的《菲律賓天主教研究：天主教在菲律賓的殖民擴張與文化調適（1565～1898）》〔註 31〕一書，她精闢分析了西班牙在殖民菲律賓時期天主教在菲島的傳入與發展。該書中提到天主教各修會在進入菲

〔註 29〕 鮑曉鷗（Jose Eugenio Borao Mateo）《西班牙人的臺灣體驗 1626～1642──一項文藝復興時代的志業及其巴洛克的結局》（台北：南天，2008 年）。

〔註 30〕 張先清《官府、宗族與天主教──17～19 世紀福安鄉村教會的歷史敘事》（北京：中華書局，2009 年 5 月）。

〔註 31〕 施雪琴《菲律賓天主教研究：天主教在菲律賓的殖民擴張與文化調適（1565～1898）》（廈門：廈門大學出版社，2007 年 6 月）。

律賓土著社會後，採取適應的方式來因應當地社會傳統的挑戰，天主教信仰得以深入菲律賓社會，十九世紀的自由主義與民族主義的思潮影響下，菲律賓的天主教本土化運動（教區菲化運動）也跟著展開，在此過程中，菲律賓天主教會並未朝獨立教會發展，而是繼續維持與羅馬教廷正常的關係。

另外趙啓峰的博士論文〈族群、宗教與認同——西班牙殖民時代菲律賓華人社會研究〉〔註 32〕，他藉由相關菲律賓史料的研讀、整理、分析建構出西班牙殖民時期菲律賓華人的發展，並討論了西班牙殖民政府對當地華人的態度與政策，宗教政策則是其中的重要環節，以此來區隔華人中的天主教徒與非天主教徒，道明會玫瑰省正是向華人傳教的主力，協助筆者建構出道明會玫瑰省菲律賓華人與中國人間傳教的聯繫性。

2、十九世紀以來的臺灣天主教（1859 年至今）

十九世紀以來的臺灣天主教的研究成果，我們可以 1945 年作為分界點，劃分為前後兩個段落，前期包含清末與日治時期，後期則為戰後。

十九世紀的臺灣天主教的研究成果有施麗蘭〈十九世紀的教案〉〔註 33〕、古偉瀛〈十九世紀臺灣天主教（1859～1895）——策略與發展〉〔註 34〕、羅漁〈天主教傳入臺灣的歷程〉〔註 35〕、戴剛德〈十九世紀道明會臺灣北部開教史〉〔註 36〕。

其中古偉瀛的文章除了敘述十九世紀天主教在臺灣的發展外，也分析了當時道明會的傳教方法、臺灣官民態度與傳教面臨的困難，較傳統單純敘述臺灣天主教的發展有突破之處。另外身為道明會玫瑰省會士的戴剛德（Constantino Montero Alvarez，1909～2007）之文章多直接引用位於高雄的玫瑰省臺灣區會所收藏的部分該會會士的書信、筆記、照片等原始資料，參考的價值極高。

〔註 32〕趙啓峰〈族群、宗教與認同——西班牙殖民時代菲律賓華人社會研究〉（嘉義：中正大學歷史所博論，2011 年 6 月）。

〔註 33〕施麗蘭〈十九世紀的教案〉，《見證》27 卷特刊，1997 年 8 月。

〔註 34〕古偉瀛〈十九世紀臺灣天主教（1859～1895）——策略與發展〉，《國立臺灣大學歷史系學報》22 期（台北：臺灣大學歷史系，1998 年 12 月）。

〔註 35〕羅漁〈天主教傳入臺灣的歷程〉，淡江大學歷史系《臺灣史國際學術研討會：社會、經濟與墾拓論文集》（台北：淡江大學歷史系，1995 年 5 月）。

〔註 36〕戴剛德（Constantino Montero, OP.）〈十九世紀道明會臺灣北部開教史〉，輔仁大學天主教史料研究中心《慶祝輔仁大學創校七十週年臺灣天主教開教一百四十年學術研討會》（台北：輔仁大學天主教史料研究中心，1999 年 11 月）。

　　日治時期除了大家熟知的大國督《台湾カトリック小史》〔註 37〕、陳嘉陸譯《天主教來臺傳教壹百週年簡史》〔註 38〕、江傳德《天主教在臺灣》〔註 39〕等專書外，之前的研究成果多只侷限於概括性的敘述，並無深入的研究，多數只能由零星的資料中爬梳端倪。

　　不過近來由於有新史料的發掘及運用，使得研究成果有突破性的成果呈現，目前以古偉瀛的研究成果最為豐碩，首先由〈乙未之際的臺灣天主教＿以傳教員張德潤為中心〉〔註 40〕一文中，他藉由《公文類纂》及相關教會資料中所收錄了天主教傳教員張德潤的生平自述與活動紀錄，表達當時臺灣改隸之際，基督徒在此兵馬倥傯的時刻，只能在夾縫中求生存，無法順利進行傳教。另外〈臺灣天主教最早的正式教育機構──靜修女中〉〔註 41〕則是古偉瀛透過道明會玫瑰省在臺灣開辦的靜修女中之發展，轉而觀察臺灣總督府教育政策的變化，日治末期總督府加強了教育的統制工作，道明會只有交出經營權，方能維持該校的生存。

　　筆者的〈日治時期臺灣總督府對天主教之政策與態度〉〔註 42〕一文則是運用《公文類纂》及日本天主教的相關日文著作，發現到由於天主教的傳教以外籍傳教士為主，營造出天主教的國際性，使得日本政府的基督教政策都先以外交的角度來思考，因此 1930 年代後期日本進入戰時體制後，面對天主教的外來性則是採取先外交後宗教的方式來進行宗教統制，即將教會內的重要職位由日本神職取代，再藉由宗教進行協力的工作，日本政府的天主教政策則直接複製到臺灣，此時以道明會玫瑰省為主力的傳教，轉由日籍主教里脇淺次郎接管指揮的工作。

　　陳聰銘的〈1930 年代羅馬教廷結束「禮儀之爭」之研究〉〔註 43〕一文雖主要討論中國禮儀問題的結束，文中因提及 1930 年代後期日本政府要求神社

〔註 37〕大國督《台湾カトリック小史》（東京：杉田書店，昭和 16 年（1941））。

〔註 38〕陳嘉陸譯《天主教來臺傳教壹百週年簡史》（高雄：天主教高雄教區，1959）。

〔註 39〕江傳德《天主教在臺灣》（台南：聞道出版社，2009 年）。

〔註 40〕古偉瀛〈乙未之際的臺灣天主教──以傳教員張德潤為中心〉《成功大學歷史學報》第四十期（台南：成功大學歷史學系，2011 年 6 月）。

〔註 41〕古偉瀛〈臺灣天主教最早的正式教育機構──靜修女中〉《臺灣天主教史研究論集》（台北：臺大出版中心，2008 年 4 月初版）。

〔註 42〕楊嘉欽〈日治時期臺灣總督府對天主教之政策與態度〉《第五屆臺灣總督府檔案學術研討會論文集》（南投：國史館臺灣文獻館，2008 年 11 月）。

〔註 43〕陳聰銘〈1930 年代羅馬教廷結束「禮儀之爭」之研究〉《中央研究院近代史研究所集刊》第 70 期（南港：中研院近史所，2010 年 12 月）。

參拜引起與基督宗教一神信仰教義間的衝突，間接地與臺灣天主教的發展聯繫起來。該文提到 1920 年代開始羅馬教廷派駐首任駐華代表剛恆毅（Celso Benigno Luigi Costantini，1876～1958）至中國，並著手進行中國天主教會的本土化工作，也開始思考中國禮儀問題的解套。1930 年代隨著日本政府的強制參拜神社與滿洲國的祭孔問題，藉由此機會讓羅馬教廷去面對日本參拜神社的宗教性質，也引領其重新思索東方儒家文化圈的祭孔祭祖問題，此文啓發我去思考到道明會玫瑰省在此時的臺灣與日本是如何去面對神社參拜的問題。

陳滿雄的〈天主教道明會德鐸省在屏東平原傳教歷程之研究：自 1950 年代以來〉〔註 44〕是目前臺灣天主教史中首先以一天主教修會為研究對象的論文。該文在面臨道明會德鐸省原始資料缺乏的情境下，大量運用仍在臺的德鐸省會士及傳教員、聖若瑟道明傳教修女會的修女等人的口述訪談的資料，逐步建構道明會德鐸省臺灣區會由 1950 年代至 2007 年解散為止，在屏東客家地區傳教的歷程，包含了傳教方式、傳教活動，也分析了德鐸省傳教區由盛轉衰的因素，並由此提出天主教的因應之道。

（二）傳教方式與人物

傳教歷史的背後其實存在著許多的因素，其中包含了人、環境與態度，不過在過去的研究成果中這方面卻是近十多年以來才開始進行，成果有限，我在此便將這些年的成果做一簡述。

傳教方式方面，前述古偉瀛〈十九世紀臺灣天主教（1859～1895）──策略與發展〉一文中作了分析，他指出道明會在傳教策略上，一直固守著從下層社會傳教的傳統，與耶穌會利瑪竇從上層入手的態度不同。道明會玫瑰省對培訓本地神職並無太大的成果，只著重培育本地的傳教員。跟隨著臺灣新開墾的土地越來越少，修會購置土地吸引信徒的方式的情形越來越少，同時臺灣的城鄉景觀差異不大，也造成了天主教與基督教的衝突〔註 45〕。最後臺灣官民的反教整體來說並不似中國嚴重，而且地方士紳也未扮演領導者的角色，反而都是官府扮演著主要阻礙傳教的角色〔註 46〕。

〔註44〕陳滿雄〈天主教道明會德鐸省在屏東平原傳教歷程之研究：自 1950 年代以來〉（高雄：高雄師範大學客家所碩論，2012 年 2 月）。

〔註45〕古偉瀛〈十九世紀臺灣天主教（1859～1895）──策略與發展〉《國立臺灣大學歷史系學報》22 期，頁 122。

〔註46〕古偉瀛〈十九世紀臺灣天主教（1859～1895）──策略與發展〉《國立臺灣大學歷史系學報》22 期，頁 122。

　　除此之外，另外還有陳方中〈道明會與巴黎外方傳教會傳教方式與成果的比較研究（1859～1870）〉，〔註47〕該文針對兩個修會傳教方式上針對「建立傳教據點」、「傳教員協助傳教」、「特別的傳教事業」、「教友培育」、「物質援助」、「提供保護」、「皈依者」等方面進行討論，他認為道明會與巴黎外方傳教會都是採取類似的傳教方法，儘可能與當地族群和平相處，當面臨到衝突發生時也尋求外國勢力的協助，皈依者的心態則直指社會壓力與尋求外籍傳教士的保護所致〔註48〕。

　　筆者認為上述二文的分析較少考慮到天主教的歷史發展與修會的傳教經驗的累積。

　　天主教的歷史發展，從草創初期受到羅馬帝國的迫害，後來成為合法宗教，再進一步成為國教，終成為今日規模龐大、組織嚴密的教會，乃是由地下宗教慢慢發展，由下而上的模式所形成。同時聖經所記載的耶穌行徑，也似乎都是與弱勢、下層民眾站在一起的。

　　明中葉耶穌會利瑪竇來華之初，也是穿著袈裟向一般民眾傳教，後來才改變方式，轉向向上層士紳知識階級傳教，採取由上而下的方向來傳教，才獲致部分的傳教成果。

　　道明會在海外的傳教多數在十六世紀跟隨著西班牙的海外擴張，西班牙軍隊到達一地建立起新的殖民地，傳教士也跟著在當地建立新的教會，他們首先到達的地方便是中南美洲。1521 年西班牙探險隊來到菲律賓，1565 年西班牙部隊開始駐紮菲律賓，十六世紀末在墨西哥的道明會士成立新的會省——玫瑰省，他們致力向遠東地區傳教，該會省的會士便以菲律賓作為向亞洲其他地區傳教的據點〔註49〕。

　　從中南美洲到菲律賓，道明會會士所面對的都是當地的土著，他們學習當地的語言、教育土著、傳教、建立聚落，我們可以看到他們傳教的熱情，

〔註47〕陳方中〈道明會與巴黎外方傳教會傳教方式與成果的比較研究（1859～1870）〉，輔仁大學天主教史料研究中心《慶祝輔仁大學創校七十週年臺灣天主教開教一百四十年學術研討會》（台北：輔仁大學，1999 年 11 月）。

〔註48〕陳方中〈道明會與巴黎外方傳教會傳教方式與成果的比較研究（1859～1870）〉，輔仁大學天主教史料研究中心《慶祝輔仁大學創校七十週年臺灣天主教開教一百四十年學術研討會》，頁 130。

〔註49〕潘貝頎〈高母羨和玫瑰省道明會傳教方法研探〉，輔仁大學天主教史料研究中心《慶祝輔仁大學創校七十週年臺灣天主教開教一百四十年學術研討會》，頁 32。

但無形中也透露了白種人的優越感，不過在中南美洲的天主教各修會的會士也扮演起反對帝國主義的中堅角色〔註50〕。

　　1626 年該省會士來到臺灣北部，多少也將在中南美洲與菲律賓的傳教方式帶到了臺灣，1859 年西班牙道明會再次來到臺灣時，若仔細觀察，也可以發現他們所運用的傳教方式亦如前述地區的傳教方式，如學語言、教育信徒、建立聚落……等，而且所傳教的對象亦多數是社會的下層民眾，而非如耶穌會傳教的士紳階級〔註51〕。因此我認為分析十九世紀傳教方式時，亦應考量傳教士們的經驗與背景。

　　傳教人物方面，目前的研究都是著重在日治末期的日人主教里脇淺次郎（1904～1996，日本長崎）與第一位臺籍神父涂敏正（1906～1982，彰化羅厝），主要的研究有：施麗蘭〈涂敏正神父與里脇淺次郎教區長〉〔註52〕、古偉瀛的〈臺灣天主教史上的里脇淺次郎與涂敏正〉、〈從修會到教會——里脇淺次郎與臺灣天主教〉〔註53〕、陳梅卿〈代打者——臺灣神父　涂敏正〉〔註54〕。

　　古偉瀛利用日本的天主教會雜誌《聲》與教會報紙《日本カトリック新聞》及《涂敏正神父日記》具體描繪出日人主教里脇淺次郎來臺的過程及活動，由此可以讓我們清楚地看到日治末期戰時體制下的宗教統制政策。另一方面他也透過里脇與涂敏正的合作與職務繼承關係，表達出教會本土化的趨勢及臺灣天主教的發展朝向地方教會組織的方向進行，也透露出道明會玫瑰省會士的活動在當時是受到制約的，只有依靠里脇及涂敏正的合作方能維持臺灣天主教會的成果。

　　陳梅卿在〈代打者——臺灣神父　涂敏正〉此文中藉由《涂敏正神父日記》及相關人士的口述訪談、田野調查等，清晰地描繪出涂敏正的生平、個性，最重要的是她認為涂敏正在日治末期及戰後初期都是扮演代打者的角色。她

〔註50〕　John Mcmanners 編，張景龍等譯《牛津基督教史》插圖本（香港：牛津大學出版社，1996 年初版），頁 255～258。
〔註51〕　該說法可參閱楊嘉欽《高雄前金天主教聚落研究》（台南：成功大學歷史所碩論，1998 年 6 月）。
〔註52〕　施麗蘭〈涂敏正神父與里脇淺次郎教區長〉，《鐸聲》362 期，1997 年 1 月。
〔註53〕　古偉瀛的二篇文章皆收錄於《臺灣天主教史研究論集》（台北：臺大出版中心，2008 年 4 月初版）。
〔註54〕　陳梅卿〈代打者——臺灣神父　涂敏正〉，《史苑》第 63 卷第 2 號（東京：立教大學史學會，2003 年 3 月）。

以爲當時臺灣天主教會以道明會玫瑰省神父占多數，但當多數的神職都無法運作時，涂敏正所占的少數自然成爲代打者，再者天主教會組織中神父須服從教會，自然在當時的時局下，涂敏正只有服從教會命令一途，最後則是涂敏正面對強大的道明會的組織，勢必對教會的影響力弱，但因時代的因素，使他得以在臺灣天主教歷史上占有一席之地，不過涂敏正面對這樣的局面，心中眞正的想法才是作者最想了解的。

對於其他的臺灣傳教人物目前學界並無專門的學術研究，多數散見於教會的報紙或刊物，且多屬緬懷性質。我於就讀碩士班期間曾對道明會玫瑰省會士戴剛德進行口述訪談，2012 年於《高雄文獻》發表〈道明會玫瑰省戴剛德神父在臺傳教紀略〉，〔註55〕另有黃子寧曾對屏東萬金的第一位平埔族神父潘瓊輝進行訪談與記錄〔註56〕。

（三）堂區歷史、天主教聚落

此部分是最近幾年開始進行的研究方向，研究成果多以碩博士論文居多。

早期堂區的歷史除了教會書籍或教會刊物零星的記載外，較正式的應該是部分堂區所出版的紀念特刊，這些堂區的紀念刊物無形中便成爲堂區歷史研究中的基本史料。

目前學界對臺灣天主教堂區的研究成果大多數仍集中在臺灣的中南部，並且多是以碩士論文爲主。這些地區都是臺灣天主教早期傳教的地區，並以屏東萬金、高雄前金、彰化羅厝爲主。

道明會玫瑰省來到這些地區建立教會後，也開始購地建立天主教聚落。就族群而言，這三地區的族群分別爲平埔、閩南、福佬客；就地理位置來說，除前金外，其他都屬於市鎮的邊陲，並且三者都位於主要聚落的邊緣。筆者對此情形作如此解釋：早期臺灣地區的居民對於天主教信仰的接受，並不限於某些特定族群；傳教士們所建立的天主教聚落大多都遠離當地主要市街外，表現了天主教較難進入傳統的漢人聚集區，土地也不多，便選擇市街的外圍。

〔註55〕楊嘉欽〈道明會玫瑰省戴剛德神父在臺傳教紀略〉（上）（下）先後收錄於《高雄文獻》第 2 卷第 2 期（2012 年 6 月）、第 2 卷第 3 期（2012 年 9 月）（高雄：高雄市立歷史博物館）。

〔註56〕黃子寧《天主教在屏東萬金的生根發展（1861～1962）》（台北：臺灣大學出版委員會，2006 年）。

　　關於道明會玫瑰省如何建構天主教聚落的史料可說寥寥無幾，我在進行碩士論文時，曾在文獻上找到幾篇被收錄的土地買賣契約，約略呈現傳教士們進行土地買賣的方式，而林鼎盛撰寫碩論時也在萬金找到約 40 多張的羅厝的土地契約，希望可以藉此更眞實呈現天主教聚落的成立過程。

　　堂區歷史這方面目前相關論文、專書有：戴炎輝〈赤山地方的平埔族〉〔註 57〕、楊嘉欽〈高雄前金天主教聚落研究〉〔註 58〕、簡炯仁〈屛東縣萬巒鄉赤山、萬金庄的平埔族與天主教道明會〉〔註 59〕、陳淑慈〈萬金聚落空間之研究——以萬金天主教教會史料爲基礎〉〔註 60〕、劉益誠〈萬金、赤山地區天主教眾日常生活研究〉〔註 61〕、黃子寧《天主教在屛東萬金的生根發展（1861～1962）》〔註 62〕、陳怡君〈宗教經驗的召喚與祖先記憶的重塑：屛東萬金天主教徒的記憶、儀式與認同〉〔註 63〕、林鼎盛〈儀式與意義：以臺灣天主教羅厝堂區爲例〉〔註 64〕、楊惠娥〈天主教在臺灣中部之傳教——以羅厝教會爲例〉〔註 65〕。

　　上述的研究中，我們可以發現，就地區來說，以屛東的萬金最多，因爲該區域的族群分佈多元，包含了平埔、客家、閩南、高山族，同時該村莊以天主教爲強勢信仰，土地所有權多數仍掌握在教會，因此天主教聚落的型態最爲完整，在臺灣研究的熱潮下自然是研究的熱門對象。

〔註 57〕戴炎輝〈赤山地方的平埔族〉，氏著《清代臺灣的鄉治》（台北：聯經，1992年）。

〔註 58〕楊嘉欽〈高雄前金天主教聚落研究〉（台南：成功大學歷史所碩論，1998 年 6月）。

〔註 59〕簡炯仁〈屛東縣萬巒鄉赤山、萬金庄的平埔族與天主教道明會〉，淡江大學歷史學系《臺灣開發史論文集》（台北：國史館，1997 年 12 月）。

〔註 60〕陳淑慈〈萬金聚落空間之研究——以萬金天主教教會史料爲基礎〉（高雄：樹德科大建築與古蹟維護研究所碩論，2002 年 6 月）。

〔註 61〕劉益誠〈萬金、赤山地區天主教眾日常生活研究〉（台南：台南師院鄉土文化研究所碩論，2002 年 6 月）。

〔註 62〕黃子寧《天主教在屛東萬金的生根發展（1861～1962）》（台北：臺灣大學出版委員會，2006 年）。

〔註 63〕陳怡君〈宗教經驗的召喚與祖先記憶的重塑：屛東萬金天主教徒的記憶、儀式與認同〉（台北：臺灣大學人類所博論，2011 年 6 月）。

〔註 64〕林鼎盛〈儀式與意義：以臺灣天主教羅厝堂區爲例〉（台北：臺灣大學人類所碩論，2003 年 1 月）。

〔註 65〕楊惠娥〈天主教在臺灣中部之傳教——以羅厝教會爲例〉（台南：成功大學歷史所碩論，2003 年 6 月）。

　　戴炎輝的文章應是此方面研究的啓發者，這是他對當地的調查紀錄，將其所觀察與訪問的東西呈現，激發了後來研究者的深入探究。簡炯仁的文章則從文獻探討萬金村中平埔族的來源，並且對當地天主教會與信徒間的經濟關係，建構出臺灣開發史中一種「教會──墾佃」的型態。

　　陳淑慈的論文透過道明會所藏土地資料與潮州地政事務所所藏的地籍圖，完整建構出萬金聚落的空間，並探討在此空間生活的居民，在宗教信仰、族群、家庭結構、婚姻各方面所發生的關連性。劉益誠的的論文則透過問卷、統計分析萬金地區天主教信徒的日常生活形式。

　　黃子寧的論文詳述了萬金天主教聚落的構成、發展與影響，並且深入訪問該地出身的第一位平埔族神父，企圖達到「小村莊大歷史」的目標。陳怡君的論文則從人類學的觀點，由宗教經驗與祖先記憶的角度切入，分析萬金的天主教信徒藉由參與天主教由每年 12 月將臨期開始的禮儀年度的各項重要節慶，並加以吸收、改造後，更透過相同的信仰融入異質性的人群，將其斷裂的祖先記憶重新型塑起來，重新定位自我的認同，藉著萬金天主教平埔族群的例子，她認爲對於平埔族群的了解與認識，由歷史性的角度來觀察平埔族群的自我認同更能了解他們的生活經驗。

　　除了萬金，高雄前金、彰化羅厝也是最近研究的對象。筆者的碩士論文乃是以高雄前金地區的玫瑰堂，臺灣天主教的開教地，也是臺灣第一個天主教聚落出現的地方。筆者認爲臺灣天主教聚落的出現，是道明會長期以來在海外傳教的基本模式，加上當時臺灣仇外、仇教風氣盛行，聚落便成爲信徒的避風港，加重了聚落的特殊性。此論文說明都市的變化與土地所有權的變化，促進聚落的瓦解，並也探討聚落內居民的日常生活、婚姻模式、及社會化的過程，試圖反映道明會玫瑰省傳教的問題。

　　在羅厝方面，楊惠娥的論文則呈現了羅厝教會完整的歷史發展，及其與社區間的互動情況，不同的階段表現不同的現象，如管理階層的變化（道明會──美國瑪利諾會──台中教區）也表現在教堂建築的變化與社區的互動上，爲日後欲深入研究的人提供了完整的資料。

　　林鼎盛的文章則是在羅厝地區實地調查，以人類學的角度觀察天主教信仰如何影響信徒的日常生活，並作某種程度的轉化。林文呈現了天主教儀式使羅厝信徒成爲神聖的人，時間方面，信徒有別於臺灣漢人的生活節奏和時間觀念，空間方面，包含祭祀空間與死亡空間亦與漢人傳統相異，同時最切

身的生命歷程（出生、成年、死亡）雖遵循天主教儀式來進行，但羅厝天主教信徒的身分終究是漢人，部分漢人傳統也共存於生活中，如何在聖俗之間取得最佳的折衷點。

除了上述的研究成果外，其他地區與學術領域也開始有相關的研究，如范心怡〈天主教在山城埔里的發展〉〔註66〕、張欣儀〈天主教會與地方社群關係之研究——以桃園地區爲例〉〔註67〕、黃志弘〈天主教在臺擴展及其區域特性之研究〉〔註68〕，

由上述的研究成果發現，對於天主教聚落慢慢擺脫了傳統傳教歷史敘述的切入角度，開始透過人類學、建築、地理學、田野調查、社會學來重新建構一個聚落、堂區的歷史，這樣的聚落歷史卻會因切入角度的不同，呈現不同的面貌，這些關於堂區歷史的研究成果也都協助我在建構道明會玫瑰省的傳教歷程中，特別是在戰後的階段，可作爲對照與思考的來源。

雖然近年來的研究成果已漸漸展現多樣化，但是針對某一天主教修會進行研究者，除前述陳滿雄的碩論外，其他多是在針對堂區歷史進行論述時，才會提到部分修會的傳教，所以以某一天主教修會的發展與傳教爲研究對象，仍是天主教中可以發揮的研究空間。

四、研究方法

本研究以道明會玫瑰省爲主要研究對象，研究重心放在臺灣，也考量到道明會玫瑰省會士則是由菲律賓來到中國福建、臺灣，又連帶到臺灣與中國間的政治、社會文化關係，所以福建、菲律賓也成爲本研究的次要關注對象，也因此此三個地區有關道明會玫瑰省的史料便成爲我首要的研讀目標。

研究方法主要有三個歷程，首先是研讀資料並作成紀錄。史料方面先著重在道明會玫瑰省所出版的史料或專書。菲律賓方面以阿都阿特的 *Historia de la Provincia del Santo Rosario de la Orden de Predicadores en Filippinas, Japon y China* 爲主；中國方面則以岡薩雷斯的 *Historia de las Misiones Dominicanas de China*；臺灣方面則以費南德茲的 *One Hundred years of Dominican Apostolate in*

〔註66〕 范心怡〈天主教在山城埔里的發展〉（南投：暨南大學歷史所碩論，2010年1月）。
〔註67〕 張欣儀〈天主教會與地方社群之關係——以桃園地區爲例〉（新竹：清華大學歷史所碩論，2003年7月）。
〔註68〕 黃志弘〈天主教在臺擴展及其區域特性之研究〉（臺中：臺中教育大學社會科學教育所碩論，2006年6月）。

*Formosa（1859～1958）*及阿瓦列斯的 *Formosa, Geogràfica e Històricamente Considerada* 第二冊、鮑曉鷗編輯的 *Spaniard in Taiwan* 為主，除了上述所運用的史料外，並輔以芮拉所編著的 *Misioneros Dominicos en el extremo oriente （1587～1940）*的人名辭典。再者閱讀整理官方公文書、相關教會傳教史資料與研究成果，也加以標註紀錄。

　　第二階段則是將所標記的紀錄分類，並區分年代，分為教會資料、道明會玫瑰省資料、官方資料等，最後再將所有資料按年代細分為「傳教方式」、「傳教討論」、「傳教成果」、「會士觀察」、「禮儀問題」、「政府政策」等方面，作為論文寫作的基本架構與資料來源。

　　此時筆者面臨很大的困境，即道明會玫瑰省多以西班牙人為主，因此出版的史料或專書皆以西班牙文為主，對於不闇西文的我來說，形成極大的阻礙，因此我只有尋求是否有英日文譯本或者藉由他人相關著作中的引文來對照原書中的敘述，尋求解決。前者如由 E. H. Blair 與 J. A. Roberston 編的 *The Philippine Islands, 1493～1898* 中的第 30～32 冊便是我了解阿都阿特的作品的主要材料；後者則運用大陸學者張先清的著作及芮拉所寫的〈道明會在中國〉一文中引用有關岡薩雷斯的作品中的資料，並且將其中的重點作成紀錄，以便日後使用。

　　由於是透過他人翻譯的資料，正確性則需要確認，其中有些西班牙人名，如 E. H. Blair 與 J. A. Roberston 在翻譯的過程中對西班牙人名會採取同音字的方式來呈現，如「Miguel de Benavides」就翻譯成「Miguel de Venavides」，或有些部分翻譯錯誤，筆者只有由原書或參閱其他相關書籍來比對；或有些字有其他意義，如「Profesìon」主要的意義為職業，但也可用來解釋為對某種信仰堅定的意思，因此教會用來表示神職人員的發願，這類的用語也只有請教西班牙神職人員，來求其正確性，或運用翻譯軟體或網站，如「Google 翻譯」作為協助工具。

五、章節安排

　　本文在章節安排上，除緒論、結論外，文分五章。

　　緒論主要說明本文的研究動機、目的、研究回顧、研究方法等。

　　第一章主要討論道明會的創立緣起、發展及修會生活的狀況外，十六世紀道明會士隨著西班牙船隊前往中南美洲、菲律賓傳教的情況及玫瑰省成立後所秉持的傳教態度與傳教方式。

　　第二章則討論玫瑰省針對菲律賓華人傳教的情況。此時期道明會玫瑰省也進入中國，因此也會討論道明會玫瑰省經由臺灣進入中國後，並在中國的福建福安奠定基礎，後來中國禮儀問題造成天主教在中國傳教的阻礙後，玫瑰省在中國發展的情形。

　　第三章主要描述十七世紀道明會玫瑰省直接自菲律賓來臺，呈現其在臺灣的傳教的情形。再者則是討論十九世紀中葉道明會玫瑰省受命再度來臺後，其在臺灣的傳教情況，包括傳教方式、本土傳教人員的培養、天主教聚落的成立等，此時天主教也正式在臺灣奠定基礎。

　　第四章以 1936 年臺灣開始進入戰時體制的時刻為分界點，將日治時期分為前後二期，分為三部份來討論。第一部份主要討論乙未之際，道明會士與信徒在臺灣政治與社會轉換的時刻，他們採取的態度。第二部份則是先了解日本明治維新後，日本官方對基督教的態度及道明會面對新統治者的回應與此時期傳教的情況。最後是討論自 1936 年臺灣推動皇民化運動後，日本政府運用何種方式達到宗教統制的目的及對外籍傳教士的處置。

　　第五章討論 1949 年以後因大陸政局的混亂，大批中外男女修會、教區神職來臺，臺灣天主教教會政治的轉變。同時在此階段道明會玫瑰省也開始向高屏山地原住民傳教，1970 年代教會神職人員本地化的潮流，促成道明會的本土修會——中華道明會的成立，也是討論的課題，最後則描述道明會玫瑰省在臺灣的現況與所面臨的挑戰。

　　最後則是結論。透過一～五章的討論，對道明會玫瑰省在臺灣的傳教作總結的討論。

第一章　道明會的發展及玫瑰省的建立

　　天主教會由耶穌與其門徒對外傳教起，藉由耶穌將上帝的信仰在其身上重新詮釋與具體化後，吸引許多民眾的嚮往與加入，建構起以耶穌爲中心，相對於當時階級社會的理想性社團。

　　隨著耶穌的離開，門徒們向猶太人以外的民族傳教，此時天主教教義本質（與上帝同一的耶穌信仰）已與猶太教（上帝的信仰）斷絕關係，對外族傳教的結果，也加入猶太人以外其他民族對教義的多元解釋與探討，這對原本就是以猶太教及其它宗教信仰所發展的天主教教義，卻成爲威脅，天主教便「需要在更堅定的基礎上建立其社會論據，並供應更具體的觀點，更實際可行的界說方法」，〔註 1〕天主教社團便朝向以主教爲中心，著重禮儀和傳統的組織發展，成爲天主教將教義藉由組織與禮儀的成形得以掌握教義，另方面教會組織的發展則是世俗化的表現。

　　因天主教會一方面朝向世俗性的組織發展，透過教牧制度、禮儀來掌控此宗教教義與團體的發展，一面又因教會爲宗教團體，原有的宗教理想與道德行爲勢必與世俗行爲產生對立，因而部分人對自然世界採取懷疑又敵視的態度，滲入了上帝與人之間關係的神祕主義，產生以修道生活爲主的隱修主義（Eremitism，又稱爲「遁世主義」）。〔註 2〕天主教隱修運動多數認爲是四世紀初源自於東方，隱修運動即個人到偏僻地方度一種隱居的宗教生活，其中最有名的就是埃及的安東尼（Antony）。

〔註 1〕特爾慈（Ernst Troeltsch）著，戴盛虞等譯《基督教社會思想史》（香港：基督
　　　　教文藝出版社，1991 年 7 月 4 版），頁 70～71。
〔註 2〕特爾慈（Ernst Troeltsch）著，戴盛虞等譯《基督教社會思想史》，頁 82～83。

　　四世紀中葉東方隱修運動漸漸西傳至歐洲，天主教會內也開始有人鼓吹隱修運動，後來聖奧古斯丁（Aurelius Augustinus，354～430）等西方教會的有力人士，也認同並提倡修道生活，並且將禁慾隱修作爲教士品行的標準。不過聖奧古斯丁則主張將修院建立在城市附近，只吸收了東方隱修士的守貞、貧窮、服從等生活方式（又稱「三願生活」），更強調修士生活中的每日必須的祈禱、彌撒等禮儀。〔註3〕

　　此後歐洲的修院也開始蓬勃發展起來，但此時部份修院雖也建立了各自的會規，並無統一的制度，只著重於個人的隱修生活。523年聖本篤（St. Benedict of Nursia，480～534）創立本篤會，更結合了天主教教義，將修院制度理論化，綜合已有的各種修道院規則制定出一套統一的修院制度，爲天主教修會的發展奠定了基礎。

　　聖本篤不僅制定了修院制度，也將修院整個組織化，修會內設立院長、副院長、總務等職位，並賦與其權力得以管理修會。同時也規定了修會生活，會士除了需要遵守三願生活外，平日則需要勞動、祈禱、誦讀，過著貧窮、靈修的生活，聖本篤將東方隱修運動的個人爲主的消極逃避現世的生活方式，轉化爲積極生活的有組織、有紀律的宗教團體，〔註4〕更納入了教會的體制內。

　　上述的演變過程，基督教歷史主義學家特爾慈（Ernst Troeltsch，1865～1923）認爲教會身爲宗教團體，宗教理念原應著重精神層次，對世俗應採取漠視的態度，但爲維持教會教義的穩固及統一，因而朝向世俗化的組織發展，但重視屬靈、漠視世俗、合乎福音原始理念的隱修主義與急進思想的出現，則可能成爲對教會的威脅，〔註5〕

　　因此教會採取雙重的道德標準，「一方面認識世界是上帝善意的表現，一方面渴望超出世界之上，升到上帝那里作爲祂的子女，在祂裡面彼此合一，並以此達到了生活的最後目的」，〔註6〕教會接受部分隱修主義的理念，同時也意圖要求隱修主義需接受教會的教牧、禮儀制度，維持教會的統一，即是修道院制度，將修道院收編於教會的管理體制之下，首先是受各大主教的管轄，後來大修道派成立時，便須接受教宗的管轄。〔註7〕

〔註3〕王亞平《修道院的變遷》（北京：東方，1998年6月一版），頁7。
〔註4〕王亞平《修道院的變遷》，頁14。
〔註5〕特爾慈（Ernst Troeltsch）著，戴盛虞等譯《基督教社會思想史》，頁163。
〔註6〕特爾慈（Ernst Troeltsch）著，戴盛虞等譯《基督教社會思想史》，頁88～90。
〔註7〕特爾慈（Ernst Troeltsch）著，戴盛虞等譯《基督教社會思想史》，頁163～164。

　　特爾慈認爲教會之所以受到修道制度的吸引，乃是因爲它認爲這是一種重振威信的途徑，神父制度本身的修道化，使他們獲得最有力的鼓勵，並獨立於俗界之外；修道主義也受著教會的吸引，因爲復興和改革的工作，只能夠在和教會的國際性勢力相關聯的情形下才能夠推動，修道者德性方面的力量，以及隱修生活的宗教意義，也都依靠禮儀而來的恩惠，這是通過教會才有可能的事。〔註8〕

　　整個天主教教會組織管理中，天主教修會是教會中特殊團體，修會會士可以是正式的神職人員，也可以是單純的修道人。會士們不僅著重隱修主義的道德行爲，也著重對於神學思想的鍛鍊，作爲心性的訓練和與上帝相結合的方法，同時也將基督教的社會工作完全承攬。〔註9〕他們不參與教會組織實際運作，擁有自我的運作模式與生活方式，仍須服從教宗領導，

　　特爾慈將修院制度視爲一種大教會內的小派運動。小派運動著重於個人內在的圓滿，並尋求在小團體成員間的直接契合，藉由對世俗的漠視、隱修生活來作爲與上帝結合方法，這樣的方式自然爲教會所不能容許，修院制度某種程度具有上述的性質，但他們接受教會的領導、管理，所以教會允許可控制的修院制度的存在，〔註10〕也藉其來維持其宗教的精神，也作爲復興運動中的活力來源。就如緒論中，筆者引用張春申對修會的定義：

> 一位會祖創立一個修會，幾乎沒有一位是教宗任命的，而是天主聖神的工作，聖神臨於修會團體中的每一個人的心靈上，邀請他度一個恩寵的生活，這恩寵生活不是在靜態中，而是在動態中培養，……在聖神的恩寵中，在某一個時代或某一需要下，聖神推動某些人在神貧、貞潔、服從的形式下度恩寵的生活，這便是修會的生活。〔註11〕

　　由上述的定義，可以了解到天主教修會因著重於福音的原始理念，是負有理想的宗教社團。由聖本篤開始所創立的修院類型，藉由勞動成爲一經濟實體，又納入教會體制中，所以教會內部產生變化時，也會影響到修會內部，但又由於修會內的藉由修道生活的反省，也會成爲促進教會改革的力量泉源。十一、十二世紀天主教教會內的改革呼聲，部分便是由修會所發起。本研究的主角——道明會（Dominicans）也是在此時漸漸發展起來的。

〔註 8〕　特爾慈（Ernst Troeltsch）著，戴盛虞等譯《基督教社會思想史》，頁 164。
〔註 9〕　特爾慈（Ernst Troeltsch）著，戴盛虞等譯《基督教社會思想史》，頁 133～134。
〔註 10〕　特爾慈（Ernst Troeltsch）著，戴盛虞等譯《基督教社會思想史》，頁 243～245。
〔註 11〕　張春申《教會與修會》（台中：光啓，1980 年 7 月），頁 172。

　　本章首先主要討論道明會創立的源起，及其至今的發展狀況；再者則是敘述道明會的修會特色、組織狀態、會士培育、修會生活、經濟活動等。

　　第三討論隨著十五、十六世紀歐洲國家積極海外發展及新大陸的發現，天主教修會也隨著西班牙艦隊來到美洲、菲律賓的傳教情形。其中主要論及道明會在新大陸、菲律賓除採取適應性傳教外，亦從神學理論著手，批判西班牙政府在拉丁美洲殖民政策的正當性，也促使其它修會某種程度地運用興建信徒聚落的形式來協助保護當地原住民，最後則是敘述道明會來到菲律賓後，由於接觸到前往菲島貿易的華人、日本人，也讓會士們嚮往前往中國、日本傳教，促成專門以遠東傳教為責任的道明會玫瑰省的成立。

第一節　道明會的創立與發展

　　道明會原名「宣道兄弟會」（Order of Preachers，簡稱「OP」），1215 年由西班牙卡斯提爾的貴族聖道明（St. Dominic, 1170〜1221）創立，1216 年經教宗批准成立。聖道明死後，此會會士們為紀念他，便改名「道明會」。〔註 12〕道明會創立之時機，正值十一、十二世紀天主教教會內興起改革呼聲及「異端」（Heresy）盛行的時刻。

　　476 年西羅馬帝國滅亡後，歐洲政治呈現分裂的情況，天主教會原所擁有羅馬帝國國教的身分也因而消失，而天主教會仍得以透過宗教的力量維繫政治分裂的歐洲，並將當時人類社會日常事務漸漸地納入教會的管轄，因此教會所握有的權勢，也使教會與世俗政權間存在著微妙的關係。

　　此時歐洲各國雖普遍承認了羅馬教會的權威，也因為羅馬城的宗教經歷與悠久歷史，使得羅馬主教的地位蒸蒸日上，教宗的權力也日益羅馬化，〔註 13〕歷屆教宗皆來自羅馬貴族，地位凌駕於西歐諸教會之上，〔註 14〕但表面上教宗權力大，實際上教宗卻很少能介入阿爾卑斯山以北地區教會的事務。

　　各地新成立的國家將教會納入新的國家體制中，形成「區域教會」。此時

〔註 12〕張綏《中世紀基督教會史》（台北：淑馨出版社，1993 年 2 月初版），頁 127。
〔註 13〕依曼·杜菲著，王憲群譯《聖人與罪人──教宗的故事》（台北：新新聞文化，2000 年 6 月），頁 66。
〔註 14〕John Mcmanners ed. *The Oxford Illustrated History Of Christianity*（New York：Oxford University Press,1990），p.200.

多數的歐洲封建領主們認為其權力直接來自於上帝，直接統治著一個國家、一個教會，因而干預教宗與神職的任命，雖然固定繳納教會什一稅，但也把當地的教堂視為私人財產，任意出售或租借，教堂被當作佔有者的私人財務。〔註15〕除了上述所謂「俗人授職」的問題外，神職買賣、神職婚姻同居的問題也為人所詬病。

十世紀開始，教會內統一領導的概念重新興起，羅馬教宗開始試圖改革教會，將教會的領導權力自區域王權的手上奪回，進而發展成教會不受國家干涉，並在國家之上的主張，特別是教宗格列高里七世（Gregory VII，1073～1085 在位）在位時，他將教會集中於教宗的管轄，嚴格執行獨身主義、主教選舉、執行主教任務的規矩，並且主張在一切宗教問題中，世俗政權是隸屬於教會的。〔註16〕另一方面修道主義也在此時期重新發展起來，進行改革，保持苦修的自然生活，企圖擺脫世俗政權的控制，支持教宗的領導，促使教會透過修院重新喚起根本的宗教精神，來對抗區域王權。〔註17〕

同時期由於十字軍東征的進行，雖然成效不彰，卻促進了東西貿易的熱絡與思想文化的傳遞，拜占庭所保留的希羅文化也就隨著傳入西歐，掀起歐洲對希羅文化學習的熱潮。〔註18〕另一方面歐洲經濟也漸產生變化，因著新地區的開發，使鄉村人口增加，更促進了城市的興起，也催生了如佛羅倫斯（Florence）之類的國際貿易城市。〔註19〕

城市的興起帶動了市民階級的出現，這些市民在追求城市自治的過程中，創造出自己的市民文化，此市民自主精神的產生與發展對於封建政治與教會等傳統權威觀念產生動搖，更進而對宗教觀念也有了自主的要求；〔註20〕再者天主教修會的神職因頻繁地與社會接觸，自然也感受到當時社會的變化，而修院制度乃是依據天主教教父的神學理論而建立的，他們積極地思考在面對社會的變遷又不違反天主教原始教義的前提下，提出能適應時代的宗教觀念，〔註21〕有些也針對前述教廷的腐敗問題發出批判，發展出新的神學觀念與生活方式。

〔註15〕John Mcmanners ed. *The Oxford Illustrated History Of Christianity*, p.197.
〔註16〕特爾慈（Ernst Troeltsch）著，戴盛虞等譯《基督教社會思想史》，頁150。
〔註17〕特爾慈（Ernst Troeltsch）著，戴盛虞等譯《基督教社會思想史》，頁162。
〔註18〕王亞平《基督教的神秘主義》（北京：東方出版社，2001 年 10 月），頁175。
〔註19〕John Mcmanners ed. *The Oxford Illustrated History Of Christianity*, p.200.
〔註20〕王亞平《基督教的神秘主義》，頁176。
〔註21〕王亞平《基督教的神秘主義》，頁177。

　　十二世紀上半部份傳教士開始對教會中的崇拜行為、聚斂財富及神職所享有的特權提出批判，這些傳教士前往法國南部宣傳其理念，這些傳教士的作為自然引發教會方面的反擊，並將教會所無法認可的觀念判定為「異端」。〔註 22〕而特爾慈（Ernst Troeltsch）則將當時天主教會所謂的異端稱為大教會的小派運動，這些反對教會的小派思想的明顯特徵就是否定教宗的權威、教會的領導。〔註 23〕

　　當時有一教會團體受到歐洲巴爾幹地區善惡二元論影響成為卡特里教派，又被稱為「清淨派」（Catharist）。

　　該教派的教義基本上認為物質萬惡，精神主要是善的。「既然物質為惡，則無一生物為純淨，肉體的生活則為無上的、唯一的不幸，唯一的善舉即是將生命除去」。〔註 24〕此派主要領導者是神職人員與貴族，另有少數被選擇出來的人，稱「成全者」，他們強調童貞及宗教的神修生活，立誓永不食肉、蛋或乳酪，過著獨身刻苦的生活，〔註 25〕他們的生活方式與天主教的神職人員優渥的生活形成強烈的對比。同時他們的神學思想主要反映了城市手工業工人和小商人反封建的要求。他們宣稱教宗是魔鬼，並提出打倒羅馬教會的口號，更否定了部份天主教的教義。〔註 26〕

　　他們的教義與信仰，透過參加十字軍東征的農民和來往於巴爾幹及法國土魯斯地區的商人，帶到義大利北部和法國南部，其中以土魯斯的亞爾比（Albi）最為活躍，因此又稱「亞爾比派」（Albigenses）。〔註 27〕至十二世紀末法國南部亞爾比派的勢力已超過天主教會。〔註 28〕

　　十一世紀中葉羅馬教廷開始進行教會改革運動，使教會企圖擺脫世俗政權的控制，並對教會長期以來的問題進行革新，令人耳目一新，重建起教會的地位，修會方面則有克呂尼（Cluny）修院改革運動。

〔註 22〕John Mcmanners ed. *The Oxford Illustrated History Of Christianity*, p.211.

〔註 23〕特爾慈（Ernst Troeltsch）著，戴盛虞等譯《基督教社會思想史》，頁 243～244；張綏，《中世紀基督教會史》，頁 120。

〔註 24〕Bede Jarrett O.P.著，劉河北譯《聖道明傳》（高雄：多明我出版社，2007 年 5 月再版），頁 15。

〔註 25〕Bede Jarrett O.P.著，劉河北譯《聖道明傳》，頁 16。

〔註 26〕張綏，《中世紀基督教會史》，頁 121。

〔註 27〕張綏，《中世紀基督教會史》，頁 121。

〔註 28〕張綏，《中世紀基督教會史》，頁 121。

　　克呂尼位於法國勃艮第地區，原是座小教堂，〔註29〕909 年由阿奎丹威廉公爵（Duke William of Aquitaine）所創立。該修院有嚴格的紀律約束會士，要求放棄個人財產、禁慾、絕婚、緘默、服從、參加體力勞動……等，嚴格遵守本篤會的會規，修會亦直接向羅馬教廷負責，這確保了克呂尼修院的自由，不受任何主教的控制；〔註30〕可以由會士們自行選舉院長，消除世俗通過任命院長干預修會的可能；〔註31〕這樣的形式成為日後天主教修會固有的模式。

　　克呂尼修院改革運動開始後，蔚為風潮，修會的勢力也越來越大，但也漸漸腐化。十一世紀末則從克呂尼修會分離出熙篤會（Order of Cistercians，亦稱「西多會」）。該修會提倡貧窮、簡樸、隱修的生活，嚴守本篤會會規，這種修會生活方式「代表了十二世紀西歐社會一種宗教理想主義的傾向」。〔註32〕

　　除上述的隱修會外，法國西部因開發較晚，地方貴族的獨立性較強，該地的教會與修會世俗性更強，開始有不滿修會世俗生活的會士，離開修會穿著破舊的僧服，以化緣乞食的方式，過著清苦的修行生活，成為「托缽會士」（mendicant）。〔註33〕他們前往南法地區佈道，吸引了眾多的聽眾，這些托缽會士將修會生活帶出圍牆，在社會中普及修道生活，將宣講聖經視為己任，並漸漸地從鄉村進入城市。〔註34〕

　　十二世紀部分教會的改革人士創立了一種將教會神職與祈禱生活結合，又兼有隱修院性質的團體，稱「清規詠經團」（Chapters of Canons Regular）。〔註35〕此類團體會規是依照聖古奧斯丁的言論和行為所擬定的。〔註36〕道明會的創立即根源於此。

　　清規詠經團都在偏遠鄉村協助教區的牧靈工作，卻無法應付日後新興城市中異端盛行的風潮。歐洲自十一世紀開始，義大利北部如威尼斯、佛羅倫斯及中歐北部的法蘭德斯（今日的比利時、法國西北部）兩地區的貿易發展，刺激了歐洲內陸貿易的復興，同時商人經常駐足的人口稠密或位於交通要衝

〔註29〕王亞平《修道院的變遷》，頁 57。
〔註30〕依曼・杜菲著，王憲群譯《聖人與罪人──教宗的故事》，頁 140。
〔註31〕王亞平《修道院的變遷》，頁 61。
〔註32〕王亞平《修道院的變遷》，頁 107。
〔註33〕王亞平《修道院的變遷》，頁 115～118。
〔註34〕王亞平《修道院的變遷》，頁 118。
〔註35〕辛內樸編，左婉薇譯《道明會簡史》（高雄：多明我出版社，1983 年 12 月），頁 2。
〔註36〕王任光《西洋中古史》（台北：國立編譯館，1992 年 8 月修訂版），頁 562。

上的堡壘、修道院、軍事據點等地方，也漸發展成城市。城市市民爲了追求及保障自己利益，因此結合起來企圖擺脫當時封建領主與教會的控制，藉此取得身分、行動、財產、政治等方面的自由，開始了城市的自治運動；另方面教會方面不正當的謀利、征斂也引發城市市民強烈的反彈，進行暴力抗爭，〔註37〕亦因對教會的反感，使得反教會觀點或新思想特別容易在這些地區發展，當時所謂的異端遂亦容易在城市中發展。

綜上所述，道明會乃是集合當時教會改革時所發展出各種新修道生活的集合體，以此來因應當時教會所面臨挑戰與捍衛教會地位所創立之新修會。

一、聖道明的生平

聖道明出生於西班牙布葛省（Burgos）的加肋路加（Caleruega）。其古茲曼家族（Guzman）據說原是卡斯提爾的騎士後裔。〔註38〕相傳聖道明出生前曾出現異象，這些異象不僅成爲聖道明肖像的基本元素，如額頭上的星星、旁邊有隻咬著蠟燭或火把的狗等〔註39〕，另一方面似乎很早就標示著其未來在天主教會中的成就。

聖道明14歲時前往帕倫西亞（Palencia）學習文理學科（包含文法、修辭、辯證、數學、幾何、音樂、天文等）。〔註40〕20歲時聖道明開始學習神學，並由當時奧斯瑪的主教邀請他加入堂區的清規詠經團成員，同時也以此來領取政府的薪資繳付學費。〔註41〕1195年聖道明晉鐸成爲正式的詠禮司鐸後，便

〔註37〕 王任光《西洋中古史》，頁398～402。

〔註38〕 Bede Jarrett O.P.著，劉河北譯《聖道明傳》（高雄：多明我出版社，2007年5月再版），頁3。

〔註39〕 關於聖道明母親懷孕時所夢到的異象，一般有兩種說法：一是他母親夢到懷著一隻猛犬，從母胎衝了出來，口中銜著火炬，像要焚燒整個世界似的（〈眞福若堂的道明小傳〉，收錄於雷那神父等英譯，張志峰中譯《道明會初期文獻》（高雄：多明我出版社，2006年9月再版），頁8）；另有一種異象則是後來聖道明受洗時的代母說她夢見一個孩子向她走來，額前有一顆明星，其光芒照耀普世。（Bede Jarrett O.P.著，劉河北譯《聖道明傳》，頁4。）

〔註40〕 〈眞福若堂的道明小傳〉，收錄於雷那神父等英譯，張志峰中譯《道明會初期文獻》，頁11。

〔註41〕 西洋中古時期神職是由政府發放薪資，因此當一個人進入神學院學習後，即成爲神職候選人，學費應由主教來負擔，但因主教經濟能力有限，因此會給予這些神學生一個頭銜，來領取政府的薪資，而其頭銜所應負責的工作則由一位副神職代爲執行，神學生則以此薪資來繳付學費及酬謝幫他執行工作的副神職。（Bede Jarrett O.P.著，劉河北譯《聖道明傳》，頁7～8。）

如前述開始進行詠禮司鐸的工作，協助鄉村或市鎮附近堂區的傳教工作。

根據有關聖道明的傳記中所描述，其平日生活單純，閑少出門，熱中於讀書「夜間往往不寐而攻讀終宵」，〔註42〕同時書籍中「他愛讀曠野神長的談話錄（Conference of the Fathers of the desert）……這本書淨化了他的良心，加強了他的默觀……」。〔註43〕另一方面修道生活中聖道明也「習慣守夜祈禱，關上房門，暗自向天父祈禱。他有時在禱告的時候，會情不自禁地呻吟發生內心的感受」〔註44〕或「當他的精力衰竭，而感到心猿意馬，不易凝住於神學的課業時就去祈禱」。〔註45〕上述聖道明的修道生活的形式，後來逐成爲道明會生活中很重要的部份。

圖1-1：聖道明像

1203 年聖道明陪同奧斯瑪主教狄亞哥（Diego of Acevedo）前往丹麥，路途中經過法國南部土魯斯時，見到當地亞爾比派（Albigenses）盛行，而當地天主教會面對該派的盛行亦無有效的因應對策。

1206 年教宗英諾森三世（Innocent III，1198～1216 在位）曾指示 12 名熙篤會的院長各帶領一位隨員開會討論如何抵抗這些基督教小派。〔註46〕奧斯瑪主教狄亞哥與聖道明由羅馬回程途中，恰巧在法國蒙培理（Montpellier）遇上該會議的召開。會議中狄亞哥主教提出看法：「看這些異端人！他們偽裝虔誠，假冒福音的神貧和刻苦，反贏得思想單純的民眾。因此，如果你們不如他們那樣神貧，就難給人教化，甚至招惹許多不利，導致徹底的失敗，無法達成目

〔註42〕 Bede Jarrett O.P. 著，劉河北譯《聖道明傳》，頁8。
〔註43〕 〈眞福若堂的道明小傳〉，收錄於雷那神父等英譯，張志峰中譯《道明會初期文獻》，頁14。
〔註44〕 〈眞福若堂的道明小傳〉，收錄於雷那神父等英譯，張志峰中譯《道明會初期文獻》，頁14。
〔註45〕 Bede Jarrett O.P.著，劉河北譯《聖道明傳》，頁8。
〔註46〕 〈眞福若堂的道明小傳〉，收錄於雷那神父等英譯，張志峰中譯《道明會初期文獻》，頁17。

的。」，〔註47〕便建議參加會議的熙篤會會士「棄絕一切，只求全心全意的
講道……按照耶穌所立的榜樣去生活和教導，也全心效法宗徒們，不帶任
何金銀」。〔註48〕該主教只留下幾位神職人員，並開始效法初期教會傳教的
模式，過著刻苦的生活，二人一組徒步去宣講。〔註49〕聖道明與同伴們實
行貧窮、刻苦等方式，並且積極的對外講道，因而獲得了成效。

聖道明在土魯斯區域傳教的經驗中，漸漸意識到只有修會才能不斷地提
供教會宣講的人才，並且要研讀聖經才能與熟悉聖經的小派運動人士辯論。

1213 年聖道明開始籌備新修會的成立。

1215 年聖道明的修會得到土魯斯主教富爾克（Fulk）同意，名爲「宣道
兄弟會」（Order of Preachers），承認他們是建立在使徒神貧上，以宣道爲目的
的修會。〔註50〕同年富爾克主教與聖道明前往羅馬欲請教宗英諾森三世同意
新修會的成立，但因當時拉特朗大公會議中決議禁止修會生活的新花樣，只
希望就現有修會的改良，不願有標新立異新修會的成立，〔註51〕因此當下並
未同意聖道明新修會的成立。1216 年聖道明依據聖奧古斯丁會規創會，遂得
到教宗同意。

1216 年新任教宗何諾理三世（Honorius III，1216～1227 在位）首先發
函道明會，標題名爲〈修會生活〉，確認道明會是一種清規詠經團，並同時
對該修會生活做了規定。〔註52〕1217 年教宗何諾理三世再度頒布詔書，文中
稱聖道明及其會士爲「宣道士」，正式確立道明會是一個以宣道爲主的修會，
〔註53〕同年聖道明開始派遣會士前往歐洲各地「去讀書、宣講，並建立會
院」。〔註54〕1218 年教宗更發函各地教會鄭重推薦並幫助宣道會士。〔註55〕

〔註47〕〈真福若堂的道明小傳〉，收錄於雷那神父等英譯，張志峰中譯《道明會初期
文獻》，頁 17。

〔註48〕〈真福若堂的道明小傳〉，收錄於雷那神父等英譯，張志峰中譯《道明會初期
文獻》，頁 19。

〔註49〕辛內樸編，左婉薇譯《道明會簡史》，頁 6。

〔註50〕〈教宗的認可詔書〉，收錄於雷那神父等英譯，張志峰中譯《道明會初期文
獻》，頁 200。

〔註51〕Bede Jarrett O.P.著，劉河北譯《聖道明傳》，頁 42。

〔註52〕〈教宗的認可詔書〉，收錄於雷那神父等英譯，張志峰中譯《道明會初期文
獻》，頁 201。

〔註53〕〈教宗的認可詔書〉，收錄於雷那神父等英譯，張志峰中譯《道明會初期文
獻》，頁 206。

〔註54〕辛內樸編，左婉薇譯《道明會簡史》，頁 10。

　　1220 年道明會第一屆全體會士大會於義大利波隆那（Bologna）召開，會議中通過會規，會規內容包括了宣講、讀書、神貧、視察和組織會院以及總會議召開的程序，確立總會議是修會中最高的行政、立法、司法的權力，同時每位與會議員包括總會長在內，都享有同等的權力。〔註 56〕並賦予各會院的院長豁免權。〔註 57〕

　　1221 年第二屆全體會士大會再度於義大利波隆那召開。此次會議確立了道明會的集體制與分層制：會省制度成立，結合若干會院形成會省，由省會長與省會議管理，會省之下有會區，會區之下有會院，分層管理，並向上負責。

　　1221 年總會議結束後，不久聖道明病逝波隆那，1234 年教宗格列高里九世（Gregory IX，1227～1254 在位）冊封聖道明為聖人。

二、道明會的發展

　　道明會的發展也隨著天主教會與歐洲歷史的進行有著緊密的聯繫。

　　十三世紀是道明會在歐洲快速成長時期，1221 年時已分成 8 個會省，會士約 1500 人。道明會士也開始前往其他地區進行傳教工作，前往傳教的會士也有區域性，如法國和義大利的會士前往巴勒斯坦和西亞地區；西班牙的會士則針對區域內的猶太人和摩爾人，更進入北非的摩洛哥、突尼西亞地區。〔註 58〕

　　1231 年羅馬教廷成立宗教裁判所，並任命道明會士擔任宗教裁判員。

　　十四世紀歐洲的面臨天災與人禍的衝擊，天災有黑死病，人禍則有英法百年戰爭（1337～1453），道明會士自然無法倖免此天災人禍。同時期道明會也捲入羅馬教廷的紛爭中，先有「亞威農之囚」，後又有教會的分裂（1378～1417），〔註 59〕道明會原本統一的修會中也出現對立分裂的狀況，1417 年隨著

〔註 55〕〈教宗的認可詔書〉，收錄於雷那神父等英譯，張志峰中譯《道明會初期文獻》，頁 208。

〔註 56〕辛內樸編，左婉薇譯《道明會簡史》，頁 13～15。

〔註 57〕此豁免權即各會院的管理者面對如有妨礙其會院會士研讀、宣道或靈魂利益的事情，有權給予會規的豁免，使在其修會生活中能有較大的彈性。（辛內樸編，左婉薇譯《道明會簡史》，頁 14）

〔註 58〕辛內樸編，左婉薇譯《道明會簡史》，頁 57。

〔註 59〕1309 年當時法王菲力普支持格來孟五世（Clement V，1305～1314 在位）當選教宗，並定居法國亞威農，當時人文主義學者佩脫拉克譏之為「巴比倫之囚」，此隱含了此亞威農教廷自然受到法國的控制。1378 年羅馬方面另立教宗，教會正式分裂，是為「教會大分裂」，直到 1417 年重新選舉馬丁五世（Martin

教會分裂結束，道明會內部也結束對立狀態。

值此時期，道明會的管理開始有些許的調整，因應此時期所面臨的天災人禍，道明會會憲通過總會議得每兩、三年召開一次，此無形中減少總會議的權力，增加了總會長的權力。

十五、十六世紀面對歐洲文藝復興運動及人文主義的興起，道明會的會士們並無正式的對策。由義大利北部城市所發展出來的人文主義北傳至中西歐，發展出基督教人文主義，其中所發展出來的神學思想，對當時天主教會開始產生衝擊，該思潮主要領導者就是伊拉斯莫斯（Erasmus，1466～1536）。〔註60〕

伊拉斯莫斯提出了「基督哲學」的概念，主要論點為：基督哲學是一種以基督為中心的道德福音，基督是最高美德的化身，提出人應過虔誠的宗教生活，並通過古典哲學思想應用到基督徒生活之中，來追求以基督為最高道德標準的美德。〔註61〕同時他也引進「基督是適應每一個人，每一種處境」的概念，〔註62〕其理念也影響天主教修會中部分會士，其中如道明會與方濟會就有許多會士同情與擁護基督教人文主義

基督教人文主義的影響與天主教會的腐敗觸發了十六世紀宗教改革的爆發，1517年馬丁路德（Martin Luther，1483～1546）發布了九十五條論證，開啟了歐洲宗教改革。馬丁路德所帶動的宗教改革不僅提出受到德國神秘主義影響的新神學觀念──「因信稱義」，也就是信徒可以不透過教會直接與上帝相通，更打破了羅馬教廷獨尊的局面，許多國家因此擺脫了羅馬教廷的控制。宗教改革的發生對天主教而言乃是極大的挑戰，當時道明會德國會省的會士是第一批起來反對路德的人。〔註63〕

首先十四、十五世紀以來天主教會在面對新時代新思潮的挑戰下，由當時樞機主教西斯內羅斯（1436～1517，原為方濟會會士）主持天主教教士的改革。不僅教會開始改革，修會本身開始進行重整，此時期乃以要求各修會

V，1417～1431）擔任教宗才結束大分裂，這些事件都重創天主教會的形象與聲望。

〔註60〕施雪琴《菲律賓天主教研究：天主教在菲律賓的殖民擴張與文化調適（1565～1898）》（福建：廈門大學出版社，2007年6月），頁32。

〔註61〕劉友古《伊拉斯謨與路德的宗教改革思想比較研究》，頁166～167。

〔註62〕柯毅霖（Gianni Criveller）著，王志成等譯《晚明基督論》（四川：四川人民，1999年7月），頁23。

〔註63〕辛內樸編，左婉薇譯《道明會簡史》，頁138。

原始會規的遵守爲主。各修會經歷此改革後，各修會會士不僅生活更有紀律，也重新喚起傳教的熱情。〔註64〕

　　宗教改革後，天主教會也開始主動出擊，以道明會爲主的傳統修會持續捍衛天主教教義，1540 年教宗保羅三世（Paul III，1534～1549 在位）批准成立耶穌會，有別於方濟會、道明會形式的新修會應運而生。

　　1545 年教宗保羅三世召開特蘭托大公會議（Council of Trent，1545～1563），該會議目的在於反對宗教改革運動，教會趨於中央集權，加強教宗的集權統治維護天主教的地位，並提出進行天主教內部與修會的改革，加強對各修會的管控。1622 年教廷成立「傳信部」（今改稱爲「萬民福音部」），修會禮儀與海外傳教皆歸其管轄。

　　道明會方面，自十四世紀以來首先以推行遵守修會清規爲主，並視總會長與省會長的態度來決定推行強度。此改革過程中，已改革者稱「清規派」，因受到反對改革力量的阻撓，因而會獨立出一會區或會團；未改革者則稱「會院派」。改革運動初期遭遇極大的阻礙，透過輿論的影響與政府的支持，許多未改革的會省或會院也開始講求紀律與道德修養，1475 年教宗也解除道明會絕對神貧的規定，各會院可擁有財產與固定收入，使得各會院不用再爲經費擔憂。宗教改革後，修會內部改革加強內修生活，重新肯定默觀生活。

　　就在天主教教會在歐洲面臨挑戰的同時，海外傳教反而大有斬獲。十五世紀中葉，隨著歐洲大航海時代的開展，道明會士與其他天主教修會也開始隨著西、葡的船隊將天主教向歐洲以外傳播。

　　十五世紀葡萄牙道明會士隨著葡萄牙船隊前往東方的果亞（Goa）、麻六甲等地，1510 年第一批道明會士到達西印度群島，1530 年道明會成立第一個美洲會省。會士以西班牙人爲主，來源爲歐洲人或父母爲歐洲人的殖民地居民，不接受印第安人與西印混血者爲會士，〔註65〕但後來也接受西印混血者爲會士。〔註66〕1581 年西班牙道明會士抵達菲律賓群島，1587 年道明會玫瑰省成立，成員以西班牙人爲主，主要傳教區域爲中國福建、臺灣、日本四國、越南。

〔註64〕　此時期的改革亦稱爲「原始會規遵守運動」（顧安基著，孫純彥譯《天主教修會重整史》（台南：聞道出版社，2007 年 5 月初版），頁 1。）
〔註65〕　辛內樸編，左婉薇譯《道明會簡史》，頁 136。
〔註66〕　辛內樸編，左婉薇譯《道明會簡史》，頁 152。

　　十六世紀宗教改革後的天主教會漸漸喪失掌控歐洲社會的力量，同時也隨著歐洲世俗權力的高漲，教會只回歸到純粹的宗教組織或成為世俗政權控制社會的工具，天主教修會也與教會面臨相同的挑戰，回歸單純的傳教工作；另一方面，天主教會的海外擴展也因這些修會的努力，在海外開花結果，雖然他們也面臨了當地政權的反抗與迫害，不少地區也獲致一定程度的傳教成果。

　　根據道明會 2000 年的統計資料，共有 38 個會省（含亞洲 5 個、美洲 11 個、澳紐 1 個、非洲 1 個）2 個準會省、8 個總會區（含亞洲 1 個、美洲 2 個、非洲 1 個），會士共 6510 人（歐洲 3591 人、亞太 823 人、拉丁美洲 809 人、北美 1056 人、非洲 231 人）。〔註67〕

　　道明會除了男修會外，後來也分有道明第二會、道明第三會，這三者合稱為「道明之家」（The Dominican Family）。

　　原有的道明會男修會就稱為道明第一會，但一般仍稱道明會，其中包含神職與即將進入修道生活的修行者（一般稱為「修士」）。

　　道明第二會則是由居住在隱修院過祈禱生活的修女所組成。此團體隸屬於當地的主教管轄，而其修院院長則負責照顧與支持修院中的修女們。〔註68〕臺灣聖道明隱修會位於屏東縣萬巒鄉萬金村。

　　道明第三會發源於十三世紀末，可分為正規道明第三會（The Third Order Regular）與在俗道明會（The Third Order Secular）。正規道明第三會原是由婦女選擇過道明會的生活方式，卻非前述的道明第二會的隱修生活，至十九世紀正規道明第三會也包含隸屬教區並從事於教育、醫療、社會救護等服務事業的道明會修女。目前臺灣有四個道明傳教修女會；〔註69〕在俗道明會則是一般男女信徒，稱為道明會信徒，他們透過祈禱、研讀、傳教來參與使徒式的傳教。〔註70〕目前臺灣在俗道明會共有 22 個會區（北部 3 個、中部 8 個、南部 11 個）。〔註71〕

〔註67〕參閱 http://www.catholic.org.tw/dominicanfamily/，2010 年 7 月 31 日。

〔註68〕Thomas C. McGonigle, *The Dominican Tradition*（Collegeville, Minn.:Liturgical Press,2006），p.xvii.

〔註69〕此四個道明修女會：聖道明傳教修女會、玫瑰道明傳教修女會、聖若瑟道明傳教修女會、中華道明修女會。

〔註70〕Thomas C. McGonigle, *The Dominican Tradition*, pp.xvii-xviii.

〔註71〕參閱 http://www.catholic.org.tw/dominicanfamily/，2011 年 7 月 31 日。

第二節　道明會的特色

聖道明創立道明會乃是針對當時社會上反教會的小派盛行，因而結合當時教會改革時所發展出各種新修道生活的集合體。這些所謂新修道生活也多是回溯初期教會的生活方式。聖道明將這些修道生活如宣講、古老修會的默觀生活、研讀、隱修院的管理條例等因素集合起來，成立一新式的修會。

今日我們一般認為道明會的特色就是「宣道」，此特色如果放在現今的天主教會中已非特色，因為「宣道」是今日每位天主教神父都必備的功夫。「宣道」能成為道明會的特色，乃是因為當時的天主教會中，只有主教有宣道的權利，一般的神職不能隨便講道。如前節所述，聖道明創立此修會乃是為面對當時法國境內的基督教小派，遂向教廷申請能擁有宣道的權利，並且得到當時教宗的批准，「宣道」因而成為道明會的特色。

道明會的生活宗旨——「默觀所得　與人分享」。此理念表現出該會的兩個特色：「靜觀默想」（自我修行）與「使徒生活」（積極傳教），此乃因聖道明不願弟兄捨棄默觀生活，亦不願放棄實際的傳教工作，便主張將兩種生活並存，將自我修行所得，以實際行動向外宣講。〔註72〕這是自然存在的概念，道明會乃是面對「異端」而創立，因此透過宣道來與反天主教會者辯論，但宣道的前提是必須對天主教教義有深切的了解，才有能力與反天主教會者對談、辯論。這樣的特色使道明會同時具有默觀隱修的性質，又能走出隱修院向外人宣講教義，這是有別於當時天主教修會的出世特色，呈現出半出世半入世特色的修會。〔註73〕

聖道明為了協調此二種修行生活，提出了一些革命性觀點，成為當時道明會初成立時有別於其他修會的特色：〔註74〕

1. 將宣道成為新修會的主要工作

十三世紀時歐洲商業復興，許多交通或貿易要衝漸漸發展市鎮與城市，城市內也開始聚集工商業者與知識份子，他們對於現實生活的體認日深，專業知識的需求日高，此時對教會不滿的人士，他們過著簡樸的生活、對聖經

〔註72〕顧保鵠主編《臺灣天主教修會簡介》（台中：光啓出版社，1968 年 7 月初版），頁 16。

〔註73〕潘永達〈道明會的宣道靈修——默觀所得與人分享〉《神學論集》157 期（台北：天主教輔仁大學神學院，2008 年 10 月）。

〔註74〕貝根頓著，傅文輝譯《聖道明精神的復興》（高雄：多明我出版社，2005 年 12 月再版），頁 50～65。

新的詮釋自然吸引的城市的居民，但長期養尊處優、不學無術的神職人員勢必無法面對這樣的挑戰，因此宣道人員的大量需求，就成為聖道明創立道明會的初衷，也成為此修會的重要特色。

2. 勤奮研讀神聖的真理

此項也與上述的背景有關聯性，宣講的背後需要有飽學且正確的神學思想，加上前述聖道明生平時，他很熱衷於研讀神學，因此聖道明極力要求其會士攻讀研究神學、聖經，因此道明會出現很多的神學家，並在歐洲的大學教授神學

3. 禁止會士接管堂區

聖道明創立道明會後，以宣講作為修會的第一要務，因此他禁止會士接管堂區，他認為接管堂區會阻礙會士的宣講。後來卻衍生其他的問題，即道明會士是否受地區主教管轄，也使地區主教敵視道明會士。1254 年教宗英諾森四世（Innocent IV，1243～1254 在位）宣佈會士的工作需接受主教的管理，直到特利騰大公會議後才正式確立會士工作需向地區主教申請授權。〔註75〕

4. 要求絕對貧窮，放棄會士個人和團體財產及固定收入

1216 年道明會創立後，放棄財產所有權，1220 年放棄固定的收入，並且列入道明會初期會憲之中，強制會士們遵守，〔註76〕道明會士也不勞動，他們只是進入城市進行宣講，所有的需要來自民眾的施捨與自由奉獻。聖道明的主張是為迎合當時社會及教會的需要，並因應反教會的領導者認為神職應度儉樸生活的宣傳，以效法耶穌與初期教會時期的傳道者不攜帶金錢，行動表現出修道人風度的方式，試圖改變當時城市居民認為教會神職人員安逸腐敗的惡劣印象。

1475 年教宗西斯篤四世（Sixtus IV，1471～1484 在位）批准當時道明會總會長曼修提所提出的將道明會傳統的絕對貧窮，改為可以擁有財產，此改變使得會士不需再為維持生活和神職所需經費而擔憂。〔註77〕

5. 將修會建立在傳統隱修院默觀生活與使徒生活結合的基礎上

傳統的隱修生活乃以修道生活為基礎，少與外界接觸。聖道明的作法則是開始與外界接觸，免除堂區的束縛，卻又用隱修制度來約束會士的生活，

〔註75〕辛內樸編，左婉薇譯《道明會簡史》，頁 28～29。
〔註76〕雷那神父等英譯，張志峰中譯《道明會初期文獻》，頁 251。
〔註77〕辛內樸編，左婉薇譯《道明會簡史》，頁 122。

使會士能透過隱修的默觀生活來加強對神學的了解，對外界宣講時，面對外界的紛擾、誘惑，又能藉由隱修生活的嚴規來約束行為。

6. 採行不以罪罰作為拘束的會規及典章

此即違反會規不是犯罪，給予會士們心靈上的自由，而不會因懼怕會規而受到束縛。

7. 建立一個代表制的修會民主管理制度

道明會所建立的選舉制度一種特別的民主制度，近似今日羅馬教宗的選舉制度。道明會會憲中規定長上都是由會士們直接或間接選舉出來的，各會院直接選舉其院長，會士代表選舉省會長，會省代表再選舉總會長，最高權威則為總會議。

總會議原本每年召開，如前述至十四世紀時因歐洲社會的天災人禍，總會議調整為每二、三年召開，這也使得總會長的權力上漲。十五世紀時當時的教宗要求將總會長的選舉及總會議集中在羅馬召開，後來教廷更設置監護樞機主教來監督修會，企圖控制修會。

8. 發展出一項有關「豁免權」新觀念

聖道明所創立的道明會是當時新型的修會，將使徒生活與默觀生活結合，當中勢必會有衝突，因此面對衝突時，修會上位者在不違反上帝的規誡與教會法律的前提下，可給予會士們豁免（也可稱寬免）：「豁免會院的弟兄，當他們認為適當的時候，另外在那些能妨碍求學、宣道或救靈的事上，更能運用豁免權。……在傳統的隱院生活裡，隱修士患病或因故受阻，不能守院規時，就能得到豁免」。〔註78〕道明會的豁免權是屬於職務上的，目的是為了助人善盡職責，〔註79〕修會上位者適時靈活運用豁免權，可使修會有更大的彈性來面對時代的需要，進行適度的調整。

聖道明所提出的觀點不但成為道明會與其他修會的不同之處，另一方面其傳教的使命也帶動起追求學術研究的風氣，尤其是對聖經與神學真理追求的執著。

一、神學的創新

如本章第一節所述，道明會是起源於針對法國南部盛行的亞爾比派所創立

〔註78〕貝根頓著，傅文輝譯《聖道明精神的復興》，頁 56～57。
〔註79〕貝根頓著，傅文輝譯《聖道明精神的復興》，頁 57。

的修會，因此該修會的特色則著重於學習與研究，促使道明會產生不少的著名的神學家，如大雅博（Albert the Great，1206～1280）、托瑪斯‧阿奎那（Thomas Aquinas，1225～1274）、艾克哈（Meister Eckhart，1260～1327）……等。上述三人皆強調信仰與理性的結合，思想內容雖有不同，但也有其互通之處，這其實是源於自十二世紀以來歐洲社會轉變與羅馬教會內部改革的回應。

前述之道明會創立並非一創新的修會模式，而是將十一、十二世紀以來歐洲社會上出現的新的修會型態、新的傳教方式結合所創立的修會，也表示歐洲社會、教廷在十一世紀以後，尤其在十二世紀部分透過十字軍東征促進了東西貿易、思想文化的交流，希羅哲學自拜占庭、阿拉伯世界回傳歐洲，使歐洲學界興起研究古典哲學的風氣，尤其是亞里斯多德的思想，加上當時歐洲政經、社會開始發生轉變，促進了歐洲人對於思想、文化方面的要求趨向於自由，在宗教方面也尋求信仰與理性的融通，社會開始出現挑戰教會傳統信仰權威，如未經許可進入城市佈道的托缽會士則是挑戰教會只能在教堂佈道的權利。道明會便是在此思潮下創立的。

道明會成立後，基於修會強調宣道、研究的特色，部份會士出外宣道與任教於大學，他們也感染到這股思潮，開始深入思考信仰與理性的融通。大雅博雖不是道明會中較早面對此問題的會士，他以開放、完整的態度介紹亞里斯多德的思想，為當時歐洲面對因社會經濟發展引發的物質享受與基督教貧窮教義所產生的矛盾解套，打破奧古斯丁以來精神存在與物質存在合一的概念，將二者分離。〔註 80〕

大雅博對道明會與教會的貢獻應在於提攜了兩位同會的後輩，即托瑪斯‧阿奎那與艾克哈。

阿奎那運用亞里斯多德的哲學來解釋「上帝的存在」與「人的存在」間的關係：上帝是善的、是善的根源，也是所有存在的起因，有理性的創造物通過理解和認識上帝，上帝給予人的尊嚴就在於人有理智，人的存在就是理性的靈魂。因此人的至善便在於認識上帝，在此將信仰與理性結合起來；〔註 81〕上帝的本質就是存在，受造物因上帝的分享而存在，上帝的創造行為就是傳遞，傳遞需要有媒介，教會便扮演這樣的角色。〔註 82〕

〔註 80〕 王亞平《基督教的神秘主義》，頁 187。
〔註 81〕 王亞平《基督教的神秘主義》，頁 194～195。
〔註 82〕 王亞平《基督教的神秘主義》，頁 202。

　　阿奎那的神學理念提出時，教會及修會內外部分人士不認同其神學且引發爭論，道明會則是加以支持，1279 年總會議通過積極保護阿奎那名譽及其思想體系，1286 年總會議下令會士發揚並辯護阿奎那的學說。〔註83〕1308 年羅馬教廷正式宣布阿奎那的神學理論成為教會官方理論，〔註84〕結束了聖奧古斯丁的時代，使天主教能跟上歐洲社會進步的腳步。

　　道明會另一位對天主教神學有特殊創新者則是艾克哈。艾克哈的神學觀念以神祕主義（mystricism）的形式（即探討人與上帝間如何作密切的結合）在德國發展。艾克哈的概念與阿奎那不同，他以亞里斯多德的哲學為基礎，認為人和上帝是一體的，受造物沒有自身的存有，而是上帝將存有灌注於受造物，把受造物建立於存有，因此上帝和受造物是「至一」的，上帝是按照自己的至善創造人，使人神性化，這也是給人的恩賜。〔註85〕

　　艾克哈強調人和上帝是一體的，提出「自我放棄」的說法，即做到精神上的貧窮，才能在精神中接受上帝，自所有事物中釋放出來，透過自由意志來追尋上帝，只有失去自我才能找到上帝。〔註86〕艾克哈的觀念強調了人與上帝間的關係，強調了通過人的主動與自由意志來追尋上帝，進而因此忽視教會的角色；另方面為了能神人合一，他傾向強調沉思與開悟，亦即著重精神層次，忽略人的善功，亦即駁斥天主教會所重視的善功有效的觀念。〔註87〕

　　艾克哈所提出忽視教會角色與駁斥善功有效的論點，自然引發教會的譴責，1329 年羅馬教廷宣布艾克哈的部分學說為異端，但其思想卻也為日後歐洲宗教改革提供了理論淵源。

　　除了上述三人對天主教神學提出不同的見解外，道明會會士因為透過聖經與神學的研讀，促進了對神學的新想法與見解，也造就不少「異端」神學家。另方面道明會在神學上也是教會教義忠實的捍衛者，例如對於「聖母無染原罪」教義，同時期道明會內部也出現了對此教義的論爭，此論爭自十四世紀已開始，西班牙的道明會會省贊成此教義，道明會神學家則持反對立場，並在巴塞爾大公會議中表達其反對的立場，教宗庇護五世（Pius V，1566～1572

〔註83〕辛內樸編，左婉薇譯《道明會簡史》，頁 36。
〔註84〕王亞平《基督教的神秘主義》，頁 193。
〔註85〕陳德光《艾克哈研究》（臺北：輔仁大學，2006 年 11 月初版），頁 64；王亞平《基督教的神秘主義》，頁 202～203。
〔註86〕王亞平《基督教的神秘主義》，頁 199～200。
〔註87〕劉友古《伊拉斯謨與路德的宗教改革思想比較研究》（上海：上海人民，2009 年 12 月），頁 318。

在位）允許各自在自己學派內教授自己學說，〔註88〕1854 年此教義確立後爭議才完全解除。

二、道明會士的養成

由前述了解道明會創立的特色後，可知該修會的宗旨「默觀所得，與人分享」的目標下，會士的培養便需要非常的紮實，才能培養出合乎其要求的會士。

道明會初成立時，1220 年第一屆總會議中規定，每個會院必須有一位教授，〔註89〕並成立一神學書院。1227 年巴黎總會學院成立，其成立乃是爲了提供經選拔的會士來研讀高級神學而成立的。〔註90〕1304 年總會議下令所有會省各建一座總會學院，這些學院與歐洲大學相結合，因此也使接受紮實神學訓練的道明會士在天主教學術界佔有一席之地。

在此以中華道明會爲例，說明今日會士的培育過程：

（1）望會生

此爲適應期，大約 3、4 個月的時間，接著便進入初學。

（2）初學生

一年（修會精神、祈禱方式、聖經……）

此期間安排初學導師。導師的功用在於陪伴修士，舉凡生活管理、人際關係、課業都是導師會照護及諮詢的角色。同時平日也上課，主要是教授道明會的歷史、基本精神。一年後，發初願（又稱暫願），成爲正式會士，大約三年後發大願（又稱永願，即神貧、守貞、服從）。

（3）哲學 3 年（原則爲 2 年）

此時期開始臺灣天主教神職人員的培養，目前統一由天主教臺灣總修院負責培育，並前往輔仁大學神學院修習相關哲學課程，課程內容包括中國哲學、西洋哲學等。哲學年結束後，便進入神學年，也由天主教臺灣總修院負責培育。修會的修士晚間多數回到會院作息，只有教區修士繼續留在總修院作息。

〔註88〕辛內樸編，左婉薇譯《道明會簡史》，頁 135。
〔註89〕辛內樸編，左婉薇譯《道明會簡史》，頁 15。
〔註90〕辛內樸編，左婉薇譯《道明會簡史》，頁 31。

（4）神學 3 年

此期間升任執事，結束後便可晉鐸成爲正式的神職人員。並前往道明會所負責的堂區，熟練堂區的事務，短暫時間後道明會也會安排新升任的神職，或送往國外讀書並取得神學相關碩士以上學位。

原本道明會各會省應有自己的修院。道明會玫瑰省會士戴剛德（Constantino Montero Alvarez，1909～2007）曾提到 1921 年他進入西班牙中部的巴利阿多利德（Valladolio）的一間 La Mejorada 神學校就讀，此應屬小修院，所學習的都是一般學科，但生活是嚴謹的團體生活，他也提到這間神學校主要是以培養出國傳教教士和學童的聖召〔註 91〕爲目的，早期到臺灣傳教的神父都是從這裡的畢業生。〔註 92〕

1925 年戴剛德前往西班牙阿維拉（Avila）的聖多瑪斯（Santo Tomas）修院學習哲學，成爲正式道明會士。1930 年戴剛德又轉到美國的玫瑰神哲學院（Rossaryville）進修，在這裡除了學習神學外，也順便學習英語。臺灣目前屬玫瑰省的西班牙神父多數是經歷類似的培育過程。〔註 93〕

玫瑰省因爲是屬於海外傳教單位，他們在亞洲地區也有修院，最有名的就是香港玫瑰崗修院，1954 年以後來台的國籍道明會士中有許多位都曾進入香港玫瑰崗修院。〔註 94〕

目前臺灣天主教神職培育都由臺灣天主教總修院負責進行。臺灣屬於玫瑰省臺灣區會、中華道明會的中外修士也都送到輔仁大學、天主教總修院學習中文、神哲學。修會方面能掌控的時間只有在望會生、初學時期與日常生活，哲學年、神學年都在總修院與輔大神學院來進行。

三、道明會士的日常作息

修會生活非常規律嚴謹。目前只能從道明會初期會憲中看到對會士們日常生活的規定，今日的施行與當時規定仍有差距，一般人實難窺見。筆者透過訪談，以中華道明會高雄道明會院爲例，簡單呈現一天修會的生活：

〔註91〕 所謂聖召，乃是天主教的用語，其意即是，從事神職人員爲天主服務，將祂的道理傳給世人。天主教方面認爲每個人心中都有隱藏著聖召，必須透過靈修的訓練及生活，將這聖召培養出來。

〔註92〕 楊嘉欽〈道明會玫瑰省戴剛德神父在台傳教紀略（上）〉，《高雄文獻》第 2 卷第 2 期（高雄：高雄市立歷史博物館，2012 年 6 月），頁 162。

〔註93〕 楊嘉欽〈道明會玫瑰省戴剛德神父在台傳教紀略（上）〉，頁 163。

〔註94〕 楊嘉欽〈李伯鐸先生訪問紀錄〉2000 年 10 月 30 日，未刊稿。

06:00 起床
06:30 晨禱、彌撒
07:15 早餐
07:40 工作（使徒生活）
11:40 午餐
17:15 晚禱
18:10 晚餐
19:00 夜禱
21:00 修士頌讀

以上是一般會院的生活，但因高雄道明會院屬於工作會院，所以夜禱結束後，大概一天活動就結束，各自回到房間。道明會的靈修生活上，除了平常星期天的彌撒的經文外，每天彌撒的經文與祈禱誦唸的經文一年間即念完一本新舊約的聖經。若有事無法參與當天的團體生活，需事先申請寬免，修士則向導師請假。

上述為今日道明會的生活方式，與過去修會生活是否有些異同，可以由玫瑰省會士戴剛德所分享的修會生活來比較：

每天天未亮，修院就敲鐘叫所有的神職人員及修生們起床，起床後利用十分鐘的時間盥洗、換上會服，然後到修院中的小聖堂去早禱、望彌撒，之後才吃早飯，但是早餐只有一些麵包和一小盒的巧克力而已，連牛奶也沒有。

早餐之後，就回到自己的房間整理內務、讀書……，等到要上課的時間就去上課，或從事其他一些修院中的工作。在這段時間中都不能隨意的說話，每天只有兩次准許修士們到修院的庭院中活動，一次是午餐後半小時；一次則是下午一個小時，其他的時間都必須待在房間之中，不得任意走動。

這樣一直待到傍晚 7、8 點左右就要到修院中的大聖堂去做晚禱，結束後才去吃晚餐，這個時候大約是晚上 9 點左右，此時也不能隨意的說話。晚餐後，神父就到神父的集會地去，而修士們則到自己聚會的地點談談話，每天晚上 10 點準時敲鐘就寢。修道院嚴格要求修道士的日常生活，並且必須住在會院之內，不得隨便外出，整理自己的心靈，準備學習道明會的精神。修院對修士的要求非常

的嚴格，如果有犯錯的話修院中的神師會處罰，輕則如到聖堂中罰跪，重則禁止一天兩次的休息，不能到修院外透透空氣，甚至逐出修院。

　　在修會嚴格的要求之下，有許多人也因禁不起考驗而離開。戴剛德也不諱言的說，那樣的生活，連他自己現在回想起來，實在是非常的苦悶，而且不能回家去探望父母，那樣的心情，一般人真的是無法忍受的。

　　在阿維拉時，冬天非常的寒冷，因為當時雖然有電燈，但是卻沒有保暖的設備。也沒有自來水可以洗臉，所以只有事先用臉盆裝水以備隔天起床時盥洗用，但是因為天氣太過寒冷，隔天起床臉盆中的水已經變成冰塊了。

　　晚上讀書時還要用羊皮作成的袋子，將腳伸進袋子中才可以保暖。當時修道院中都有圖書館，其中有許多的用羊皮寫的古籍，戴神父說當時他們都會將這些書借出來，晚上睡覺時，將這些羊皮卷鋪在床上，加上修道院給每個人的兩件毛毯，這樣子晚上睡覺才會覺得溫暖、舒服。〔註95〕

四、道明會的組織

　　天主教修會的組織，也如羅馬教廷一樣，仿效羅馬帝國的地方組織，除總會外，下設會省，每個會省下設多個區會，區會內有會院。道明會也是如此，其組織如下圖：

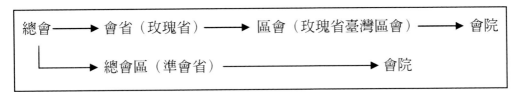

　　道明會總會位於羅馬，是道明會領導機關，其中最高的決策為總會議，每四年召開一次，並選舉總會長。由於總會議非每年召開，因此為了能處理會內事務，便會選舉諮議員，每月固定召開諮議會來處理會內事務。這樣的組織架構也同樣複製到各階層單位。

〔註95〕楊嘉欽〈道明會玫瑰省戴剛德神父在台傳教紀略（上）〉，頁163。

　　道明會的一個會省需有 30 名會士方可成立，原則上每個傳教區（可以一國家計算）可成立一個會省，如道明會菲律賓省：若某傳教區未達可成立會省的人數，則成立總會區，如中華聖母總會區（簡稱中華道明會），直接隸屬總會管理。

　　關於道明會組織的運作，我們以中華道明會為例說明：

　　中華道明會的大會每四年召開，會議中選舉會長、四位諮議員，之後開始進行人事安排。首先由會長提名會佐，經評議會投票同意後任命，接著由會長及評議會委任會士擔任各項人事職務：〔註96〕

　　（一）**總會區**：理家、會區檔案主任、經建發展組組長

　　（二）**會士培育**：聖召推行組組長、海外聖召聯絡人、培育進修組組長、學術文化傳播組組長、望會生導師、初學生導師、在學會士導師、輔理修士導師、牧職實習導師。

　　（三）**堂區**：台北聖道明傳道中心主任、台北聖道明堂司鐸、高雄聖加大利納堂司鐸、萬金天主堂主任司鐸。

　　（四）**傳教工作**：傳道推行組組長、正義和平組推行人、臺灣在俗道明會主徒會省指導神師、原住民會區總指導神師。

　　（五）**事業**：多明我出版社社長（會長兼任）道明中學董事長（會長兼任）道明中學總務主任、道明中學校牧、道明中學于斌中心主任、台北聖道明幼稚園負責人、聖愛幼稚園負責人。

　　由上列的眾多人事職務可以想像，因會士人數有限，多數會士皆身兼數職。大會是總會區最高的決策單位，非每年定期舉辦，總會區內的事情多數由每月召開的諮議會來決議，重要事項才提交大會決議，因此會士們若要在其傳教區內進行何項計畫，需要經大會或諮議會決議後，方可進行。

　　這其中未提到的是有關道明中學的人事安排，道明中學的校長乃是由有能力、符合資格的該會會士或信徒擔任，由諮議會提名，經董事會同意後任命，總務主任則始終由會士擔任，其他處室主任可由校長提名後，由董事會同意後任命。

五、道明會的經濟

　　道明會創立之初，力行貧窮生活，不過實行上極為困難，因此道明會後

―――――――――――――――

〔註96〕此人事安排的分項，乃是筆者依任務性質自行分類。

來允許各會區能擁有產業，發展至今，道明會總會要求各會省、各會區經濟需獨立，因此各地的道明會其實都擁有各項事業，以中華道明會爲例說明。

中華道明會的收入：

1. **教育事業：**

（1）道明中學：在政府法令的規範下，道明中學的財政與會區的財務分開，並設立董事會管理。

（2）幼教事業：中華道明會原有三間幼稚園，即高雄市道明幼稚園，高雄市聖愛幼稚園、台北市道明幼稚園。因爲少子化的關係，高雄市道明幼稚園已結束經營，目前該空間承租給其他幼教業者經營。

2. **堂區捐獻**

中華道明會所負責的堂區目前有高雄市聖加大利納堂、台北市聖道明天主堂。堂區的經濟獨立，因爲是由修會管理，所以此二堂的收入扣除支出後，部分捐獻給中華道明會。

3. **場地租賃**

台北市聖道明傳道中心可提供靈修場地、地下室則承租給附近餐廳提供停車之用；高雄市道明中學內的于斌文教中心隸屬中華道明會管理，部分空間承租給文藻外語大學推廣教育中心辦理外語教學使用，部分空間則作爲該會神職住宿、無償提供 2009 年設立的高雄教區聖保祿福傳中心之用。

另外道明會玫瑰省臺灣區會原負責四個主要堂區：屏東萬金天主堂、台南市中山路天主堂、高雄市聖道明天主堂、高雄市五塊厝天主堂，另還有部分屏東地區山地鄉堂區，如佳平、春日……等。收入以屏東萬金爲主要來源，有墓園、教友中心、信徒向教堂所承租的土地租金等。其中萬金天主堂及其所屬財產已於 2011 年 12 月移交中華道明會，山地鄉堂區則移交給高雄教區。

道明會玫瑰省的收入中，早期菲律賓聖多瑪斯大學（University of Santo Tomas）及其他學校皆由玫瑰省管理，1972 年道明會菲律賓省成立後，玫瑰省辦公室亦遷至香港，事業也都移交給菲律賓省。聖多瑪斯大學移交菲律賓省管理後，目前該校董事長由道明會總會長擔任，副董事長由菲律賓省會長擔任，位於聖多瑪斯大學內的中央總修院仍由玫瑰省負責。2013 年聖多瑪斯大學將正式由菲律賓省會長擔任董事長。玫瑰省現有負責香港玫瑰崗中小學、日本松山的愛光學園。

道明會總會則無任何事業，其收入則由各地的道明會提供，以各會區、會省之結餘，依會士數目按比例上繳至總會。

第三節　拉丁美洲的征服與傳教

隨著十五世紀以來歐洲航海事業的發達及 1492 年哥倫布（Christopher Columbus，1451～1506）發現新大陸之後海外探險的熱潮，天主教傳教士們因爲西班牙政府海外活動的頻繁，也開始往歐洲以外地區傳教。道明會也不例外，隨著西班牙的艦隊在美洲、亞洲建立殖民地，亦隨後向殖民地居民傳教。

711 年北非信奉伊斯蘭教的穆斯林入侵伊比利半島（the Iberian Peninsula），伊比利半島成爲伊斯蘭教的統治區域，也開啓了西班牙地區其它天主教國家的收復失地運動。1492 年西班牙收復格拉納達（Granada）後，完成了國家的統一。同年哥倫布也在西班牙王室的支持下，率領船隊橫渡大西洋到達美洲，開啓西班牙殖民美洲之始。

這場長達 700 年以上的收復失地運動中，充分發揮十字軍的基督教精神，將西班牙人的宗教情懷與愛國主義緊密結合，形成對穆斯林極不寬容的「伊比利情結」，此種精神深刻地影響西班牙的海外擴張，〔註97〕使得向海外傳播天主教成爲西班牙海外擴張的關鍵。

1515 年西班牙軍隊佔領了西印度群島，1521 年推翻位於今墨西哥的阿茲特克帝國，1536 年又征服印加帝國〔註98〕。西班牙的殖民活動主要在墨西哥、中南美洲等地區，同時又集中在之前屬於阿茲特克、印加文明較具規模、文化程度高、農業手工業較發達的城市、村鎮的地區。〔註99〕

西班牙爲統治新大陸，利用該國的君主制與中央集權制並配合中南美洲古文明原有的統治方式，建立完備的統治策略。西班牙將美洲殖民地分爲新西班牙（首府設在墨西哥）與秘魯（首府設於利馬）兩大總督區，總督是轄區最高的統治者。〔註100〕

〔註97〕施雪琴《菲律賓天主教研究：天主教在菲律賓的殖民擴張與文化調適（1565～1898）》，頁 24。

〔註98〕John Mcmanners ed. *The Oxford Illustrated History Of Christianity*（New York：Oxford University Press,1990），p.305.

〔註99〕郝名瑋等著《拉丁美洲文明》（北京：中國社會科學出版社，2000 年 5 月一刷二印），頁 112。

〔註100〕郝名瑋等著《拉丁美洲文明》，頁 112。

　　西班牙殖民者、移民們在新大陸發現許多金、銀礦藏，礦主們便徵調當地土著來開採與煉製礦藏，雖以礦業爲中心，西班牙殖民者在當地也同時發展起農、牧業，農、牧業產品則是供給礦業者的日常需求。

　　西班牙殖民者爲發展農牧業便將歐洲的「監護徵賦制」（encomienda）與大莊園制移植新大陸。所謂「監護徵賦制」源自歐洲，原本有多種的形式，在伊比利半島，監護徵賦制是國王把土地賞賜或贈送給騎士、高級教士或騎士團的一種制度，換言之，這是一種暫時贈送或託管土地的制度。

　　新大陸的監護徵賦制原本僅給予殖民者收取賦稅的權利，監護者及其第一代繼承人可接受被監護的印第安人賦稅，亦即被征服的印第安人須向征服者繳交貢賦及服勞役，〔註101〕且同時保護印地安人使之皈依天主教的義務，不予監護者土地所有權，土地仍屬於被監護的土著。〔註102〕後來依據歐洲封建制度的內容，土地被視爲監護者的領地，〔註103〕也由此監護徵賦制而發展成大莊園制度。

　　大莊園制度中主要勞動力是印第安人及自非洲買來的黑人，西班牙殖民者運用歐洲的監護徵賦制、奴隸制（指非洲黑人），又配合美洲古文明中所存留的徵調制與農奴制，在公共工程、礦業、農業等方面，過度地剝削印第安人勞動力，〔註104〕因而成爲新大陸貧窮、落後、不公正的根源。

　　因西班牙長期進行收復失地運動，使當地基督教與伊斯蘭教間長期存在著衝突，同時西班牙在收復失地運動成功後，國家的整個思維仍以中世紀的價值觀、宗教觀爲主。〔註105〕在此因素的雙重影響下，時值西班牙征服美洲，因此西班牙征服者在新大陸以武力站穩腳跟後，就積極傳教讓當地土著受洗成爲基督徒。〔註106〕

　　西班牙與羅馬教廷間長期維持著良好的關係，因而得到教廷授與的保教權，此保教權使西班牙國王可在羅馬教廷的直轄教區享有派遣神職人員的權利。1508 年教廷規定了西班牙國王的保教權之權利和義務，給予其向海外殖民地派遣傳教人員、任命主教與其他神職人員的權利，且由西班牙王室負責

〔註101〕John Mcmanners ed. *The Oxford Illustrated History Of Christianity* , p.305.
〔註102〕劉文龍《墨西哥：文化碰撞的悲喜劇》（台北：淑馨，1992 年 2 月初版），頁 109。
〔註103〕劉文龍《墨西哥：文化碰撞的悲喜劇》，頁 110～111。
〔註104〕郝名瑋等著《拉丁美洲文明》，頁 124。
〔註105〕劉文龍《墨西哥：文化碰撞的悲喜劇》，頁 15。
〔註106〕劉文龍《墨西哥：文化碰撞的悲喜劇》，頁 14。

海外殖民地教會的經費。〔註107〕

一、殖民政策的批判

　　西班牙政府除了征服新大陸外，西班牙官方另一個重點就是使當地土著成為基督徒。十六世紀有方濟會、道明會、奧斯丁會、耶穌會等修會團體來到新大陸進行傳教。這些修會團體在新大陸積極的傳教，同時也因著監護徵賦制的實施，使印第安人迅速地接受天主教信仰。

　　十六世紀來到拉丁美洲的天主教修會已經歷了歐洲自文藝復興運動以來各種新思潮的挑戰，尤其是宗教改革所帶來的大挑戰。此時期所發展的新神學理論也多少影響天主教各修會，海外殖民地就成了新神學的試驗區。

　　十六世紀已經過改革後的方濟會帶來菲奧里（Gioacchino da Fiore，1130～1202）「千年王國」的神學思想，即在人類歷史中實現天主的統治，〔註108〕方濟會士受到此思想的影響，新征服的墨西哥地區遂成為新神學試驗區，並試圖在此實現所謂的烏托邦。

　　在此神學思想的影響下，方濟會士也同時受到「印第安人儉樸、清白、誠實和生活貧窮的特點的激勵」，「使得他們認為在世界末日前夕，有唯一的機會創造人間天堂：因為印第安人都致力於尋找基督教的完美境界和福音派的貧窮」。〔註109〕為了加速「千年王國」預言的實現，便常出現眾多印第安人集體洗禮的盛大場面。該思想含有人文主義的精神，因主張人與上帝的直接對話，並未得到教會高層的認同與歡迎。〔註110〕

　　道明會方面，1510 年第一批道明會士到達西印度群島，1524 年有 12 位方濟會會士來到墨西哥，1525 年又有 12 位道明會會士來到此地，1530 年道明會成立第一個美洲會省。〔註111〕

　　各修會如火如荼地向當地原住民傳教同時，部分道明會士則轉向挑戰西班牙的殖民政策。1511 年 12 月首先開始推動維護印第安人權利的是道明會士蒙德斯諾（Antonio de Montesinos，？～1545），他針對「監護徵賦制」提出批判，並將之視為致命的罪惡。之後與蒙德斯諾站在同一陣線的則是道明會士

〔註107〕施雪琴《菲律賓天主教研究：天主教在菲律賓的殖民擴張與文化調適（1565～1898）》，頁 5～6。
〔註108〕柯毅霖（Gianni Criveller）著，王志成等譯《晚明基督論》，頁 39。
〔註109〕劉文龍《墨西哥：文化碰撞的悲喜劇》，頁 56～57。
〔註110〕劉文龍《墨西哥：文化碰撞的悲喜劇》，頁 53。
〔註111〕辛內樸編，左婉薇譯《道明會簡史》，頁 136。

巴多羅美（Bartolome de Las Casas，1484～1566）。

　　1515 年巴多羅美與蒙德斯諾前往西班牙，希望國王能公平地對待印第安人，自 1515～1522 年他們雖得到西班牙國王的道德與財政上的支持，計畫成立農業社區，並由西班牙卡斯提爾的農民與印第安人平等地工作，〔註 112〕但因西班牙政府的反對歸於失敗。〔註 113〕

　　1522 年巴多羅美受到了亞里斯多德哲學、阿奎那《神學大全》及當時著名道明會神學家卡黑坦（Thomas de Vio Cajetan）作品的影響，找到了為印第安人爭取公平的新方法。〔註 114〕

　　巴多羅美藉由其著作《The Only Way to Draw All People to a Living Faith》中表示要透過福音中和平的宣告尊重印第安人的尊嚴與權利，並倡議分離印地安人與西班牙人，尤其脫離所謂監護徵賦制的束縛，巴多羅美的看法得到了拉丁美洲與西班牙地區道明會士的支持。

　　由蒙德斯諾到巴多羅美對西班牙殖民政策的挑戰開始，也促使以薩拉曼卡大學（Salamanca University）為主的道明會神學家思考西班牙對美洲統治的合法性，如 1539 年維多利亞（Francisco de Victoria）否定教宗沒有享有對國家的世俗管轄權，他不能統治非基督徒民族及其領地，也無權授與西班牙君主統治海外領地的世俗管轄權，根本否定西班牙對拉丁美洲實行統治的合法性。〔註 115〕

　　1537 年教宗保羅三世（Paul III，1534～1549 在位）頒佈了訓諭，確認印第安人的自由與財產權，1543 年神聖羅馬帝國皇帝查理五世（Carlos V，1500～1558，即西班牙國王查理一世（Carlos I））公佈新法保障印第安人的自由與權利。〔註 116〕惟因此新法僅公佈於西班牙，並未確實施行於新大陸，因此成效不彰。巴多羅美多年的努力雖未成功，但也影響新大陸傳教的各修會，繼續為爭取印第安人的權利努力，另方面巴多羅美的思想也啟發了 1960 年代拉丁美洲解放神學的發展。〔註 117〕

〔註 112〕Thomas C. McGonigle, *The Dominican Tradition*, p.61.
〔註 113〕馮作民編《西洋全史（九）歐洲擴張史》（台北：燕京文化，1975 年 8 月），頁 371。
〔註 114〕Thomas C. McGonigle, *The Dominican Tradition*, p.61.
〔註 115〕施雪琴《菲律賓天主教研究：天主教在菲律賓的殖民擴張與文化調適（1565～1898）》，頁 69。
〔註 116〕Thomas C. McGonigle, *The Dominican Tradition*, p.61.
〔註 117〕卓新平《當代亞非拉丁美洲神學》（上海：上海三聯，2007 年 1 月），頁 500。

　　西班牙殖民者對於拉丁美洲的殖民政策，都希望儘可能的維持其原有社會結構來進行，〔註118〕又在當時新神學思潮及尊重印第安人人權的雙重因素推動下，新大陸的各修會遂發展出新傳教策略，意圖能達成上述兩項目標，此即傳道村（Mission）及改宗村（Reduction）的出現。

　　傳道村乃是傳教士採取與西班牙人隔離的方式，聚集鄰近的印第安人施以教化，教授歐洲進步的農耕技術，並培養印第安人生產技能與宗教生活習慣，這改善了傳道村內的印地安人生活，基督教信仰更加穩固。〔註119〕

　　改宗村是 1609 年耶穌會會士所創，此種村莊不僅將印第安人集中，且擁有自治權。耶穌會士將改宗村組織成原始共產社會，公有共享，不准村民擁有私產。改宗村的中央是教堂，四周有城牆，城牆外的土地分配給村民耕種不僅可自給自足，更可對外販售。村內的行政事務皆由耶穌會士全權管理，村民的勞動、服裝也都由神父全權決定。印第安人居住在改宗村內，不僅增進印第安人勤儉的生活，更讓其受到保護，因此改宗村發展非常迅速，自然受到其他殖民者的覬覦與迫害。〔註120〕

二、適應的傳教方式

　　天主教傳入新大陸後，勢必與新大陸原住民的傳統信仰產生衝突，傳教士們為了將天主教教義迅速傳進印第安人社會中，因此在不改變天主教教義前提下，採取靈活與適應的方法，將教義與印地安人傳統信仰進行互動，透過教義重新詮釋印第安人的信仰觀念，也將印第安人的信仰部份融入當地的天主教教義中，使得當地的天主教信仰表現出其獨特性。

　　天主教傳教士在拉丁美洲地區會採取適應態度的原因，劉文龍認為乃是根源於天主教的調和主義的傳統。〔註121〕天主教教義的發展起初就是源於西亞與歐洲宗教、文化融合的過程，天主教源自猶太教，又結合了希臘的柏拉圖、亞里斯多德的哲學思想所漸建構起來的。日後隨著羅馬帝國的擴張，天主教面對歐洲蠻族原有的信仰，也將其改變為天主教的神明，雖也有教義的堅持，但在外部形式和儀式方面也做出妥協。〔註122〕

〔註118〕 Nicholas P. Cushner, "Labor in the Colonial Philippines",in J. S. Cummins, *Jesuit and Friar in the Spanish Expansion to the East*（Hampshire :Variorum, 1986）, p.120.
〔註119〕 馮作民編《西洋全史（九）歐洲擴張史》，頁 379。
〔註120〕 馮作民編《西洋全史（九）歐洲擴張史》，頁 380～381。
〔註121〕 劉文龍《墨西哥：文化碰撞的悲喜劇》，頁 33。
〔註122〕 劉文龍《墨西哥：文化碰撞的悲喜劇》，頁 33。

西班牙殖民者征服拉丁美洲後，大肆拆毀印第安人的傳統廟宇，破壞原有神像，將天主教的建築強加於印第安人原有信仰的實體基礎上，初期勢必遭到印第安人的反彈，但這樣的做法是一種取代的作用，將印第安人原有的祭祀空間、神靈以天主教的教堂、神祇來取代，並將印第安人的傳統信仰與天主教教義做適度的結合與轉換，使得印第安人可以輕易地轉換並接受天主教信仰。

在此傳教策略下，最著名的例子就是瓜達盧佩聖母（Our Lady of Guadalupe）的崇拜，瓜達盧佩聖母原是西班牙地區的聖母崇拜，傳教士利用瓜達盧佩聖母的神跡與墨西哥印第安人廟宇中所供奉的眾神之母——托南琴（Tonantzin）相比擬，成功地讓瓜達盧佩聖母成為墨西哥地區的重要崇拜神像。藉由傳教士的大力宣傳，拉丁美洲地區亦以聖母瑪利亞的神像最多，使得聖母在各地受到普遍的崇拜。

除了瓜達盧佩聖母的崇拜外，另外印第安人宗教中的圖騰、儀式、部分教義都與天主教相似，都被傳教士適度轉化成天主教的樣式呈現，[註123] 同時傳教士也簡化印第安人皈依天主教的儀式，以期能在精神上保證印第安人的歸順，並在天主教教義獲得承認的前提下，某種程度地容忍部分印第安人原有宗教，[註124] 這些都是天主教得以在拉丁美洲地區迅速傳播的原因。

天主教傳教士也在社會公益事業方面，有不少作為，如創辦收容所、孤兒院、育嬰堂、醫院等從事救護照顧印地安人的工作，另創辦學校從事教育活動，教導印第安人知識與生活技能；並開始培育印第安人神職，惟本土的神職大多屬於教區神職，並位居教會下層，修會神職仍以西班牙人為主，並多屬教會高層神職。

第四節　菲律賓的征服與傳教

西班牙為不讓葡萄牙獨占香料貿易，也急於在東方尋覓殖民地，1559 年西王菲利浦二世（Philip II，1527～1598）對墨西哥總督貝拉斯科（Berasco）強調拓殖菲律賓的急迫性與重要性，要求負責籌組遠征菲律賓的行動。[註125]

〔註123〕劉文龍《墨西哥：文化碰撞的悲喜劇》，頁 38～41。
〔註124〕劉文龍《墨西哥：文化碰撞的悲喜劇》，頁 36。
〔註125〕趙啓峰〈族群、宗教與認同——西班牙殖民時代菲律賓華人社會研究〉（嘉義：中正大學歷史研究所博論，100 年 6 月），頁 15。

一、菲律賓的征服與統治

圖 1-2：菲律賓群島（筆者描繪）

　　菲律賓群島可約略分為三大區域：呂宋、米薩揚、民答那峨等地區，其中米薩揚地區包括：班乃（Panay）、內格羅斯（Nrgros）、宿霧（Cebu）、保和（Bohol）、萊特（Leyte）、三描（Samar）等島嶼。菲律賓群島受地理環境破碎的影響，部落社會組織發展差異極大，其中部分群島的平原地區如呂宋島、米薩揚群島〔註 126〕則以血緣關係為基礎的部落社會組織，稱為「巴朗蓋」（barangay）。巴朗蓋多分布於沿海與河兩岸地區，居民以農耕、漁獵及以物易物為主要的經濟活動。〔註 127〕此部落社會組織已發展出私有制與階級分化（首領、平民、奴隸）的現象，但土地仍是公有的，因此其首領（稱為「大督」）也

〔註 126〕西班牙殖民時代真正控制的區域為呂宋、米薩揚地區，民答那峨地區因有信奉伊斯蘭教的摩爾人盤據，造成西班牙菲律賓政府極大的包袱。

〔註 127〕E. H. Blair & J. A. Roberston ed., "Native Races", *The Philippine islands,1493～1898,*（Cleveland Ohio:A. H. Clark,1903～1906，以下該書簡稱 *BRPI*）Vol.40, p.87.

必須參與勞動工作，惟隨著私有制的發展，階級分化日趨明顯。〔註128〕

　　菲律賓的傳統信仰以精靈信仰爲主，統稱 anito，這些精靈與人們的生活息息相關，另外還有天神，其中最高神稱 Bathala，之下有許多的神明如土地之神 Maykapal、豐收之神 Ikapati，因爲天神們都住在遠方，因此精靈就成爲人與神間的媒介，因此對精靈的祭拜就成爲菲律賓傳統信仰的重點。以上是西班牙人來到菲律賓前當地的社會、信仰情況。

　　1564 年黎牙實比（M. L. de Legazpi，1502～1572）率領遠征軍自墨西哥橫越太平洋東來，1565 年抵達宿霧（Cebu）。起初，黎牙實比遠征軍的主要目的「使當地人皈依和探索返回新西班牙（即墨西哥）的安全航道，使王國能夠通過貿易和其他方式增加利益」，〔註129〕由此我們可以看到，西班牙征服菲律賓的目的中，傳教當然是首要目的，經濟誘因與新航線的開闢也是其目的之一。新航線的開闢方面，當遠征軍到達宿霧後，黎牙實比便派遣船隊尋找返回墨西哥的航線，也安全返回墨西哥，1566 年自墨西哥出發的船隊平安到達宿霧後，正式確立墨西哥橫越太平洋到菲律賓的航線。

　　當西班牙遠征軍到達宿霧時，遭遇到當地人的抵抗，終因不敵西班牙軍隊而求和。之後，西班牙以宿霧爲中心，繼續向鄰近的島嶼擴張。1569 年菲利浦二世任命黎牙實比爲菲律賓首任總督，歸墨西哥總督管轄。1571 年西班牙軍隊佔據馬尼拉後，殖民政府便由宿霧遷移至呂宋島的馬尼拉。

　　西班牙人來到菲律賓後，仿效拉丁美洲的統治方式，儘可能的維持土著原有社會結構進行統治。1578 年方濟會提出「移民併村」（Reductions）的構想，將眾多的巴朗蓋居民集中到一中心的市鎮（Pueblo），市鎮除了有稱爲 Población 的街區外，另有三個主要建築：教堂、市政府、廣場，市鎮邊緣則圍繞許多村莊（Visitas）。〔註130〕在此規劃下，巴朗蓋成爲西班牙統治菲律賓的基層組織，首領大督成爲殖民政府的官員，並享有其與長子免除一切的賦稅與勞役，同時由馬尼拉政府賦予西班牙貴族「Don」的姓氏，〔註131〕享受大督地位由其長子世襲等特權。大督被任命爲以收稅爲主要任務的巴朗蓋長

〔註128〕趙啓峰〈族群、宗教與認同——西班牙殖民時代菲律賓華人社會研究〉（嘉義：中正大學歷史研究所博論，100 年 6 月），頁 14。
〔註129〕尼古拉斯・塔林主編，賀盛達等譯《劍橋東南亞史 I》（雲南：雲南人民，2003 年 1 月），頁 293。
〔註130〕池端雪浦《フィリピン革命とカトリズム》（東京：勁草書房，1987 年 10 月一版），頁 18。
〔註131〕池端雪浦《フィリピン革命とカトリズム》，頁 18。

官，稱爲 cabeza de barangay，藉由此地位的接受，大督得以維持其原有的地位，成爲西班牙政府與菲律賓土著間的媒介，並運用其權威控制所屬的部落土著，穩定西班牙統治下的菲律賓社會。〔註 132〕

西班牙佔領菲律賓的主要目的是爲了香料，但是島上唯一出產的香料——肉桂，多數栽種在南方摩爾人所控制的島嶼，產量不大。黎牙實比面對這貧瘠的菲律賓島，也注意到了中國商人來到菲律賓經商活動痕跡，發展出中國經菲律賓至墨西哥間的大帆船貿易。

爲了建造橫越太平洋前往墨西哥阿卡普爾科（Acapulco）大帆船與船塢所需要的勞力，自然由菲律賓土著擔任；爲了公共建設、教堂的興建與維持，或個人對政府與教會的服務等也充分利用菲律賓土著來進行，因此西班牙對菲律賓土著的利用則在於強制勞動。面對菲律賓勞力的濫用，1574 年西王菲利浦二世曾下令若要求當地的划船者前往另一島嶼，需要支付公平的費用。〔註 133〕這類的強制勞動嚴重的干擾了菲律賓土著的農作與家庭，西班牙國王曾多次下令禁止此類的強迫勞動，但始終無法完全過止。天主教修會也常被指控以低於市場的不合理價格進行買賣，特別是奧斯丁會士，〔註 134〕這些對菲律賓土著不合理的使用，也引發多次土著的反抗。

二、「和平征服」方針的確立

西班牙征服菲律賓的過程中也經歷殺害菲律賓土著的情形，但較之拉丁美洲滅族性的屠殺，已和緩許多，因此多數都稱西班牙征服菲律賓爲「和平征服」。此「和平征服」的背後，其實是天主教修會發出的輿論，此輿論的觀

〔註 132〕Nicholas P. Cushner, "Labor in the Colonial Philippines", J. S. Cummins, *Jesuit and Friar in the Spanish Expansion to the East*, p.120.；同時該文章註釋 5（p.120）提到 Charles Gibson 的文章〈The Aztec Aristocracy in Colonial Mexico〉當時墨西哥阿茲特克貴族也被包含成爲西班牙官僚組織的最低階層，扮演征服者與被征服者間的緩衝。如此亦可證實西班牙的海外殖民的政策都有依循的特色。

〔註 133〕Nicholas P. Cushner, "Labor in the Colonial Philippines", J. S. Cummins, *Jesuit and Friar in the Spanish Expansion to the East*, p.121.

〔註 134〕Nicholas P. Cushner, "Labor in the Colonial Philippines", J. S. Cummins, *Jesuit and Friar in the Spanish Expansion to the East*, p.123。另該文註釋 13（p.123）也提到耶穌會與道明會也因爲他們隨著大帆船貿易的活動成爲批評的對象，質疑他們進行傳教活動、社會福利政策的經費來源，但因缺乏相關報告，經費是否也是透過不合理的買賣而來則不清楚；另一方面兩修會許多經費則是來自大農場（haciendas）貿易與贈與，這些收入都用來支持學校、醫院、育幼院與傳教據點所需。

點則源自本章第三節所述西班牙對拉丁美洲印第安人殘忍行徑而來,為了保護印第安人,修會所發出的不平之聲,此類似輿論也出現在菲律賓。

西班牙佔領菲律賓的初期,亦將美洲「監護徵賦制」移植菲律賓,首先引起反彈的是奧斯丁會提出譴責,他們認為西班牙政府的士兵與監護徵賦主不應對菲島上的土著施加暴力。〔註135〕後來影響西班牙國王正視菲律賓殖民政策的是曾在拉丁美洲傳教多年的菲律賓首任主教薩拉札(Domingo de Salazar,1513~1594)。

薩拉札為道明會士,他是前述為拉丁美洲印第安人爭取權力的道明會士巴多羅美的追隨者,他憑藉其於拉丁美洲傳教多年的經驗,1581 年到任後便開始譴責西班牙殖民當局的統治政策,並質疑西班牙政府在精神與世俗方面是否有統治菲律賓的合法性。

1582 年他召開菲律賓的首次宗教會議,此次宗教會議中各修會達成共識:西班牙統治菲律賓的合法性只能建立在傳播福音的理由上,傳播天主教、實行和平征服才是西班牙在菲律賓實行合法統治的方式。此共識確認西班牙國王享有對菲律賓傳教的權利與義務,即上述對精神管轄權的確認,並派人向當時西班牙國王菲利浦二世報告會議決議。

圖 1-3:薩拉札像

資料來源:http://en.wikipilipinas.org/index.php?title=Image:DomingodeSalazar.jpg

此次宗教會議在對菲律賓人世俗管轄權方面的討論,薩拉札認為應該讓菲律賓人自願選擇是否願意接受西班牙國王的統治,其觀點有三:教會對教宗領地的人民有統治權;領地外若有反對天主教的異教徒,世俗君王有發動正義之戰的權利;若無阻礙福音傳播及反對天主教的君主,則無發動正義之戰的權利,菲律賓的狀況則屬於第三類,因此西班牙國王自然就擁有世俗管轄權。〔註136〕1597 年菲利浦二世最終接受薩拉札的觀點,頒布敕令,要求重新檢討菲律賓的殖

〔註135〕 "Rada's opinion on tribute",in *BRPI, Vol.3*, p.254.

〔註136〕 Gayo Aragon, "The Controversy over Justification of Spanish Rule in the Philippines",in Gerald H. Anderson ed., *Studies in Philippine Church History* (Ithaca and London: Cornell University Press,1969), pp.15~16.

民政策：讓菲律賓人自願選擇是否願意接受西班牙國王的統治，確立「和平征服」的方針。

由薩拉札所召開之宗教會議開啟了西班牙政府對菲律賓統治策略的討論，也影響了西班牙對菲律賓的統治，其觀點賦予西班牙國王統治菲律賓的合法性，也因而擺脫了屠殺模式，實行「和平征服」，促進了天主教的傳播，透過天主教修會深入菲律賓各地，協助西班牙殖民政府建立起菲律賓的殖民統治。

三、菲律賓的傳教發展

西班牙征服菲律賓首要目的──傳教。菲利浦二世曾信誓旦旦的向羅馬教廷承諾保護天主教，教廷自然也讓西班牙擁有當地的保教權。西班牙遠征軍初到菲律賓時，當時軍中有奧斯丁修道團 5 名會士，惟限於人力，並未對菲律賓土著傳教。

1571 年西班牙人佔領馬尼拉後，開啟天主教在菲律賓的傳教。〔註 137〕天主教五大修會：奧斯丁會（Augustinian order）方濟會（Franciscan order）道明會（Dominican order）耶穌會（Jesuit）重整奧思會（Augustinian Recollects order）先後來到菲律賓後，成為天主教在菲律賓的傳教主力。

各修會分別在菲律賓各地劃分主要傳教區：奧斯丁會於宿霧成立奧斯丁菲律賓省，並且開始向呂宋進行傳教，主要在呂宋島、宿霧、班乃島等地，至 1898 年共有 2638 名會士來此傳教，建立 385 個堂區；〔註 138〕1577 年 15 名方濟會會士來到菲律賓，主要在呂宋島的西南的甘馬遜（Camarines）棉蘭佬島（Mindoro），至 1898 年有 2367 名會士來此，建立 233 個堂區；〔註 139〕耶穌會於 1581 年 3 名會士來到菲島，其以米薩揚群島、民答那峨島（Mindanao）為主，至 1768 年耶穌會因被教廷解散，遭驅逐離開菲島止，共有 158 名會士來此，建立 90 個堂區；〔註 140〕1581 年 2 名道明會士來到菲律賓，成為道明會在亞洲傳教的開始，1585、1587 年又有道明會士陸續來到菲律賓，主要負責華人的傳教事務及班加西蘭（Pangasinan）卡加延（Cagayan）等地區；重整奧思會於 1606 年到菲律賓後，至 1898 年至少有 1623 名會士曾在菲律賓進

〔註 137〕尼古拉斯・塔林主編，賀盛達等譯《劍橋東南亞史 I》，頁 435。

〔註 138〕C. F. Zaid, *Philippine Political and Culture History*（Manlia:Philippine Education Company,1957）,Vol.1, p.183.

〔註 139〕C. F. Zaid, *Philippine Political and Culture History, Vol.1*, p.184.

〔註 140〕C. F. Zaid, *Philippine Political and Culture History, Vol.1*, p.185.

行傳教，建立 235 個堂區。〔註 141〕

　　天主教修會來到菲律賓後，紛紛在其傳教區內建立教堂，形成天主教的基層堂區。1581 年道明會士薩拉札（Domingo de Salazar，1513～1594）來到菲律賓，即前述 2 名道明會士之一，他被任命為首任菲律賓主教，也標示著菲島教區的建立。天主教傳入初期，各修會的傳教工作遭遇相當的困難，同時面對了土著們消極的抵抗，不僅造成傳教上的阻礙，對土著的掌握也非常難捉摸。1576 年當時菲律賓總督桑德（Francisco de Sande）寫給國王菲利浦二世的信中提到：〔註 142〕

　　　　這些土著（Indians）就像鹿一樣，當有人要去找他時，必須運用策
　　　　略去抓到他，為的是可以透過他召喚其他族人來到山丘。

　　最初菲律賓土著們對於傳教士們充滿了不信任與懷疑，例如常發現傳教士的衣服在半夜時被偷至山中丟棄，又如奧斯丁會所傳教的巴奈島有山上土著與海邊土著兩個族群，他們對於奧斯丁傳教士利用各種方式吸引其入教，都表現冷淡。甚至有山地民族對傳教士馘首，燒毀傳教士的房子，甚至在傳教士的飲用水中下毒等等的情形。〔註 143〕

　　1578 年方濟會提出「移民併村」的構想，將分布於深山或內陸的巴朗蓋居民集中到一市鎮，市鎮中有教堂，即成為一堂區的形式，而周圍的村莊亦建有小教堂（Chapel），傳教士雖未長期進駐，也會挑選合適的菲律賓人執行部分重要的儀式，如洗禮或臨終的祝福，這些都方便傳教士的傳教。

　　傳教士們也利用在拉丁美洲的經驗，若欲讓地方領袖皈依天主教的方法，便是對首領的子女，尤其是針對長子灌輸天主教思想，這樣的傳教策略也應用於菲律賓。首先針對巴朗蓋首領的後裔（可能成為日後首領的繼承者），培育他們成為當地土著社會的宗教領袖，他們先跟隨神職的生活作息，並學習西班牙語及天主教教義，修業結束後，便擔任西班牙神職與教堂信徒間的翻譯，從事吸引及督促巴朗蓋居民接受天主教，例如提醒住民參加彌撒及住民子弟前往教會學校上學，也指導住民吟唱經文與詩歌。〔註 144〕這些經文也已翻譯成當地的語言，加上藉由巴朗蓋首領子弟的帶領，使菲律賓的土

〔註 141〕 C. F. Zaid, *Philippine Political and Culture History, Vol.1*, p.186.

〔註 142〕 "Governor Sande to Philip II",in *BRPI,Vol.*4, p.84.

〔註 143〕 John Leddy Phelan "Prebaptismal Instruction and the Administration of Baptism in the Philippines during the Sixteenth Century" in Gerald H. Anderson ed., *Studies in Philippine Church History*, p.33.

〔註 144〕 池端雪浦《フィリピン革命とカトリズム》，頁 41。

著對於天主教經文與詩歌都能琅琅上口。

　　同時傳教士也為菲律賓土著組織信徒團體——兄弟會（cofradia），藉由團體中信徒們互相的合作來強化信仰，加深基督徒的一體感。此兄弟會的成員熱衷對於教會事務，同時也漸成為一般信徒的模範，他們在個別地區催生玫瑰經頌經會及各種的祈禱會來深化信徒的信仰，也會在信徒們的生病與死亡的場合上祈禱，提供了物質、精神方面的互助。〔註145〕

　　天主教傳教士在傳教上所面對最大的阻力仍是菲律賓傳統精靈信仰。天主教傳教士們面對菲律賓原始信仰，遂採取與拉丁美洲地區類似的作法，將天主教的聖人取代菲律賓傳統信仰中的各式精靈，可以透過給予合適的禮物及虔誠的祈禱而得到聖人的幫助；傳教士也將天主教中的部份元素詮釋為與菲律賓土著信仰相近的元素，如天主教聖餐中對耶穌身體與血的分享，引起其對最後晚餐的共鳴，天主教的聖水也被廣泛地認為有醫治疾病與治療靈魂的功用，將教會洗禮儀式神聖化。因此天主教透過儀式將菲律賓土著的生活程序化，信徒的生涯完全掌握在教會手中，教會中的一夫一妻制與禁止離婚也逐漸在當地社會中推廣。

　　聖母信仰也移植至菲律賓社會。菲律賓安蒂波洛市（Antipolo）的「和平與順風聖母」（Our Lady of Peace and Good Voyage）於1626年自墨西哥傳進菲律賓，菲律賓土著也開始信奉該聖母，但卻運用其傳統原始的植物崇拜信仰的影響，來解釋該聖母是森林內的神靈，賦予森林樹木超自然的力量，被耶穌會士用來雕

圖1-4：和平與順風聖母

取自 http://www.flickriver. com/photos/poon_at_santo/2724758837/

圖1-5：菲律賓 Santo Domingo Church 內的海上聖母像

（楊嘉欽攝／2012年）

〔註145〕池端雪浦《フィリピン革命とカトリズム》，頁42。

刻聖母神像，供奉於當地教堂內，也使得和平與順風聖母成為當地菲律賓土著傳統神靈。〔註146〕而在馬尼拉則有「海上聖母」（La Naval de Manila）的崇拜，〔註147〕每年的 10 月第二個星期日則舉辦盛大的遊行，並伴隨許多神像隨行，若位於岷倫洛（Binondo）的華人堂區，因屬道明會的傳教區，也同時有道明會相關聖人的神像隨行。

　　上述天主教傳教士透過菲律賓土著的力量進行傳教的工作，傳教內容事實上因此含有濃厚的菲律賓土著色彩；而對菲律賓文化與信仰的妥協、轉化也使得天主教有菲律賓化的傾向，使托缽修會如方濟會、道明會極力堅持對非天主教文化的寬恕是對天主教教義的背叛，也努力地避免天主教信仰與土著信仰混淆不清，但古老信仰仍然存在，只是轉化為天主教的元素。〔註148〕

第五節　道明會玫瑰省的建立

　　道明會士並未在一開始隨著西班牙遠征軍直接來到菲律賓，1581 年也只有二位會士來此，因此會士的派遣便成為當務之急，道明會墨西哥省的會士也曾討論是否在菲律賓建立新的傳教單位，當時的道明會士們亦未有積極前往菲律賓傳教的計畫。其中會士貝坦諾斯（Domingo Betanzos）放棄被任命為瓜地馬拉主教的機會，自願前往菲律賓傳教，但最終仍無法成行。貝坦諾斯並未就此放棄，仍積極尋找適合有意願的會士來完成此行。〔註149〕

　　1581 年墨西哥省會士克里斯多謨（Juan Crisóstomo，1525～1590）被選為此任務的領導者，並前往西班牙與羅馬籌備建立新會省，此新會省的任務為前往菲律賓、中國、日本等地區傳教，〔註150〕1582 年克里斯多謨獲得可建

〔註146〕施雪琴《菲律賓天主教研究：天主教在菲律賓的殖民擴張與文化調適（1565～1898）》，頁 129。

〔註147〕1646 年 18 艘荷蘭艦隊進攻菲律賓，西班牙殖民政府則派出兩艘馬尼拉大帆船（Manila gallon），西菲軍隊除正面迎戰荷蘭艦隊，並也唸玫瑰經祈求玫瑰聖母的保佑，歷經 5 次戰役終於打敗荷蘭人。勝利後,當地舉國歡騰,抬著海上聖母遊行,自 1652 年起每年 10 月第二個星期日慶祝此節日,全國都有聖母像大遊行。（http://en.wikipedia.org/wiki/Battles_of_La_Naval_de_Manila，2011 年 10 月 24 日）

〔註148〕尼古拉斯・塔林主編，賀盛達等譯《劍橋東南亞史I》，頁 438。

〔註149〕Diego Aduarte, *Historia de la Provincia del Santo Rosario de la Orden de Predicadores en Philippinas,Iapon y China, in BRPI,Vol.30,* p.116.

〔註150〕Diego Aduarte, *Historia de la Provincia del Santo Rosario de la Orden de Predicadores en Philippinas,Iapon y China, in BRPI,Vol.30,* p.116.

立 30 人新會省的許可，並獲得墨西哥聖地牙哥省經費方面的補助，隨後也得到當時道明會總會長康斯特伯（Pablo Constable）與教宗格列高里十三世（Gregory XIII，1572～1585 在位）同意成立向菲律賓、中國傳教的新會省。〔註 151〕

克里斯多謨滿懷希望前往西班牙召募願意加入新會省的會士，途經羅馬時他發現事實並不如他所想像的。當時他遇到奉菲律賓主教薩拉札指示前往西班牙尋求支持成立新會省的耶穌會士桑切斯（Alonso Sánchez）。克里斯多謨發現桑切斯在墨西哥與西班牙對成立新會省表現出不支持的態度：桑切斯認為菲律賓並不需要神職人員，也不需要新修會，並透過其對印第安議會的影響力阻撓新修會的成立。〔註 152〕

克里斯多謨面對此情形仍繼續進行其招募活動，1586 年 7 月他所招募的第一批 33 名會士由西班牙 Cadiz 港前往墨西哥。但是在墨西哥漫長的等待過程中，這 33 名會士因死亡與生病，〔註 153〕最後剩下 20 位會士，請參閱表 1-1：

表 1-1：道明會玫瑰省成立時的創省會士

姓　名	生卒年	備　註
Juan Crisóstomo	1525～1590	
Juan Cobo	1546～1592	中文名「高母羨」
Antonio Arcediano	？～1599	
Bartolomé López	？～1599	
Alonso Delgado	？～1594	
Miguel de Benavides	1550～1605	成立圖書館，即今日聖多瑪斯大學圖書館。
Juan de Ormaza	1548～1638	
Juan Maldonado	？～1598	

〔註 151〕 Diego Aduarte, *Historia de la Provincia del Santo Rosario de la Orden de Predicadores en Philippinas,Iapon y China, in BRPI,Vol.30*, p.118.；Pablo Fernandez, "Dominican Apostolate in thw Philippines" in *Boletin Eclesiastico de Filipinas No.435*（Manila：Offical interdiocesan organ published by University of Santo Tomas，1965.1～2），p.148.

〔註 152〕 Diego Aduarte, *Historia de la Provincia del Santo Rosario de la Orden de Predicadores en Philippinas,Iapon y China, in BRPI,Vol.30*, pp.118～119.

〔註 153〕 Pablo Fernandez, "Dominican Apostolate in thw Philippines" in *Boletin Eclesiastico de Filipinas No.435*（Manila：Offical interdiocesan organ published by University of Santo Tomas，1965.1～2），p.149.

Pedro de Soto	？～1599	
Alonso Jiménez	1518～1599	
Bernardo Navarro	？～1616	
Diego de Soria	1558～1608	
Pedro Bolaños	1527～1588	
Juan de la Cruz	1535～1605	
Juan de Castro	1527～1690	叔叔，首任省會長
Juan de Castro	1540～1594	姪子
Marcos Soria de San Antonio	1558～1591	
Gregorio de Ochoa	？～1588	
Domingo de Nieva	1562～1607	當時為執事
Pedro Rodríguez	？～1609	在俗道明會士

資料來源：Diego Aduarte, *Historia de la Provincia del Santo Rosario de la Orden de Predicadores en Philippinas, Iapon y China, in BRPI, Vol.30, pp.124～126.*

　　1586 年 5 月克里斯多謨將職位移交給卡斯特羅（Juan de Castro，1527～1690），並由卡斯特羅擔任總會長代理（Vicar-General）。同年在卡斯特羅主持下，20 位會士在墨西哥共同制定新會省的會規，並且將新會省定名為「至尊玫瑰童貞聖母瑪利亞」（the Most Holy Rosary of Mary the Mother of God, ever virgin，簡稱為「玫瑰省」），1586 年 12 月 17 日 20 位會士於墨西哥聖道明會院正式宣誓遵守新會省會規，道明會玫瑰省成立。

　　新會省成立後，20 位會士隨即準備前往菲律賓，部分會士如克里斯多謨因病、高母羨（Juan Cobo，1546～1592）因有要事無法一同前往菲律賓，同時其中亦有三位會士阿西迪安諾（Antonio Arcediano）、羅沛茲（Bartolomé López）、迪卡多（Alonso Delgado）脫隊欲經由澳門前往中國，其餘 15 位會士則於 1587 年 4 月 6 日啟程，同年 7 月 21 日到達菲律賓。〔註 154〕

　　玫瑰省會士們到達菲律賓後，稍做休息，主教薩拉札派人帶領他們前往巴丹島（Bataan）參觀幾個土著的村莊，幫助他們了解土著的風俗習慣與語言，之後部份會士被分派至班加西蘭（Pangasinan）、巴丹島（Bataan）、巴利安（Parian，西班牙人對華人聚集區的稱呼）等地區，會士分派的狀況請參閱表 1-2。

〔註 154〕岡本哲男《聖ドミニコ修道会ロザリオの聖母管区四百年史，1587～1987》（日本松山：聖ドミニコ修道会ロザリオの聖母管区日本地区，1987），頁 6。

表 1-2：道明會玫瑰省會士初抵菲律賓後的傳教區分配

傳教區	主要負責人	會 士
Bataan	Juan de Ormaza	Alonso Jiménez、Pedro Bolaños、Domingo de Nieva（共 3 人）
Pangasinan	Bernardo Navarro	Gregorio de Ochoa、Juan de Castro、Pedro de Soto、Marcos Soria de San Antonio、Juan de la Cruz（共 5 人）
Parian	Juan de Castro（總會長代理）	Miguel de Benavides、Juan Maldonado、Pedro Rodríguez、Diego de Soria（共 4 人）

資料來源：Diego Aduarte, *Historia de la Provincia del Santo Rosario de la Orden de Predicadores en Philippinas, Iapon y China, in BRPI, Vol.30*, p.136.

圖 1-6：馬尼拉鄰近地區圖（楊嘉欽描繪）

　　1588 年又有 6 位會士來到菲律賓，其中包括了之前因故未與第一批會士一同前來的高母羨。〔註 155〕同年玫瑰省召開了第一屆省會議，會議中正式選

〔註 155〕高母羨（Juan Cobo），西班牙卡斯提爾人，1588 年 5 月到達菲律賓，隨後在馬尼拉的華人聚集區──巴利安（Parian）及頓多（Tondo）傳教，熟悉中國語言，著有《辯正教真傳實錄》，1592 年欲前往日本傳教未果，回馬尼拉途中遭遇船難，據說漂流至台灣，遭台灣土著殺害。

舉卡斯特羅為省會長，並確認上述表格中各傳教區的主要負責會士，1592 年
11 月 3 日得到道明會總會長貝卡利亞（Hipolito Maria Becaria）的回信確認，
〔註156〕正因如此，部份資料以 1592 年作為道明會玫瑰省成立的時間。

一、菲律賓土著的抵制

　　玫瑰省會士先後進入巴丹與班加西蘭地區傳教，就如同第四節天主教修
會在菲律賓傳教初期所遇到的困難，玫瑰省會士們的傳教亦不順利，首先面
對的就是語言的問題，因此學習當地語言就成為會士們傳教工作進行的首要
任務。

　　再者，會士們進入村莊後，也開始面臨當地居民的敵視。以班加西蘭而
言，該地區最早是由奧斯丁會負責，但因生命受到土著的威脅，最後還是離
開此地。〔註157〕

　　1587 年 9 月納瓦羅（Bernardo Navarro，亦名 Bernardo de Santa Catalina）
率領 5 位會士進入該地區的主要村莊 Lingayen，當地的西班牙監護主比諾
（Jiménez del Pino）為會士們興建一棟小房子，而當地土著則不喜歡這些西班
牙人，他們拒絕為會士們提供木材、飲水、魚或米等生活必需品，因此當時
會士若要前往其他村莊，必須自行攜帶木材、飲水與簡單的寢具，〔註158〕會
士貝納維德斯（Miguel de Benavides）後來寫給教宗格來孟八世（Clement VIII，
1592～1605 在位）的報告中就提到上述類似的情形：〔註159〕

> 最初有六位會士來到這裡；當土著看見他們時，土著們立刻詢問神
> 父們何時會離開他們的國家。土著們認為沒有機會迫使神父離開他
> 們的國家；因此土著們非常敵視神父，沒有任何手段可導引他們提
> 供神父們食物，甚至是錢買的東西。三年的時間中神父們承受著困
> 苦的生活；但是土著們的敵視卻無法超越神父的耐心……土著回應
> 神父的結果就是沒人接受信仰……。

〔註156〕Diego Aduarte, *Historia de la Provincia del Santo Rosario de la Orden de
　　　　Predicadores en Philippinas, Iapon y China*, in *BRPI, Vol.30*, p.210.

〔註157〕Diego *Aduarte, Historia de la Provincia del Santo Rosario de la Orden de
　　　　Predicadores en Philippinas, Iapon y China*, in *BRPI, Vol.30*, pp.180～181.

〔註158〕John Leddy Phelan　"Prebaptismal Instruction and the Administration of Baptism
　　　　in the Philippines during the Sixteenth Century" in Gerald H. Anderson ed.,
　　　　Studies in Philippine Church History, p.34.

〔註159〕Diego Aduarte, *Historia de la Provincia del Santo Rosario de la Orden de
　　　　Predicadores en Philippinas, Iapon y China*, in *BRPI, Vol.*30, p.184.

　　道明會士後來發現到，菲律賓土著對會士的敵視似乎是由菲律賓土著傳統信仰中的祭司帶頭，他們甚至散播玫瑰省會士納瓦羅與一名當地婦女生下一個小孩的謠言，欲藉此來打擊會士的清譽。會士所面對的其實是菲律賓祭司們意圖在部落居民眼前敗壞會士的名聲，藉以嘲諷會士們高標準的禁慾美德，主要是爲了停頓玫瑰省的傳教工作。〔註160〕

二、「傳統」的轉化與融合

　　玫瑰省會士們面對這傳教的困境，他們似乎還能堅持其目標，慢慢的有些土著開始接受傳教士，也接受了信仰。三年後，只有一些男孩接受洗禮，成果雖有限，卻也是新的開始，會士的一舉一動也讓土著們受到感動，會士的紀錄中便有以下的故事：〔註161〕

　　　　一天晚上，一位菲律賓土著的頭目來找會士，並對他說：「神父，你們必須知道我已經觀察你們兩年了，並小心仔細地記錄你們所做的每件事；我發現你們有一種共同的生活方式。如果你們其中有一人沒吃飯，其他人也不會吃；如果你們當中有一人半夜起來祈禱，其他人也會跟著起來；如果你們其中一人迴避女人，其他人也會跟著如此。你們所有人遵循著同一的規矩與同一條路；你們努力去獲得的不是黃金也不是白銀；你們受到不好的對待就是祈禱；你們所做的都是爲我們好的。
　　　　因此我決定相信你們，我相信像你們這樣的人，將不會欺騙我們。」

　　菲律賓土著受洗的人漸漸增加，但會士也開始面臨問題，此問題就是土著會將傳統信仰與教會內的儀式、聖物做某種程度的連結。例如土著們接受天主教信仰後，必須放棄原有生活中必需的傳統鬼神信仰與祭獻，而會士們也要試著做這些土著們所期望的儀式，準備了非常多的陶製容器與老酒，這些老酒被土著視爲神聖的物品，他們習慣將這些酒裝在小陶罐中，置於床頭，就像是天主教的聖水。若摒除上述的這些習慣，土著便成爲虔誠的信徒，願意去認識與學習天主教的一切，也會被要求齋戒30～40天，十足是一位信徒的表現。〔註162〕

〔註160〕John Leddy Phelan "Prebaptismal Instruction and the Administration of Baptism in the Philippines during the Sixteenth Century" in Gerald H. Anderson ed., *Studies in Philippine Church History*, p.34.

〔註161〕Diego Aduarte, *Historia de la Provincia del Santo Rosario de la Orden de Predicadores en Philippinas,Iapon y China*, in *BRPI,Vol.30*, p.185.

〔註162〕Diego Aduarte, *Historia de la Provincia del Santo Rosario de la Orden de Predicadores en Philippinas,Iapon y China*, in *BRPI,Vol.30*, p.186.

　　另外會士們面臨教義的挑戰，則是洗禮。一般洗禮的舉行都是在復活節
與五旬節（天主教稱爲「聖神降臨節」，大約是復活節後 7 週）前夕。阿都阿
特曾提到，就玫瑰省的傳教區巴丹島而言，西班牙佔領菲律賓初期，此地是
由方濟會與奧斯丁會士們負責，對於欲加入教會的當地土著信徒採取集體受
洗的方式。雖然短短的時間內，大量土著受洗，看似成果豐碩，但因傳教人
員有限，實無法照料到土著信徒的信仰生活；甚至有傳教士未事先教導土著
認識信仰，便強迫、要求土著並同時帶領男、女孩們，先給所有人聖名（一
般人接受洗禮後，給予一個天主教聖人的名字），第二天在土著們沒有任何準
備下，就集體接受了洗禮。〔註 163〕

　　由於菲律賓土著長期以傳統的鬼神信仰爲主，在未完全認識天主教前，
遂倉促接受洗禮成爲天主教徒，其日常生活中仍某種程度的保留原始信仰，
表面上放棄傳統信仰，其實只是隱藏起來，有時傳統信仰仍存留在土著的生
活中；也有部分土著認爲洗禮，是被下咒語，因而拒絕，甚至有的接受洗禮
後，還會仔細地將洗禮過程中，塗抹在額頭上的聖油洗掉。有的也會利用傳
教士不懂語言，假裝其已接受過洗禮，並參與天主教的聖事（如告解、聖餐），
不過這種情形在玫瑰省會士學會當地語言後便漸漸減少。

　　雖然土著們有上述的情形與疑慮，但接受洗禮的人數還持續增加，1594
年奧斯丁會士歐特加（Francisco de Ortega）向西班牙政府的報告中提到當時
奧斯丁會已經領洗 244000 人，方濟會約有 30000 人，道明會則約有 14000 人，
〔註 164〕這數字或許可以看出土著們對於受洗有某種程度的接受度。但原因爲
何，或許由 1521 年跟隨麥哲倫（Fernão de Magalhães，1480～1521）來到菲
律賓的皮加非特（Antonio Pigafetta，1491～1534）在其著作中描述麥哲倫帶
領土著受洗情形的紀錄可窺知一二：

　　　　船長（指麥哲倫）告訴他們去燒毀偶像來相信基督，如果病人受洗
　　　　後，病痛會很快痊癒；若沒有用，居民們可以將他斬首（指麥哲倫
　　　　自己）。於是首領回答說他（指病人）將會燒毀偶像，因爲他眞的相
　　　　信基督。我們看到土著們從廣場列隊到病人屋子的盛況。病人當時
　　　　是無法說話也無法移動，我們領洗病人與他的 2 位妻子與 10 位女
　　　　孩。洗禮結束後，船長詢問病人的感覺如何。他馬上說因著上帝的

〔註 163〕 Diego Aduarte, *Historia de la Provincia del Santo Rosario de la Orden de Predicadores en Philippinas,Iapon y China*, in *BRPI,Vol.30*, p.163.
〔註 164〕 "Report Concerning the Philippinss" in *BRPI,Vol.6*, pp.95～119.

　　恩典，他感覺非常好。這是此時最大的奇蹟。當船長聽到他這樣說，
　　他熱烈地感謝上帝。〔註165〕

由以上的紀錄，我們可以看到麥哲倫爲吸引土著們受洗，將洗禮宣稱具有「醫療」的效果，以此來吸引土著們接受信仰。這樣的方式可能也是傳教士們爲了取代土著傳統信仰所發展出來的傳教方式，另外如耶穌會在菲律賓米薩揚地區傳教時，面對病人發展出一種儀式，先再次確認病人已放棄原有信仰，用手憑空比劃了十字聖號後，以聖水祝福病人，最後簡短地請求上帝能儘快恢復病人的健康。〔註166〕因此宣稱洗禮具有醫療效果的說法，可能廣泛地存在傳教初期的菲律賓社會。

　　天主教修會進入菲律賓土著社會初期傳教的狀況，道明會玫瑰省會士阿都阿特的書中，紀錄非常多上述的狀況，其實背後也某種程度的批評之前來此修會傳教方式的錯誤。

　　玫瑰省會士進入巴丹與班西嘉蘭後，土著們對於洗禮的醫療效果與原有信仰的隱藏性存在等錯誤的認知依舊濃厚，但據阿都阿特所描述道明會在此傳教情形的描述，會士們學習當地語言後，也非常積極與土著建立關係，透過誠心的傳教來感動土著，使其願意接受洗禮；同時也進行土著對教義認知導正的工作，例如土著們因相信洗禮的療效，當他們生病時，向會士要求洗禮，會士們會斷然拒絕，並說明正確的意義，同時也導正土著對於十字聖號具有療效的錯誤認知。

　　會士除導正土著的錯誤觀念外，也透過教育來教導。會士一直在尋找獲得土著領導階層（如大督）的善意回應與主動支持，因爲他們認爲只要領導階層願意，下層階級就會跟隨，1591 年教宗格列高里十四世（Gregory XIV，1590～1591 在位）同意給予大督許多的規矩與習俗方面的寬容，促進其皈依天主教信仰。另一方面，會士要求首領准許一些小孩進入修院受教育，教導他們閱讀與書寫，帶領小孩唱歌、表演與祈禱，〔註167〕因而傳教區內的建築，

〔註165〕Antonio Pigafetta, Theodore J.Cachey Jr. ed., *The First Voyage around the World, 1519～1522—An Account of Magellan's Expedition*（Toronto Buffalo London: University of Toronto Press, 2007）p.52.

〔註166〕John Leddy Phelan "Prebaptismal Instruction and the Administration of Baptism in the Philippines during the Sixteenth Century" in Gerald H. Anderson ed., *Studies in Philippine Church History*, p. 38.

〔註167〕Diego Aduarte, *Historia de la Provincia del Santo Rosario de la Orden de Predicadores en Philippinas,Iapon y China*, in *BRPI,Vol.30,* p.169.

即教堂、修院、學校依序快速地建立起來，學校與修會連結起來，這些受教育的小孩就如同前述，他們被訓練爲菲律賓土著社會中的菁英分子，也成爲天主教社區的領導階層。〔註168〕

教育是道明會傳教過程中很重視的部分，時任馬尼拉總主教貝納維德斯對於教育設施的設立抱持強烈欲望，1605年他便花費1500披索設立個人的圖書館，作爲培養年輕人成爲神職人員的場所。

1611年玫瑰省首先成立名爲「聖潔玫瑰聖母學院」（Colegio de Nuestra Señora del Santisimo Rosario）的高等學府，後來又更名爲「聖多瑪斯學院」（Colegio de Santo Tomas），藉以紀念道明會神學家聖多瑪斯，1645年升格爲「聖多瑪斯大學」（University of Santo Tomas，簡稱UST），〔註169〕這是亞洲號稱擁有悠久歷史的近代大學。

另外1620年左右一位西班牙軍人桂雷洛（Juan Geronimo Guerrero）將自家改建名爲「聖若翰拉特朗」（San Juan de Letran）孤兒學校，來收容孤兒並施以初等的教育，後來他將學校移交給玫瑰省，自己也加入玫瑰省成爲會士。1690年此學校改制爲正式學校，〔註170〕即今日馬尼拉的「聖若翰拉特郎學院」（Colegio de San Juan de Letran）。

聖若翰拉特郎學院與聖多瑪斯大學在菲律賓扮演重要的教育單位，也是神職人員重要的培育場所。十八世紀時，菲律賓人可以進入這兩所學校就讀，學歷得到承認。藉由教育增進了菲律賓人的知識，也開啓了他們對世界的認識與交流，同時菲律賓神職也多是先後經歷此二校所培育出來的，因此十九世紀歐洲、拉丁美洲自由主義、民族主義風潮盛行時，也在稍晚影響到菲律賓。這些受過高等教育的菲律賓神職人員與知識分子成爲十九世紀中葉以後菲律賓獨立革命的領導者。

〔註168〕 John Leddy Phelan "Prebaptismal Instruction and the Administration of Baptism in the Philippines during the Sixteenth Century" in Gerald H. Anderson ed., *Studies in Philippine Church History*, p. 35.

〔註169〕 參閱 University of Santo Tomas 網站：http://www.ust.edu.ph/index.php/history.html，2012年7月1日。

〔註170〕 岡本哲男《聖ドミニコ修道会ロザリオの聖母管区四百年史，1587～1987》，頁9。

第二章　玫瑰省在華人區域的傳教

　　西班牙統治菲律賓除了當地的土著外，如何管理來到菲律賓從事貿易與居住的華人，成爲西班牙殖民政府的重要課題，其中爲使菲律賓華人入教天主教，此重責大任遂由道明會玫瑰省承擔。因此玫瑰省如何在菲律賓華人區域進行傳教則爲本章探討的課題之一。

　　再者，如前述，玫瑰省成立的目的乃是爲前往中國、日本傳教，所以玫瑰省會士在中國傳教情形，亦是本章節意圖討論的課題。

第一節　菲律賓的華人

　　1570 年西班牙軍隊進攻馬尼拉時，曾與中國船隊短兵相接，並殺死 20 人，到達馬尼拉後也發現有 40 位中國人與 20 位日本人和當地的土著和平地生活。〔註1〕1571 年西班牙殖民政府遷移至馬尼拉後，發現當地已有 150 名中國人居住，〔註2〕「黎牙實比最初認爲，與中國的絲綢貿易也許能夠彌補與葡萄牙人進行香料貿易的損失」。〔註3〕同年，中菲間的大帆船貿易於焉展開，〔註4〕開始建立與中國人間的直接貿易關係，對中國的貿易開始增加，〔註5〕並且獎勵

〔註 1〕Milagros C. Guerrero "The Chinese in the Philippines,1570～1770" in Alfonso Felix, Jr. ed., *The Chinese in the Philippines, 1570～1770,Vol.1*, p.16.

〔註 2〕"Conquest of Luzon" in *BRPI,Vol.3*,p172.

〔註 3〕尼古拉斯・塔林主編，賀盛達等譯《劍橋東南亞史 I》，頁 293。

〔註 4〕1525～1527 年曾有紀錄提到每年都有中國戎克船爲了貿易而來，之後也有紀錄提到有關中國人貿易與交易的項目。(Alfonso Felix, Jr. ed., *The Chinese in the Philippines,1570～1770,Vol.1*, p.16.)

〔註 5〕Milagros C. Guerrero "The Chinese in the Philippines,1570～1770" in Alfonso Felix, Jr. ed., *The Chinese in the Philippines,1570～1770,Vol.1*, p.16.

移民，對來到菲律賓的中國人船隻與貨品給予特別的保護。

西班牙政府統治菲律賓初期，因爲物資缺乏，鼓勵華人來菲貿易以補充所需，也十分信任華人，他們可以自由地進入王城，但 1574 年林鳳（菲律賓稱爲 Limahon）爲了躲避中國官府的追捕，帶領追隨者欲移民至菲律賓，遂與西班牙殖民政府產生衝突，最後林鳳失敗離開，這個事件使得西班牙人開始對華人產生戒心。〔註6〕

1582 年總督貝尼亞洛沙（Gonzalo Ronquillo de Peñalosa）規定華人需全部移居至王城附近，鄰近巴石河（The Pasig River）的地區，稱爲「巴利安」（Parian），並且嚴禁華人擅自離開巴利安，以防止若發生類似林鳳的事件，馬尼拉城內便不會發生華人作內應的情形，〔註7〕同時 1604 年阿瑪珊（Justice Tellez de Almazan）提到西班牙在王城上架設裝載五磅重砲彈的砲台，砲台射程的交會處則爲巴利安閘門，此閘門位於巴利安的入口。〔註8〕由上述的內容，我們可以知道西班牙人擔憂華人的忠誠度。

但是首任菲律賓主教薩拉札寫給西王菲利浦二世的信中，提到他初到菲島時，所看到當地華人聚居與生活的情形，也對西班牙總督遷移華人至巴利安有另一種說法：

> 我看到一座叫做頓多（Tondo）的城鎮，城鎮附近在河的對岸居住許多中國人，他們有些是基督徒，也有些非信徒。在馬尼拉也有些商店是由中國人經營，他們居住在馬尼拉販賣著之前他們所帶來的商品。那些中國人與西班牙人一同散居在馬尼拉，並沒有屬於他們自己的地方，直到貝尼亞洛沙（筆者按：當時西班牙總督 Gonzalo Ronquillo de Peñalosa）給了他們一個地區，一座四周有圍牆的絲綢市場，我們稱爲巴利安（Parian，筆者按：請參閱下圖編號 5 的地區）。中國人在此建立了許多商店，貿易也開始成長，越來越多的中國人來到這個城市。〔註9〕

〔註 6〕趙啓峰〈族群、宗教與認同——西班牙殖民時代菲律賓華人社會研究〉，頁 34～35。
〔註 7〕趙啓峰〈族群、宗教與認同——西班牙殖民時代菲律賓華人社會研究〉，頁 35～36。
〔註 8〕Alberto Santamaria, OP. "The Chinese Parian（El Parian de los Sangleyes）" in Alfonso Felix, Jr. ed., *The Chinese in the Philippines, 1570～1770,Vol.1*, p.74.
〔註 9〕"Bishop Salazar's Report to the King" in Alfonso Felix, Jr. ed., *The Chinese in the Philippines, 1570～1770,Vol.1*, p.123.；該報告也同時收錄於 BRPI,Vol.7,pp212～238.

　　當我來時，所有的中國人都是被忽視與放在一邊，完全不操心
他們是否接受我們的信仰，因爲沒有人懂他們的語言，或者他們語
言也艱難到無人想去理解。……我感到惋惜沒有傳教士用中國人的
語言向他們傳教，所以我向總督貝尼亞洛沙請求給中國人一個地
方，傳教士可以學習華文並且向中國人傳教，等到所有都得到同意，
就可派遣傳教士了……。〔註10〕

圖 2-1：17 世紀馬尼拉道明會玫瑰省所屬建築物分布圖

資料來源：岡本哲男《聖ドミニコ修道会ロザリオの聖母管区四百年史，1587～1987》（日
　　　　　本松山：聖ドミニコ修道会ロザリオの聖母管区日本地区，1987 年），頁 8。

　　由薩拉札的描述中，我們可以看到華人遷移至巴利安，也是來自薩拉札
希望能向華人傳教而向當時西班牙總督建議將華人集中，以便能順利的進行
傳教工作。在此也就反應出西班牙人對華人除了戒心外，背後似乎也意圖運
用宗教信仰來同化華人。
　　華人有了專屬區後，人數與日俱增。1589 年玫瑰省會士高母羨曾提到巴
利安內的情形：

　　　他們居住在馬尼拉靠近河的一個稱爲巴利安的市場，是一個有門的
　　　大型廣場，中央的一座人工池塘可以連通河流。他們乘著船、舢舨
　　　（它像一種小船）或 bancas（這是一種大船，大約 0.5 碼寬，8～10

〔註10〕 "Bishop Salazar's Report to the King" in Alfonso Felix, Jr. ed., *The Chinese in the Philippines, 1570～1770,Vol.1*, p.124.

碼長。筆者按：這是菲律賓土著的船隻，類似蘭嶼的獨木舟）進來
此地。在這市場中有絲綢和各種衣物。這兒有裁縫師、鞋匠、木匠、
漆匠……等。這兒有販賣給西班牙人中國食品的餐廳與肉舖。他們
有他們自己的藥房販賣非合成藥的藥草。〔註11〕。

　　隨著華人的增加，各式各樣的中國商品也大量輸入菲律賓，來自中國的
手工業者憑藉著純熟的技術服務當地西班牙人，更使得馬尼拉地區對華人的
依賴越來越強烈，薩拉札曾描述這樣的景象：

因為在這裡我們發現各式各樣的來自中國的貨物與商品。甚至有
些商品已經在這裡大量生產，而且透過與我們的接觸，他們在此
所生產東西的品質比中國還要好，所以我們現在所擁有的物品可
能在中國還無法製造。……自從中國人提供西班牙人價廉且具西
班牙風格的衣鞋後，所有西班牙人已經停止進行他們的貿易……
物品不論是金或銀，他們展現不可思議的作品，而且假如他們看
見任何西班牙製的珠寶，他們可以熟練的完美模仿出來……中國
人也販賣當地的豬、鹿、水牛等肉類……他們也販賣大量的雞肉
和雞蛋，如果他們不販售這些東西，我們就無法得到這些物品。
〔註12〕

　　華人的存在使西班牙人在生活與經濟上對華人的依賴日高，巴利安的存
在使馬尼拉更加的繁榮，但是西班牙人的疑慮並未因此而減低，反而因華人
人數的增加，更加深西班牙人的擔憂，也迫使西班牙殖民政府經常採取激烈
手段來對付華人，如1593年的「潘和五事件」、1603年「機易山事件」、1639
年「卡蘭巴事件」……等事件都造成華人遭到屠殺、驅逐。

　　每次事件過後，在菲的西班牙人或許適度的減輕華人威脅其統治權的心
態，巴利安也歷經多次易地重建，華人還是漸漸聚集，馬尼拉的經濟仍舊無
法擺脫華人的影響，西班牙人的戒心依舊存在，西班牙人也思考運用改宗入
教的方式來控制、影響華人，似乎感覺信仰天主教的華人，會讓西班牙人安
心，此處前述菲律賓主教薩拉札早在1581年提出向華人傳教的想法，1587年
玫瑰省的建立，便開啟向華人傳教的新頁。

〔註11〕 "Father Juan Cobo's Account" in Alfonso Felix, Jr. ed., *The Chinese in the Philippines, 1570～1770, Vol.1*, p.135.

〔註12〕 "Bishop Salazar's Report to the King" in Alfonso Felix, Jr. ed., *The Chinese in the Philippines, 1570～1770, Vol.1*, pp.125～126.

一、西班牙人誘使華人信教

魏安國（Edgar Wickberg）曾提到西班牙對華人的態度與政策來自於西班牙人和摩爾人戰鬥的經驗，這些經驗在經濟上都是必要的，但在文化上卻是難以同化的，因此西班牙人採取隔離、驅逐與西班牙化的政策。西班牙人也將這經驗帶到菲律賓並應用在華人的身上。〔註13〕所以由我們在前述西班牙人對待華人的方式，其中就包含了隔離與驅逐。至於西班牙化方面，西班牙人則採取華人入信天主教的方式，若按照魏安國的論點，這自然也是西班牙人與信仰伊斯蘭教的摩爾人長期戰鬥的經驗而來，因為這場戰爭不僅是不同民族的戰爭，也是宗教信仰的戰爭，因為西班牙人認為「信仰相同，其心也類，信仰不同，其心也異」。〔註14〕所以西班牙人認為入教的華人，立場上也會與西班牙人一致的。

西班牙為希望華人能接受天主教信仰，採取對非基督徒華人差別待遇的方式吸引華人入教。依據施雪琴的研究其中有幾個策略：〔註15〕首先就是稅收方面的優惠，對入教的華人優惠部分稅收免繳，如1627年西王菲利浦三世下令入教的華人只需繳交與土著相同的稅額；〔註16〕第二就是當華人被驅逐時，華人天主教徒仍可留在菲律賓；第三，允許華人天主教徒前往馬尼拉以外的各省居住，1620年代以後，因為殖民政府積極開發呂宋地區的農業，准許華人天主教徒往馬尼拉鄰近的省份遷徙〔註17〕；最後則是華人天主教徒可與菲律賓土著結婚，1620年西王菲利浦三世便下令「由於生理人（指華人）皈依天主教並且與菲律賓婦女結婚，他們居住在城郊，應該給予他們土地，讓其安居並形成一村莊，這樣能使他們依賴土地而居住下來，……即是人口增加，也不會威脅馬尼拉的安全」〔註18〕。此區域就是岷倫洛（Binondo，參閱圖2-1，編號7）地區，位於巴石河的另一邊，馬尼拉的對岸。

〔註13〕 Edgar Wickberg, *The Chinese in Philippine Life,1850～1898*（Michigan：A Bell & Howell Company,1996）pp.8～9.

〔註14〕 施雪琴《菲律賓天主教研究：天主教在菲律賓的殖民擴張與文化調適（1565～1898）》，頁96。

〔註15〕 施雪琴《菲律賓天主教研究：天主教在菲律賓的殖民擴張與文化調適（1565～1898）》，頁99～101。

〔註16〕 "Laws Regarding the Shangleys" in *BRPI,Vol.22* ,p.158.

〔註17〕 "Native People and Customs" in *BRPI,Vol.40*,p.301.

〔註18〕 Rafael Bernal, "The Chinese Colony in Manila,1570～1770" in Alfonso Felix, Jr. ed., *The Chinese in the Philippines, 1570～1770,Vol.1*, p.61.

　　西班牙人提出的這些策略，著實吸引不少華人接受天主教，但是其信教動機仍有可議之處，「他們皈依天主教並不是為了靈魂的救贖，而是為了獲得成為基督徒後能得到各種的優惠」，〔註19〕1762 年發生的英西戰爭，許多華人天主教徒反而支持英軍，所以戰爭結束後曾支持英軍的華人信徒都被驅逐。所以西班牙人試圖使華人受洗為天主教徒以求得華人對西班牙的忠誠，成果仍是有限。

二、玫瑰省對華人的傳教

　　對天主教的傳教士來說，看不出他們是否與西班牙統治者有相同的政治見解，但應可以確定的是傳教士們都負有傳教的使命感，這可由菲律賓主教薩拉札寫給西王菲利浦二世的報告中，提到要向在菲的華人傳教，進而向菲律賓總督請求集中華人，以便於傳教的說法中看出：

> 當我來時，所有的中國人都是被忽視與放在一邊，完全不操心他們是否接受我們的信仰，因為沒有人懂他們的語言，或者他們語言也艱難到無人想去理解。……我感到惋惜沒有傳教士用中國人的語言向他們傳教，所以我向總督貝尼亞洛沙請求給中國人一個地方，傳教士可以學習華文並且向中國人傳教，等到所有都得到同意，就可派遣傳教士了……。〔註20〕

　　就在西班牙殖民政府將華人集中於巴利安後，薩拉札遂開始要求菲律賓的各天主教修會任命會士學習華文，並擔負起向華人傳教的任務。雖然各修會都有意願並開始學習華文但都失敗了，因此對華人的傳教始終無法有所進展。

　　1587 年道明會玫瑰省成立與會士的到來，也讓薩拉札的期待得以實現。1583 年原由總督貝尼亞洛沙所興建的巴利安遭大火焚毀，同年將華人遷移至巴石河北岸新建巴利安，薩拉札曾描述此新建巴利安的地理狀態：「這城市建於為河海環繞的狹窄區域，周圍所有的土地都被利用了，已經沒有土地可以提供給道明會」。〔註21〕實際上玫瑰省會士來到前，菲律賓的頓多與巴利安已有約 20 個家庭成為天主教徒。〔註22〕

〔註19〕 "Memorial y Relation" in *BRPI, Vol.16*, p.196.
〔註20〕 "Bishop Salazar's Report to the King" in Alfonso Felix, Jr. ed., *The Chinese in the Philippines, 1570～1770, Vol.1*, p.124.
〔註21〕 "Bishop Salazar's Report to the King" in Alfonso Felix, Jr. ed., *The Chinese in the Philippines, 1570～1770, Vol.1*, p.124.
〔註22〕 "Father Juan Cobo's Account" in Alfonso Felix, Jr. ed., *The Chinese in the Philippines, 1570～1770, Vol.1*, p.135.

　　1587 年 7 月玫瑰省會士來到菲島後，便於聖道明修院與巴利安間興建房子，開始進行華人的傳教與管理。如第一章第五節曾提到，除省會長卡斯特羅（Juan de Castro）在內，再安排四位會士進行對華人的傳教。

　　首先由貝納維德斯（Miguel de Benavides）〔註 23〕與馬多納多（Juan Maldonado）開始進行對華人的傳教並學習華文。兩位玫瑰省會士們為了能使傳教工作能更順利的進行，他們得到當時菲律賓總督貝拉（Sanctiago de Vera）的許可，於鄰近頓多（Tondo）南方的村莊——拜拜（Baybay，參閱圖 2-2）興建新教堂，名為「潔淨聖母堂」（Our Lady of the Purification）

圖 2-2：1583-1593 年的巴利安位置圖

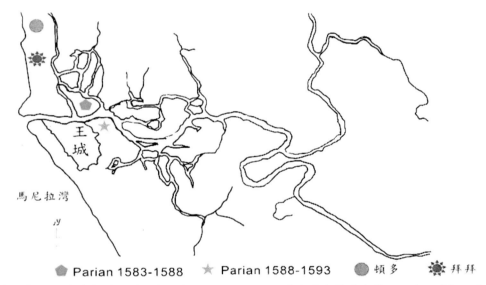

🛑 Parian 1583-1588　　⭐ Parian 1588-1593　　🔵 頓多　　🌟 拜拜

資料來源：趙啓峰〈族群、宗教與認同——西班牙殖民時代菲律賓華人社會研究〉，頁42。

　　1588 年主顯節（天主教節日，每年 1 月 6 日）玫瑰省會士貝納維德斯為 3 位華人施行洗禮，在此之前他已經為許多臨終的華人施行洗禮，約莫六個月的時間，玫瑰省會士已漸漸進入華人社會。〔註24〕同年高母羨來到菲律賓後，

〔註23〕Miguel de Benavides（1550～1605）西班牙瓦倫西亞人，玫瑰省創省會士之一，1590 年曾意圖前往中國傳教，後遭明朝政府驅逐出境。1602 年擔任馬尼拉總主教，創立菲律賓聖多瑪斯大學（UST），今日該校的總圖書館便以該會士命名。

〔註24〕Diego Aduarte, *Historia de la Provincia del Santo Rosario de la Orden de Predicadores en Philippinas,Iapon y China, in BRPI,Vol.30*, p.217.

也隨即加入了對華人的傳教工作，並開始學習華文。貝納維德斯與高母羨前往 1583 年遭大火燒毀，並於 1588 年重建的巴利安原址傳教（參閱圖 2-2），當時當地約有 8000～10000 名的華人甚至時常超過 15000 人。〔註 25〕由上述玫瑰省會士對華人傳教的區域來看，當時菲律賓華人活動的區域雖然以馬尼拉鄰近的巴利安為主，最早的活動區域——頓多，其實仍有華人在該區域活動，而非完全限制在巴利安。

貝納維德斯與高母羨來到當時的巴利安後，在介於馬尼拉與巴利安間興建了一座以棕櫚葉搭蓋的簡陋屋子，以此為據點開始向健康的華人傳教，也向生病的華人傳教與進行洗禮。這些生病的華人通常都是非常貧窮、缺乏生活的需要，會士的觀點認為在馬尼拉的非信徒華人彼此間缺少關心，也非常貪心，因此會士們便對這些華人中的貧病者提供照顧與關心，讓他們來到此簡陋的房子中施以照顧，並為他們洗腳、洗澡與提供食物。〔註 26〕

會士們的行為得到部分華人與西班牙人的推崇，部分華人與西班牙殖民政府也開始提供物資來支援醫院的需要。後來西班牙總督貝拉也為會士們興建石造的教堂，並也將醫院以磚石改建成可容納 20 床規模，〔註 27〕後來又擴充成容納 80 床的規模的木造醫院，此醫院則名為「聖加俾額爾」（St. Gabriel）。〔註 28〕

兩位玫瑰省會士以醫療傳教的方式進行下，過程中吸引不少華人受洗，起先多是臨終華人居多，後來來此治癒疾病而受洗的華人也越來越多，也有慕名或看到奇蹟而願意接受洗禮者。〔註 29〕1589 那年就有超過 120 名華人受洗。〔註 30〕會士們對透過醫療對華人傳教有其方法，阿都阿特的著作中有清

〔註 25〕 Diego Aduarte, *Historia de la Provincia del Santo Rosario de la Orden de Predicadores en Philippinas,Iapon y China, in BRPI,Vol.30*, pp.218～219.

〔註 26〕 Diego Aduarte, *Historia de la Provincia del Santo Rosario de la Orden de Predicadores en Philippinas,Iapon y China, in BRPI,Vol.30*, p. 219.

〔註 27〕 "Father Juan Cobo's Account" in Alfonso Felix, Jr. ed., *The Chinese in the Philippines, 1570～1770,Vol.1*, p.136.

〔註 28〕 Diego Aduarte, *Historia de la Provincia del Santo Rosario de la Orden de Predicadores en Philippinas,Iapon y China, in BRPI,Vol.30*, p. 223.

〔註 29〕 Diego Aduarte, *Historia de la Provincia del Santo Rosario de la Orden de Predicadores en Philippinas,Iapon y China, in BRPI,Vol.30*, pp. 224～226。該文內容曾描述有位來自中國名為 Bartholome Tamban 的華人前來醫院，詢問他在家鄉所聽聞有關玫瑰省會士們在菲律賓所行的事蹟，他特地來此協助會士，並也受洗成為基督徒，並與會士們一同生活 18 年後，與當地婦女結婚，對於信仰非常虔誠，1612 年逝世。（p.225～226）

〔註 30〕 "Father Juan Cobo's Account" in Alfonso Felix, Jr. ed., *The Chinese in the Philippines, 1570～1770,Vol.1*, p.136.

楚的描述：

> 當病人第一次進入這裡，他的病痛就提供一個好機會。會士們未立刻與病人們討論精神層次的問題，直到病人們經驗到會士們在一般情況下曾向他們敘述的情形，也意識到會士們對他的健康、飲食等無微不至的關心。憑藉著這些良好的基礎，信任也透過會士們的努力中在病人心中建立，漸漸地，開始向病人們傳播信仰……病人受到會士們仁慈的感動，他便願意來接受信仰，並要求洗禮，懷著極大的喜樂領受聖洗聖事。〔註31〕

　　由於華人信徒的增加，原有的居住地已無法容納，需要再新購大片土地的來擴充原有的村莊。1620 年西王菲利浦三世的指示「給予一塊未開墾的土地，使其組成一個村莊以便開墾土地」，〔註32〕因此就買了一片被河所分開的土地，作爲新入教華人信徒的居住地，稱爲「岷倫洛」（Binondo 或 Minondoc），並在當地興建擁有 50 扇大窗戶的壯麗教堂，也名爲「聖加俾額爾堂」（St. Gabriel）。每逢週日或宗教節日時，講道必須使用兩種語言——一種是華語（即閩南語），另一種則是當地土著的語言，因爲華人的菲律賓妻子與其他菲律賓人也居住在此城鎮中，有時還因人數太多，講道還要分成四場，兩場華語、兩場菲律賓土著語，我們可以由此看到玫瑰省在當地對華人傳教已獲致某種程度的成果。1622 年約有 500 名華人信徒居住於岷倫洛，〔註33〕同時 1618～1633 年間的紀錄則約有 4752 名華人信徒，其中 2055 人是健康的，2697 人是患病的。〔註34〕

　　1593 年道明會成立出版社，雇用華人協助，首先有名爲景永（Keng Yong 音譯）利用刻版印刷，出版由貝納維德斯與高母羨合著的 Doctrina Cristiana（《基督教教義》），這是出版社成立後的第一本書，1602 年則有另一位華人維拉（Juan de vera）開始利用活字印刷印製書籍。其中 Doctrina Cristiana 一書內容是用信件與中文書寫，可知此時玫瑰省會士也開始利用印刷品作爲對菲律賓華人傳教的工具。高母羨也在華人信徒協助下，撰寫與出版了《華語要理》、《辯正

〔註31〕Diego Aduarte, *Historia de la Provincia del Santo Rosario de la Orden de Predicadores en Philippinas, Iapon y China, in BRPI, Vol. 30*, p. 224.

〔註32〕"Laws Regarding the Shangleys" in *BRPI, Vol. 22*, p. 156.

〔註33〕"Serrano to The King", in *BRPI, Vol. 20*, p. 232.

〔註34〕Diego Aduarte, *Historia de la Provincia del Santo Rosario de la Orden de Predicadores en Philippinas, Iapon y China, in BRPI, Vol. 32*, pp. 85～86.

教眞傳實錄》（又名《無極天主正教眞傳實錄》）。〔註35〕高母羨由於長期對華人區傳教，對中國文化自有一套認識，也認爲了解中國文化的背景是重要的。其作品《辯正教眞傳實錄》曾提到：

> 僧雖外國也，竊聞風興起，有志於中國之聖道遺教焉。然日夜焦思，
> 知惟道可以敷教，惟學可以知道。惟親賢人君子，可以廣道教之傳。
> 是以下問不恥，省察不忘，時加辯論工夫，念茲在茲，釋茲在茲，
> 求旨意於書言文字之表。〔註36〕

我們由高母羨作品中可以看到他透過與菲律賓華人信徒交遊，也藉此進一步了解中國文化的內涵。

圖 2-3：景永（左）與 Juan de Vera（右）的畫像，該畫像目前懸掛於菲律賓聖多瑪斯大學 Miguel de Benavides 圖書館。（楊嘉欽攝／2012 年）

三、華人信徒的兩難

前述西班牙殖民政府運用很多方式吸引華人入教，加上玫瑰省會士們努力的傳教下亦吸收不少華人信徒。當時因華人入教後被要求剪掉辮子，也不許回國，又將他們集中於別處，以分別未信教的華人，所以我們或許可推測

〔註35〕張先清《官府、宗族與天主教》，頁 47。

〔註36〕潘貝頎《紮根本土傳生機》（高雄：多明我，1999 年 12 月初版），頁 65；高母羨（Juan Cobo）《辯正教眞傳實錄》（Manlia：UST Press，1986），p.114.

西班牙人對於已信教的華人似乎讓他們較爲放心。

　　但是不可忽略的是，菲律賓島上仍有爲數不少的未信教的華人，他們的人數也持續地增加，西班牙人對於他們的疑慮，應該仍是存在的，假若此時未信教華人與西班牙人發生大規模的衝突時，同文同種卻已信教的華人面對自己同胞的動亂，他們應如何自處，可由 1603 年的「機易山（the mountain of Cavite）事件」來觀察。

圖 2-4：《辯正教眞傳實錄》書影

　　1603 年 5 月名叫張嶷（Tiongong〔註 37〕，又稱作 Tio Heng〔註 38〕）的華人帶領 3 位明朝官員來到菲律賓探勘金銀，卻無任何發現，明朝官員斥責張嶷是騙子，但張嶷卻回答：「假如你們希望它是黃金，它就是黃金；希望它是沙子，它就是沙子」，這個回答讓西班牙人理解此爲暗指西班牙人的財富，也引發了西班牙人對華人的疑慮。〔註 39〕

　　當時的菲律賓總主教貝納維德斯得知此情形後，馬上向殖民政府建議將這些明朝官員送回中國，以免讓他們發現當時相對於 20000 之眾的華人，〔註 40〕西班牙人在馬尼拉則只有少數的武力，因而可能引來中國的攻擊。同時這種中國即將來襲的說法卻也在華人地區流傳開來，華人信徒聽到這些傳言後，將此告訴玫瑰省會士們，並戴上假髮使他們自己看起來與非信教華人的髮型相同。〔註 41〕

　　同年 10 月西班牙人聯合土著進入巴利安屠殺華人，華人也群起抵抗；〔註 42〕另一種說法則是阿都阿特的書中所描述的，當時巴利安的華人將要起事，殖民當局還派遣會士前往企圖說服華人放棄起事，但也無效。隨

〔註 37〕 Diego Aduarte, *Historia de la Provincia del Santo Rosario de la Orden de Predicadores en Philippinas,Iapon y China, in BRPI,Vol.31*, p.183.

〔註 38〕 "Mandarins at Manlia" in *BRPI,Vol.12*, p.88.

〔註 39〕 Diego Aduarte, *Historia de la Provincia del Santo Rosario de la Orden de Predicadores en Philippinas,Iapon y China, in BRPI,Vol.31*, p.183.

〔註 40〕 "Letter to Felipe II" in *BRPI,Vol.12*, p.138.

〔註 41〕 Diego Aduarte, *Historia de la Provincia del Santo Rosario de la Orden de Predicadores en Philippinas,Iapon y China, in BRPI,Vol.31*, p.184.

〔註 42〕 趙啓峰〈族群、宗教與認同──西班牙殖民時代菲律賓華人社會研究〉，頁 43。

後殖民當局開始拉攏當地的日本人與菲律賓土著，但是對於其他華人就沒有進行拉攏的動作，其中便是擔心這些華人洩漏消息給他們的同胞，而華人信徒的態度則是兩難：「假如他們乘船並包圍這個城市，我們無法出去對抗華人；若我們有華人乘船來襲的消息，我們將必須前去將他們全部殺光」，〔註43〕華人信徒們也變得非常的不安與害怕。

暴動終於爆發，非信徒華人們開始攻擊岷倫洛，他們目的是要城市內的信教華人也加入行列，而玫瑰省會士要求岷倫洛內的華人鎮靜，並將婦女小孩帶至教堂加以保護，其他的華人信徒則在西班牙騎士馬利納斯（Luis Perez das Marinas）的領導下，進行防禦的工作。〔註44〕最後，此次華人的動亂平定了，華人死傷上萬人，殖民當局也特地派人前往中國說明實情。〔註45〕

另一件事則是1762年的英西戰爭。英法七年戰爭（1756～1763）時，西班牙與法國屬同一陣營，1762年英國便因此向西班牙宣戰，當時英軍突然襲擊菲律賓，並迅速地包圍、攻陷馬尼拉。

值此時刻，菲律賓許多地方便接連爆發反西班牙統治的行動，華人在此時也未缺席，他們協助英國人進攻西班牙人，英國人也利誘華人暗殺當時西班牙人的統帥——最高法院法官安達（Simon de Anda y Salazar），此事事先被安達獲知，便率軍先發制人，透過招降與搜查華人村莊，鎮壓反抗行動。1763年七年戰爭結束，英軍撤出菲律賓後，1766年西班牙殖民政府下達驅逐令：「全面、無條件驅逐英軍攻打馬尼拉期間背叛天主教信仰，並有擾亂治安行為或幫助敵人，以及在各省煽動土著反抗的所有已婚、未婚的華人」，〔註46〕許多的華人在此時被驅逐出菲律賓，卻也使得依附華人甚深的菲律賓經濟日顯蕭條，此非本文要論述的重點，因此暫且不論。

由上述兩件事，我們可以看到華人信徒在此所扮演的角色，他們面臨抉擇時，應向哪邊靠攏呢？西班牙人，亦或自己的同胞。西班牙人對華人信徒

〔註43〕Diego Aduarte, *Historia de la Provincia del Santo Rosario de la Orden de Predicadores en Philippinas,Iapon y China, in BRPI,Vol.31*, p.185.

〔註44〕Diego Aduarte, *Historia de la Provincia del Santo Rosario de la Orden de Predicadores en Philippinas,Iapon y China, in BRPI,Vol.31*, p.186.

〔註45〕Diego Aduarte, *Historia de la Provincia del Santo Rosario de la Orden de Predicadores en Philippinas,Iapon y China, in BRPI,Vol.31*, p. 189.：後來漳州巡察使也回信向菲律賓總督 Pedro de Acuña 說明明朝政府對機易山事件的態度與處理，全文可見李毓中主編《臺灣與西班牙關係史料彙編 I》（南投：國史館臺灣文獻館，2008年6月），頁458～462。

〔註46〕趙啟峰〈族群、宗教與認同——西班牙殖民時代菲律賓華人社會研究〉，頁108。

也仍存提防之心，仍存殖民者心態，這亦使他們陷入兩難。

就機易山事件來看，他們最後還是迫於現實，但至少是站在防衛的立場，而非跟隨西班牙人屠殺自己的同胞；就英西戰爭來說，縱使華人信徒已接受天主教信仰，也與同為西班牙籍的傳教士生活許久，部分的華人信徒始終無法接受西班牙人的統治。目前無資料可以詳細說明當時華人信徒的心境，在西班牙的殖民統治下，華人信徒的心境應是掙扎的，雖然接受了信仰，卻不等於認同統治。

四、華人傳統的應對

筆者在所閱讀的資料中，玫瑰省會士們在菲律賓華人入教過程幾乎很少提及對華人傳統的意見，或許可以大膽的假設，菲律賓的華人不論是基於利益或自願接受天主教，同時接受了天主教對他們信仰上的要求，似乎沒有任何抱怨的意見或爭執，但在此提出兩個例子來說明玫瑰省會士對華人傳統的態度。

當時菲律賓西班牙人非常喜歡觀賞當地華人所演出的戲劇，但就玫瑰省會士看來，華人所演出的戲劇中可能充滿了迷信與偶像崇拜，唯因當時玫瑰省會士初至菲島，不諳華人語言與習俗，因此並未注意到華人戲劇中所隱含的問題。

這樣的情形被學習華人語言、信件與習俗的高母羨發現，他將此情況告知當時的省會長薩瓦提拉（Cristobal de Salvatierra，1548～1595）後，薩瓦提拉立即以迷信為由，禁止該華人戲劇的演出，此舉也引發了不諳實情的西班牙總督的反彈，仍執意要觀賞該戲劇，雙方僵持不下，總會長代理甚至祭出開除教籍的威脅。最後此總會長代理索性將總督一行人鎖在教堂，不讓他們前往觀看華人戲劇，後來該戲劇經過了解華語的會士的認可，戲劇內容是歷史的，而非迷信，故事的情節亦非偶像崇拜，事情就此結束，但華人的戲劇中關於所謂虛擬神明的崇拜仍是被禁止的，該情節是需要隱藏的。〔註47〕

另一個問題則是頭髮。當時華人「留長髮，並用銀的針（sliver pins）和龜殼（tortoise shells）將頭髮纏在頭上。他們的頭上也帶著刷子得以做出馬尾。他們也用網子和帽子套在馬尾，這看起來非常特別」。〔註48〕當時西班牙殖民

〔註47〕 Diego Aduarte, *Historia de la Provincia del Santo Rosario de la Orden de Predicadores en Philippinas, Iapon y China, in BRPI, Vol.31*, pp. 68～70.

〔註48〕 "Father Juan Cobo's Account" in Alfonso Felix, Jr. ed., *The Chinese in the Philippines, 1570～1770, Vol.1*, p.137.

政府要求信教的華人必須剪髮，〔註49〕並且不准回國，使得華人願意接受洗禮的意願降低。華人不願剪髮，除傳統儒家「身體髮膚受之父母」的孝道觀念外，另一方面頭髮也透露出政治、民族的意涵，華人剪掉傳統漢人髮式，似乎也代表背棄了家族、宗族甚至背棄祖國，對華人而言，他們背負極大的倫理道德壓力。

1587年總督貝拉寫信給西王菲利浦二世，信中提到他曾向薩拉札主教建議不用拘泥於西班牙的傳統習慣，放寬華人信教不用剪髮，以加強他們信教的意願及方便他們回國，但卻遭到薩拉札的拒絕。〔註50〕

1589年高母羨的報告中也提到「我們感到很難過，因為假如我們能夠在他們受洗時不用剪掉他們的長髮會有更多人接受洗禮」。〔註51〕1590年薩拉札寫給西王菲利浦二世的信中也反應了這個問題：

> 但是他們（筆者按：此指菲律賓華人）說假如他們成為基督徒後，他們不被允許回國，因為他們的國人是偶像崇拜者，因此會危害他們的信仰。他們也抱怨我們的信仰非常嚴苛，因為受洗後就等於宣佈與他的國家斷絕關係，從此見不到他的雙親、妻子、小孩與親人。他們認為我們應該允許受洗不用剪掉長髮，並且可以回家。〔註52〕

由此或可推想薩拉札也認為總督貝拉的意見是好的，但是他對此事並無決定權，只能向西王反應，試圖尋求西王諒解。1627年西班牙殖民政府終於取消華人信教必須剪髮的規定，也允許華人信徒可返回中國。〔註53〕

雖然西班牙殖民政府直到1627年才真正修改規定，但上述薩拉札的報告中已見端倪。他在前述的報告中接著又提到菲律賓華人向他建議應該派遣傳教士前往中國傳教，現在前往不用冒險就能讓中國人入教為信徒，因此薩拉札認為道明會士應該前往，同時他也向西王提及「我們可能對居住在那裡受洗的華人不用要求他們剪髮，也不用阻止他們與妻兒的家庭生活。華人應會

〔註49〕 西班牙人為什麼要求信教的華人剪髮，並剪成與西班牙人相同的短髮？筆者並無資料證明當時天主教會禮儀所要求的，只能推測是西班牙人對華人的戒心所使然，做為與其他非信教華人的區別。

〔註50〕 "Vera to Felipe II" in *BRPI, Vol.6*, p.306.

〔註51〕 "Father Juan Cobo's Account" in Alfonso Felix, Jr. ed., *The Chinese in the Philippines, 1570～1770, Vol.1*, p.141.

〔註52〕 "Bishop Salazar's Report to the King" in Alfonso Felix, Jr. ed., *The Chinese in the Philippines, 1570～1770, Vol.1*, pp.128～129.

〔註53〕 "Preface" in BRPI, Vol.22, p.17.

喜歡我們的解決方法」〔註54〕，此時兩位玫瑰省會士已準備在兩位當地華人
領袖的陪同下前往中國，而這兩位華人領袖在 1588 年由薩拉札受洗時，就未
要求他們要剪髮，〔註55〕似乎也就是爲此時玫瑰省會士前往中國所做的準備。

第二節　前往中國

　　西班牙人來到菲律賓後，雖然無法達成其原先的目的——找尋香料，但
卻也讓他們發現另一個利潤相當的管道，即與中國間的大帆船貿易。初任總
督黎牙實比對來菲的華人友善，使得華人來菲貿易非常熱絡。此時的西班牙
因爲美洲的白銀輸入歐洲，帶動物價革命，物價飛漲，使西班牙面臨極大的
經濟危機。而菲律賓與中國間的大帆船貿易，中國提供了物美價廉的物品，
不僅可提供菲律賓西班牙殖民者與當地居民的生活需求，又可轉輸拉美地區
與西班牙，適時減輕西班牙國內的經濟壓力。

　　黎牙實比病逝菲律賓後，繼任總督拉維薩雷斯（Guido de Lavezares）面
對中菲大帆船貿易的熱絡所帶來的利益，興起了征服中國的念頭，1574 年他
寄給西王菲利浦二世有關中國的地圖與中菲間的沿海地勢圖，企圖說服西王
能同意他的攻打中國的計畫。同時利用林鳳攻打菲律賓的機會，1575 年派遣
奧斯丁會士拉達（Martín de Rada，1533～1578）一行前往中國，趁機實際了
解中國的狀況。〔註56〕

　　同年拉達回到馬尼拉後，向當時菲律賓總督桑達（Francisco de Sande）提
供有關當時中國的訊息，也燃起桑達向中國侵犯的慾望，1576 年他向西王菲
利浦二世提出進攻中國的建議，菲利浦二世則希望能與中國保持良好的關
係，促進與中國貿易，保障菲律賓與拉美地區生活必需品的需求，擱置了桑
達的建議；〔註57〕1586 年耶穌會士桑切斯（Alonso Sánchez）也以耶穌會士當
時已經由澳門進入中國傳教爲由，向菲利浦二世提出與桑達相同的建議，但
因當時菲利浦二世爲與英國爭奪歐洲霸權，正積極準備「無敵艦隊」

〔註54〕 "Bishop Salazar's Report to the King" in Alfonso Felix, Jr. ed., *The Chinese in the
　　　　Philippines, 1570～1770,Vol.1*, p.129.
〔註55〕 "Bishop Salazar's Report to the King" in Alfonso Felix, Jr. ed., *The Chinese in the
　　　　Philippines, 1570～1770,Vol.1*, p.129.
〔註56〕 張鎧《中國與西班牙關係史》（鄭州：大象出版社，2003 年 2 月 1 版），頁 72
　　　　～73。
〔註57〕 張鎧《中國與西班牙關係史》，頁 76。

（Armada），根本無心思考派兵征服中國的問題，所以桑切斯的意見自然未被採納。〔註58〕1590年菲律賓主教薩拉札呈給菲利浦二世的報告中也提到他不贊成對中國採取侵略的行動，甚至認為如此的行為是被魔鬼所慫恿的。〔註59〕

另一方面，薩拉札對於前往中國傳教始終存在著期待，1587年玫瑰省的建立與到來開啓前往中國傳教的契機。

一、葡萄牙在澳門的阻撓

第一章第五節曾述及，玫瑰省在墨西哥成立後，準備前往菲律賓，其中有三位會士阿西迪亞諾（Antonio Arcediano）、羅沛茲（Bartolomé López）、迪卡多（Alonso Delgado）欲經由澳門前往中國，以符合他們成立會省成立的主要目的之一，即前往中國傳教。

他們三人到達澳門，卻始終無法得到進入中國的許可，後來他們被帶至印度，阿西迪亞諾則在果亞（Goa）因教授神學而著名，但是他並未放棄希望，仍派遣其他兩位會士前往西班牙與羅馬來尋求方法得以經由澳門前往中國傳教。經過6年的努力仍舊沒有進展，阿西迪亞諾最後就回到西班牙的薩拉曼卡大學（University of Salamanca）教授神學，後來則到阿維拉（Avila）並於當地逝世。因此玫瑰省始終都未達成地經由澳門進入中國的願望，後來反經由臺灣而實現。〔註60〕

前述三位玫瑰省會士欲經由澳門前往中國無法成功之因，除了中國本身的因素外，另外則是由於葡萄牙從中阻撓。1590年薩拉札向菲利浦二世所提的報告中，描述許多葡萄牙如何阻撓西班牙人前往中國的情形：〔註61〕

> 然而，所有有關他們（指中國）的事情都是虛構的，因為我們所知所有人進入中國後被殺、被監禁，或是被不好的對待的事情都是葡萄牙人告訴我們的，因為他們已經告訴中國人我們是致力於侵略外國的民族，我們已經成為新西班牙（即墨西哥）、祕魯和菲律賓的主人，所以我們也會循例侵略中國。……中國人輕易地相信葡萄牙

〔註58〕 張鎧《中國與西班牙關係史》，頁77。

〔註59〕 "Bishop Salazar's Report to the King" in Alfonso Felix, Jr. ed., *The Chinese in the Philippines, 1570〜1770,Vol.1*, p.122.

〔註60〕 Diego Aduarte, *Historia de la Provincia del Santo Rosario de la Orden de Predicadores en Philippinas,Iapon y China, in BRPI,Vol.30*, pp. 129〜130.

〔註61〕 此部分內容皆引自 "Bishop Salazar's Report to the King" in Alfonso Felix, Jr. ed., *The Chinese in the Philippines, 1570〜1770,Vol.1*, p.121〜122.

人的說法，也因此對前往中國的西班牙人不好的待遇，我在這裡保
證這是真的，許多正在中國的西班牙人正處於危險中，因爲葡萄牙
人指控他們是間諜。……我不相信所有的葡萄牙人都這樣的說我
們，但是這已足夠造成傷害，而且也讓一些中國人相信葡萄牙人的
說法。

葡萄牙人已經開除所有在澳門的西班牙傳教士，並告訴他們前往印
度不許他們回到呂宋。兩位傳教士躲起來並秘密的前往廣東，再走
約一百里格的路前往泉州，路途中他們從未受到傷害，相反的受到
泉州官員很好的待遇，並送傳教士們回到馬尼拉。……過去葡萄牙
人表示中國政府聲稱他們避免外國人的進入，這僅是葡萄牙人基於
個人理由不希望我們前往中國以免影響到他們的貿易。

　　除了上述的原因外，西班牙傳教士無法經由澳門前往中國的另一個原
因，則是當時葡萄牙所擁有的保教權。所謂「保教權」是教廷授與世俗政權
在非天主教地區保護天主教發展的權利及義務。西、葡兩國在 15 世紀都得到
教廷授與保教權，同時因爲兩國陸續發現新航路後，使得保教權也漸漸擴大
至海外的殖民地。

　　西班牙擁有了菲律賓的保教權，而葡萄牙則擁有了亞洲保教權；以葡萄
牙爲例，歐洲欲前往東亞的傳教士應向葡萄牙政府登記，並搭乘葡萄牙商船
前往亞洲，主教由葡萄牙國王向教宗推薦，當地因傳教所發生事務則由葡萄
牙政府出面處理。1576 年教宗格列高里十三世（Gregory XIII，1572～1585 在
位）准許成立葡萄牙澳門教區，中國、日本及周邊的島嶼爲澳門教區的轄區，
澳門主教歸果阿大主教管轄，也受澳門總督監督。1580 年西王菲利浦二世因
繼承順位兼任葡萄牙國王，但他也未因此破壞葡萄牙的保教權。

　　1580 年耶穌會已透過葡萄牙經由澳門進入中國傳教，1585 年教宗格列高
里十三世同意耶穌會壟斷中國、日本的傳教權；道明會方面，葡萄牙道明會
來到澳門後，1555 年會士克路士（P. Gaspar de la Cruz）前往中國，並在廣州
傳教，〔註 62〕但是葡萄牙道明會並未在中國久留，之後遂由西班牙道明會繼
承衣鉢，試圖進入中國傳教。

〔註62〕〈道明會在中國傳教史〉收錄於羅光主編《天主教在華傳教史集》（台中：光
　　　　啟、台南：徵祥、香港：眞理學會聯合出版，1967 年），頁 47。

二、前進中國

前述玫瑰省成立之初，即有三名會士欲經由澳門進入中國，卻因葡萄牙從中作梗，始終不得其門而入。後來雖有會士偷偷潛入中國，卻也因明朝政府的海禁政策被遣送回馬尼拉，但這些失敗並未打擊菲律賓主教薩拉札與玫瑰省會士，因為他們藉由向菲律賓華人傳教的關係，更加了解中國，也由於菲律賓華人因更加了解會士及天主教，進而鼓勵會士前往中國，這些可能都促使玫瑰省會士更積極地意圖前往中國。

前述曾論及華人信教是否可以不剪髮的問題時，便提到當時有華人向薩拉札建議直接派遣會士前往中國傳教，這建議自然符合薩拉札與玫瑰省的期待，也同時可以突破葡萄牙保教權的阻礙，此時遂有兩位玫瑰省會士便準備在菲律賓華人的協助下前往中國傳教。

1590 年 4 月當時玫瑰省會長卡斯特羅（Juan de Castro）與通曉華語並向華人傳教的會士貝納維德斯（Miguel de Benavides）同行前往中國，臨行前卡斯特羅將省會長的職權委由高母羨代理，理家則由索利亞（Diego de Soria）擔任，馬尼拉華人區的傳教工作由馬多納多（Juan Maldonado）負責。〔註63〕

二人前往中國的同時由兩位華人——Don Thomas Seiguan 與 Don Francisco Zanco 帶領。此二位華人中，前者是一位船長，後者則是華人信徒領袖，他們名字前都有「Don」，表示他們都有西班牙殖民政府授予的尊稱。據薩拉札的報告提到 1588 年他為 Thomas Seiguan 施洗時，並未剪掉他的髮髻，「因為上帝似乎要透過這位華人做些事」。〔註64〕筆者認為這是薩拉札已期待並計畫很久的事情，只待時機成熟，就能派得上用場，所以當玫瑰省會士的到來，經過 3 年對華人的認識與華語的學習，便立刻達成前往中國傳教的願望。

他們一行四人到達中國的海岸，立刻遭明朝水師逮捕，並被捆綁至海澄（hacian 或 hayteng）。貝納維德斯因為會說流利的華語，受到了和善的對待與尊重，反觀省會長卡斯特羅卻遭受到暴力的對待。他們先被囚禁在媽祖廟內一段時間後，就被送至衙門。審理過程中，貝納維德斯向中國官員說明他們來到中國是為了教育及傳播天主教，官員聽到「教育」一詞，則回答說：「無理」（Bo ly，此為閩南語），隨即又被監禁。再次經過審理後，兩位會士終於

〔註63〕 Diego Aduarte, *Historia de la Provincia del Santo Rosario de la Orden de Predicadores en Philippinas, Iapon y China, in BRPI, Vol. 30*, p. 247.

〔註64〕 "Bishop Salazar's Report to the King" in Alfonso Felix, Jr. ed., *The Chinese in the Philippines, 1570～1770, Vol. 1*, p. 129.

被釋放，並限期離境，而兩位華人則受到處罰，Thomas Seiguan 等二人判處充軍。〔註 65〕此次前往中國傳教的希望再次破滅。1612、1619 年會士馬地涅（Bartolomè Martìnez，1584～1629）兩度前往中國，到達澳門後卻也面臨葡萄牙人的阻礙，仍舊無法進入中國。〔註 66〕

1619 年馬地涅由馬尼拉出發，前往中國的途中，兩度被風吹至臺灣，馬地涅回到馬尼拉後，將其在臺灣的見聞完整地報告給菲律賓總督，〔註 67〕並建議攻佔臺灣，〔註 68〕希望這能成為進入中國的入口。〔註 69〕

雖然 1585 年羅馬教廷允許耶穌會壟斷中國、日本的傳教，但自 1600 年教宗格來孟八世（Clement VIII，1592～1605 在位）允許所有修會進入中國、日本傳教。〔註 70〕1622 年羅馬教廷成立「傳信部」（Sacra Congregatio de Propaganda Fide，現今名為「萬民福音部」），此教廷新組織負責在沒有天主教信仰的地方傳教，也在天主教被外教攻擊的地區工作，並任命教區代牧（Vicar Apostolic），負責在新傳教區處理傳教的工作，也是為打破西葡的保教權。1626 年 2 月 8 日西班牙攻占臺灣北部，並由時任玫瑰省會長的馬地涅帶領五名會士來到臺灣北部，〔註 71〕依據教廷上述所發布的諭令，建立起自馬尼拉，經由臺灣進入中國傳教的管道。

〔註 65〕 Diego Aduarte, *Historia de la Provincia del Santo Rosario de la Orden de Predicadores en Philippinas,Iapon y China, in BRPI,Vol.30*, p. 247～249.

〔註 66〕 Diego Aduarte, *Historia de la Provincia del Santo Rosario de la Orden de Predicadores en Philippinas,Iapon y China, in BRPI,Vol.32*, pp.87～88、p.178：張先清《官府、宗族與天主教——17～19 世紀福安鄉村教會的歷史敘事》（以下簡稱《官府、宗族與天主教》，北京：中華書局，2009 年 5 月初版），頁 49。

〔註 67〕 關於馬地涅的報告全文，請參閱李毓中主編《臺灣與西班牙關係史料彙編Ⅰ》，頁 467～490。

〔註 68〕 Josè Marìa Alvarez, *Formosa, Geogràfica e Històricamente Considerada,Tomo II*（Barcelona：Luis Gili,1930），pp.35～36.；Josè Marìa Alvarez 著，李毓中等譯《西班牙人在臺灣，1626～1642》（南投：國史館臺灣文獻館，2006 年 12 月初版），頁 29～30。

〔註 69〕 Diego Aduarte, *Historia de la Provincia del Santo Rosario de la Orden de Predicadores en Philippinas,Iapon y China, in BRPI,Vol.32*, p.156.

〔註 70〕 趙殿紅〈西班牙多明我會士閔明我在華活動述論〉《暨南學報（哲學社會科學版）》31 卷 5 期（廣州：暨南大學，2009 年 9 月）。

〔註 71〕 此 5 名會士分別為 Francisco Mola、Jeronimo Morer、Juan de Elgueta、Tomàs de San Jacinto、Francisco Acebeda（Jose Maria Gonzalez, *Historia de las Misiones Dominicanas de China,1632～1700*（Madrid：Ediciones Stvdivm，1964），p.47，轉引自張先清《官府、宗族與天主教》，頁 50。）

第三節　玫瑰省在福建的活動

　　1626 年西班牙佔據臺灣北部後，將臺灣視爲與中國貿易重要管道，而且在精神方面與宗教方面亦可觸及。1630 年當時西班牙駐臺指揮官阿卡拉佐（Juan de Arcarazo）他派遣兩位在臺的玫瑰省會士高琦（Angel Cocci de San Antonio，1597～1633）與謝多默（Thomàs Sierra de la Magdalena，1602～1630）擔任使者前往中國協商兩國通商的事情，這也成爲玫瑰省進入中國傳教的機會。〔註 72〕

　　1631 年 12 月 30 日高琦一行人前往中國福州，〔註 73〕途中遭遇船上水手的襲擊，謝多默與隨同的西班牙士兵被殺，高琦與其他人被鎖在船艙中，最後他們逃出後流落到一小島被一群漁夫所救，並在高琦的請求下，將他們送往福寧，之後又送往福州。〔註 74〕

　　當時福建巡撫熊文燦也決定將高琦遣送回臺灣，但高琦不願離開中國，因此他找了一位會說中文的日人信徒，並將其喬裝爲高琦本人坐船離開，使得高琦得以留在中國。高琦改變他的穿著，並按照中國人的習俗留長自己的頭髮與鬍子，就如同一些在當地的耶穌會士所做的。〔註 75〕也開啓了道明會在中國傳教的開始。

　　高琦來到福建前，耶穌會士已經在福建打下基礎，明萬曆年間耶穌會士羅如望（João da Rocha，1565～1623）開始於福建傳教，1624 年當時內閣首輔福建人葉向高退職歸里，途經杭州，與艾儒略（Giulio Aleni，1582～1649）結識，相談甚歡，葉向高便邀請艾儒略南下入閩傳教。同年 12 月艾儒略與葉向高坐船到達福州，展開他在福建 24 年的傳教生涯。

〔註 72〕Diego Aduarte, *Historia de la Provincia del Santo Rosario de la Orden de Predicadores en Philippinas,Iapon y China, in BRPI,Vol.32*, pp.185～186.

〔註 73〕關於高琦出發前往中國的時間，筆者所參閱 Aduarte 之書乃是收錄於 1903 年的 The Philippine Islands，1493～1898 的英譯本與 1964 年 *Historia de la Provincia del Santo Rosario de la Orden de Predicadores en Philippinas,Iapon y China*，兩種版本皆標記 1630 年，而張先清的研究中所引用 1667 年 Victorio Riccio 的著作 *Hechos de la Orden Predicadores en el Imperio de China* 標記的時間爲 1631 年，另外目前多數的相關著作對高琦入華時間皆以 1632 年爲主，因此在此筆者則以 1631 年做爲高琦出發中國的時間。

〔註 74〕Diego Aduarte, *Historia de la Provincia del Santo Rosario de la Orden de Predicadores en Philippinas,Iapon y China, in BRPI,Vol.32*, pp.187～188.

〔註 75〕Diego Aduarte, *Historia de la Provincia del Santo Rosario de la Orden de Predicadores en Philippinas,Iapon y China, in BRPI,Vol.32*, p.189.

圖 2-5：福安地區地圖（筆者繪製）

　　高琦居留中國後，他知道有一些基督徒居住在福安與福寧州的村莊，他遂前往這些地方。他在福安發現一些基督徒，也遇見同為義大利人的耶穌會士艾儒略。艾儒略在福建傳教的過程中，並未前往福安，而當時福安地區的基督徒都是在福州參加考試時，經由艾儒略施洗成為天主教徒，這些福安士紳也就成為福安地區的第一批信徒，其中較有名的是福安的郭邦雍與穆洋的繆士珣。

　　由於艾儒略並未到福安傳教，因此高琦的到來，便為道明會在福安開教創造有利的機會。1632 年高琦在當時在福州參加科考的繆士珣等人的陪同下進入福安，成為第一個到達福安的傳教士。高琦在福安頂頭村為許多人領洗，也在福安建立了道明會第一座教堂，〔註 76〕隨著教務的擴展，高琦亦開始請

〔註 76〕Josè Marìa Gonzàlez, *Historia de las Misiones Dominicanas de China, 1632～1700*, p.61.

求玫瑰省派遣會士前來中國協助傳教，〔註77〕1633 年會士黎玉範（Juan Bautista de Morales，1597～1664）便來到中國。黎玉範來到中國後，也進入頂頭村傳教，整村幾乎接受天主教信仰。隨後高琦與黎玉範也在繆士珦的協助下進入穆洋傳教，使得頂頭與穆洋成為早期道明會在中國的重要傳教中心。

目前筆者可解讀的資料中，可以確定的是高琦與後來的黎玉範他們可以在福安地區傳教，其實得力於繆士珦、郭邦雍等福安士人的協助，這些士人利用他們在當地地位的影響力，協助傳教士進行傳教，也讓天主教得以在福安地區穩定下來。但是這些資料中並無有關詳細描述福安地區中國人信仰的情形，因無法確切的了解天主教進入福安後，當地信徒生活的變化，只能從傳教士的角度看對中國信徒的觀感。

阿都阿特的書中對中國信徒的描述可說推崇有加，並且認為他們比菲律賓土著信徒的程度要高，對於信仰生活也非常虔誠，還常會提出銳利的問題，讓會士們難於回答。但是對於中國婦女的入教則非常困難，因為她們都居住在家，如同是幽禁（reclusion），縱然她們的丈夫有時會帶她們出門。〔註 78〕

另一方面，阿都阿特的書中也描述到非信徒的中國人對於信徒非常敵視，甚至散播不實的謠言。在幾次激烈的衝突中，教堂被拆除，中國人信徒被虐待、殺害。他也描寫到中國人是強烈的偶像崇拜者，特別是婦女，他們相信人死後會以新的形體回到人間，可能是動物，也有可能今世是女人，來世則成為男人。〔註 79〕

一、中國禮儀問題

就在玫瑰省道明會士進入中國福安開始傳教後，一個中西文化與宗教認知的問題，也漸漸浮上檯面，起初只是耶穌會與托缽修會間的爭執，後來演變成為日後羅馬教廷與清朝政府間的爭執，這即是後來曠時日久的中國禮儀之爭。〔註 80〕

〔註 77〕 Diego Aduarte, *Historia de la Provincia del Santo Rosario de la Orden de Predicadores en Philippinas,Iapon y China, in BRPI,Vol.32*, p.190.

〔註 78〕 Diego Aduarte, *Historia de la Provincia del Santo Rosario de la Orden de Predicadores en Philippinas,Iapon y China, in BRPI,Vol.32*, pp.245～246.

〔註 79〕 Diego Aduarte, *Historia de la Provincia del Santo Rosario de la Orden de Predicadores en Philippinas,Iapon y China, in BRPI,Vol.32*, p.247.

〔註 80〕 本文所著重的是道明會與方濟會士入華後，對於中國禮儀與耶穌會傳教方式的爭論，屬於禮儀之爭初期，教會內部的爭執，而非一般認知 1693 年福建代牧顏璫（Charles Migrot，1652～1730）發布中國禮儀的七項禁令始，所引發

高琦進入福安傳教後，即發現福安的文人信徒存在著祭孔與祭祖的禮儀，高琦試圖與耶穌會協調對中國禮儀上不同的意見，卻遭到耶穌會會士林本篤（Benoit de Mattos）不和善的回應而失敗，不久高琦便因病過世。〔註81〕

高琦過世後，將禮儀問題升級的是玫瑰省會士黎玉範與方濟會士利安當（Antonio Caballero de Santa Maria，1602～1669）。黎玉範與利安當已知道福安地區有類似祭祀的行為，起初便勸告信徒要放棄此類的祭祀活動，並毀壞牌位，這樣的作法卻也使信徒分裂成兩派，多數信徒願意放棄祭祖的習俗，少數則選擇離開教會。不過1635年繆氏宗祠所舉行一場祭祖儀式，卻加強了中國禮儀問題的衝突。

1635年穆洋繆氏宗祠內舉行祭祖儀式，由繆士珣擔任主祭官，黎、利二人獲報前往偷偷前往參加儀式，待禮儀結束，黎、利二人立即斷定為迷信，並拒絕與參與祭祖的繆氏信徒見面。此事發生後，黎、利二人認為耶穌會對於中國禮儀過於寬容，因此二人先尋求與在華耶穌會會士的討論，但是仍未達成共識，因此黎玉範便決定將他們與耶穌會間的分歧點，提交羅馬教廷裁決，1636年便將所有調查資料分別由利安當與道明會士蘇方濟（Francisco Diez，1606～1646）送回馬尼拉，經過討論後，由馬尼拉主教 Hernando Guerrero 決定將問題交由教廷裁定，中國禮儀之爭正式展開。〔註82〕

此事的發生非常困擾當地信徒，因為這是耶穌會會士准許他們進行的儀式，但是道明會會士來到後，卻禁止他們進行此類的儀式，繆士珣曾寫信向艾儒略求援，並表達了他們的無所適從：

> 這事使我和郭邦雍睡不安眠，食不知味！我知道我的神師准許我們的教友走這條路，有他的理由及解釋。然而現在都不能這樣做，且在大家都信了教，成立教友團體後，這一切似均得放棄……。聖道明及聖方濟的神父們，明說那不可以且說那是重大的罪。你是帶人到天國去的，然後害了我們，也害了你自己，因為是你教導的，當

羅馬教廷與清朝政府間的僵持，終致禁教結果的中國禮儀之爭。關於中國禮儀之爭的整個經過，請參閱李天綱《中國禮儀之爭——歷史、文獻和意義》（上海：上海古籍，1998年12月）、崔維孝《明清之際西班牙方濟會在華傳教研究（1579～1732）》〈第六章　方濟會傳教士與中國禮儀之爭〉（北京：中華書局，2006年1月）、張先清《官府、宗族與天主教》〈第二章　傳教與禁教〉。

〔註81〕張先清《官府、宗族與天主教》，頁62～63。
〔註82〕張先清《官府、宗族與天主教》，頁65～69。

> 我在寫這幾行字時，是流著淚寫的。我深切的盼望你，准許我們這
> 些教友走這條路的根基與理由，說給這些神父聽！我已做了十年的
> 教友，而現在要把這事去質詢這些教友們。我們教友的心已冰冷到
> 了極點：因為這些神父不願聽我們的告解。我已有似瞎子不能前進！
> 神長，請指示我！安定我心並惠賜覆。〔註83〕

雖然當地士紳面對此兩難局面充滿困擾，但似乎對道明會的要求，慢慢
也選擇接受，後來也起身捍衛，例如南明將領劉中藻曾停留福安，並與當地
士紳郭邦雍等人友好，他曾當郭氏的面數落道明會反對祭祖一事，後來郭氏
則回信答覆說天主教教義是唯一的，道明會與耶穌會宣揚的是相同的教義，
對於祭祖的問題，耶穌會也只是允許教徒遵行符合綱常規範的部分，禁止涉
及迷信的祭祀行為，對於納妾也是極力反對的。〔註84〕

道明會在當地所面臨的抗爭，多數是來自當地傳統士紳的反抗，他們多
數是非信徒，但無法接受道明會反對中國禮儀，最嚴重的即是1637～1638年
的福建教案。〔註85〕教案發生時，道明會會士在福安地區士紳信徒的協助下
四處躲藏，但是教案結束後，道明會會士仍自各地（包括臺灣）陸續回到福
安繼續傳教工作，〔註86〕因此筆者認為此時期福安地區的信徒已某種程度接
受了道明會士的觀點，停止中國禮儀的進行。

二、玫瑰省在福建的發展

自1635年黎玉範與利安當對於耶穌會容忍中國信徒祭祖祭孔的行為向
羅馬教廷提出異議並得到支持後，天主教會便面臨來自民間與官方的壓力。
經歷過1637年的福建反教事件後，由於耶穌會士湯若望得到明崇禎皇帝的
重視，稍減中國官民對天主教的反彈，也讓天主教的傳教得以在中國漸漸恢
復。

1650年代是天主教在中國發展平穩的時期。1649年黎玉範回到福建地
區，繼續在福安傳教，人數也漸漸增加。1655年羅文藻〔註87〕與玫瑰省四名

〔註83〕 該信內容引自李伯鐸〈臺灣與福安開教之比較（六）〉《善導週刊》2005年7
月3日8版（高雄：善導週刊社）。

〔註84〕 Josè Marìa Gonzàlez, *Historia de las Misiones Dominicanas de China,1632～
1700* ,p.224.；張先清《官府、宗族與天主教》，頁91。

〔註85〕 關於「福建教案」，請參閱張先清《官府、宗族與天主教》，頁72～81。

〔註86〕 張先清《官府、宗族與天主教》，頁82。

〔註87〕 羅文藻（1617～1691），福建福安羅家巷人。1633年由方濟會士利安當受洗成

會士賴蒙篤（Raimundo del Valle，1613～1683）、利崎（Victorio Ricci，1621～1685）、郭多明（Domingo Coronado，1615～1665）、丁迪我（Diego Rodriguez，?～1636）到達廈門。〔註88〕除了利崎因病留在廈門外，其他人則前往福安。利崎則在廈門進行傳教，1659 年又有 3 位道明會士來到廈門傳教，爲道明會玫瑰省在中國增添一新傳教區。〔註89〕

　　明清鼎革之初，天主教在中國的傳教雖因戰爭造成波動，整體來看，亦是穩定的發展。1665 年楊光先曆獄爆發，所有天主教傳教士都被驅逐至廣州，事件過後，一切也恢復平靜，傳教也繼續進行。1687 年巴黎外方傳教會會士顏璫（Charles Maigrot，1652～1730）被任命爲福建宗座代牧，他在 1693 年發布反對中國禮儀的訓令，眞正引爆了「中國禮儀之爭」，1705 年教廷大使鐸羅（Charles Thomas Maillard de Tournon，1668～1710）使華，卻遭康熙監禁，形成中國與教廷間的緊張關係，康熙亦開始限制傳教。

　　1723 年當時閩浙總督覺羅滿保下令福安查禁天主教。1724 年雍正接受覺羅滿保的建議正式下令禁教後，對福建地方的天主教積極查禁，使天主教的發展受限，1742 年教宗本篤十四世（Benedict XIV，1740～1758 在位）又發布《自上主聖意》的通諭，再次強調禁止中國禮儀，此事後來引發了 1746 年的福建教案，天主教在中國的傳教受阻，只得暗自進行。

　　表面上看自康熙以後，天主教的傳教受阻，但若從信徒人數來看，天主教的傳播則仍有增加的趨勢。我們可由表 2-1 中看出這樣的趨勢。

爲信徒，1638 年福建反教事件期間，他隨黎玉範前往澳門與菲律賓，並進入聖多瑪斯學院（即後來的聖多瑪斯大學），試讀哲學。1650 年在道明會士黎玉範的引領下，正式在福安頂頭加入道明會，成爲中國第一位道明會士。1652 年再度前往馬尼拉聖多瑪斯學院攻讀神學，1654 年在馬尼拉晉鐸，成爲中國第一位道明會神父。1674 年羅馬教廷任命羅文藻爲南京教區主教，但因當時玫瑰省省會長 Antonius Calderon 的反對，遲至 1685 年方由義籍主教伊大任（Bernardino Della Chiesa，1644～1721）自羅馬來華，並持教宗手諭，在廣州祝聖羅文藻爲南京代牧，1690 年教廷成立北京與南京教區，羅文藻升任南京教區主教，成爲第一位國籍主教。（鄭天祥主編，《羅文藻史集》（高雄：高雄教區主教公署，1973 年 1 月），頁 1～7；陳支平等著《基督教與福建民間社會》（廈門：廈門大學，1992 年 9 月初版），頁 13～14。）

〔註88〕陳支平等著《基督教與福建民間社會》，頁 13～14。
〔註89〕岡本哲男《聖ドミニコ修道会ロザリオの聖母管区四百年史，1587～1987》，頁 13。

表 2-1：1700～1815 中國信徒人數統計

年　代	1700	1701	1703	1740	1765	1793	1810	1815
信徒人數	200,000	200,000	196,200	120,000	135,000	150,000	215,000	217,000

資料來源：Nicolas Standaert ed.,*Handbook of Christianity in China Volume One：635～1800*（Leiden：Boston：Brill,2001）pp.382～383.

另一方面，就道明會傳教地區來看，也有信徒增加的趨勢。

表 2-2：1707～1814 年道明會傳教區信徒人數統計表：

年代	1707	1723	1741	1755	1758	1791	1795	1796	1800	1804	1808	1814
信徒人數	5,000	20,000	9,812	16,500	20,000	16,510	14,312	15,000	15,000 ～ 18,000	206,000	16,000 ～ 18,000	40,000
說明	福寧州	道明會傳教區	道明會傳教區	道明會傳教區	道明會傳教區	道明會傳教區	福建	道明會傳教區	道明會傳教區	福建	福建	福建
資料來源	II, p.45, p.134	II, p.135	II, pp.361 ～370	II, p.439	II, pp.438 ～439	II, p.587	II, pp.588 ～591	II, p.591 Note33	III, p.22	III, p.38	III, p.23	III, pp.39 ～40

資料來源：Jose Maria Gonzàlez ed., *Historia de las Misiones Domincanas de China*（Madrid：Ediciones Stvdivm,1955～1966）中第二冊（1700～1800）與第三冊（1800～1900）。

　　由表 2-1、表 2-2 中所顯示的信徒人數中可看出，天主教在中國的傳教面對自康雍乾至後來的嘉道年間對天主教的不友善態度，似乎並未影響中國居民入教的意願，外籍傳教士仍源源不絕地進入中國，暗地裡進行傳教。據道明會的統計資料，1700～1800 年間共有 48 名道明會士（38 位西籍會士，10 位國籍會士）來到中國。〔註90〕

　　同時同情或接受天主教的當地居民，信徒人數也有增加，我們或許還是

〔註90〕引自 http://www.catholic.org.tw/dominicanfamily/china_history_3.htm，2011 年 11 月 10 日。

可以看出，中國禮儀之爭的政治氛圍下，反對中國禮儀一派的天主教修會，如道明會，還是可以憑藉傳教士個人的特質、行爲或天主教的教義，得以某種程度的吸引或說服當地居民接受天主教信仰。

張先清對福安地區進行當地宗族與天主教關係的研究中提到，他認爲這段期間天主教仍能繼續傳播及信徒人數增加，與當地宗族的支持有很大的關係，他認爲天主教得以在福安宗族間傳播有幾點原因：〔註91〕

1. 天主教信仰中所強調天主的全能全知，符合了鄉民避禍趨福的需求，進而取代宗族間的傳統信仰。

2. 早期將天主教引入的士紳，多數爲其宗族中的領導階層，他們的特殊身分有助於天主教的傳播。

3. 明末清初時期，時局的動盪不安，也間接爲天主教的傳播創造有利的形勢。

4. 宗族成員對天主教信仰及其本族身分的雙重認同，即宗族成員信仰天主教後，自會延續該信仰，但另一方面，他也認同自身是宗族成員的一份子，對宗族中的事務也積極熱心參與。面對祭祖的問題，他們會出錢協助修建祠堂，但實際的祭拜行爲則遵守天主教會的規定。

5. 最後則是基於保護宗族自身利益的觀點來看。部分宗族中未信仰天主教的宗族成員，面對信教的成員，基於爲增強宗族在地方上的實力，也不願利用族規將信教成員驅逐，削弱自身宗族在地方上的力量。

除福安地區宗族的支持外，當地神職與傳道員的協助也是天主教在禁教時期，能夠繼續有所進展的原因。

首先有傳道員協助傳教的進行，據林淑理的研究，當時中國有地方傳道員與巡迴傳道員兩種，顧名思義，前者是長駐某地或當地信徒選派，協助維持信徒信仰生活，後者則跟隨傳教士前往各地傳教。這些傳道員有些也被晉升爲神職。〔註92〕

另有天主教的守貞女，她們除了在家中過著修行生活，也會承擔協助傳教士維持當地與宗族內信仰生活的任務，玫瑰省會士羅森鐸（Francisco Gonzalez de San Pedro，1696～1730）曾提到守貞女對傳教的幫助：

〔註91〕張先清《宗族、官府與天主教》，頁 247～259。
〔註92〕林淑理《傳道員的故事：中國大陸及臺灣》（臺北：光啓文化，2007 年 9 月），頁 67。

傳教會擁有這些貞女，其益處是非常大的。她們負責勸化那些外教
婦女信奉天主教義，當她們希望領洗時，向她們講解、教導信仰的
靈迹；她們教授教會中的女孩、婦女要敬畏天主……總之，她們承
擔的責任是如此之多，擁有的益處是如此之大……。〔註93〕

最後，玫瑰省在中國傳教過程中，也曾遣送幾位福安當地的信徒前往馬尼拉
培育成爲神職，如羅文藻、馮文子〔註94〕、繆伯多祿〔註95〕、嚴恐、羅西滿
等人，他們憑藉當地人的身分，在道明會西籍會士傳教不便的處境下，也擔
負起協助傳教的角色。

三、十九世紀中葉玫瑰省在福建

　　1840 年西方列強憑藉著優勢武力強迫中國打開大門，並透過條約體制一
步步地將中國納入歐美所建立的國際關係，強迫中國達到列強所要達到的目
的。1844 年法國積極向耆英要求天主教弛禁，同年道光皇帝便密諭耆英對於
弛禁天主教的事情，可相機辦理：

> 倘仍堅持前說，曉曉不已，竟有不肯轉移之事，該督即相機辦理，
> 諭以我朝于該國天主教本未嚴申禁令，且近年來中國亦無傳習此教
> 之人，現在該國條約內既經載明，只于通商五口地方建堂禮拜，斷
> 不越界傳教，即許以開禁，亦無不可。〔註96〕

〔註93〕 Jose Maria Gonzàlez ed., *Historia de las Misiones Domincanas de China*（1700～
1800）,p.48 Note.10，轉引自張先清《宗族、官府與天主教》頁 280。

〔註94〕 馮文子（1719～1755，又稱馮世明），福安双峰馮氏族人，1736 年進入馬尼拉
聖若翰學院（Colegio de San Juan de Letran），1743 年加入道明會。1749 年他
潛回福安傳教，1754 年被捕。他是 1732 年玫瑰省會議決定聖多瑪斯學院容許
接受中國修士後，首位前往菲律賓的中國修士。（Jose Maria Gonzàlez ed.,
Historia de las Misiones Domincanas de China（1700～1800）,p.448，轉引自張
先清《宗族、官府與天主教》頁 133～134；Eugenio Menegon, Ancestor, Virgins,
and Friars：*Christianity as a local religion in late Imperial China*（Cambridge,
Mass.：Harvard University Press, 2009）,p.127.）

〔註95〕 繆伯多祿（1726～1797），福安穆洋繆氏族人，1737 年爲道明會選派進入馬尼
拉聖若翰修院學習神學，1748 年加入道明會，1759 年回到福安，於穆洋、双
峰傳教，1797 年死於双峰。（Jose Maria Gonzàlez ed., Historia de las Misiones
Domincanas de China（1700～1800）,p.579，轉引自張先清《宗族、官府與天
主教》頁 226。）

〔註96〕 道光二十四年十月初二日（1844 年 11 月 11 日）〈著兩廣總督耆英如法使堅持
不移可相機辦理弛禁天主教事密諭〉，收錄於朱金甫主編《清末教案》第一冊
（北京：中華書局，1996 年 6 月），頁 7。

1846年道光也針對教堂發布上諭:「所有康熙年間各省舊建之天主堂,除改為廟宇民居者,毋庸查辦外,其原舊房尚存者,如勘明確實,准其給還該處奉教之人。」,並提到「如將實在習學天主教而並不為匪者,濫行查拿,即予以應得處分。」〔註97〕天主教至此可說解禁,傳教士們可在通商口岸進行傳教,可查明的教堂也可得到歸還。至1860年以後,外籍傳教士可以進入內地傳教,並且租買田地,建造教堂。

1860年中英法北京條約簽訂後至1900年庚子拳亂發生,是中國教案頻繁發生的階段。中國面對外國的入侵無力應付;外人在中國的跋扈,中國只得忍耐,如此的情境,自然引發國內仇外的情緒與行動,這股風潮波及被視為西洋宗教的基督宗教,教案自然發生。對於教案發生的原因,已有許多的論述,〔註98〕如傳教士本身、官吏態度、信徒的態度等方面的原因,筆者擬不再討論,我們將看此時道明會玫瑰省在中國的狀況。

首先,天主教的外籍傳教士在不平等條約的保護下,終於可以合法的在中國傳教,但相對的也因為傳教士們的外籍身分,傳教士的傳教態度也開始轉變,由以往的彈性、調適轉而驕傲嚴格。

其實傳教士態度的轉變與清末中國受到西洋的入侵有直接關係,但是部分傳教士在此之前,對中國的態度似乎早已有些調整。

鮑曉鷗的研究中曾提到十六世紀末的道明會傳教士對中國文化的態度是欣賞的、稱讚的,表現最明顯的就是高母羨翻譯《明心寶鑑》一書,帶有與中國文化對談的意味,可從本章第三節玫瑰省會士對中國的美好描述中窺出;1665年會士閔明我曾再次翻譯《明心寶鑑》,卻帶有批評的態度來看待中國,其中不僅有對談,卻更有比較的心態,試圖要顯示基督教與中國的文化是不相上下的。〔註99〕如此心態的轉變,可能與玫瑰省會士進入中國後,發現中國與他們在菲律賓所獲得的中國資訊,開始出現落差,加上後來中國禮儀之爭的發生,道明會士的心態開始轉變有關。

〔註97〕道光二十六年正月二十五日(1846年2月20日)〈著兩廣總督耆英等將康熙年間舊建天主堂勘明給還該初奉教之人事上諭〉,收錄於朱金甫主編《清末教案》第一冊,頁14。

〔註98〕關於中國教案發生的原因可參閱呂實強《中國官紳反教的原因(1860～1874)》(南港:中研院近史所,1995年2月三版),頁195～201;陳銀崑《清季民教衝突的量化分析(1860～1899)》(台北:臺灣商務,1991年9月初版),頁171～188。

〔註99〕鮑曉鷗著,Nakao Eki譯《西班牙人的臺灣體驗》,頁330。

再者，道明會在 1860 年以後的傳教，雖然困難重重，但總體而言仍有進展。1860 年道明會玫瑰省辦公室遷往香港，〔註100〕1861 年道明會玫瑰省在香港新設立修院。〔註101〕筆者認為玫瑰省的舉動，主要反映十九世紀中葉菲律賓民族獨立運動所伴隨的「教區菲化」運動（即菲律賓天主教會的本土化運動）所造成的局勢動盪，而中國與日本則在歐美列強的壓迫下，漸漸開啟國家大門，對傳教的工作有新的期待，因而做了如此的搬遷，方便日後不僅得以繼續維繫與菲律賓的關係，並可由此前往中國、日本。

傳教區的劃分上，1846 年天主教弛禁後，當時中國有澳門、南京、北京三個教區，及陝西（方濟會負責）、四川（巴黎外方傳教會負責）、福建（道明會負責）三個監牧區。道明會的傳教區原包含浙江、江西與福建，1838 年傳教區則以福建為主。1883 年福建代牧區分為廈門與福建兩個代牧區，〔註102〕1890 年教廷正式將福建地區由道明會管理。自 1860 年以後至 1911 年以前信徒人數統計，如表 2-3：

表 2-3：1875～1909 福建地區信徒人數統計

時間＼傳教區	福　建	廈　門	福　州	總　計	備　註
1875	30,706			30,706	III,p.220
1880	32,622			32,622	III,p.221
1900		3,318	37,150	40,468	IV,p.20
1901		3,308	37,150	40,458	IV,p54～55
1902		3,537	41,983	45,520	IV,p54～55
1904		3,856	42,538	46,394	IV,p54～55
1906		4,225	44,259	48,484	IV,p54～55
1907		4,441	47,328	51,769	IV,p54～55
1909		4,448	50,046	54,494	IV,p54～55

資料來源：Jose Maria Gonzàlez ed., *Historia de las Misiones Domincanas de China* 中第三冊（1800～1900）與第四冊（1900～1954）。

〔註100〕Fr. Neira, Eladio OP〈道明會在中國〉（1800～1900），引自 http://www.catholic.org.tw/dominicanfamily/。

〔註101〕〈道明會來港一百五十周年　修會談會方與香港發展〉，《公教報》2011 年 10 月 30 日，15 版專頁。

〔註102〕趙慶源編著《中國天主教教區劃分及其首長接替年表》（台南：聞道，1980 年 9 月），頁 50。

　　由表 2-3，可知道明會的福建傳教區 1860 年以後的發展，是持續進步的。雖在中國教案頻繁之時，接受天主教信仰的人數也緩慢增加，我們不論其信仰動機，尤其是 1900 年以後教案減少，傳教發展反而是顯而易見的。陳銀崑認爲八國聯軍之後，中國對傳統文化信心動搖，對外態度由仇外轉而懼外媚外，加上傳教士也向知識分子傳教，也吸引許多有新思想、欲變法的知識分子成爲信徒，對基督宗教的曲解減少，民教衝突自然降低，傳教就有進展。〔註 103〕

　　筆者也認爲除中國人對基督宗教認識的加深外，各基督教派在中國從事的公益事業與教育事業，也吸引中國人欲透過此西方教育的管道，進入西方、學習西方，進而貢獻所學來改變中國或重新創造自己的前途。

　　但道明會在教育部分卻不似新教的成就。道明會多以育嬰堂的設立爲主，以收留女嬰較多，1880 年就有 4 座育嬰堂。〔註 104〕一般教育的學堂的設立有限，直到 1900 年方有記錄：廈門有 27 間（男學堂 17 間 211 人、女學堂 10 間 185 人）福州 88 間（男學堂 60 間 720 人、女學堂 28 間 270 人），〔註 105〕看似數量不少，筆者猜測這可能只是初等教育，尙無類似新教所開辦新式教育的學校。

　　我們討論了十九世紀道明會在中國的情況。同時，道明會也就在中國教案頻繁的時期，他們再次來到臺灣，並正式在臺灣建立天主教的基礎。

〔註 103〕陳銀崑《清季民教衝突的量化分析（1860～1899）》，頁 211～212。

〔註 104〕Jose Maria Gonzàlez ed., *Historia de las Misiones Domincanas de China（1800～1900）*, p.222.

〔註 105〕Jose Maria Gonzàlez ed., *Historia de las Misiones Domincanas de China（1900～1954）*, p.21.

第三章　道明會玫瑰省的來臺

　　前二章已論及道明會的創立、發展、特色，先後前往墨西哥、菲律賓的傳教概況。玫瑰省在菲律賓的傳教過程中，對當地華人的傳教成為道明會玫瑰省非常可貴的經歷，藉由此經歷為玫瑰省會士前往中國傳教創造了基本條件。

　　臺灣在十七世紀東亞貿易航線競爭與天主教東傳的過程中，逐漸登上世界史舞台，除展現地位之重要，也成為西進中國與北上日本的據點，甚而成為東亞中國東南沿海、日本、歐洲西、荷等國家競爭的場域。臺灣在此激烈競爭下，基督宗教也在此時傳入臺灣，臺灣南部有荷蘭改革宗，北部則有天主教道明會，成為臺灣基督宗教發展的嚆矢。

　　本章首要描述十七世紀當時道明會玫瑰省直接自菲律賓來臺，呈現其在臺灣的傳教的情形，最後則因荷蘭人將臺灣北部的西班牙人驅逐，中斷天主教首次在臺灣的傳教。再者則是討論十九世紀中葉道明會受命再度來臺後，其在臺灣的傳教情況，天主教也正式在臺灣奠定基礎。

第一節　玫瑰省的首度來臺

　　第二章第二節述及西班牙菲律賓政府在玫瑰省會士馬地涅積極的建議下，1626 年派兵來臺攻占臺灣北部，臺灣從此成為玫瑰省會士前往中國的入口。本節進一步說明西班牙在臺灣北部的短暫統治、玫瑰省在臺的傳教與結束。

1593 年西班牙國王菲利浦二世命令薩穆迪歐（Juan Zamudio〔註1〕，亦稱 Juan Zamadès）率領 200 人的部隊欲前往攻佔臺灣，因遭遇風浪未成功，〔註2〕這是西班牙對臺灣最早行動的紀錄。

在十六世紀末期荷蘭海上勢力興起，並自組依循葡萄牙前往亞洲的航路，且與葡萄牙在印度洋與南洋地區進行商業競爭。1602 年荷蘭成立荷蘭東印度公司（Verenigde Oost-Indische Compagnie 簡稱 V.O.C.），同時由國家挹注資金，公司組織艦隊前往奪取葡萄牙的香料貿易。荷蘭在與葡萄牙的海上貿易競爭，逼使西班牙菲律賓當局興起危機意識，積極欲取代葡萄牙在亞洲的地位，1600 年雙方因而在摩鹿加群島發生戰爭。1609 年荷蘭脫離西班牙獨立，雙方簽訂停火協定（1609～1621），但荷蘭在東方仍繼續試圖攻擊西班牙人香料產區，封鎖馬尼拉則為其手段之一。〔註3〕

1618 年 6 艘荷蘭海盜船（corsarios）〔註4〕出現於馬尼拉附近海面，〔註5〕進行馬尼拉海上封鎖。〔註6〕1619 年攻佔爪哇的巴達維亞城，荷蘭東印度公司在此設立總部，為荷蘭在東亞貿易競爭建立重要據點，並繼續給予西、葡兩國在東亞貿易極大威脅。因此促成 1619 年馬地涅奉當時菲律賓總督阿隆索（Alonso Fajardo de Tenza）之命前往中國廣東與漳州，準備向當地官員說明荷蘭人已埋伏在中國航行水道上企圖劫掠滿載貨物的中國船隻，〔註7〕希望藉此試圖攔阻荷蘭人的海上活動，但最後因故未能成行。

〔註1〕「Juan Zamudio」在 Josè Marìa Alvarez 的著作中則名為「Juan Zamadès」（Josè Marìa Alvarez, *Formosa, Geogràfica e Hìstòricamente Considerada , TomoII*, p.34）。

〔註2〕Diego Aduarte, *Historia de la Provincia del Santo Rosario de la Orden de Predicadores en Philippinas,Iapon y China, in BRPI,Vol.32*, pp.154～155.

〔註3〕鮑曉鷗（Josè E. Borao）著，Nakao Eki 譯《西班牙人的臺灣體驗，1626～1642：一項文藝復興時代的志業及其巴洛克的結局》（臺北：南天，2008 年 12 月，以下簡稱《西班牙人的臺灣體驗》），頁 20。

〔註4〕此種海盜船乃是得到國家的默許，對特定國家進行劫掠的海盜船（參閱李毓中等譯《西班牙人在臺灣，1626～1642》註 10，頁 30。），十七世紀荷蘭與英國都有類似的海盜船，針對西、葡兩國的船隻進行掠奪。

〔註5〕Josè Marìa Alvarez, *Formosa, Geogràfica e Hìstòricamente Considerada,Tomo II* ,p.35；Josè Marìa Alvarez 著，李毓中等譯《西班牙人在臺灣，1626～1642》，頁 29～30。

〔註6〕鮑曉鷗著，Nakao Eki 譯《西班牙人的臺灣體驗》，頁 25。

〔註7〕Diego Aduarte, *Historia de la Provincia del Santo Rosario de la Orden de Predicadores en Philippinas,Iapon y China, in BRPI,Vol.32*, p.87.

在馬地涅此次前往中國途中，曾兩度流落臺灣，出使中國雖失敗，遂轉而積極向菲律賓總督建議攻佔臺灣，〔註8〕此建議直到 1624 年荷蘭攻佔臺灣南部後，才促使菲律賓西班牙政府正視臺灣重要性，馬地涅的建議才得以付諸實現。

1624 年荷蘭人佔領臺灣南部，以熱蘭遮城為中心，阻斷西班牙大帆船前往墨西哥阿卡普爾科（Acapulco）的航線，並攔截任何從中國航行出來的船隻，為菲律賓帶來危機。〔註9〕1626 年菲律賓總督希爾瓦（Fernando de Silva）向西班牙國王的報告中，便提到這樣的危機：

> 荷蘭人在臺灣所興建的要塞，控制著泉州到這個城市（指馬尼拉）的航線。他們透過送中國官員禮物與威脅劫掠中國船隻等方式，藉此來達到保護生絲並帶往日本與荷蘭的目的，就如他們現在所做的，將生絲貿易我們國家奪走，正運用此方式來毀了馬尼拉，因為除此貿易外，馬尼拉就沒有其他重要的事物，這明白地對我們造成傷害。〔註10〕

其實早在 1625 年菲律賓總督希爾瓦便已決定派遣艦隊前往臺灣占有一個港口，並前往與同年甫當選玫瑰省省會長的馬地涅商討，馬地涅承諾前往臺灣傳教，希望臺灣能成為進入中國的門戶。〔註11〕

1626 年 2 月 8 日遠征軍由菲律賓甲米地（Cavite）出發，部隊由瓦德斯（Antonio Carreno de Valdes）率領，隨行的會士除馬地涅外，另有五位會士。由於事屬機密，遠征軍在菲律賓北部逗留，直到 1626 年 5 月 7 日才真正出發，並繞行臺灣東部，三天後即 5 月 10 日方在海灣停靠，他們將此海灣命名為聖地牙哥（Santiago，即今日的三貂角）。

馬地涅與艦長凱瑞（Pedro Martin Garay）前往北邊的岬角探勘，發現一個港口，命名為 Santisima Trinidad（意思為「至聖三位一體」），並在今日和平島上建立一座堡壘，名「聖薩爾瓦多城」（San Salvador），玫瑰省會士則在該

〔註8〕關於馬地涅神父的建議書，請參閱 Josè E. Borao（鮑曉鷗）ed., *Spaniard in Taiwan Vol. 1:1582～1641*（臺北：南天，2001 年 2 月初版一刷），pp.40～47.

〔註9〕Josè Marìa Alvarez, *Formosa, Geogràfica e Històricamente Considerada,Tomo II* ,p.35；Josè Maria Alvarez 著，李毓中等譯《西班牙人在臺灣，1626～1642》，頁 29。

〔註10〕Josè E. Borao ed., *Spaniard in Taiwan Vol. 1*, p.81.

〔註11〕Diego Aduarte, *Historia de la Provincia del Santo Rosario de la Orden de Predicadores en Philippinas,Iapon y China, in BRPI,Vol.32*, p.156.

島建立簡陋的教堂，名「諸聖堂」（Todos los Santos）。〔註12〕當西班牙人在臺灣北部逐漸穩固後，也開始接觸當地原住民並傳教。

一、征服正當性的討論

西班牙攻臺之前，就如同墨西哥與菲律賓，西班牙政府也曾出現征服正當性的討論：以政治方面的正當性來看，攻臺是為了防止荷蘭人的威脅；道德方面，負責主要論述的玫瑰省會士岡薩雷斯（Domingo Gonzàlez）從兩方面來論述：

第一方面，教宗亞歷山大六世（Alexander VI，1492～1503 在位）賦予西班牙國王與皇后有派遣傳教士的任務，而在野蠻人的地區傳教，傳教士的安全自然是需要受到武裝保護的；若是不興建堡壘無法防衛，則有權向野蠻人要求准許興建防禦工事。〔註13〕

第二方面，他認為就算不是傳教的傳教士，也可以前往鄰近的王國交涉，並與臺灣建立貿易關係，這樣的情形若能成行，就需要先有一個港口來供應商人、貨物，以便與原住民交往。最後他認為只要西班牙人抱持良善的意圖，依然可以展開殖民。〔註14〕透過上述會士岡薩雷斯從神學上論證，正當化了西班牙出師臺灣的行為。

此征服正當性的論述，後來多少也影響西班牙對臺灣的統治。當西班牙的遠征軍來到臺灣之際，當地原住民因為西班牙人的火砲受到驚嚇，而西班牙士兵強佔其房舍與糧食，使得原住民逃至山區，但也時刻地尾隨在西班牙人後面，伺機報復。玫瑰省會士為了安撫與滿足原住民，會士們學習原住民的語言，並嘗試與他們溝通、照顧及藉由贈送禮物來贏得當地原住民的信任。〔註15〕

1632 年艾斯基維（Jacinto de Esquivel del Rosario，1595～1633）的報告中針對此事提到西班牙人要賠償原住民約 4000 披索，但其實只有賠償 400 或 600 披索，甚至後來又有攻擊原住民的舉動，艾斯基維對於西班牙人在臺灣的行

〔註12〕 Josè E. Borao ed., *Spaniard in Taiwan Vol. 1*, p.85.：在 *BRPI, Vol.32*, p.157. 中將 Diego Aduarte 著作中，此教堂翻譯成聖加大納堂（St. Catharine of Siena），經筆者翻查後，Josè Marìa Alvarez 的著作中也是將此教堂，標示為諸聖堂，所以應是 *BRPI* 的誤譯，在此採用 Josè E. Borao 翻譯的英文資料為主。

〔註13〕 鮑曉鷗著，Nakao Eki 譯《西班牙人的臺灣體驗》，頁 76。

〔註14〕 鮑曉鷗著，Nakao Eki 譯《西班牙人的臺灣體驗》，頁 77。

〔註15〕 Josè E. Borao ed., *Spaniard in Taiwan Vol. 1*, p.86.

爲是否會改善或賠償，還是抱持懷疑的態度。〔註16〕這似乎表示西班牙人承認他們來到臺灣後的所作所爲已經是不合法的，也抱有罪惡感。〔註17〕因此他們又向會士岡薩雷斯詢問，西班牙人對臺灣原住民所進行的行爲，是否正當，岡薩雷斯則回覆，西班牙所有征臺的行動都是由馬地涅所主持及規劃，已經屬於正當的行爲，也保證他們所造成的損害會賠償，但原住民卻對西班牙人挑釁，爆發戰爭，這是原住民的問題，西班牙人則基於和平，並未繼續對原住民施予懲罰。〔註18〕藉由玫瑰省會士的背書，西班牙人還是合理化了他們的行動。

西班牙人與臺灣原住民的關係，並未如對待菲律賓原住民般要求納稅，也沒有所謂委託監護制的推行。可能因爲此地的西班牙兵力有限，加上傳教士在道德方面的思考，與後來西班牙對臺政策轉爲消極有關，所以西班牙在臺灣北部的發展，僅止於傳教的進行，政經方面則偏向固守防衛、著重於對中、對日貿易的經營爲主。

二、玫瑰省在臺灣北部的傳教

西班牙人在聖薩爾瓦多城建立據點後，會士們也開始準備進行傳教工作，並開始學習新且特別的語言，甚至聘請當地原住民來聽他說、學習一些用語，剛開始非常困難，但是慢慢地熟練。1631 年艾斯基維來到臺灣後，不僅快速的學習語言，並且更制定了有系統的文法書及字典，〔註19〕基羅斯（Teodoro Quiros de la Madre de Dios，1599～1662）後來也可能在艾斯基維著作的基礎上，寫作了《福島語言》（Arte de la lengua de Formosa）及《土著語彙》（Vocabulario en la misma lengua）二本字典。〔註20〕

同時馬地涅繼續前往淡水，並建立堡壘，名聖多明哥城（Santo Domingo）。當地原住民跑到鄰近名爲 Senar 的村莊，馬地涅也前往該村，看顧他們並建立教堂，並將此地交給會士傅耶慈（Francisco Vaze de Santo Domingo，1590～1633）〔註21〕與吉梅涅斯（Andrès Jimènez，？～1636）。〔註22〕

〔註16〕 Josè E. Borao ed., *Spaniard in Taiwan Vol. 1*, p.165.
〔註17〕 鮑曉鷗著，Nakao Eki 譯《西班牙人的臺灣體驗》，頁 83。
〔註18〕 Josè E. Borao ed., *Spaniard in Taiwan Vol. 1*, p.213.
〔註19〕 Diego Aduarte, *Historia de la Provincia del Santo Rosario de la Orden de Predicadores en Philippinas,Iapon y China, in BRPI,Vol.32*, p.223.
〔註20〕 鮑曉鷗著，Nakao Eki 譯《西班牙人的臺灣體驗》，頁 301。
〔註21〕 傅耶慈爲葡萄牙人，1626 年便隨著馬地涅來臺，並且開始進行傳教工作，並

　　玫瑰省會士進行傳教後，和平島上的聖薩爾瓦多城鄰近地區，開始有些孩童受洗，部分村莊尚未受洗的孩童，也了解教義，每天晚上在十字架下祈禱，這些小孩也會嘲笑他們長輩固守的傳統習俗為迷信，漸漸地也鬆動了原住民居民的心防，開始接受天主教信仰。〔註23〕

　　阿都阿特的紀錄表示，當時傳教士們所面臨最大的難題，就是如何將對西班牙人心懷恐懼的原住民帶回原居地的村落。後來原住民們試著將其收成賣給西班牙人後，也漸回到村落；〔註24〕在淡水地區傳教五年的會士傅耶慈與吉梅涅斯由於他們對原住民們和善的態度，讓原住民對玫瑰省會士充滿信心，因而回到他們原本居住的地方，而且他藉由強調洗禮的治癒功能，讓當地不少患病的原住民得到治癒，得到不錯的傳教成果，〔註25〕雖然強調洗禮治癒的功效，但會士們似乎不急於讓他們接受洗禮，還是著重於先傳授教義後，再進行洗禮，艾斯基維的報告曾提到：

> 而在其他的（淡水河）支流以及 Senar、Taparri、Quimaurri 與 Pantao（筆者按：Quimaurri 約位於今日和平島上，Taparri 位於今日基隆港內，Pantao 位於淡水河西岸，大約位於今日新北市八里）等地已有許多尚在襁褓中的嬰兒受洗。如果我們願意的話，還可在 Quimaurri 與 Taparri 為同樣年齡或較大一點的所有小孩受洗。但是，我們目前暫緩此計畫，等到他們獲知更多教義後，才會舉行一場隆重的受洗儀式。〔註26〕

　　不過這並非絕對的情況，1635 年噶瑪蘭地區的名為 Caquiuanuan 部落爆

且對原住民非常和善，並在淡水河畔的 Senar 部落建立穩固的基礎。1633 年他意圖前往淡水河對岸，並對 Senar 的敵對部落 Pantao 傳教及建立教堂，卻被 Senar 部落的原住民攻擊，他跪在原住民前，原住民朝他射箭，並將他的頭與右手砍下帶至山上慶祝。（Josè E. Borao ed., *Spaniard in Taiwan Vol. 1*, pp.240～242.）

〔註22〕Diego Aduarte, *Historia de la Provincia del Santo Rosario de la Orden de Predicadores en Philippinas, Iapon y China*, in BRPI, Vol.32, p.173.

〔註23〕Josè E. Borao ed., *Spaniard in Taiwan Vol. 1*, p.220.

〔註24〕Diego Aduarte, *Historia de la Provincia del Santo Rosario de la Orden de Predicadores en Philippinas, Iapon y China*, in BRPI, Vol.32, p.173.

〔註25〕Diego Aduarte, *Historia de la Provincia del Santo Rosario de la Orden de Predicadores en Philippinas, Iapon y China*, in BRPI, Vol.32, p.175.

〔註26〕Jacinto Esquivel "Memoria de lo perteneciente al estado de la nueva conversiòn de la Isla Hermosa"，引自 Josè Marìa Alvarez 著，李毓中等譯《西班牙人在臺灣，1626～1642》，頁 156。

發天花，玫瑰省會士也曾有在 5 天內爲 141 名兒童施洗的情形。〔註27〕

　　玫瑰省會士艾斯基維來到臺灣時，玫瑰省已在聖薩爾瓦多城、雞籠灣建立教堂，前者鄰近名爲 Quimaurri 的部落，是爲聖若瑟堂（San Josè）；後者鄰近 Taparri 部落，名聖洗者若翰堂（San Juan Bautista），艾斯基維則在淡水靠近 Senar 部落建立教堂，名爲玫瑰聖母堂（Nuestra Señora del Rosario）。〔註28〕

　　西班牙人佔領臺灣之初，除上述對原住民傳教概況的紀錄外，也可從艾斯基維於 1632 年的報告中，窺出當時臺灣北部原住民的生活方式與風俗習慣，報告中也表達對原住民傳教的方式與想法。〔註29〕

　　如前述，玫瑰省會士在進入臺灣後，開始進入原住民村莊傳教，並嘗試將逃入山中的原住民帶回至其原住地的村落，但由於傳教士人數有限，臺灣北部各原住民的部落分散，因此由資料看起來成果不錯，惟對實際的期待仍有差距。因此艾斯基維的報告中，便提到要將幾個原住民村落集中起來的意見：

> 靠近淡水駐軍附近地區還有 Senar（筆者按：該村落位於淡水聖多明哥城的附近）的原住民，該族群是由八到九個小村落所組成。我們試圖將他們合併到一個村落居住，移往一處他們原先居住且建有許多他們房舍的地方居住，……。我們試圖將他們聚在一起的地方，位在一座山上，涼爽寧靜且適合居住，有許多的樹林可以防範冬天的寒冷及阻擋經常摧毀房舍和倉棧的強風。〔註30〕

　　從 Taparri 到淡水，沿著支流與山岳，還有 2、3 個 Taparri 人的村落。

〔註27〕　Josè E. Borao ed., *Spaniard in Taiwan Vol. 1*, p.456.

〔註28〕　Josè E. Borao ed., *Spaniard in Taiwan Vol. 1*, p.220.；Diego Aduarte, *Historia de la Provincia del Santo Rosario de la Orden de Predicadores en Philippinas,Iapon y China, in BRPI,Vol.32*, pp.222～223.；鮑曉鷗著，Nakao Eki 譯《西班牙人的臺灣體驗》，頁 301。

〔註29〕　關於艾斯基維的報告分別爲"Memoria de las cosas pertenecientes al estado de la Isla Hermosa"（〈關於艾爾摩沙島情況的報告〉）與"Memoria de lo perteneciente al estado de la nueva conversiòn de la Isla Hermosa"（〈有關艾爾摩沙島近況變化的報告〉），是目前學界討論西班牙在臺灣北部活動紀錄中，必要參閱的文獻，其中有關道明會玫瑰省在臺灣北部傳教的部分大多集中於後者。該二文獻原文與英譯可參閱 Josè E. Borao ed., *Spaniard in Taiwan Vol. 1* pp.162～189，中譯可參閱 Josè Marìa Alvarez 著，李毓中等譯《西班牙人在臺灣，1626～1642》，頁 121～169。

〔註30〕　Jacinto Esquivel "Memoria de las cosas pertenecientes al estado de la Isla Hermosa"，引自 Josè Marìa Alvarez 著，李毓中等譯《西班牙人在臺灣，1626～1642》，頁 128～129。

將他們從那邊遷移到與海邊的同族人安置到一個村落中是明智的作法。〔註31〕

現在我們試圖將 7 到 8 個小聚落結合成一個，以便有能力進行更好的管理，如同我們已經將 Quimaurri 和 Taparri 幾個不同的小聚落，併成兩個聚落：雖然我們曾經常是要將這兩個聚落再併成一個，卻因為他們之間的一些對立而顯得困難重重。〔註32〕

由上述兩段艾斯基維的報告中，我們可以確定當時道明會玫瑰省也企圖運用對菲律賓土著傳教的方式，所謂「移民併村」的方式來進行傳教。

當地亦有華人與日人在此活動，漢人大約在 1630 年在聖薩爾瓦多城附近與淡水地區形成了「巴利安」（Parian），「他們（指華人）前來此地，是想在肥沃的低地播種及栽種甘蔗，他們甚至說，或許他們今年會將多餘的土地提供給想要耕種的日本農民耕種而無須繳納賦稅」，〔註33〕雖然他們來來去去，但自然成為玫瑰省會士傳教的對象。筆者並未看到傳教士直接針對當地華人傳教方式的紀錄，不過可由艾斯基維的報告中看到一些方法。

三、設立醫院與學校的計畫

艾斯基維在其報告中提到設立醫院與學校。不過要進行這些事業，卻需有資金的來源。由於西班牙傳教士海外的傳教活動，乃是由王室負責，但是對於自己的活動需要另覓資金。

當時馬尼拉的一位長官阿卡拉索（Don Juan de Alcaraso）想要進行長期的虔誠工作來服侍上帝，不僅可以有益於靈魂，也能幫助窮人，而艾基斯維向阿卡拉索提議成立讓信徒參與慈善工作的組織，兩人討論過後，決定要成立一慈善組織，阿卡拉索提供了 4000 披索，艾基斯維自所接受的奉獻金提出了 2000 披索，得到主教同意後正式成立此組織，名為「聖慈悲兄弟會」（Hermandad de la Misericordia）。〔註34〕

〔註31〕 Josè E. Borao ed., *Spaniard in Taiwan Vol. 1* p.166.
〔註32〕 Jacinto Esquivel "Memoria de lo perteneciente al estado de la nueva conversiòn de la Isla Hermosa"，引自 Josè Marìa Alvarez 著，李毓中等譯《西班牙人在臺灣，1626～1642》，頁 155。
〔註33〕 Jacinto Esquivel "Memoria de lo perteneciente al estado de la nueva conversiòn de la Isla Hermosa"，引自 Josè Marìa Alvarez 著，李毓中等譯《西班牙人在臺灣，1626～1642》，頁 161。
〔註34〕 Josè E. Borao ed., *Spaniard in Taiwan Vol. 1*, p.209.

　　聖慈悲兄弟會成立後，計畫成立 4 間醫院，一間在雞籠，主要爲西班牙
士兵及眷屬提供服務，財源由銷售藤或鹿皮等貨品的國家專賣店支應。二間
也在雞籠，其一爲僕役及奴隸，其二則爲華人、日人、當地原住民使用，由
聖慈悲兄弟會所興建，一間在淡水，亦是供給華人、日人與土著使用，由道
明會玫瑰省在馬尼拉的醫院提供資金。〔註35〕成立醫院的目的在於：

> 以便能在那裏爲生病的日本人以及健康良好卻受傷的漢人傳教，而
> 此醫院亦能幫助教團分擔馬尼拉漢人醫院無法容納的漢人病患，最
> 後我們將獲得許多漢人及日本人的友誼，因此得以靠著他們的協
> 助，派遣更多的傳教士前往他們的國家」。〔註36〕

　　不過醫院的建立，據鮑曉鷗的研究，西班牙人的記錄中似乎只有一間醫
院成立，此醫院是否爲聖慈善兄弟會所想要興建的醫院，則不得而知。〔註37〕
唯一可確定的是，這是玫瑰省傳教計畫中的一部分。

　　艾基斯維也計畫建立神學院。他建議該神學院可招收華人、日人小孩，
並教導他們認識信仰，也教導他們學習拉丁文、自由藝與神學，並試圖從其
中培育神職或傳道員，日後得以以本國人之身分，便利前往中國及日本地區
傳教：

> 讓他們更有才能成爲教義指導者或勸說者。因此不管在和平時期或
> 遭迫害與艱困的時期，我們都可藉由他們來征服自己的國家。〔註38〕
> 設若中國及日本的孩童，以及高麗的孩童，和那些來自琉球群島的
> 孩子們（這兩座島嶼都各爲前述兩個帝國的一部分），能夠有一所自
> 己的學校，可以神聖的方式來教育他們，透過閱讀、書寫、歌唱以
> 及道德神學的教義，來教導他們我們這神聖信仰的奧義，……在這
> 種方式下，他們當中天資較爲聰穎者，之後便可能晉鐸爲神父，較
> 不敏銳者則可以在他們自己的國度當教理師（catechist）或傳道人員
> （preacher），這尤其以破教時期爲然，因爲他們有能力自行藏匿、

〔註35〕鮑曉鷗著，Nakao Eki 譯《西班牙人的臺灣體驗》，頁 308。

〔註36〕Jacinto Esquivel "Memoria de lo perteneciente al estado de la nueva conversiòn de la Isla Hermosa"，引自 Josè Maria Alvarez 著，李毓中等譯《西班牙人在臺灣，1626～1642》，頁 162。

〔註37〕鮑曉鷗著，Nakao Eki 譯《西班牙人的臺灣體驗》，頁 309。

〔註38〕Jacinto Esquivel "Memoria de lo perteneciente al estado de la nueva conversiòn de la Isla Hermosa"，引自 Josè Maria Alvarez 著，李毓中等譯《西班牙人在臺灣，1626～1642》，頁 162。

混入人群，我們的教士卻無法做到這一點。〔註39〕

另外也可吸引部落中成年原住民的入教：

> 我們將藉由學校此一非常便利的途徑，學會原住民孩童他們的語言。由於這些孩童們的老師及導師們，持續地與這些孩童們在一起……也因此讓這些原住民非常樂意與（傳教士）他們生活在一起。
>
> 而透過這樣的方式，將有數千隻手一起在主的葡萄園裡工作，也可藉由他們，讓他們的父母，甚至親人來參與……〔註40〕

我們由前面的描述中，可以感覺到道明會在臺灣北部對原住民與漢人、日人的傳教，似乎呈現了樂觀的一面。但在西班牙人統治臺灣北部的過程中，也有原住民的反抗事件，造成 1633、1636 年兩位玫瑰省會士傅耶慈、羅睦洛（Luis Muro de San Miguel，？～1636）〔註41〕的先後死亡，這使得玫瑰省對臺灣原住民傳教的樂觀態度受到了影響，傳教工作的速度也緩慢下來。

當時菲律賓總督科庫埃拉（Sebastiàn Hurtado de Corcuera）也在 1636 年寫給西班牙國王的信件中提到臺灣對西班牙沒甚麼益處，且負債累累，表達了他對西班牙統治臺灣的悲觀，〔註42〕甚至在 1637 年他所召開的一場會議中也表達了他對傳教成效不彰的遺憾。〔註43〕

1633 年日本進入鎖國時代，似乎也影響了道明會的傳教。1637～1642 年間玫瑰省派遣前往臺灣的會士減少，鮑曉鷗認為這是玫瑰省不再將臺灣視為前往日本的中繼站的新態度。〔註44〕1642 年荷蘭人打敗臺灣北部的西班牙人，西班牙駐軍的撤退，使道明會在臺灣的傳教工作中斷。

〔註39〕鮑曉鷗著，Nakao Eki 譯《西班牙人的臺灣體驗》，頁 310。

〔註40〕Jacinto Esquivel "Memoria de lo perteneciente al estado de la nueva conversiòn de la Isla Hermosa"，引自 Josè Marìa Alvarez 著，李毓中等譯《西班牙人在臺灣，1626～1642》，頁 163。

〔註41〕羅睦洛於 1636 年來到臺灣，並且接續傅耶慈死後的傳教工作與地區。同年，他與一群西班牙士兵前往淡水河附近向原住民購米，但後因有中國的船隻到達，便無需再向原住民繼續購米，部分士兵將米運回到聖多明哥城，他與幾位西班牙人留守看守米糧，後來雖有西班牙軍隊的護送，但原住民們看到西班牙軍隊人數不多，便約有 300 為原住民埋伏攻擊西班牙部隊，為首的其中一名原住民射殺了羅睦洛，並砍下他的頭、手腳。（Diego Aduarte, *Historia de la Provincia del Santo Rosario de la Orden de Predicadores en Philippinas,Iapon y China, in BRPI,Vol.32*, pp.249～250.）

〔註42〕Josè E. Borao ed., *Spaniard in Taiwan Vol. 1*, p.256.

〔註43〕鮑曉鷗著，Nakao Eki 譯《西班牙人的臺灣體驗》，頁 316。

〔註44〕鮑曉鷗著，Nakao Eki 譯《西班牙人的臺灣體驗》，頁 337。

第二節 天主教正式在臺奠基

十七世紀玫瑰省曾在臺灣北部的傳教活動被迫中斷後，臺灣經過荷蘭、明鄭、清朝的統治，玫瑰省都未曾在臺灣有任何正式的傳教活動。十九世紀中葉，中國清朝政府面臨外國勢力的壓迫，基督宗教進入中國，展開傳教，中國國內仇外、仇教的風潮正在醞釀之際，1858 年安平、淡水因條約的簽訂成爲通商口岸，也開啓基督宗教進入臺灣的機會。

本節主要討論玫瑰省再度來臺後，不僅天主教得以正式在臺灣奠基，也開始在臺灣各地擴展的情形。傳教過程中玫瑰省面對了當時臺灣官民的仇外、仇教風潮，但隨著風潮漸緩，玫瑰省會士也積極地由南往北擴展傳教據點，爲了能快速進入臺灣社會，會士們也開始培訓本地的傳道員來協助傳教，因此入教的信徒也漸漸增加，信徒的信教模式、原因與困擾則是討論的要點。除傳教外，會士購地興建教堂、建立信徒聚落，這也成爲臺灣天主教的特色。。

一、道明會玫瑰省再度來臺

1859 年身兼教宗專員（Comisario apostólico）與西班牙的道明會各會省總會長（the Superior General of the Spanish Dominicans）的會士歐葛（Antonio Orge）去函邀請道明會玫瑰省再次嘗試前往臺灣。〔註45〕當時玫瑰省會長貝林裘（Julian Velinchon，1810～1871）遂派遣會士若瑟（Jose Dutras，1832～1887）與甫於 1858 年晉鐸的會士郭德剛（Fernando Sainz，1832～1895）〔註46〕承接此任務。

郭德剛與若瑟於 1859 年 1 月 25 日自馬尼拉出發，先行前往福建廈門。

〔註45〕 Fr. Pablo Fernandez ed., Felix B. Bautista translated, *One Hundred years of Dominican Apostolate in Formosa（1859～1958）*（Taipei：SMC., 1994）p.39.（該書之後簡稱爲 One Hundred years of Dominican Apostolate in Formosa）；山樂曼著《美麗島・主的莊田：臺灣天主教會歷史 1859～1950》（臺南：聞道，2013 年 4 月，頁 71，簡稱《美麗島・主的莊田》）。

〔註46〕 郭德剛（Fernando Sainz，1832～1895），西班牙 Zaragoza 省 Tarazona 人。1854 年進入西班牙 Toledo 省 Ocana 的道明會修院，1858 年於菲律賓晉鐸。翌年 5 月 18 日奉命自馬尼拉經福建來臺傳教。1869 年因病離臺返回馬尼拉。爾後幾年輪調於菲律賓與香港兩地間，在菲律賓期間曾派駐 Binondo，照顧當地華人信徒與傳教。1895 年 10 月病逝馬尼拉。（戴剛德神父口述記錄，2002 年 4 月：Eladio Neira、Hilario Ocio ed., *Misioneros Dominicos en el extremo oriente 1836 ～1940*（Manila, 2000）pp.97～98.）

若瑟因不闇臺語，便留在廈門，另由已在廈門一段時間的玫瑰省會士洪保祿（Angel Tomas Bofurull，1824～1863）一同前往。與他們同行者另有楊篤、蔡向、嚴超三名中國籍傳道員、〔註47〕修生瑞斌四人。

上述郭德剛來臺的隨行人員，在目前有關臺灣天主教史的紀錄中，以大國督的《台湾カトリック小史》一書中最早提及，但根據目前郭德剛來臺後寫給馬尼拉省會長的信件中，可掌握到最早的時間爲 1862 年 5 月〔註48〕，當中詳述了 1859 年他從馬尼拉經中國廈門來臺後，大約至 1860 年間的經歷。但該信中除洪保祿外，並未提及任何隨行人士，不過這些隨行人士也都會陸續出現在會士的信件、略傳或其他文件紀錄中，如玫瑰堂的領洗簿，〔註49〕可以證實他們來到臺灣，但抵達時間仍待進一步確認。

依據郭德剛 1862 年 5 月的信中描述，他與洪保祿來臺後，就受到當地民眾的敵視，他們前往鳳山縣城也受到了官方的刁難，經過英國鴉片商人的協助，方得脫困。經歷此事後，1859 年 5 月 31 日洪保祿由傳道員蔡向陪同，搭乘該商人的船返回廈門，〔註50〕郭德剛則獨自留在臺灣。

1859 年 7 月郭德剛打扮成工人的樣子，前往臺南府城了解當地的情況，後來他遇見一位說著平埔語的中國青年，他便利用此機會請該青年帶領他前往新港社，並夜宿當地頭目的家中。期間郭德剛與新港社人談話時也曾看到新港社人牆上所掛的「鹿角上所覆蓋及裝飾的小棕櫚樹葉，有他們親人過去崇拜十字架的痕跡。但他們以小棕櫚樹葉代替原來的痕跡，沒有人知道，也

〔註47〕大國督《台湾カトリック小史》（臺北：杉田書店，1940 年 6 月），頁 112。關於此點在 1862 年 5 月郭德剛向馬尼拉方面報告他來臺經歷的信，是目前我們可知十九世紀道明會再次來臺後最早的一封信。當中他所提到的同行者除洪保祿外，其他隨行的人員皆未提及。目前只有大國督的著作提到這些同行者。這些同行者，我們後來陸續會在會士們往來的信件或土地契約中看到他們的身影，可參閱山樂曼著《美麗島‧主的莊田》，頁 73，註 11。

〔註48〕郭德剛在 1862 年 5 月自前金所寫的這封信，收錄於 Fr. Pablo Fernandez ed., *One Hundred years of Dominican Apostolate in Formosa*, pp.41～46，但只節譯部分內容。古偉瀛〈近代臺灣天主教史的三階段研究：清末、日治及戰後國府統治初期〉（國科會計畫編號：NSC93-2411-H002-009）的附錄中則完整收錄該信件內容（頁 252～272），並以中英對照形式呈現，因此筆者在此以古偉瀛所收錄之信件版本及翻譯內容爲主。

〔註49〕高雄玫瑰天主堂領洗簿中這些傳道員都擔任代父的角色最早的前三筆洗禮記錄爲 1859～1861 年，楊篤、蔡向、嚴超等人擔任代父的名字便陸續出現。

〔註50〕郭德剛 1862 年 5 月的信件，古偉瀛〈近代臺灣天主教史的三階段研究〉的附錄，頁 257～258；大國督《台湾カトリック小史》，頁 121。

沒有人注意到」，〔註51〕這是郭德剛與平埔族的初次見面。

　　1859 年 9 月一艘停靠於打狗的德國汽船遭到當地民眾的襲擊與搶奪，出身德國漢堡的船長被殺害，此事引發打狗地區外國人的憤怒，經過討論之後，停泊於港口的外商船遂向鹽埕街砲擊，使得鹽埕街受到猛烈攻擊，並發生火災。

　　郭德剛在當地居民的請託下，前往與外國人交涉，但外商們態度極為強硬，協調失敗，郭德剛便於 1859 年 9 月決定先離開臺灣，前往廈門，暫避風暴。〔註52〕同年 10 月下旬郭德剛得知風暴已息，再次回來臺灣，並為三名慕道者施洗。〔註53〕並花費 62 披索買了許多土地，建了一座小茅屋，不久他再次離台前往馬尼拉進行報告。〔註54〕

　　1860 年 1 月他自馬尼拉回台時，途經廈門，遂由傳道員蔡向陪同於 4 月25 日回台。〔註55〕此次回台後，他將原有的茅屋拆除，花費 600 披索興建一座 18 步長、5 步寬的土磚聖堂，〔註56〕即今日高雄玫瑰堂的前身，並多興建一座神父樓。至此天主教再次來臺後的第一個傳教據點便成立了。1860 年 8月馬尼拉與福州主教會議上決議，任命已在福建傳教的會士安東（Mariano Anton，1831～1874）為臺灣區會長（Vicar Provincial）〔註57〕，協助管理臺

〔註51〕　郭德剛 1862 年 5 月的信件，古偉瀛〈近代臺灣天主教史的三階段研究〉附錄，頁 262。

〔註52〕　郭德剛 1862 年 5 月的信件，古偉瀛〈近代臺灣天主教史的三階段研究〉附錄，頁 270。

〔註53〕　依據高雄玫瑰天主堂所藏領洗簿之紀錄表示 1859 年郭德剛只為居住在赤山（今高雄市鳳山區）名為「方達」（臺語音譯）的信徒施洗（施洗日 11 月 13日），並由楊篤擔任教父。1860 年也只有一位名「黃振」（臺語音譯）的人受洗（施洗日 1 月 15 日），1861 年有 4 名受洗：此領洗紀錄與目前郭德剛的信件及大國督記載皆有出入，因玫瑰堂的領洗簿乃是後來由會士李嘉祿重新謄寫，是否謄寫過程或其他原因而有出入，無法判定，因此筆者在此以郭德剛的信件中的敘述及大國督的書中之紀錄為主。

〔註54〕　郭德剛 1862 年 5 月的信件，古偉瀛〈近代臺灣天主教史的三階段研究〉附錄，頁 271。

〔註55〕　大國督《台湾カトリック小史》，頁 137。

〔註56〕　郭德剛 1862 年 5 月的信件，古偉瀛〈近代臺灣天主教史的三階段研究〉附錄，頁 271。大國督的書中記載此時郭德剛所興建教堂的正面為二間三尺（換算後約 3.94 公尺）深度為十間（換算後約 18.18 公尺），因此該教堂約 21 坪。（大國督《台湾カトリック小史》，頁 137。1 日尺=0.30303 公尺、1 間=6 日尺=1.818公尺、2 間=3.64 公尺）

〔註57〕　「Vicar Provincial」一職，大國督書中稱「副管區長」，此名稱在臺灣天主教譯為「區會長」。

灣教務。但他來臺後水土不服，不久便返回福建。同年 12 月任命郭德剛為區會長。〔註58〕

　　1862 年 7 月玫瑰省會士楊眞崇（Andrès Chinchon，1838～1892）與黎茂格（Miguel Limàrquez，1835～1880）先後來臺，〔註59〕此時臺灣便有三位會士在臺進行傳教，同年並花費 2000 披索新建了 90 呎長、30 呎寬的玫瑰堂，該堂乃仿照馬尼拉聖道明天主堂興建的，並在 1863 年 5 月 24 日舉行落成禮，〔註60〕1864 年增建教堂周圍的圍籬。〔註61〕

　　由上述玫瑰省會士郭德剛來到打狗至首個傳教據點的建立，看似順利，但實際上道明會在清末在臺的傳教過程中，我們透過會士的信件及大國督的書中，可以經常看到當地官民對傳教士的不友善態度，也發生多起衝突事件。民教衝突的產生多是由於當地居民因對天主教誤解，散發不實謠言、〔註62〕仇外引發仇教的情緒、〔註63〕信徒不參與當地廟宇慶典等問題所引發。〔註64〕但官員的態度反而是關鍵，當時臺灣地方官員對基督宗教懷有敵意與誤解，並以消極的態度來應對。玫瑰省會士們面對這些狀況，他們多數採取直接向官府反應，若無法解決則訴諸於英國領事協助。

　　實際上 1859 年郭德剛來臺，並未符合當時條約的規定。1859 年郭德剛奉命來臺傳教，所依據應是 1858 年所簽訂的中英《天津條約》第 11 條與中法《天津條約》第 6 條中的規定，傳教士可以在新通商口岸傳教，但在 1860 年正式換約前，傳教士們仍得依據 1844 年中法《黃埔條約》之規定，只得在最早開放的五個通商口岸傳教。〔註65〕所以郭德剛入台之初，鳳山縣知縣禁止其傳

〔註58〕大國督《台湾カトリック小史》，頁 138。

〔註59〕"Earthquakes, Typhoons, Insults"（1862.7.15 from Chengkim by Fernando Sainz）in Fr. Pablo Fernandez ed., *One Hundred years of Dominican Apostolate in Formosa*, p.47.

〔註60〕"The Church in Chengkim Is Blessed"（1863.6.1 from Chengkim by Andrès Chinchon）in Fr. Pablo Fernandez ed., *One Hundred years of Dominican Apostolate in Formosa*, p.48.

〔註61〕大國督《台湾カトリック小史》，頁 139。

〔註62〕這類謠言如「天主教的傳教士們，竊取棺木，挖掘屍體，刨出屍體的肝臟，作為藥品的原料，輸往歐洲……」（大國督《台湾カトリック小史》，頁 143）。

〔註63〕1865 年一位外國人為了蒐集原住民的資料而來到萬金教會，以便對萬金附近的原住民進行調查。此情景為附近居民看見，便散發外國人將與傳教士共謀攻打臺灣的不實謠言。（大國督《台湾カトリック小史》，頁 151）

〔註64〕大國督《台湾カトリック小史》，頁 153。

〔註65〕蔡蔚群《教案：清季臺灣的傳教與外交》（臺北：博揚文化，2000 年 9 月），頁 36。

教，其實是於法有據。但鳳山縣知縣或許懼於郭德剛的外國人身分，並未強制執行。

　　再者，臺灣的官員對傳教士的國籍在 1868 年以前始終未有正確的認識。在 1868 年清朝政府在處理天主教溝仔墘教堂毀壞事件的奏摺中，稱郭德剛為呂宋國人，良方濟（奏摺內稱良揚）為法國人，文中將呂宋視為今日菲律賓，並稱呂宋與中國並無邦交，所以不准郭德剛的傳教，後來經總署回函糾正，呂宋有大小之分，小呂宋為菲律賓，大呂宋為西班牙，〔註 66〕郭德剛為大呂宋人，良方濟亦為大呂宋人，方正式確認兩人的國籍。顯見當時臺灣地方官員只將外國人一體視之，未加以實際了解。

　　第三，臺灣官員對外國人存在的敵意與懼怕。臺灣地方官員對外籍傳教士都懷有敵意，如郭德剛首次自臺南回到前金，鳳山縣知縣便發布一公告：「自今各自所有的土地或房屋，嚴禁租賃售與天主教傳教士」〔註 67〕郭德剛前往縣衙理論，但知縣卻避不見面，委請親戚假冒應付，卻為郭德剛識破，並要求親見知縣說明未果，郭德剛返回前金後，翌日所有的布告即被撤銷。1863 年前金地區流傳對郭德剛等傳教士不實的謠言，郭德剛也向鳳山縣知縣遞交抗議文，也換得知縣發布布告，嚴禁以謠言煽動民眾，或危害天主教的傳教士與信徒。〔註 68〕

　　另外在 1868 年處理臺南小東門外天主教堂與溝仔墘教堂毀壞事件中，也發現有差吏參與該事件，當然這些人結果是被處分的，〔註 69〕由此我們可以看到的是，當時有部分的官員對於外國人是非常敵視的，甚至參與民眾的抗爭。同時，他們對於天主教也會受到謠言的影響，因而對天主教與傳教士產生誤解。

　　另外還有玫瑰省會士被認為不守規章所引發的民教衝突。1887 年玫瑰省會士何安慈（Celedonio Arranz，1853～1922）前往和尚洲與大稻埕租屋建立臨時傳教據點，臺北府要求何安慈等退回中部，並要求租屋之業主廢棄與道

〔註 66〕中研院近史所編《教務教案檔》第二輯〈967 號，1868.7.24 總署行閩浙總督文〉（南港：中研院近史所，1974 年 8 月），頁 1276 下。
〔註 67〕大國督《台湾カトリック小史》，頁 128。
〔註 68〕大國督《台湾カトリック小史》，頁 140～141。
〔註 69〕即「臺灣縣移營飭差拘役革兵葉連升等八名，訊係隨眾先往天主教堂查搜害人毒藥，旋各在場附和，幫同焚燒小東門外天主教堂屬實」引自中研院近史所編《教務教案檔》第二輯〈1023 號，1869.3.5 總署收閩浙總督英桂文〉，頁 1373 上。

明會所訂之租屋契約，這使得何安慈向當地英國領事反應，英國領事出面卻未得到處理，遂又轉至廈門西班牙總領事向清政府反應。當時臺灣巡撫劉銘傳義正辭嚴地回覆領事時提到：

> 一、來文謂有乖背和約一節，查和約雖准傳教，而教士必須遵照定章，凡遊歷傳教人等，須由中國總理衙門發給傳教諭單，或領事發給執照，欲往何處，先由何處地方官查驗蓋印，方准設堂傳教，此次教事何鐸德來臺北傳教，並不照章呈驗傳教諭單。……是該教士不遵約章者一。又查定章，教士租賃民房開設教堂，所租何處，應先將租約送由領事官移送地方官蓋印，……此次何鐸德並未先行呈驗租約，竟於有礙民居大街擅設教堂，是該教士不遵約章者二。……此次何鐸德不依約章，輒用文移，以致縣中未能先行曉諭地方，遂啓商民疑恨，是該教士任意率行，不遵約章者三。〔註70〕

該事件經過協調後，劉銘傳首先要求會士何安慈建教堂須在背街處，不得在大街熱鬧之地，再者要傳耶穌道理，凡勸人為善，不准開納尼姑庵並護庇匪類以抗官長，第三遇婚姻葬事，該神佛不准擅入民房，以煽惑人心。〔註71〕此事終於得到解決。由此事我們也可以看到此時地方官在面對涉外事件的處理已有經驗，據理力爭，依循正式簽約的規章辦理，反倒是傳教士有時在傳教過程中忽略了細節，遇事則依照傳統的方式來解決。

臺灣民教衝突的原因中，還存在有族群的問題，這些族群衝突最明顯的自然就是萬金與鄰近的客家聚落的衝突。不過萬金與客家聚落的衝突，多數來自教會方面的紀錄，立場上或許較偏袒萬金，反而較少看到鄰近客家村落如五溝水、四溝水自身的說法。不過在漢人移民的過程中，平埔族的境遇多數居於弱勢，但以當時的情境來看，加上外國人與外教的因素，則有可能擴大衝突的規模。

蔡蔚群認為這些衝突事件在1868年是一個轉捩點。因為該年除了教案（高長案與溝仔墘教堂毀壞案）外，另有樟腦糾紛與安平砲擊事件的發生，使得

〔註70〕中研院近史所編《教務教案檔》第五輯〈2123號，1887.8.20總署收臺灣巡撫劉銘傳文〉（南港：中研院近史所，1977年10月），頁2081。

〔註71〕中研院近史所編《教務教案檔》第五輯〈2125號，1887.10.17總署收臺灣巡撫劉銘傳文〉，頁2092下。

整個事件乃由傳教問題所引發，轉而成為以外交問題為主軸，再回頭影響傳教的發展，使地方官正視傳教的權利，中外雙方對教案處理與方法上有較大的進步。〔註72〕

自 1868 年以後，天主教的傳教工作並非就此非常順利，地方上居民的反彈或偏見，仍舊存在，我們也可由會士高熙能（Francisco Giner，1863～1946）的書信中看到：

> 我們有更複雜的問題，就是歐洲傳教士不管他用盡方法試圖贏得
> 人們的同情，還是一個「番」（huan）或陌生人。他也許穿著像當
> 地人，他也許剃頭髮裝上辮子，但他還是個「番」。一開始人們也
> 許出於好奇來接近他、聽他說話，但當好奇心得到滿足，他們隨
> 即離開。而且將離開時還會伴隨著嘲笑的語氣，叫嚷著「番」、
> 「番」、「番」。〔註73〕

部分為非作歹的信徒不僅會成為民教衝突的根源，也成為會士在傳教過程中，吸引百姓入教的阻礙。

整體而言，天主教在十九世紀臺灣的處境，與中國相比，可說輕微許多，至少沒有道明會會士被直接攻擊致死的。玫瑰省會士在臺灣的傳教過程中，臺灣居民對他們的態度由起初的強烈抗爭，漸漸對玫瑰省會士的態度也趨於和緩，縱然有部分臺灣居民對玫瑰省會士的態度仍存敵意，但地方官面對民教衝突的態度較為積極，許多事情都在地方便處理完畢，地方社會也漸漸能包容這幾位外國人在臺灣社會的活動。

第三節　傳教據點的建立

道明會在郭德剛來臺後，1860 年興建完成第一座正式的教堂。天主教在臺灣立下基礎，也開始以高雄為據點，前往其他地區傳教。至 1895 年以前，道明會玫瑰省在臺所建立的傳教據點，整理如表 3-1：

〔註72〕蔡蔚群《教案：清季臺灣的傳教與外交》，頁 248。

〔註73〕 "The Labors And Poverty Of A Missionary"（1887.7.31 from Soaluna by Francisco Giner）in Fr. Pablo Fernandez ed., *One Hundred years of Dominican Apostolate in Formosa*, p.171.

表 3-1：1859～1895 年間道明會在臺之傳教據點

時　　間	地　　點	時　　間	地　　點
1860	高雄前金	1887	臺北和尚洲（今蘆洲）
1861	屏東萬金	1889	臺北大稻埕
1864	高雄山腳	1890	雲林樹仔腳
1868	臺南市	1890	淡水興化店
1875	彰化羅厝	1892	雲林斗六、斗南
1876	嘉義沙崙	1893	雲林鹿寮
1877	雲林埔羌崙		

　　由表 3-1，我們可以清楚的看出，道明會來臺後的傳教方向是由南而北的路線進行。不過郭德剛來臺不久，便前往府城，似乎原先有意要以府城作爲傳教中心，但因城內的彌漫不安的氣氛，因而打消念頭，〔註 74〕回到打狗，並以前金爲基地，進而建立教堂。

　　另外，就在開始再次北上臺南傳教的同時，郭德剛也有企圖前往基隆傳教的想法，依循十七世紀道明會在基隆地區的傳教歷史，在此地重新建立教會。1865 年恰有蛤仔難（今宜蘭地區）的頭目來到前金，請會士前往當地傳教。〔註 75〕1866 年郭德剛先派遣一位傳道員前往蛤仔難了解狀況並試圖傳教，但因北部民心浮動，社會不安，傳道員便取消計畫離開北部。〔註 76〕

　　1868 年 10 月郭德剛派遣會士良方濟（Francisco Herce，1839～1894）在一名國籍傳道員的陪同下，前往基隆傳教。1868 年 12 月自馬尼拉來了一位國籍會士江文生（此爲洗禮名，Vicente de la Asuncion Kang，1819～1881）〔註 77〕也前往基隆協助傳教，但後來良方濟因病離開基隆，留下的江文生與傳道員後來也因病而中斷傳教，使得北部的傳教再度中斷。〔註 78〕

〔註 74〕大國督《台湾カトリック小史》，頁 125。
〔註 75〕"Bankimcheng：Responsiveness Of The Aborigines"（1865.4.18 from Bankimcheng by Francisco Herce）in Fr. Pablo Fernandez ed., *One Hundred years of Dominican Apostolate in Formosa*, p.62.
〔註 76〕"Travails Of A Catechist In The North：Robbers In The South"（1866.1.16 from Soakha by Fernando Sainz）in Fr. Pablo Fernandez ed., *One Hundred years of Dominican Apostolate in Formosa*, pp.69～70.
〔註 77〕江傳德 編纂《天主教在臺灣》（臺南：聞道，2008 年 4 月初版），頁 87。
〔註 78〕大國督《台湾カトリック小史》，頁 214。

　　自從在府城建立據點後，玫瑰省的傳教慢慢開始往中部發展，其中的契機則是在 1872 年由彰化竹仔腳（今彰化縣永靖鄉竹子村）開始。1868 年郭德剛離開臺灣，1869 年楊眞崇接任區會長，當時有人自彰化竹仔腳來到高雄，請求傳教士至當地傳教，楊眞崇經過評估後，1872 年先行派遣屏東赤山出身傳道員阿成哥前往了解狀況，原本前景看好，但後來當地有人欲利用教會爲後盾掩飾不法行爲不果，卻因而煽動其他信徒離開教會，並散發對教會不利的謠言，傳教受阻而作罷。〔註79〕

　　竹仔腳傳教的受挫，並未中止道明會在臺灣中部的傳教。據大國督所載1875 年羅厝庄（今彰化縣埔心鄉羅厝村）居民涂心到南部經商，途中聽到神父講道，深受感動，並邀集同庄好友前往打狗邀請道明會神父來羅厝傳教，同年玫瑰省會士吳萬福（Vicente Gomar，1845～？）帶領傳道員前往羅厝，並正式建立傳教據點。

　　不過對於羅厝居民的入教的另一種說法則因爲族群關係所使然。據許嘉明的調查發現：「羅厝庄原爲羅姓人聚居的地方，由於人數少又窮，屢受附近大姓的欺侮，在無法忍受的情況下，全村居民改信天主教，以天主教的傳教士作爲身家財產的維護者」。〔註80〕據許嘉明的調查今日彰化永靖、埔心爲福佬客聚集的區域，但遭受鄰近較早移入的漳泉大姓的壓迫，〔註81〕因此如前述羅厝鄰近村莊竹仔腳的居民意圖藉由會士的外籍身分來強化他們在當地的力量，是有可能的。

　　對於羅厝等中部地區得以接收到天主教的訊息，玫瑰省會士山樂曼（Miguel Angel San Roman Perez，1944～）運用會士的紀錄提供我們對臺灣中部傳教點的成立新的認識。

　　山樂曼在其書中提到由於臺灣開港後，因來臺外商對臺灣中部的農產品有興趣，因此位於打狗的貿易商便前往臺灣中部直接採買貨品，並且雇用當地人作爲搬運工，協助運送貨品至打狗。這些搬運工人在打狗停留期間也接觸到玫瑰省會士及天主教，就有人因而受洗入教，如 1861 年 12 月就有名叫阿狗（A Kao）的裝卸工人接受郭德剛的洗禮入教，由此可知，當時臺灣中部可能因此得以接收天主教的訊息。〔註82〕

〔註79〕關於竹仔腳傳教的情況，請參閱大國督《台湾カトリック小史》，頁 220～223。
〔註80〕許嘉明〈彰化平原福佬客的地域組織〉《中央研究院民族學研究所集刊》第 36
　　　　期（南港：中研院近史所，1975 年），頁 172。
〔註81〕許嘉明〈彰化平原福佬客的地域組織〉，頁 171～172。
〔註82〕山樂曼《美麗島・主的莊田》，頁 195～196。

　　1875 年羅厝建立傳教據點後，由府城到彰化羅厝間的四天路程中，〔註83〕
今日的嘉義、雲林間許多傳教據點便陸續建立。若我們今日造訪這些教堂，
我們會發現教堂都處於鄉間，並非熱鬧的街市，如沙崙、埔羌崙、羅厝、樹
仔腳皆是如此，筆者認為這其實可能與當時會士行走的路線有關。

　　玫瑰省會士在臺灣傳教的過程中，有一傳教路線可循，即「先以建立兩
個據點後，再選擇中間位置建立一個新據點」〔註84〕的模式來進行。這樣的
傳教路線模式在中南部特別明顯，如在前金與萬金的路程上所意圖設立的教
會──溝仔墘（今屏東縣竹田鄉泗洲村）便是一例（參閱圖 3-1）；嘉義的沙
崙則是臺南與羅厝的中繼站，雲林部分傳教據點的設立，也似乎循此模式進
行，但在路線上仍有差異。

圖 3-1：玫瑰省在臺灣南部傳教據點圖（筆者繪製）。

〔註83〕 大國督《台湾カトリック小史》，頁 233。
〔註84〕 楊嘉欽《高雄前金天主教聚落研究》（臺南：成功大學歷史研究所碩論，1998
　　　　年 6 月），頁 14。

當時郭德剛由前金前往萬金，乃是爲了向平埔族傳教而朝東前往，同時也曾企圖向鄰近山上的排灣族傳教未果，並未循正式南北官道而行。當時萬金就成爲屏東地區傳教的中心。但因臨近客家人勢力龐大，所以溝仔墘、老埤（今屏東縣內埔鄉老埤村）都無法順利建立教會，只有萬金鄰近的赤山、加匏朗（今屏東縣萬巒鄉新厝村）有傳教成果。〔註85〕

但是在嘉義、雲林的傳教路線則是依據當時十九世紀的北路官道而行。當時由府城離開後，北上路線至彰化大致爲：「三崁店、木柵莊、茅港尾、鐵線橋、下加冬、水堀頭、嘉義城、打貓（嘉義民雄）、三疊溪、大莆林（嘉義大林）、他里霧（雲林斗南）、西螺（或斗六、莉桐巷）、東螺（彰化北斗）、關帝廟（彰化永靖）、大莆心（彰化埔心）、彰化城」〔註86〕

透過圖 3-2 可以發現玫瑰省會士們在雲嘉地區傳教的路線即是循著當時北路官道行走。但是還是無法解釋，許多名不見經傳的地區，如何成爲傳教點。爲解決此疑問，嘗試透過當地居民的行進路線來追尋。

筆者在一次前往雲林土庫的路程中，透過當地親友的帶領由國道一號大林交流道下，西循 162 縣道往溪口，北轉接 157 縣道往大坪，再接 雲173 往土庫，途中無意間發現前往「埔羌崙」（今雲林縣大埤鄉豐岡村）〔註87〕的指標（參閱圖 3-2）。

埔羌崙——不起眼的村莊，卻座落著一座教堂，經向親人詢問後發現，埔羌崙位於虎尾溪邊（北港溪上游），往昔欲前往土庫（塗庫街）需要在此渡河，因此埔羌崙與土庫並非在同一路線上；〔註88〕埔羌崙亦是可前往他里霧（斗南）路途上，另一方面透過大埤鄉公所網頁中之介紹提到「在一百多年前，埔羌崙因爲鄰近北港溪，交通便利，曾經是個人口集中的村落……時至

〔註85〕 唐贊袞曾紀錄：「同治五年，訪聞鳳邑港東上里萬巾莊（即名力力社），有外國洋人開設天主教堂，引誘社番習教情事。……所有萬巾、赤山、加匏朗三莊社番，約男婦二百餘人聽其所惑。」（唐贊袞 撰《臺陽見聞錄》光緒十七年（南投：臺灣省文獻會，1996 年 9 月），頁50～51。）

〔註86〕 黃智偉《省道台一線的故事》（臺北：如果，2011 年 8 月初版），頁240～241；其中西螺段，光緒五年（1879）後可經莉桐與斗六，若經莉桐則會經過樹仔腳。

〔註87〕 埔羌崙，舊名「莆姜崙莊」，清朝時屬雲林縣他里霧堡。（倪贊元纂輯《雲林縣采訪冊》光緒二十年（南投：臺灣省文獻會，1993 年 6 月），頁92。）

〔註88〕 今日虎尾溪上已有聯美大橋連接埔羌崙與土庫，但傳統前往土庫則是循民雄、新港、北港、鹿寮、土庫一線而來。鹿寮此傳教據點的建立，便是在此路線範圍內，即由沙崙仔（嘉義縣大林鎮中坑村）傳教至此。

今日，交通路線的改變，埔羌崙的人口不增反減，已經成為一個寂靜的小村子」。〔註89〕

圖 3-2：玫瑰省在嘉雲彰三地的傳教據點圖（筆者繪製）。

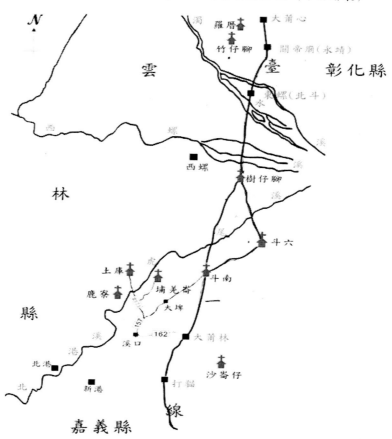

　　由此便可理解當時玫瑰省會士行走的路線，所以他們就在今日大林的沙崙仔先建立傳教點，再前往埔羌崙建立正式據點後，便以埔羌崙為中心，前進至斗南、斗六、西螺建立傳教所。之後再循官道北行至莿桐、樹仔腳（今雲林縣莿桐鄉饒平村），此地為官道上的住宿點與渡口，〔註90〕所以會士便利用此休息的機會，進行傳教，之後在此建立傳教點。渡過濁水溪後，可能由東螺經海豐崙前往竹仔腳、羅厝，或是經永靖前往羅厝。

〔註89〕 雲林縣大埤鄉公所網頁「觀光遊憩——豐岡村玫瑰天主堂」：http://www.tapi.
　　　　 gov.tw/tour/index-1.php？m=14&m1=7&m2=32&id=26，2011 年 12 月 1 日。
〔註90〕 黃智偉《省道台一線的故事》，頁 220。

　　山樂曼的書中則認爲嘉義的沙崙是雲嘉地區傳教的中心點，因爲日後的鹿寮、埔羌崙、斗南、斗六皆是由沙崙向外的擴展。如埔羌崙的成立，則是由二位該地區的居民在沙崙受洗入教，也因而將天主教及會士帶領至自己的村莊並建立教會。〔註91〕

　　玫瑰省會士們當時對於建立傳教據點也有他們的想法，他們認爲最理想的正式傳教據點，就是每個會院大約距離步行一日的距離，不過這只是理想的情況，〔註92〕由於人力與客觀環境的影響，都無法眞正達到此狀態。

第四節　傳道員養成與傳教方法

　　玫瑰省會士來臺後首要的工作就是學習語言。這些玫瑰省會士們，除了曾在臺南活動的越南籍會士杭若望及曾在基隆傳教的國籍會士江文生外，其他人都是西班牙籍。初期來臺者應該都是在臺灣才學習臺語。

　　以郭德剛爲例，1858 年 8 月在菲律賓晉鐸後，翌年先前往廈門短暫停留後，便前來臺灣，1862 年他來到臺灣後，第一次寫給馬尼拉的信中提到他與洪保祿面見鳳山縣知縣時的一段情況：「所以我決定開口，但用甚麼語言說呢？因爲我連一個中文字也不認得，所以我決定義正嚴詞地用西班牙文」〔註93〕因此他的臺語應是在臺灣學的，會士楊眞崇也曾表達中文學習的困難：

> 中國話不僅很難捉摸，而且難以理解，與歐洲文字完全不同。……
> 如同您所知道的。中國話非常難精通，甚至當一個人已經累積足夠
> 的字彙，若腔調錯誤，他不一定能確實地表達正確的意思，字彙語
> 調的不同，將有不同的意義。〔註94〕

　　縱然中文難學，這也是來臺傳教的玫瑰省會士們必須努力學習的功課。會士們就在這樣中文不流利的情境下，邊學邊傳教，但要能在短時間內儘快進入臺灣社會與獲致傳教成果，本地人或通曉本地語言並且可以講授教理的

〔註91〕山樂曼《美麗島‧主的莊田》，頁 225～226。

〔註92〕"The Formosa Mission—1886 Version"（1886.7.20 from Takao by Francisco Herce）in Fr. Pablo Fernandez ed., *One Hundred years of Dominican Apostolate in Formosa*, p.160.

〔註93〕郭德剛 1862 年 5 月的信件，古偉瀛〈近代臺灣天主教史的三階段研究〉的附錄，頁 255。

〔註94〕"The Need For More Catechists"（1872.4.13 from Chengkim by Andres Chinchon）in Fr. Pablo Fernandez ed., *One Hundred years of Dominican Apostolate in Formosa*, p.140.

人就成為會士身邊的重要助手，因此本地的傳道員（Catechists）的訓練便成為重要工作。

一、傳道員的角色與養成

郭德剛初來臺時，便有三位國籍傳道員陪同來臺，這些傳道員在傳教過程中憑藉著他們在語言與族群上與臺灣居民相同的優勢，扮演了會士與臺灣社會間的媒介。

傳道員蔡向在玫瑰省會士購買土地的過程中，就是擔任土地代書的角色，不過我們對他的認識僅只於此，目前所能找到的資料，都沒有任何有關他的描述。

另外兩位傳道員楊篤（1832～1872）〔註95〕與嚴超（1832～1870）在大國督與會士的信件中，都有相關的描述。嚴超是漳州后浦（Aupoa）人，自幼即是信徒，親戚中有二位是玫瑰省會士。〔註96〕他原是位農夫，也是文盲，平日協助照顧神父的起居，經常聆聽神父講道，也開始認字、接受講道與要理的訓練後，就被派往臺南傳教，開設孤兒院，後來在臺南遭受迫害後，病逝打狗。〔註97〕楊篤在1854年受洗入教，他同玫瑰省會士來臺後，教導慕道者教理，也教育信徒子弟學習漢文。〔註98〕

藉由楊篤與嚴超的認識，我們可以知道當時陪同會士來臺的傳道員，應只是虔誠的信徒，並未正式接受完整的教義訓練，只是在陪同會士傳教、講道的耳濡目染下，再加上短暫的訓練後，就擔負起傳教的先導工作。

不過這幾位國籍傳道員，除蔡向狀態不明外，另兩位都英年早逝，使得協助傳教人員缺乏，因此1872年楊眞崇寫給馬尼拉的信中，便表達對本地傳道員的角色及重要，並提出培育計畫：

> 我們需要本地傳道員的協助，在我們出面以前，他們可以為我們事
> 先鋪路，準備園地。這些傳道員首先試著去贏得當地人對我們的好

〔註95〕大國督《台湾カトリック小史》，頁271。江傳德書中（頁119）所標示之年代「1870年（光緒九年）」與「光緒十一年」皆是錯誤的。

〔註96〕 "The Story Of Vicente"（1871.9.2 from Chengkim by Andres Chinchon）in Fr. Pablo Fernandez ed., *One Hundred years of Dominican Apostolate in Formosa*, p.125.

〔註97〕 "The Story Of Vicente"（1871.9.2 from Chengkim by Andres Chinchon）in Fr. Pablo Fernandez ed., *One Hundred years of Dominican Apostolate in Formosa*, pp.125～129.

〔註98〕大國督《台湾カトリック小史》，頁270。

感。此時，在此情況下傳教士必須克制自己，不去打擾，不去強迫
當地人。就在傳道員完成他的任務後，傳教士再出面去收割傳道員
所播下種子的成果。……我們必須有傳道員的穩定供應，而且我們
必須採取方法保證傳道員的供給穩定。如果我們不這樣做，我們將
發現將被我們的信徒牽絆，無法擴展我們的任務至鄰近區域的那天
終將到來。……我們認為能夠在未來提供足夠傳道員的唯一方法就
是設立一所可以訓練傳道員的神學院（seminary）或學院（college）。
〔註99〕

　　1873 年 10 月 12 日傳道員學校在打狗設立，〔註100〕並由會士良方濟負
責，但是臺灣地區人員的招募並不順利，只能由福建招募幾位人員來臺，但
因這些學生來臺後，水土不服，學習並不順利，同時有人認為招募福建學生
來臺，違背當初欲培養臺灣本地傳道員的初衷，〔註101〕因此不到兩年就決定
停辦。〔註102〕

　　雖然傳道員學校失敗了，不過仍有幾位臺籍傳道員登場，其中有資料可
考者有阿成哥（屏東新厝，1813～1894）〔註103〕、林水龍（籠）（亦有稱「林
水連（蓮）」，臺南）、張德潤（一作陳沛然、阿論先，彰化員林，1861～1899）
〔註104〕、吳前（臺北淡水）〔註105〕等。他們雖稱「傳道員」，應是如前所提

〔註99〕 "The Need For More Catechists"（1872.4.13 from Chengkim by Andres Chinchon）
　　　　in Fr. Pablo Fernandez ed., *One Hundred years of Dominican Apostolate in
　　　　Formosa*, p.141.

〔註100〕 "The College For Catechists Rises"（1874.1.1 from Chengkim by Andres
　　　　Chinchon）in Fr. Pablo Fernandez ed., *One Hundred years of Dominican
　　　　Apostolate in Formosa*, p.144.

〔註101〕 大國督《台湾カトリック小史》，頁 219～220。

〔註102〕 "Needed： More Catechists And Missionaries"（1878.9.17 from Formosa by
　　　　Vicente Gomar）in Fr. Pablo Fernandez ed., *One Hundred years of Dominican
　　　　Apostolate in Formosa*, p.149.

〔註103〕 阿成哥生平請參閱 "Death Of Another Catechist"（1894.1.24 from Formosa by
　　　　Ramon Colomer）in Fr. Pablo Fernandez ed., *One Hundred years of Dominican
　　　　Apostolate in Formosa*, pp.180～184.與大國督《台湾カトリック小史》，頁 168
　　　　～172。

〔註104〕 關於張德潤此人的討論，請參閱古偉瀛〈乙未之際的臺灣天主教——以傳教
　　　　員張德潤為中心〉《成大歷史學報》第 40 號（臺南：成功大學歷史學系，2011
　　　　年 6 月），頁 157～167；生平請參閱大國督《台湾カトリック小史》，頁 266
　　　　～267 及張德潤〈願書〉收於〈林振芳外二名〔張德潤、呂汝玉〕及潘文杰
　　　　外三名敍勳ノ儀稟申並黃成章以下十三名勳章及附屬品送付ニ依リ傳達ノ件

楊篤、嚴超的經歷類似，乃由信徒接受短暫的訓練後，協助神父維持信徒信仰生活與進行各地的傳教工作，並未接受完整正式的教理訓練，也未參加上述的傳道員學校。不過他們傳道員的身分應是得到道明會的認定，因而代表如上述楊真崇的信中所提及的，由傳道員先行前往新傳教區為玫瑰省會士先行鋪路。

由於玫瑰省會士多是來臺才學臺語，因此傳道員角色相對重要，就如前所述，傳道員先行為玫瑰省會士鋪路，也因此加強了會士與傳道員間的緊密關係。當時會士的信中也提到當時長老教會也是派遣支薪的傳教師，帶著破舊的聖經，進入廣場與市場向群眾宣講，會士們認為這是可行的方法，〔註106〕也因而提出傳道員的培育計畫。

筆者以為傳道員這樣的身分，在道明會海外傳教的經驗中，其實是存在的，但性質與身分有所差異。就如前述，天主教修會在拉丁美洲與菲律賓中，為了讓當地原住民能接受天主教，便會訓練與培育原住民部落中頭目的子嗣了解教義、學習教理、接受教育，藉由他們在部落中的特殊身分，影響部落民改宗並維持信仰生活。

在中國與臺灣的道明會所謂的傳道員，他們的身分成為帶領玫瑰省會士進入中國與臺灣社會的媒介，但他們在中國與臺灣社會及悠久的文化傳統下影響力有限，無法形成整族入教的盛況，純粹是宗教性質的人員。

玫瑰省會士有體認到傳道員對他們的重要性，也欲積極的培養，但成果始終有限，只能有信徒中挑選較積極、熱心、理解力、口才有潛力的人，稍加訓練後就擔任傳道員，但現實生活就成為問題，上面提到長老教會的傳教師有支薪，天主教傳道員應有收入，但只有長老教會傳教師薪水的一半，可能也因此無法吸引信徒擔任傳道員，會士們也注意到這個問題，便向馬尼拉建議增加傳道員的物質待遇，不然傳道員仍須另外兼差糊口，不僅擔任傳道員意願低落，現職者也因此無法專心傳教工作。〔註107〕

（總理大臣外數ヶ所）〉《臺灣總督府公文類纂》221 冊 7 號，明治 30 年 12 月 27 日。

〔註105〕吳前生平，請參閱大國督《台湾カトリック小史》，頁 263～265。

〔註106〕 "The Need For More Catechists"（1872.4.13 from Chengkim by Andres Chinchon）in Fr. Pablo Fernandez ed., *One Hundred years of Dominican Apostolate in Formosa*, p.141.

〔註107〕 "The Labors And Poverty Of A Missionary"（1887.7.31 from Soaluna by Francisco Giner）in Fr. Pablo Fernandez ed., *One Hundred years of Dominican Apostolate in Formosa*, pp.171～172.

二、個人宣講與佈道會

　　玫瑰省會士來到臺灣後，並未如長老教會般直接進行醫療傳教，縱然郭德剛曾經施藥給生病的人，但也只是單一例子；而另一位越南籍會士杭若望因略懂醫術，於沙崙仔任本堂時，便會爲人看病施藥，〔註108〕但並非常態，並未如在菲律賓設立醫院，進行醫療傳教。

　　玫瑰省會士在臺灣多數是直接與臺灣民眾攀談、交流，並去觸及宗教層次的問題。會士李嘉祿（Ramon Colomer，1842～1906）曾記錄了他與臺灣百姓間的對話：

> 在我來往市鎮的路上，我遇見許多尚未看見信仰之光的人。當我勸告他們認眞地思考靈魂的問題，他們只是嘲笑我。那些起初就未成爲基督徒就說太遲了；另有些人就輕率地說如果當他那愛嘮叨謾罵的岳母過世後，他就入教。

> 然而他們主要的理由是他們爲了維持生活而忙於賺錢。「但成爲基督徒，不用花費你任何東西」我們說，「你來聆聽我們的教導，不需要給我們任何東西」。

> 「那也許是眞的」他們回答說，「但成爲基督徒就表示星期天與教會節日都不能工作，那將會使我們損失這些日子的工錢」。

> 「但是你們不也是損失許多天的工錢在你們的神明崇拜、遶境與酬神演戲」。

> 「我們沒有損失很多因爲我們並沒有許多的遶境」他們回答說。「此外，這些只有在我們不忙的時候才想去參加。由於生病和壞天氣才會使我們損失很多錢。爲什麼我們要在一年中浪費六十天不賺錢呢？」

> 「但你的靈魂怎麼辦呢？你不關心你的靈魂將會如何？你住的距離教堂這麼近，很容易體驗宗教，難道你不擔心你的靈魂會發生什麼事嗎？」

> 「喔～神父」他們說，「當我的身體飢餓的時候，我哪會想到我的靈魂？你有錢可以讓你過日子，你的生活充足自然可以讓你想到你的靈魂，給我們錢，我們所有人就去教堂」〔註109〕

〔註108〕大國督《台湾カトリック小史》，頁234。
〔註109〕"Excuse To Avoid Conversions"（1890.5.22 from Formosa by Ramon Colomer）

　　這段紀錄我們看到了玫瑰省會士在臺灣如何向臺灣居民傳教，藉由交談、辯論，試圖改變他們的想法，帶領他們進入教堂，或許在上述的紀錄中沒有看到好的結果，但也呈現了會士傳教的方式之一。

　　1880 年代道明會進入北部後，傳教方式就有新的方式，就是召開佈道大會，將人集中到某一地方，公開宣講，而這種傳教方式似有意與在北部傳教的加拿大長老教會互別苗頭的意味：

> 當時此地長老教會的勢力很大，當時何安慈神父看到這樣的情
> 形，便開始特別用心地規劃與進行傳教。首先聚集附近的人們舉
> 辦了佈道會，部落的人們對神父與傳道師的辯才甚為欽佩，自第
> 二次佈道會的召開開始，前來聆聽神父等講道的人更多，傳道所
> 接連幾天都人潮洶湧。還有此時發給聽眾的印刷品的內容條理分
> 明……。〔註 110〕

　　透過上述的描述，這種佈道會的舉行就是在城市中舉辦，加上馬偕已在當時臺北地區傳教一段時間，外國人也在大稻埕頻繁地活動，因此當地居民對於外籍的玫瑰省會士自然不會陌生與排斥，甚至還可能會有些新鮮感，便會與馬偕這類的傳教士比較：同樣講的是耶穌，卻能有不同的說法，衣著也有顯著的差異。因此玫瑰省會士不用再運用與村民攀談的方式，而是直接在某顯著地點，聚集群眾宣講，這其實是符合聖道明創立道明會之初衷與傳教模式。

三、信徒家庭的融入

　　此時來到臺灣的玫瑰省會士運用了一種新方式，即利用信徒家庭融入當地社會進行傳教。1860 年漳州信徒李步壘（1815–1903，漳州翰苑人，即今漳州市龍文區步文鎮后坂村）一家，與郭德剛一同來臺。〔註 111〕

---

in Fr. Pablo Fernandez ed., *One Hundred years of Dominican Apostolate in Formosa*, pp.175～176.

〔註 110〕大國督《台湾カトリック小史》，頁 250～251。

〔註 111〕以李步壘一家來臺的時間，目前皆以大國督書中所提的 1859 年為主，即郭德剛首次來臺時，他們一家便跟從來臺。但自此之後便不見李步壘一家的任何記錄。另對此，玫瑰省會士戴剛德（Constantino Montero，1909～2007）曾向筆者表達他們一家是郭德剛第二或第三次來臺時，才一同前來，時間約1861 年間。山樂曼的書中則提到 1860 年李步壘一家來臺（山樂曼《美麗島·主的莊田》，頁 99～100。），但目前臺灣天主教歷史的相關說法及李家後代

　　對於李步壘家來臺後的活動多依據其後代的回憶紀錄，透過這些紀錄似乎也串連起當地居民入教的關係。李步壘來臺後，居於今日高雄前金聚落，平日與人爲善，因此與當地居民建立起友誼，如上述當地聚落田寮仔居民黃振、黃港便藉著李步壘的關係而先後入教，也接著帶領黃振的父母黃發、吳么入教，其中黃發更由李步壘擔任代父。〔註112〕

　　1862 年李步壘隨同玫瑰省會士郭德剛前往高雄鼓山傳教，並設立道理廳，也因而與當地李姓、洪姓宗族成員友善，並且帶領其入教，進而亦使當地兩姓宗族成員接連入教成爲信徒，並居住於鼓山天主堂周圍。〔註113〕

　　由李步壘的例子來看，藉由信徒家庭進入當地社會對傳教有幫助的，但此種方式目前只見於打狗，其他地區的傳教則少見運用此種方式。

第五節　天主教聚落

　　上一段我們看到玫瑰省會士運用宣講來吸引臺灣百姓或改變百姓對來世的觀念，希望他們能進而信教，不過當時臺灣社會對外籍傳教士多少仍存有偏見，如我們由會士高熙能（Francisco Giner，1863～1946）的書信中看到：

> 我們有更複雜的問題，就是歐洲傳教士不管他用盡方法試圖贏得人
> 們的同情，還是一個「番」（huan）或陌生人。他也許穿著像當地人，
> 他也許剃頭髮裝上辮子，但他還是個「番」。〔註114〕

　　再者，道明會在中國傳教的過程中，面對中國禮儀問題的堅持，因著臺灣與中國間的血緣關係，或許我們也都曾聽過非信徒對信徒的嘲諷，如「死後沒人哭」之類的言語，這樣的問題在臺灣也可能成爲百姓入教的障礙。

　　皆認爲他們是 1859 年便隨著郭德剛首次來臺，筆者接受李步壘一家約在 1860 年代來臺的說法。

〔註112〕李幸珠 編著《天主的忠僕：李步壘》（高雄：李步壘子嗣宗親會自印，2008 年 5 月再版），頁 25～26；高雄玫瑰天主堂所藏《領洗冊》第一冊，第 27、28 號。

〔註113〕《天主教高雄鼓山露德聖母堂一三〇週年慶特刊》（高雄：鼓山露德聖母堂，1993 年 2 月），頁 13～14。

〔註114〕"The Labors And Poverty Of A Missionary"（1887.7.31 from Soaluna by Francisco Giner）in Fr. Pablo Fernandez ed., *One Hundred years of Dominican Apostolate in Formosa*, p.171.

最後部分信徒爲非作歹，影響入教意願，李嘉祿的信中曾提到：

> 當地居民指責一些爲非作歹的信徒，「爲什麼我們要成爲基督徒，卻變成像他們一樣壞？」他們質問我們。我們只能說那些壞信徒是例外，還有許多好的信徒，但是沒有用。〔註115〕

縱然有這些問題的存在，玫瑰省會士還是努力地傳教，也同樣吸引民眾入教，不過這些入教的信徒，當時是因爲什麼原因而願意入教呢？另一方面，會士們爲了保護信徒、維持信徒信仰也開始購地並試圖成立天主教聚落，他們如何進行，這是本節要討論的重點。

一、入教動機與模式

關於臺灣人入教的情形，臺灣居民的入教多是以個人或區域中的某群人〔註116〕爲多數，也有區域內某有力家族的成員入教，帶動當地居民的入教，促成傳教據點的建立，如埔羗崙。〔註117〕縱然如此，臺灣似乎並未如福建福安地區大宗族的入教，但這仍是需要再討論的。

關於信仰動機方面，最常被討論的就是所謂的「靠番勢」，天主教方面最可能的例子就是彰化竹仔腳與羅厝地區居民的信教，它們可能因當地族群的結構而選擇信教；另一個例子則可能是萬金平埔族的入教。

不過若以高雄前金地區來說，前金當地有一區域稱爲「田寮仔」，此區域據說是由黃姓人家開墾，因此黃姓是該區域的大姓，除田寮仔黃姓之外，前金地區廟宇——萬興宮周圍，也有周、趙、徐等大姓，若透過日治時期戶籍資料也可以發現當地另有蔡、顏、許等大姓。〔註118〕

我們以黃姓爲例，玫瑰堂領洗簿紀錄第 2 號爲黃振、第 5 號爲黃港、第 34 號爲黃斷皆是當地田寮仔黃姓族人，可知應是前金的田寮仔黃姓一部分的族人，接受了天主教，後代成員中也有多位成爲神父、修女等神職人員。

〔註115〕 "Excuse To Avoid Conversions"（1890.5.22 from Formosa by Ramon Colomer）in Fr. Pablo Fernandez ed., *One Hundred years of Dominican Apostolate in Formosa*, p.176.

〔註116〕 例如羅厝居民的入教就是頭前厝涂心與後壁厝黃過枝、劉鎮、劉江這些村中名望人士及其家人爲主要的信徒群。

〔註117〕 大國督《台灣カトリック小史》，頁 236。

〔註118〕 楊嘉欽《高雄前金天主教聚落研究》（臺南：成功大學歷史研究所碩論，1998 年 6 月），頁 46～48。

　　筆者曾討論過，高雄前金田寮仔的漳州籍的黃姓族人可能是因為當地周圍族群皆為泉州籍，因而選擇入教，〔註119〕若是此原因，應有大批的黃姓族人入信，但據玫瑰堂領洗簿的紀錄，最早也只有三房族人入教，因此也有可能因前述受到李步壘的影響而入教或另有其它的原因促使他們入教。

　　信徒入教後若我們依照中國人宗族關係來看，據第二章張先清的研究，福安地區的部分宗族成員信教後，仍與原宗族維持關係，但就筆者目前所知，田寮仔黃姓信教的宗族成員與原宗族非信徒成員似乎沒有聯繫。面對此情形，筆者目前能提出較合理的解釋是因為天主教聚落的成立所致。

　　玫瑰省會士在今日高雄玫瑰堂附近購地成立天主教聚落，讓信徒們搬遷至教堂周圍，田寮仔黃姓信教的族人也遷移至聚落內，不過加上土地的聯結，短時間宗族關係或許尚能維持，唯時間一久，空間的隔閡、變化，土地的變遷與宗教的不同可能就造成與原宗族間關係的淡薄或消失。

　　此情形也可說明羅厝的狀況。玫瑰省會士因位在羅厝地區的土地分散，加上當地早已開發，因此未形成天主教聚落，村莊內的各角頭仍能維持，以涂心為例，家族仍有祖廟，也可能當時全家入教，所以成員間的關係仍能存在與維持。

　　另外關於中國禮儀問題，或許我們也都曾聽過臺灣的非信徒對信徒的嘲諷，如「死後沒人哭」之類的言語，道明會在臺灣面對中國禮儀，似乎沒有成為問題，目前在臺灣傳教的玫瑰省會士的相關紀錄中，皆未見到有關禮儀問題的敘述，這方面的因素較輕微許多，不過不代表此問題不存在，高雄鼓山的一位信徒曾表示了她入教時，家人曾因祭祖問題而反對，但對此位入教的信徒而言，未造成困擾。〔註120〕

　　難道是道明會會士的想法放寬了嗎？答案應是否定的，我們可從李嘉祿的書信中看到道明會的觀念並未調整：

　　　　現在我停留的地區有三間商店。這些商店都是下午稍晚的時候，許多人結束一天工作後聚集的地方。每天此時我一定會來到此地與這些民眾談話。多數的時間，我強調這觀念：「始終維持他們古老的宗教習慣是不智的，如燒香與焚燒紙錢、給死去的人提供食物，或者對偶像

〔註119〕楊嘉欽《高雄前金天主教聚落研究》（臺南：成功大學歷史研究所碩論，1998年6月），頁92～93。

〔註120〕《天主教高雄鼓山露德聖母堂一三○週年慶特刊》（高雄：鼓山露德聖母堂，1993年2月），頁53。

表達敬意等等。」爲了支持我的觀點，我引述了孔子或其他中國聖哲
具代表性的觀點。我告訴他們如果他們的占卜、護身符、參拜與遠境
都有效的話，他們會比其他不信這些事的人更富有、更快樂。但是他
們較富有、較快樂嗎？相反的，他們是貧窮的、悲慘的。

但對我說的話，通常不會得到回應。有時，他們其中會有人同意我
的說法，並表示他們相信這些神秘的習慣眞是不智。但他也不會有
所改變。過幾天，他還是回到相同的習俗。〔註121〕

閱讀這段文字時，令人感覺會士表達對臺灣人的傳統習俗的看法太直
接，但可想像他在現場的語氣應是婉轉的，或者他與當地住民的關係也有某
種程度的熟稔，才有可能如此的表達。李嘉祿面對這樣的問題，便印製小冊
子，透過讓住民閱讀由中文印製的書籍，能對天主教的信仰有更深的認識，
但成效不大。〔註122〕

關於禮儀的問題，筆者認爲並非不存在，可能有幾個原因淡化了此因素。
首先臺灣是移民社會，縱然此時已朝向定居社會發展，但移民的開放性格仍
在，較容易接觸新的事物；再者會士的外籍身分與當時臺灣社會階級、族群
分明，因此入教多有利益的考量。關於這點傳教士本身也非常清楚，或許也
因爲如此，在臺灣少有類似拉丁美洲與菲律賓集體受洗的情形，〔註123〕玫瑰
省會士們會重質勝於量，他們在慕道者受洗前，要確認他們眞正地的了解所
要追求的事物。〔註124〕

或許因爲玫瑰省會士人數有限，及他們對信徒受洗的執著，至1895年以
前，臺灣的天主教信徒數約有960～970人（參閱表3-2）。

〔註121〕 "Excuse To Avoid Conversions"（1890.5.22 from Formosa by Ramon Colomer）
in Fr. Pablo Fernandez ed., *One Hundred years of Dominican Apostolate in Formosa*, p.179.

〔註122〕 "Excuse To Avoid Conversions"（1890.5.22 from Formosa by Ramon Colomer）
in Fr. Pablo Fernandez ed., *One Hundred years of Dominican Apostolate in Formosa*, p.179.

〔註123〕 對於聖水的治療功能，我們還是可以看見，如傳道師吳前未入教前，就曾親
眼見過聖水治癒病人的例子，請參閱大國督《台湾カトリック小史》，頁264
～265。

〔註124〕 "Quality Is Better Than Quantity"（1882.1.4 from Chengkim by Andres Chinchon）
in Fr. Pablo Fernandez ed., *One Hundred years of Dominican Apostolate in Formosa*, p.155.

表 3-2：1886 年教務統計

傳教據點	信徒人數
前　金	約 200 人
萬　金	約 500 人
臺　南	約 20 人
沙崙仔	約 60～70 人
羅厝庄	約 180 人

資料來源："The Formosa Mission—1886 Version"（1886.7.20 from Takao, Formosa by Francisco Herce）in Fr. Pablo Fernandez ed., *One Hundred years of Dominican Apostolate in Formosa*, p.157～158.

二、天主教聚落的形成

　　郭德剛來到臺灣後，經過一段時間了解臺灣的狀況後，就如前述，1860年便開始購地。〔註125〕1864 年西班牙（中國稱爲「日斯巴尼亞」，簡稱「日國」）與清朝政府締結通商條約，准其在中國所開放的通商口岸租買房屋、田地、建立廟堂、醫院、墳塋。〔註126〕隨著玫瑰省會士的傳教路線，土地的購置也跟著進行。不過目前所能找到或道明會所保留的土地契約有限，無法眞正還原道明會所購置實際土地面積與用途。透過 1910 年（明治四十三年）道明會向臺灣總督府申請成立財團法人時所提出的土地資料中（包含 1895 年以前或未標示年代者）概算出表列數值，或許可了解到當時道明會可能擁有的土地狀況（參閱表 3-3）。

表 3-3：1895 年以前道明會所擁有土地狀況

轄　區	堂　區	土地類型	土地筆數	土地面積（甲）	總面積（甲）
臺北廳	大稻埕	建物敷地	6	0.4069	0.4904
	和尙洲	畑	1	0.0660	
	滬尾	建物敷地	1	0.0175	

〔註125〕〈第六、立賣杜絕根田契字〉此土地契約是目前筆者找到最早的紀錄，與郭德剛第一次在臺所購置的土地時間接近。該契約請參閱 臨時臺灣舊慣調查會《臨時臺灣舊慣調查會第一部調查第三回報告書──臺灣私法附錄參考書》第一卷下（東京：臨時臺灣舊慣調查會，1911 年 3 月），頁 182。
〔註126〕臨時臺灣舊慣調查會《臨時臺灣舊慣調查會第一部調查第三回報告書──臺灣私法》第一卷下（東京：臨時臺灣舊慣調查會，1911 年 3 月），頁 215～216。

彰化廳	竹仔腳庄	田	1	0.2485	9.8585
	阿媽厝庄	畑	1	0.1140	
	崙仔腳庄	田	1	0.4705	
		畑	1	0.2305	
		原野	1	0.2395	
	羅厝庄	田	9	5.7730	
		畑	2	0.3245	
		建物敷地	1	0.6025	
		養魚池	1	1.0020	
		原野	1	0.0985	
		墳墓地	1	0.7550	
斗六廳	大東庄	建物敷地	2	0.4670	5.5430
	埔姜崙庄	田	6	3.0760	
		畑	1	2.0000	
臺南廳	大灣	建物敷地	1	0.1460	1.1190
	臺南	建物敷地	6	0.9730	
鳳山廳	大港庄	田	2	1.2250	20.5605
	內惟庄	建物敷地	1	0.3065	
	前金庄	田	6	2.1915	
		畑	1	0.3545	
		養魚池	1	4.8795	
		原野	1	0.4955	
		池沼	2	0.1175	
		墳墓地	1	0.1320	
	苓雅寮	田	9	2.8700	
		畑	2	0.3430	
	苓雅寮庄	田	4	1.9575	
		建物敷地	1	1.9330	
		養魚池	1	1.3425	
	過田仔庄	田	1	1.1215	
	覆鼎金庄	田	3	1.2910	

		田	10	13.154	
阿緱廳	萬金	畑	2	6.2580	30.3285
		建物敷地	3	7.7305	
		墳墓地	2	3.1860	

資料來源：筆者整理自《臺灣總督府公文類纂》1644 冊 61 號〈財團法人設立不許可
　　　　ノ件（西班牙國臣民マスエルプラート）〉，明治四十三年 9 月 27 日。

　　由表 3-3 的統計數據中，可看到道明會所建立的傳教據點，其中「建物敷
地」（建地）主要都是用來興建教堂、神父住宅或附加建物的土地。除興建教
堂及附屬的建物土地外，較特別的是墓地，不過筆者認爲墓地應在傳教據點
成立一段時間後才出現，作爲信徒死亡後共同葬地。

　　道明會所購置土地中，面積最大的是萬金，第二則爲前金及其週邊地區。
若以今日道明會現有的土地，也仍以萬金最大。前金地區的土地型態較爲多
樣，有養魚池、池沼、原野（荒地），符合 1903 年（明治三十六年）兒玉、
後藤時期進行土地調查所製作的庄圖中〔註 127〕，前金地區在當時除田地之
外，沿著愛河之土地皆爲魚塭或低地的景況。

　　道明會此時在臺灣所購置的土地有二個特點，第一，土地的購買是由會
士出面，多數由信徒或傳道員擔任代書，如表 3-4：

表 3-4：道明會在高雄前金購地之土地買賣情形

時　　間	土地面積	土地性質	賣　主	價格（元）	代　書
咸豐 10 年（1860）	三分四釐二毫零一絲正	農田	周趖	60	蔡向
同治 11 年（1872）	無	魚塭	黃振	100	蔡向高〔註 128〕
光緒 15 年（1889）	一分五釐	農田	顏旺等人	30	蔡向

資料來源：《臨時臺灣舊慣調查會第一部調查第三回報告書——臺灣私法附錄參考書
　　　　第一卷（下）》，頁 183。

　　第二，就是部分土地以信徒作爲業主，教會以承典的方式取得土地，如
表 3-5：

〔註 127〕《後藤新平文書》，微捲第 28 卷，〈鳳山廳大竹里苓雅寮區價格別地圖〉。
〔註 128〕此人據筆者推測應與蔡向爲同一人，但因無法證實，所以仍遵從資料來源中
　　　　所紀錄的人名。

表 3-5：1895 年以前道明會土地原屬業主之統計

轄　區	業　主	土地筆數
臺北廳	天主堂	2
	吳俞	1
	吳前	1
	李英	1
	張本篤	1
	蘇阿火	2
彰化廳	天主教臨終會	4
	邱超然	16
斗六廳	多明我會	5
	劉輝	4
臺南廳	天主堂	1
	楊元圃	6
鳳山廳	西班牙國天主教公會	15
	陳石枝	3
	陳筱竹	3
	黃文柄	2
	楊元圃	1
	趙前	3
	蔡九	3
	蔡辨	3
	顏景	1
	顏裕	2
阿緱廳	天主堂	7
	潘保力	4
	潘進傳	2
	潘瑞義	4

資料來源：筆者整理自《臺灣總督府公文類纂》1644 冊 61 號〈財團法人設立不許可ノ件（西班牙國臣民マスエルプラート）〉，明治 43 年 9 月 27 日。

　　由表 3-5 我們看到土地都分屬多人業主，但其實是人頭，實際上土地所有權仍屬於道明會玫瑰省，其中如楊元圃（1875～1925，高雄前金人）、邱超然

（彰化羅厝人）、吳前（臺北淡水人）都是傳道員，他們名下都有土地，雖然其他人目前不清楚他們的身分，筆者猜測多數也可能都是傳道員或當地信徒。藉此我們可以推測當時會士透過國籍或臺籍傳道員及信徒來進行土地的買賣，可能試圖掩飾與避免紛爭。

　　另外羅厝地區還有歸屬於「天主教臨終會」的土地。天主教臨終會是羅厝的信徒團體，該團體向會員收取少數金額，發給會員證書，主要目的在成員過世時提供棺木、喪葬服務或奉獻彌撒的費用。既然有收入，就可購地出租孳息或作為墓地之用〔註129〕。

　　玫瑰省會士購得土地後，除了主要為興建教堂外，他們在部分地區將土地租與信徒或鄰近居民耕種，也將房子租給信徒使用，似乎也循著中南美洲「傳道村」、菲律賓「移民併村」的模式來聚集信徒。楊真崇在 1872 年寫給馬尼拉的信中就提到：

> 前金的教堂與住所非常大。我們所擁有的土地也十分廣闊。我們蓋了許多房屋，並也種植甘蔗。我們將房屋租給信徒，土地則由當地人來耕種，信徒與非信徒每年都付給我們一些租金。我們允許信徒在教堂與道理廳周圍興建住宅，如此使他們可以照顧到我們的需要。……萬金與赤山是另一個區域，由良方濟神父負責。他的教堂也非常寬敞，蔗田也都由信徒來耕種。這樣的安排是出自良方濟神父，信徒也可在教堂的周圍興建房子。〔註130〕

　　除了前金與萬金有這樣的情況，玫瑰省會士前往臺灣各地傳教也都有購地紀錄，主要目的是為興建教堂，再者也企圖建立信徒聚落，不過並非所有地方都能成立聚落，若以上述的土地狀況，可能已有聚落形式的區域，除前述前金、萬金外，臺南、羅厝等地區也有可能有信徒聚落的成立，但根據林鼎盛的研究羅厝地區則因為所購置土地太過分散，無法集中，加上當地已經相當開發，信徒又大多集中於村落中的幾個角頭，並未形成信徒聚落。〔註131〕

〔註129〕林鼎盛的研究中曾提到今日羅厝天主堂所屬的墓園，乃是 1897 年由該團體向後壁厝的信徒購買（林鼎盛《儀式與意義：以臺灣天主教羅厝堂區為例》（臺北：臺灣大學人類學研究所碩士論文，2003 年 1 月），頁 35。）

〔註130〕"The Christian Comunities In Formosa As Of 1872"（1872.1.7 from Chengkim by Andres Chinchon）in Fr. Pablo Fernandez ed., *One Hundred years of Dominican Apostolate in Formosa*, pp.133～134.

〔註131〕林鼎盛《儀式與意義：以臺灣天主教羅厝堂區為例》，頁 23。

第四章　日治時期的臺灣天主教

　　清光緒二十年（1894）甲午一役，中國戰敗，並將臺灣割讓給日本。自明治二十八年（1895）至昭和二十年（1945）日本統治臺灣期間，與清朝末年比較起來，社會秩序相對穩定，相對較有利於天主教在臺的傳教發展。

　　本章筆者將以昭和十一年（1936）臺灣開始進入戰時體制的時刻為分界點，將日治時期分為前後二期，分為三部份來討論。第一部份主要討論乙未之際，道明會與信徒在臺灣政治與社會正在轉換的時刻，他們所面臨的遭遇與採取的態度。第二部份則是先了解日本明治維新後，日本官方對基督教的態度，再者，討論日軍接收臺灣時與統治臺灣後，道明會面對新統治者的回應與此時期傳教的情況。

　　第三部份則是討論自昭和十一年（1936）臺灣總督小林躋造為因應日本對外侵略之野心，在臺灣進行皇民化運動，而宗教統制亦是改造臺灣人成為皇國民的一環。此時面對在其國內與臺灣具有眾多外籍神職的基督宗教，日本政府則是採取何種政策來達到其宗教統制的目的？對外籍傳教士又如何處置？另一方面，天主教會面對這樣的情境又如何應對？以上這是本章所試圖要探討的問題。

第一節　乙未之際會士與信徒的抉擇

　　明治二十八年（1895）5 月 29 日日軍自澳底登陸臺灣，6 月 7 日進入臺北城，6 月 17 日宣布臺灣始政。之後日軍南下，遭遇了臺灣人的強烈抵抗，8 月 28 日攻下彰化城，翌日繼續南下雲嘉地區，同樣面臨臺灣抗日義軍的激烈

抵抗，10 月與由枋寮北上的第二師團於臺南城會合，完成臺灣佔領。

在此日軍佔領臺灣期間，我們從會士的書信及大國督的書中可以看到當時以道明會為主的天主教神職人員及信徒在臺灣雲嘉地區遭受當地居民的攻擊。黎克勉（Isidoro Clemente，1853～1915）在 1895 年所寫的信中，可以看到當時天主教所面臨的處境：〔註 1〕

> 兩天前，一位傳道員從中部來到這裡。他告訴我有關嘉義地區的信徒如何遭受民主國（Republican Party）的不人道對待。……男信徒被關入監牢，並被殘忍的對待。在與日軍的戰鬥中，中國人利用監牢的囚犯作為盾牌，所有人都被殺死了。

> 我也懷著沉重的心情告訴您有關我們在沙崙、斗六、他里霧、樹仔腳等地的小教堂與居民被劫掠與破壞……。

> 很不幸，這些天北斗下雨。大雨使河水上漲，這也阻礙了日軍的渡河及與民主國的交戰。這一拖延使得卻對沙崙、斗六、他里霧的信徒造成極大的傷害。

> 這些村莊靠近大莆林，亦是日軍撤退的地方。由於一些或其他原因，中國人謠傳這些村莊的信徒私通與勾結日軍，進而給予日軍精神與物質方面的協助……有一次，這些人搶劫教會與信徒的住居，更屠殺了約 30 人。也許死亡的數目是更多的，我們沒有辦法去了解。

上述會士信件中所記載的情形，由會士的觀點來看，雲嘉地區教堂、信徒所受到的傷害，感覺上他們認為因為宗教信仰的關係被遷怒的成分居多。不過《臺灣總督府警察沿革誌》的記載則是反映日本官方的觀點，呈現不同的看法：

> 山崙仔庄（即嘉義大林沙崙仔）全村都是基督徒，當中多數稍具理性的居民倡議歸順，但招惹豪農林某等人不悅，因而引來清兵與煽惑暴徒，包圍山崙仔庄，燒毀教堂，虐殺信徒，掠奪居民財產，據聞全村絕無人影，這是清兵殘暴妄為的行狀。〔註 2〕

〔註 1〕 "The Death Of A Missionary : The Sino-Japanese War-I"（1895.9 from Toatiutia by Isidoro Clemente）in Fr. Pablo Fernandez ed., *One Hundred years of Dominican Apostolate in Formosa*, pp.189～190.

〔註 2〕台灣総督府警務局編，《台灣総督府警察沿革誌（二）——領台以後の治安狀況》（臺北：南天書局，1995 年 6 月二刷），頁 121。

　　以上的資料看到日本官方的紀錄表現出當時沙崙仔的信徒選擇歸順日本，因而招致當時雲林地區抗日義軍的攻擊，不過筆者認為部份基督徒遭受義軍的攻擊，其中有可能因信徒信仰的西洋宗教，因而在當時外國勢力入侵的情境中，招致遷怒；另方面，由此資料引領我們思考當時改隸之際，部分信徒的心態是如何？

　　前述第三章第二節曾提及名叫張德潤的傳道員，在大國督的書中對其（書中名陳沛然）非常的褒揚，曾得到總督府敘勳，頒發紳章。〔註3〕張德潤在自述其生平時提到，他在日軍佔領臺灣期間，提供日軍協助：

> 日本軍隊在錫口未有舉行，在大稻埕，一概人民不敢向 日本軍隊引
> 路，故潤奉西班牙國教士命令，往到錫口，向引 日本軍隊來大稻埕
> 街安民。……至舊曆去年七月九日，遇日本軍隊戰入彰化城時，……
> 而潤全員林街魏文圭、柳隆等教諭燕霧下堡地方人民，家家戶戶立
> 旗寫字帰服 日本帝國為証。故舊曆去年七月十日，潤自己意欲到彰
> 化城，引導 日本軍隊，時潤行至水砥庄，遇著 日本軍隊已來時，
> 時潤即同列員林街居宿，彼時魏文圭、柳隆，亦到大路候接 日本軍
> 隊來員林街宿一夜，乘夜叫潤買辦十余石。……越早七月十二日，
> 潤仍隨金子丑大人軍隊直至北斗街安民，……彼時潤奉金子丑大人
> 命令，在北斗街，買辦米糧及各類事務，越十餘日間，有聞斗六街、
> 及沙仔崙庄各教民，被敗兵土匪捕奪去數十人……。〔註4〕

　　據張德潤的自述，可看到張德潤的角色，代表了在政權轉變之際有部分的臺灣人，對日軍的到來採取接受的態度，進而協助日軍，在筆者引述張德潤自述的文件中，也包含了如陳中和、潘文杰等臺灣史上著名的人物受日本政府的敘勳，且授與紳章的榮譽。

　　再者，由上述引文中，張德潤之後在北斗地區協助日軍籌辦糧食，他隨日軍征討各地義軍的同時，往返彰、雲、嘉地區（包括林杞埔、梅仔坑、古坑），協助日軍招募工人，搬運貨物與籌辦糧食，〔註5〕可知為前述黎克勉的

〔註3〕大國督《台湾カトリック小史》，頁 266～267。
〔註4〕張德潤〈願書〉收於〈林振芳外二名〔張德潤、呂汝玉〕及潘文杰外三名敘勳ノ儀稟申並黃成章以下十三名勳章及附屬品送付ニ依リ傳達ノ件（總理大臣外數ヶ所）〉《臺灣總督府公文類纂》221 冊 7 號，明治 30 年 12 月 27 日，頁 148。
〔註5〕張德潤〈願書〉收於〈林振芳外二名〔張德潤、呂汝玉〕及潘文杰外三名敘

信中提到雲嘉地區有謠言說信徒勾結日軍的情事，該謠言並非無的放矢，而是其來有自。張德潤的身分與行為可能是謠言產生的原因之一，但在會士的信中則沒有提及任何相關的事情，反倒是在江傳德的書中對張德潤的褒揚：

> 據聞：當時日軍政府為防範不法之徒，造冊調查良民時，曾詢問他
> 何人屬流氓，他僅說一句「好人」，日軍便不再追究。故他為了地方
> 民眾，做了不少好事，不然當時之街民不知有多少人，可能被日軍
> 監視，甚至惹出更多麻煩或損命。〔註6〕

同時古偉瀛引用道明會士山樂曼提供的資料，該資料內容則是大加讚揚張德潤對教會的貢獻。〔註7〕因為以天主教會立場而言，張德潤是虔誠、熱心的信徒。

相對於張德潤與日軍的合作之類的例子，是否有信徒加入抗日的行列，並未有官方或教會方面明確的記載，而在會士的信件中曾提到：

> 例如，去年五月日本人告發三位信徒密謀反抗他們。在一場鬧劇式
> 的審判後，他們被處死。到了七月另三位無辜的信徒也遭受同樣的
> 命運，但他們落入叛軍（筆者按，應指當時的抗日義軍）的手裡。
> 這些可憐的靈魂被中國人在斗六處死。〔註8〕

看了上述的內容，我們會興起基督徒在此兵馬倥傯之際，都招致了政治處境矛盾的想法。筆者由上述的內容，認為應有信徒加入抗日的行列中，對日人來說，這些人都是匪徒；就教會來說，對這些加入抗日的信徒可能不會張揚，或者認為他們不可能參與，是日人誣告的。筆者以為不論是張德潤或「可能有」加入抗日的信徒，其實與宗教信仰沒有關係，這應是個人國家認同的選擇。

最後，乙未之際，張德潤奉會士之命引領日軍至大稻埕街，這是目前資料上從未看到，會士也無任何的相關描述，無法確定會士是否真的有此做法。

勳ノ儀稟申並黃成章以下十三名勳章及附屬品送付ニ依リ傳達ノ件（總理大臣外數ヶ所）〉《臺灣總督府公文類纂》221 冊 7 號，明治 30 年 12 月 27 日，頁 149～150。
〔註6〕江傳德《天主教在臺灣》，頁 117，亦可參閱古偉瀛〈乙未之際的臺灣天主教
　　　——以傳教員張德潤為中心〉一文。
〔註7〕古偉瀛〈乙未之際的臺灣天主教——以傳教員張德潤為中心〉，頁 163～164。
〔註8〕"Passport Trouble With Japanese"（1897.5.16 from Takao by Isidoro Clemente）in
　　　Fr. Pablo Fernandez ed., *One Hundred years of Dominican Apostolate in Formosa*,
　　　p.199.

　　不過筆者閱讀會士的書信時感覺到，他們對日本這個新政府，與清朝政府比較起來，是有矛盾卻帶有期待的，會士何安慈的信中曾提到：

　　我不能確定馬關條約與日本佔領臺灣將有助整個情況，但情形似乎不樂觀〔註9〕

會士黎克勉在前一封信中的結尾也提到：

　　彰化地區的消息較穩定了。日軍佔領彰化后，當地已較爲平靜。如果日軍繼續勝利，和平至少將會來到這個紛亂的國家。但日軍若其他的戰役失敗了，我擔心將會有對基督徒的激烈報復。〔註10〕

當時在前金的會士高熙能（Francisco Giner，1863～1946）也提到：

　　也許，隨著日軍的到來，將會有助於傳教的進行。日本人已經表示他們不喜歡中國的神像與牌碑，並有系統地摧毀。假如是這樣，我們未來或許會面臨較少的阻礙。〔註11〕

　　由上述道明會士所表達的意思，我們可以感受到他們對日本人來到的期待：期待社會秩序的安定、期待稍減臺灣傳統信仰的力量，期待這些的改變都能有助於傳教工作的推展。筆者認爲道明會士有如此的想法，乃因日本政府自明治維新後，學習與進入近代國家的體制，並與日本明治政府接受宗教自由有關，對於基督宗教的傳教是較爲開放的，也難免他們會有這樣的期待。

　　日本明治政府主張宗教自由，實是明治維新過程中，日本邁入近代化國家必須在宗教政策上進行改變。因此我們將在下一節討論明治維新後，日本宗教政策的變化，影響日本政府對基督宗教的態度，也影響了在臺灣天主教的態度。

〔註9〕 "Death Of A Missionary: The Sino-Japanese War-II " (1895.9 from Tamsui by Celedonio Arrenz) in Fr. Pablo Fernandez ed., *One Hundred years of Dominican Apostolate in Formosa*, p.193.

〔註10〕 "The Death Of A Missionary: The Sino-Japanese War-II " (1895.9 from Toatiutia by Isidoro Clemente) in Fr. Pablo Fernandez ed., *One Hundred years of Dominican Apostolate in Formosa*, p.191.

〔註11〕 "Still More Of The Same " (1895.11 from Chengkim by Francisco Giner) in Fr. Pablo Fernandez ed., *One Hundred years of Dominican Apostolate in Formosa*, p.198.

第二節　日治前期天主教的發展

　　基督宗教不同於日本國內的神道與佛教，它具有歐美外國人宗教的特質，其傳教士多是歐美人士，因此日本面對基督宗教，不僅是宗教的問題，其中還包含了政治、外交問題，因此整個對於基督宗教的政策，應是日本全國的課題，而非單單著重於臺灣。因此進入討論日治時期道明會在臺灣的發展前，有必要先了解明治政府成立以來對基督宗教的態度。

　　江戶幕府時代的宗教政策是佛教與神道二重國教制的統治支配政策〔註12〕，隨著倒幕運動的發展，強調天皇是日本神明淵源的絕對化宗教權威的神道興起，對佛教與儒學加以排擠。明治元年（1868）1月7日王政復古，明治新政府成立，3月公告「祭政一致、神祇官再興」，3月28日發布〈神佛分離令〉，明治三年（1870）「大教宣布運動」開始，日本朝向「神道國教化」邁進。〔註13〕

　　明治初期因為推動「神道國教化」，對於基督教〔註14〕的態度仍承襲江戶幕府時期禁教，認定基督教是「邪宗門」，此舉招致歐洲基督教國家外交團的強烈抗議，明治政府對新舊教的活動仍嚴格監視，禁教的動作並未和緩。不過面對歐美基督教國家持續抗議，終促使面臨外交窘境的明治政府，說明基督教與邪宗門不同，藉以緩和歐美國家的抗議，惟1868年仍對長崎浦上的天主教徒強力鎮壓，並處以流放。〔註15〕

　　明治政府雖然強力鎮壓基督徒，但因當時許多日本士族、商人的子弟認同基督教嚴格的市民倫理，信徒人數激增，基督教背後又有歐美列強之支持。因此明治初期基督教政策，從宗教問題又衍生為外交問題，此種情況使得當時日本政府與歐美各國關係的友好與否便成為當務之急。

　　明治六年（1873）日本政府撤除基督教的禁教，日本政府默認基督宗教各教派，允許自由傳教。因此在明治二十二年（1889）2月11日所發布的《大日本帝國憲法》中第28條「日本臣民ハ安寧秩序ヲ妨ケス及臣民タルノ義務ニ背カサル限ニ於テ信教ノ自由ヲ有ス」（日本臣民在不妨害安寧秩序及不違

〔註12〕村上重良《天皇制国家と宗教》（東京：講談社，2007年8月一刷），頁18。

〔註13〕村上重良《天皇制国家と宗教》，頁27～31。

〔註14〕江戶幕府時代對「キリシタン」（切支丹，即基督徒），大加迫害，十九世紀中葉隨著日本開國，天主教首先由法國天主教傳教士傳入琉球，隨後進入橫濱、長崎，此時基督新教也在此時傳入日本。

〔註15〕村上重良《天皇制国家と宗教》，頁62～63。

背臣民應盡義務的前提下擁有宗教信仰的自由），正式將宗教自由的理念納入當時所謂的明治憲法中。〔註16〕

　　當時日本政府允許基督教的存在，並且將宗教自由條文規定在憲法之中，根本之原因乃是日本政府為與西方國家並駕齊驅，在國際地位上有所突破，同時在制訂憲法時，參與的外國人顧問強調，促使日本政府採取如此「妥協」方式。

　　由明治初期延續江戶幕府的禁教到明治憲法納入宗教自由的條款，其實可了解日本政府對於基督教的態度，將外交問題擺在宗教問題之前，這樣的排列自然與信仰基督教的歐美列強有關，面對當時急於脫亞入歐的日本來說，這是必然的選擇，亦成為其日後處理基督教相關問題時，所採取的解決順序。

一、日治初期臺灣總督府對天主教之態度

　　日本人佔領臺灣這新殖民地，除了開始進行對臺灣的統治外，再者需要面對則是外國人在臺灣的權利。明治二十九年（1896）1 月 29 日日本政府對外表示不繼承清廷與各國締結的有關臺灣的條約，而適用日本與各國締結的條約，當中因未提到外國人過去在臺灣合法取得的財產，各國駐日公使便向日本提出照會，日本外務大臣表示日本政府不會任意或不當處理外國人在臺灣合法取得的財產，這表示日本政府認可外國人在臺合法取得的權利，更表示認可與保護過去外國人經由條約所享有關於不動產的相關權利。〔註17〕

　　明治二十九年（1896）2 月 22 日日本外務省發佈〈告示第一號〉：

　　　　已締結通商航海條約的歐美各國臣民及人民得於臺灣淡水、基隆、
　　　　安平、臺南及打狗等地居住及經營商業，而且右列諸國的船舶得在
　　　　淡水、基隆、安平及打狗等港口停靠，並進出口貨物。雖然臺灣的
　　　　情形特殊，而現行通商航海條約稅則通商及其他各項安排，只要是
　　　　居住於臺灣與同地區間往來的歐美各締盟國的臣民人民與船舶都適
　　　　用。〔註18〕

〔註16〕城數馬《大日本帝國憲法（明治 22 年）詳解》（東京：信山社，平成 15 年（2003）
　　　　8 月復刻版 1 刷），頁 117。
〔註17〕《臨時臺灣舊慣調查會第一部調查第三回報告書——臺灣私法第一卷（下）》
　　　　（臺北：臨時舊慣調查會，1903 年）。
〔註18〕高木一雄《明治カトリック教会史研究（下）》（東京：キリシタン文化研究
　　　　会，1980 年 6 月），頁 292。

　　這份告示標明與日本簽訂商約的歐美各國，商約亦適用於臺灣，爲道明會玫瑰省會士在臺灣的活動取得合法的地位。

　　另一方面，明治三十二年（1899）7 月 16 日臺灣總督府公布臺灣總督府府令第七十一號〈外国人取扱規則〉，其中規定外國人在一地停留 24 小時以上，必須向所屬警察機關登記，以及對外人居留臺灣的管理規定，[註 19]同時伴隨同年 7 月 17 日改正條約實施，確認當時居留日本之外國人可於日本各地居住的法權，[註 20]

　　日治前期在臺的道明會玫瑰省會士透過西班牙公使向日本政府確認清朝時期所享有的特權是否適用，由當時拓殖務次官北垣國道與臺灣總督府民政長官水野遵間公文的往返可知，道明會在傳教上是受保護的，但其他權利則與其他外國人相同，並無特別待遇。[註 21]

　　臺灣總督府對外國人發給護照，作爲其在臺灣居留的憑證，旅行的地方則分爲安全與不安全區，須事先報備，方能成行。道明會的傳教則也需比照一般外國人，本島內地除了埔里社、集集一帶外其他安全地區都能前往，[註 22]明治三十年（1897）會士黎克勉就有過以下的紀錄：

　　　　日本當局發給歐洲人的護照，只限用一年，而且只適於往來臺灣和澎湖。……要得到永久的護照，唯一的方法就是成爲日本政府的職員，即使是純粹榮譽性的掛名……這是保證我們留在臺灣的方法。[註 23]

　　會士馬守仁（Manuel Prat Pujoldelvall，1873～1947）對於臺灣總督府對外國人活動的規定也有詳細的描述：

[註 19]〈府令第七十一號——外國人取扱規則〉《臺灣總督府報》561 號，1899 年 7 月 16 日，頁 43。

[註 20]高木一雄〈外国人居留地とキリスト教——東京居留地とカトリック教会〉，《聖母の騎士誌》月刊（東京：聖母の騎士社，2002 年 1 月）。

[註 21]〈西班牙國傳教者本島內二於テ享有スル權利二關シ（拓殖務次官北垣國道）へ回答〉《臺灣總督府公文類纂》131 冊 5 號，1897 年 4 月 1 日；〈在留外國人力總督ノ發佈スル諸規則遵奉スル二付テ在本邦西班牙公使ヨリ照會二關スル件（元臺南廳）〉《臺灣總督府公文類纂》9772 冊 21 號，1897 年 7 月 1 日；〈本島西班牙傳教師ノ享有權二關シ拓殖務次官（北垣國道）二回答并地方廳へ〉《臺灣總督府公文類纂》132 冊 34 號，1897 年 7 月 22 日。

[註 22]〈西班牙國宣教師外四人本島內地旅行免狀下付二關スル件〉《臺灣總督府公文類纂》第 89 冊，文號 16，1896 年 10 月 3 日。

[註 23]"Passport Trouble With Japanese"（1897.5.16 from Takao by Isidoro Clemente）in Fr. Pablo Fernandez ed., *One Hundred years of Dominican Apostolate in Formosa*, p.202.

一個人不能在城外過夜，除非他報告從何處來或欲前往何處。這就是法律。但是這法律對我們來説非常的困擾，因爲，我們無法像日本人用口頭報告上述資訊，我們必須詳細寫下所有的時間。然而當傳教士發現必須從一傳教點前往另一個，或者假如他必須爲病人傅油，他必須寫兩次報告——首先離開前寫一份；再者，回來後馬上再寫一份。

若只是目的地或原居地之類的事情，也還可接受。但日本人堅持要填寫其他的訊息。我們必須表達有關國籍、出生資料、職業、居住地等。我們必須標註原居地、離開與返回的時間。除此之外，我們還必須給予其他不敬的資料，我們必須回答無關的問題，如：我們爲了什麼事需要出城？我們將會待多久時間？爲什麼還要回來等等的問題。〔註 24〕

日本領有臺灣後，對於外國人已在臺灣取得的不動產如何認定，這是日本政府與臺灣總督府雙方公文往來經常討論的問題，明治三十三年（1900）便制定對於外國人在臺土地的讓與、質押及土地借貸的政策，1 月 21 日臺灣總督府決議禁止外國人取得新的土地，同年公布了〈律令第一號〉：

臺灣總督男爵兒玉　　　　　　　　　　　　　　　　　　爲
出示曉諭事照得外國人管業土地一案業經臺灣總督府評議會議定奏奉
諭旨允准在案合行頒布爲此示御闔島內外人等知悉一体遵照毋違特示
　　　　　計　　開
凡外國人一概不准管業土地惟外國人現在管業土地者不在此例
　　　　　附　　則
本令自須示之日起施行
　　　　　右　仰　咸　知
明治三十三年一月二十一日〔註 25〕

同年也公佈〈律令第二號〉規定外國人租佃土地不得超過二十年，其他永久租佃則不得超過一百年。〔註 26〕同時總督府〈府令第二號〉廢止了明治

〔註 24〕 "A Progress Report "（1907.8.16 from Toatiutia by Manuel Prat）in Fr. Pablo Fernandez ed., *One Hundred years of Dominican Apostolate in Formosa*, p.245.
〔註 25〕 〈律令第一號——外國人土地取得ニ關スル件〉，《臺灣總督府府報》677 號附張，〈府報抄譯〉122 號，1900 年 1 月 21 日，頁 5。
〔註 26〕 〈律令第二號——土地貸借ノ期間ニ關スル件〉《臺灣總督府府報》677 號，1900 年 1 月 31 日，頁 11。

三十二年（1899）7 月 15 日的〈外國人ニ對シ土地賣渡讓與交換ノ場合等ニ關スル規則〉。〔註27〕

　　道明會玫瑰省在臺的不動產，清朝時期並無明確的法律規定，因此日本政府大多以特例來確認其產權。不過道明會爲了要讓自己在臺灣的不動產合法，便在明治四十三年（1910）向日本政府提出成立財團法人，同年英國及加拿大長老教會也分別申請成立財團法人。

　　日本統治臺灣後，臺灣社會進入現代法治制度，臺灣總督府鑑於臺灣公共事務日漸發達，經濟進步，自然傾向法人的設立，因此明治三十六年（1903）臺灣總督府發佈府令第十四號〈法人ノ設立及監督ニ關スル規程〉，規定法人設立及監督方式。〔註28〕

　　明治四十二年（1909）道明會依上述法令由會士馬守仁出面，委託日人律師菅沼寬藏以不動產總值約 20 萬元申請設立「財團法人天主公教聖ドミニコ會ロサリオ支會台灣宣教部」。〔註29〕雖然明治四十三年（1910）4 月 13 日日本政府發布法律第五十一號〈外國人ノ土地所有權關スル法律〉，其中規定在日本居住的外國人與登記的外國法人在限定享有土地所有權的情況下，得以享有土地所有權，但外國法人購買土地需要得到內務大臣許可，同時該法律也適用北海道、臺灣、樺太等地。〔註30〕但臺灣總督府經過調查後認爲，當時道明會在臺有許多土地的地主乃信徒或傳道員所掛名，假若日後這些人與教會的關係解除，可能會與教會所屬土地一併轉入該法人名下，實際乃意圖穩固教會的財產，因而有道明會以買賣的名義行權利轉移之實的疑慮，因此也對玫瑰省會長對此財團法人理事任免擁有權限產生疑問，遂將此財團法人設立申請否決。〔註31〕

　　此時英國（南部）及加拿大（北部）長老教會於明治四十三年（1910）也分別申請成立財團法人，臺灣總督府認爲其設立目的乃是在公益法人的名下以外國人名義擁有土地，此與明治三十三年（1900）〈律令第一號〉：「外國

〔註27〕　〈府令第二號〉《臺灣總督府府報》677 號，1900 年 1 月 31 日，頁 11。
〔註28〕　〈府令第十四號——法人ノ設立及監督ニ關スル規程〉《臺灣總督府府報》1302 號，1903 年 03 月 05 日，頁 7。
〔註29〕　〈財團法人設立不許可ノ件（西班牙國臣民マスエルプラート）〉《臺灣總督府公文類纂》1644 冊 61 號，1910 年 09 月 27 日。
〔註30〕　〈法律第五十一號〉《臺灣總督府府報》第 2937 號，1910 年 4 月 19 日，頁 77。
〔註31〕　〈財團法人設立不許可ノ件（西班牙國臣民マスエルプラート）〉《臺灣總督府公文類纂》1644 冊 61 號，1910 年 09 月 27 日。

人不得擁有土地」相違背而遭到否決，〔註 32〕其實應與臺灣總督府對道明會的疑慮，是大同小異的，所以結果也相同。

　　大正五年（1916）道明會再次以 10 萬元的資產提出申請成立財團法人，此次申請所呈報的土地所有權則全歸屬於天主教會與多明我會（即道明會），已排除前次申請時，日本官方所疑慮的問題，便核准道明會以「財團法人臺灣教區天主公教會」為名成立財團法人，由當時臺灣監牧林茂才（Clemente Fernandez，1879～1952，任期 1913～1920）擔任理事長。〔註 33〕筆者認為這應與 1913 年羅馬教廷將臺灣自廈門代牧區分離，升格為監牧區有關，這樣的作法切斷了臺灣與中國的關係，並與日本天主教建立連結，可能促成日後日本對天主教「善意」的回應。

　　大正十四年（1925）日本政府由國務大臣小村壽太郎提出明治四十三年法律第五十一號〈外國人ノ土地所有權關スル法律〉提出修正案，希望能對外國人在日本領土內土地所有權的作適當的認定，以符合與歐美國家對等的原則。〔註 34〕同年四月以法律第四十二號〈外國人土地法〉通過，〔註 35〕但卻未對外國人依照日本法律設立財團法人是否能取得土地所有權做出確定的答案。

　　因此大正十五年（1926）英國長老教會透過淡水英國領事向臺灣總督府詢問「外國人依照日本法律申請設立法人組織是否得以享受在臺的土地所有權」，起初臺灣總督府仍因與律令第一號相衝突為由說明此財團法人申請案需要再討論，並未同意成立，至同年（1926）10 月總督府方同意英國長老教會以此申請成立財團法人享有在臺的土地所有權。〔註 36〕

　　由以上的討論，可很明確的看到，日本政府對基督宗教的態度，是以外交的角度來作最先的考量，對於宗教問題反而不加干涉。由護照問題、土地問題、財團法人設立的問題，都在在顯示了日本政府進入近代化國家初期，

〔註 32〕　〈財團法人臺灣教區天主公教會設立認可（ケレメンテフエルナンデス）〉《臺灣總督府公文類纂》2498 冊 1 號，1916 年 1 月 1 日。
〔註 33〕　〈財團法人臺灣教區天主公教會設立認可（ケレメンテフエルナンデス）〉《臺灣總督府公文類纂》2498 冊 1 號，1916 年 1 月 1 日。
〔註 34〕　〈明治四十三年法律第五十一號改正法律案ニ關スル件（拓殖局長）〉《臺灣總督府公文類纂》7311 冊 1 號，1925 年 1 月 1 日。
〔註 35〕　〈外國人カ法人ヲ組織シ得ルヤ否ヤニ關スル回答（英國領事宛）〉《臺灣總督府公文類纂》7334 冊 1 號，1926 年 1 月 1 日。
〔註 36〕　〈外國人カ法人ヲ組織シ得ルヤ否ヤニ關スル回答（英國領事宛）〉《臺灣總督府公文類纂》7334 冊 1 號，1926 年 1 月 1 日。

採取歐美國家的模式，但是對外國人仍處於提防的態度，隨著與歐美國家有更深的了解與認識，對於外國人的態度也較能寬鬆的對待，由財團法人設立的例子可以觀察到如此的趨勢。天主教的傳教也在日人對外國人態度的和緩與臺灣社會的漸趨穩定之下，得以順利推展。

臺灣隨著日本統治步上軌道後，社會秩序也隨著穩定，提供給道明會士們良好的傳教環境，明治三十一年（1898）來台的道明會士馬守仁（Manuel Prat Pujoldelvall，1873～1947）在明治三十六年（1903）年從羅厝寫給玫瑰省會長的信中提到：「我到臺灣五年第一次寫信給您。……我之所以之前沒有寫信，實是因沒有重要或有意義的事情發生」，〔註37〕這段文字可以表示臺灣社會的穩定，因此在此時的書信內容，都可以發現傳教士多數著重在傳教情況的描寫，而非如清朝時期都是描述些遭遇的迫害、阻礙。

日本政府方面，道明會玫瑰省會士認為日本人對於外國人雖然都會找機會刁難，但是對教會亦是採取放任的態度：

> 理論上，日本政府至少對任何宗教都一視同仁，但一些下屬每天似乎盡其所能以羞辱我們為樂。……然而，不再有任何人因為需要保護來找我們了。……但是在另一方面，這樣的情況也是有優點的。從此沒有人不再因其他事來麻煩我們，我們的生活已經變得較為平靜。我們不用再關心政治或經濟方面的事情，我們活動只要著重在傳教工作。我們所有的精力可以放在勸誡、教導、宣講、輔導上；我們現在擺脫當地居民尋求非宗教事務等令人分心與困惑的事情上。〔註38〕

> 日本官員對天主教和傳教士也很尊敬。事實上，他們所考慮的是，天主教對社會有益處，且在百姓遭受苦難時，是他們的慰藉，所以日本人宣布天主教是三個官方核准的宗教之一。……對中國的傳統民間信仰只是容忍而已。〔註39〕

〔註37〕 "Earthquakes And Other Difficulties"（1903.8.9 from Lochhuchng by Manuel Prat）in Fr. Pablo Fernandez ed., *One Hundred years of Dominican Apostolate in Formosa*, p.203.

〔註38〕 "Earthquakes And Other Difficulties"（1903.8.9 from Lochhuchng by Manuel Prat）in Fr. Pablo Fernandez ed., *One Hundred years of Dominican Apostolate in Formosa*, p.204.

〔註39〕 "Missionary Travails——And A Touch Of Levity"（1906.5.1 from Chhiuakha by Felipe Ma. Villarrubia）in Fr. Pablo Fernandez ed., *One Hundred years of Dominican Apostolate in Formosa*, p.228.

　　因此我們由上述臺灣總督府對於在臺外國人的態度，或由傳教士看總督府，整體而言總督府面對天主教在臺的活動，給予自由活動空間。這應是日本政府將外國傳教士視爲國際外交的一環，藉此與外國政府保持良好的關係所採取的態度。

　　日治前期臺灣天主教面臨一個重要的轉變，即大正二年（1913）臺灣脫離廈門代牧區（Apostolic Vicariate），成立獨立的監牧區（Apostolic Prefecture）。

　　臺灣天主教原隸屬福建廈門代牧區，這樣的情形一直延續到日治時期，同時至民國三十六年（1947）以前的五任廈門代牧區主教，其中有三任都先至臺灣傳教後，再轉任廈門主教。〔註40〕

　　大正二年（1913）臺灣天主教會自廈門代牧區獨立出來，成立臺灣監牧區，臺灣成爲獨立的傳教單位，首任監牧（Prefect Apostolic）林茂才。〔註41〕監牧公署陸續設於當時臺北蓬萊町天主堂（今臺北市民生西路天主堂）與樺山町天主堂（1929～1945，今臺北市華山天主堂，位於忠孝東路）。1920年林茂才轉調馬尼拉，職缺由楊多默（Thomas de la Hoz，1876～1949）接任。

　　早在臺灣監牧區成立前，明治三十七年（1904）日本四國監牧區已先成立，同時也委由道明會玫瑰省管理，〔註42〕首任監牧爲白若瑟（Jose Alvarez，1871～1937，任期 1904～1931），昭和六年（1931）年白若瑟因病辭職，職缺由當時臺灣監牧楊多默（Thomas de la Hoz，任期 1931～1935）兼任。〔註43〕

　　臺灣傳教區先後隸屬廈門與四國的情況，當中的變化自然與政權的轉變有關，但是整個的臺灣天主教會管理系統，仍由道明會玫瑰省負責，此過程應是羅馬教廷對日本政府的回應，切斷與中國的聯繫，與日本天主教會建立關聯；另一方面仍由道明會玫瑰省負責管理廈門、臺灣、日本四國三地的傳教工作，實質建立起三地間的聯繫關係，維持傳教狀態的穩定。

〔註40〕廈門代牧區成立於 1883 年，首任主教爲玫瑰省會士楊眞崇（任期 1884～1892）擔任，臺灣也同時劃歸廈門代牧區管轄。第四任主教亦爲該省會士黎克勉（任期 1899～1915）第五任爲該省會士馬守仁（任期 1916～1947）（大國督《台灣カトリック小史》，頁 236～237：趙慶源編著《中國天主教教區劃分及其首長接替年表》，頁 50、57、65、131。）

〔註41〕大國督《台灣カトリック小史》，頁 285。

〔註42〕高木一雄《明治カトリック教會史研究（下）》，頁 294。

〔註43〕高木一雄《大正昭和カトリック教會史 3》（東京：聖母の騎士社，1985 年 7月），頁 335。

二、新傳教方法的運用

　　隨著日治時期臺灣社會的日漸穩定，玫瑰省在臺灣的傳教也運用新的傳教方法。我們在前面曾提到，清末玫瑰省在臺北的傳教開始舉行佈道大會，這種傳教形式似成為日治時期道明會傳教的方法：

> 晚近，這裡一種新流行的傳教方法受到歡迎。這是公開舉行的佈道大會，有時持續 8 天之久。這種佈道會可在任何地方舉辦，有時可在教堂，有時可在傳授教理的房間內，或任何時間可以租到的地方都可舉行佈道會。

> 因為這類的佈道會都是需要邀請口才好的傳教人員，因此這些傳道員不僅口才流利而且具有說服力，也就吸引了不少群眾的聚集。若講者是外國人，聽眾聚集特別多，因為他們都是出於好奇心前來參加此佈道會。〔註44〕

> 在基隆，慕道者有顯著的增加，這是因為派駐這地區的熱心傳教士舉辦了幾場佈道會。他得到臺北的傳教士與幾位傳道員的協助……。

> 在南部的打狗，傳教士也舉辦幾場佈道會，並且非常成功，吸引了約 4000 人來參加。這幾場佈道會分別在山腳（Soakha，今高雄市鼓山區）、舊城（Kusia，今高雄市左營）、苓仔寮（Lien-a-liao，今高雄市苓雅區）舉行，有 49 位受洗。〔註45〕

　　藉由佈道大會的舉行，吸引大批當地群眾的駐足圍觀，除了透過講道來傳教外，道明會士也會撥放宗教電影來吸引民眾：〔註46〕

> 佈道會舉行最初的三個晚上，大約有 4000 人參與。主要吸引他們的方式就是電影的放映。我們的電影放映機確實價值如金，因為缺少了它，我們無法吸引這們大批的群眾。藉由宗教電影的播放，我們以巨大的影響力傳遞民眾重要的訊息。在電影播放的空檔，傳教士

〔註44〕 "The Formosa Mission： 1928 Edition"（1928.5. by Tomas Pascual）in Fr. Pablo Fernandez ed., *One Hundred years of Dominican Apostolate in Formosa*, pp.261～262.

〔註45〕 "The Mission of Formosa： A Progress Report"（1936.4. by Felipe Villarrubia）in Fr. Pablo Fernandez ed., *One Hundred years of Dominican Apostolate in Formosa*, pp.268～269.

〔註46〕 大國督《台灣カトリック小史》，頁 316；岡本哲男《聖ドミニコ修道会ロザリオの聖母管区四百年史，1587～1987》，頁 15。

向民眾解說天主教的教義。〔註47〕

　　但部分道明會士們也發現問題並反省，佈道大會的盛況似乎只是表面的現象，聚集的群眾多是出於好奇心使然，成果仍然有限；他們反倒認為傳統會士們進入民間，長期與當地居民交談、建立關係，透過更多的交談，更有可能帶領民眾認識並接受天主教，一大群人的集體慕道與受洗也不復見。〔註48〕

　　此時期道明會士們也開始印製教會書籍、刊物、教材等媒介，運用在傳教與培養傳道員。

　　明治三十六年（1903）道明會士馬守仁得到馬尼拉聖多瑪斯大學（University of Santo Tomas）贈送的印刷機，但因缺少活字版，無法立即使用，後來道明會士與傳道學校的學生自行作了一套活字，用拉丁拼音來印中國話，〔註49〕便開始印製書籍，如台語祈禱書、公教要理與其他的參考書籍，〔註50〕作為傳教的協助讀物：

> 當他們來慕道時，我們可以透過宣講並提供書籍給他們，真的是感謝這台印刷機，即使這些異教徒只是出於好奇心前來，我們也給他們書籍。因為他們沒有其他東西可閱讀，除了這些書外。如果他們閱讀了這些書，無庸置疑的他們會有一些收穫，這些收穫也許會導引他們正確的方向。〔註51〕

　　大正八年（1919）當時在田中的玫瑰省臺灣區會長巴多默（Tomas Pascual，1872～1961）向西班牙購買印刷機，並向日本東京購買活字版，準備開始進

〔註47〕 "The Mission of Formosa： A Progress Report"（1936.4. by Felipe Villarrubia）in Fr. Pablo Fernandez ed., *One Hundred years of Dominican Apostolate in Formosa*, p.271.

〔註48〕 "The Formosa Mission： 1928 Edition"（1928.5. by Tomas Pascual）in Fr. Pablo Fernandez ed., *One Hundred years of Dominican Apostolate in Formosa*, p. 262.

〔註49〕 "All About A Press"（1908.10.25 from Lochuchng by Manuel Prat）in Fr. Pablo Fernandez ed., *One Hundred years of Dominican Apostolate in Formosa*, p.246.。一般對臺灣道明會的第一台印刷機的時間都是以1905年為主，這應是引用自大國督的《台湾カトリック小史》（頁316）的說法，但若自馬守仁1908年寫給馬尼拉玫瑰省會長的信的內容中所呈現的應是1903年就引進印刷機，但有可能是因當時缺乏活字版，遲至1905年會士們自行做了一套活字後，印刷機才開始運作。

〔註50〕 大國督《台湾カトリック小史》，頁316。

〔註51〕 "All About A Press"（1908.10.25 from Lochuchng by Manuel Prat）in Fr. Pablo Fernandez ed., *One Hundred years of Dominican Apostolate in Formosa*, p.247.

行印刷事業。1935 年會士良雅師（Julian Villegas，1897～1989）調至田中後，便以這套印刷器材，利用傳道學校的校舍作爲印刷所，以羅馬字來發行台語的《良牧報》（良き牧者），同時也出版以漢字爲主的多種相關的教理研究書籍。〔註52〕

三、信徒團體的成立

多樣的傳教方式自然會吸引當地民眾的接近，但由於傳教士與傳道員的人數有限，不僅需要舉辦傳教活動，又要出版書籍，還要維持現有信徒的信仰生活，以有限的傳教人力來看，勢必無法負擔多量的工作，因此信徒團體的組成，就自然成形。由信徒自發或被動地藉由事務性團體或藝能團體的組成及運作，藉此維持信徒的信仰生活與凝聚對教會的向心力，更可協助傳教活動的進行。

大正十三年（1924）臺北蓬萊町天主堂爲了信徒的靈修生活，組織了玫瑰經會，大約有 100 多名日人與臺灣人信徒參加，除外，該堂區又有青年會與教理研究會的組成。〔註53〕

臺北市另一堂區樺山町天主堂，該堂主要以日人信徒爲主，該堂區的信徒組成名爲「羔羊會」的團體，最初主要在強化傳教團體、信徒間的相互照顧爲主，從事教理的研究、傳教、慈善工作等，1940 年代戰事已起，該團體便從事贈送軍隊與戰地慰問品，善盡國民義務。1930 年代該團體還曾號召男女青年組織文藝部，由工藤祐信主導發行名爲《七星》的月刊。此堂區又設置教理研究會，每月兩次輪流在會員家中聚會，進行教理的質疑、討論等，但至昭和十三年（1938）以後暫時停止。〔註54〕

臺灣人的信徒團體此時多以青年會的形式呈現，主要協助教堂事務的運作。另有臨終互助會來協助會員間喪事的處理。藝能團體方面，羅厝首先有西樂隊的成立，高雄前金後來也成立了西樂隊，此西樂隊主要服務於教堂重要慶節的伴奏，也是信徒們聯絡感情的團體。

〔註52〕 江傳德 著《天主教在臺灣》，頁 156。
〔註53〕 大國督《台湾カトリック小史》，頁 274～275。
〔註54〕 大國督《台湾カトリック小史》，頁 281～282。

第三節　本土傳道員的培育

　　日治時期道明會的傳教得以順利發展，除了社會的穩定、信徒對天主教的誤解減少，再者就是傳教人員的增加。首先是道明會士增加。據古偉瀛的統計，清朝時期在臺道明會玫瑰省會士在 1879～1892 年間大多維持 6～8 名，其他時間則是 4～5 名，〔註 55〕人數不多，自然對傳教工作的推展有限，而 1898 年菲律賓歸美國統治後，又派遣 4 名會士來台，所以當時有 9 名會士在臺，之後大多維持這樣的人數，〔註 56〕大正四年（1915）則有會士 10 名。〔註 57〕

　　除了玫瑰省會士來台外，明治三十六年（1903）道明會玫瑰省臺灣區會也向菲律賓聖道明傳教修女會（Religious Missionaries of St. Dominic）請求協助，〔註 58〕派遣修女來台協助傳教，此為最先來台的女修會。聖道明修女會來台後，首先在高雄玫瑰堂旁管理孤兒院，大正六年（1917）接管道明會玫瑰省所創設之靜修女學校。大正四年（1915）有該會修女 3 名。〔註 59〕道明會修女除了負責孤兒院外，他們也同時擔負起對信徒講道的責任，會士的信中提到：

> 這一部分的功勞我們歸功於在這裡經營聖嬰孤兒院（Orphanage of the Holy Infancy）的道明會修女。她們除了經營孤兒院外，她們也主動成為傳道員，向希望成為信徒的人講授教理，不僅準備他們受洗，也準備讓他們成為好信徒所有必備的事情。
>
> 修女講授的對象主要是信徒的兒子們——由於某些原因，我們的傳道員無法向他們講道，因為他們大部分都是農人，家中的支柱，並在田中辛勞的工作，因此無法允許與其他人聽道理。優秀的修女們便承擔起照顧這些青年的講道任務，而且我們很高興他們的存在，

〔註 55〕　古偉瀛〈十九世紀臺灣天主教（1859～1895）——策略及發展〉《臺灣天主教史研究論集》（臺北：台大出版中心，2008 年 4 月初版），頁 39～41。

〔註 56〕　"The Formosa Mission：1928 Edition"（1928.5 by Tomas Pascual）in Fr. Pablo Fernandez ed., *One Hundred years of Dominican Apostolate in Formosa*, p.259.

〔註 57〕　〈財團法人臺灣教區天主公教會設立認可（ケレメンテフエルナンデス）〉《臺灣總督府公文類纂》2498 冊 1 號，1916 年 1 月 1 日。

〔註 58〕　聖道明傳教修女會，本稱「聖道明傳教會」，1696 年創於西班牙，目的為協助道明會玫瑰省玫瑰省在東方的傳教事業，為道明會玫瑰省的附屬修會。1934 年向羅馬教廷申請獨立獲准。（顧保鵠主編，《臺灣天主教修會簡介》，頁 77。）

〔註 59〕　〈財團法人臺灣教區天主公教會設立認可（ケレメンテフエルナンデス）〉《臺灣總督府公文類纂》2498 冊 1 號，1916 年 1 月 1 日。

自從他們提供我們許多的協助。〔註60〕

除了道明會修女來台協助外，道明會首先進行應是本土神職的培養，但就資料所知，至昭和二十年（1945）臺灣只有三位臺籍教區神父，〔註61〕實際上道明會曾經努力過。昭和元年（1926）道明會士白斐理（Filipe Villarubia，1878～1960）首先於斗六開辦小修院，最初有四名，其中三名程度不夠，中途退學。剩下的一名與另一名新進的學童被送往廈門的神學校，並在昭和五年（1931）進入東京大神學校，不幸的是其中一名病故，另一名也因成績不佳，中途退學。〔註62〕之後又再度於田中開辦小修院，其中也有幾名前往福岡、四國松山進修，但也都無疾而終。

昭和十一年（1936）小修院遷往臺北，其中拉丁文、音樂由道明會神父任教，其他學科則聘請靜修女學校的教師來教授，但也都沒有結果。因此道明會玫瑰省曾企圖培育臺灣本地的神職，多數因臺灣學生程度不足而失敗，這也使得臺灣本地神職的培養停滯，但為充實傳教人力，同時間也進行傳道員的培育。

清朝時期道明會為培養本地傳道員加入傳教行列，曾經興辦傳道學校，卻因臺灣地區信徒很少參加，因而不了了之。日治時期再度開辦傳道學校，培養傳道員。

明治三十六年（1903）馬守仁在羅厝開辦四年制傳道員培育所，最初有 12 人，〔註63〕明治四十年（1907）增加為 16 人，轉由會士白斐理（Filipe Villarubia，1878～1960）負責。〔註64〕連續三年的招生後，大正四年（1915）為了要提升傳道員素質與配合社會發展的需要，便將此培育所遷移至臺北

〔註60〕"A Golden Jubilee And An Earthquake"（1905.2.20 from Takao）in Fr. Pablo Fernandez ed., *One Hundred years of Dominican Apostolate in Formosa*, p.218.

〔註61〕此三位神父分別是涂敏正（1906～1982，彰化羅厝，1935 年晉鐸）李天一（1920～1958，雲林樹仔腳，1944 年晉鐸）李惟添（1920～1992，高雄前金，1944 年晉鐸）。天主教神父可分為兩種：一種是由修會自行培育後，經主教祝聖後成為神父者，是為修會神父，由修會管理；另一種是由教區自行培育後成為神職者，是為教區神父，由教區主教管理。以涂敏正為例，他是經由廈門監牧馬守仁推薦進入廈門教區所屬的修院，而非進入道明會，所以他是教區神父，李天一與李惟添則是進入東京大神學校，不是道明會，因此也是教區神父。

〔註62〕大國督《台湾カトリック小史》，頁 289。

〔註63〕大國督《台湾カトリック小史》，頁 324。

〔註64〕"A Progress Report"（1907.8.16 from Toatiutia by Manuel Prat）in Fr. Pablo Fernandez ed., *One Hundred years of Dominican Apostolate in Formosa*, p.240.

蓬萊町天主堂，由馬守仁負責，後因馬守仁接任廈門代牧區主教，又但因學員多由南部北上，因水土不服而放棄者多，大正五年（1916）該傳道學校關閉。

大正十三年（1924）道明會士洪羅烈（Angel Ma Rodriguez，1873～1945）在臺南糾集 7、8 位學員成立傳道員培育所，其中羅厝信徒涂敏正（1906～1982）就是其中之一，〔註 65〕後來他經由當時廈門監牧馬守仁推薦，前往廈門成為神學生，昭和十年（1935）晉鐸，成為第一位臺籍的教區神職。

除了前述羅厝與臺南有成立專司培養傳道員的機構，其他在斗六（1927）田中（1930）也都有開辦培育傳道員的傳道學校，也培育了不少傳道員。〔註 66〕

此時還有女性傳道員的培育。女性傳道員是道明會玫瑰省在福建地區傳教時，就如第三章第三節所提過，積極鼓勵婦女守貞，同時她們多數也獻身修道生活，不過卻未進入修女會。這些女性被稱為「姑婆」，協助道明會士的傳教工作。明治三十三年（1900）就有兩位國籍女傳道員來台，明治三十九年（1906）又有四位國籍女傳道員來台，成為此時在臺的女性傳道員。後來她們返回中國後，道明會決定在高雄開辦女傳道員培育所，最初有四名參加，其中兩名學力不足，只剩兩名完成訓練，這也使得女傳道員的培育計畫中止。

大正十年（1921）有十名女性信徒參加，女傳道員培育學校設立，四年後，七名完成學業，開始進行傳教工作，同時斗六方面也有女傳道員培育成功，開始協助傳教工作。

這些男女傳道員的加入，自然對天主教的傳教有甚大的助益。但是在道明會士的眼中，女傳道員的表現優於男傳道員，我們由 1928 年會士的教務報告中可以看出：

> 整體來說，男傳道員表現平均，女傳道員表現較好。就事實來說，或許可以這樣解釋，即一位男性具有中等以上的才能，傳道員的工作對他將不會有足夠的吸引力。其中一個原因，我們所提供的薪資不夠吸引人（一個月 30 披索不能說微不足道，但卻不能支持一個男人與它龐大的家族）。另一個原因，一位傳道員若要有成績表現，他必須無私地獻身於他的工作，但有這樣精神的人不多。〔註67〕

〔註 65〕　大國督《台湾カトリック小史》，頁 324。
〔註 66〕　江傳德《天主教在臺灣》，頁 205。
〔註 67〕　"The Formosa Mission： 1928 Edition"（1928.5. by Tomas Pascual）in Fr. Pablo Fernandez ed., *One Hundred years of Dominican Apostolate in Formosa*, p.261.

　　由上述的文字中，我們看到了男傳道員招募不易，流動率大，主要因爲教會無法提供足夠物質生活的支持，在漢人賦予男性承擔家計的責任下，傳道員的工作勢必無法提供這樣的需求；相反的，女性較男性所承擔的責任較弱，家中信徒成員似比較能接受這樣的角色，同時女性較容易進入一般家庭中，藉由女傳道員影響家庭婦女，便會連帶影響子女，最後更可以將丈夫帶入教會，因此女傳道員的傳教成效較好。道明會士戴剛德曾向筆者描述他在員林時，親眼看見一位婦人在廚房煮飯，而一位女傳道員就在婦人的旁邊講解道理，〔註68〕這種情況應是男傳道員較不方便辦到的。

　　玫瑰省此時對於本土神父的培養仍付之闕如，至昭和十年（1935）方有第一位本土神父涂敏正（1906～1982，彰化羅厝）出現，昭和十九年（1944）方又培養出兩位本土神父：李天一（1920～1958，雲林樹仔腳）、李惟添（1920～1992，高雄前金）。至日治時期結束，道明會玫瑰省來台的傳教人員皆是由道明會玫瑰省自行訓練的傳教士，或由他地調派而來的西班牙人，臺灣本土神父只有涂敏正、李天一、李惟添三人，但並不隸屬道明會玫瑰省。

第四節　教育及社會救護事業的設立

　　此外，道明會在臺灣也開始設立教育與救濟事業。教育事業方面，除前述專爲培育男女傳道員的傳道學校外，對於一般教育也開始投注心力。

　　道明會自十九世紀將天主教再次傳入臺灣後，一直著力於傳教人力的培養，1906 年道明會士林茂才（Clemente Fernandez，1879～1952）在給馬尼拉的信中，提出設立學校的建議：

> 爲了讓我們的工作能更有效，我建議設立一所學校（college），例如一座中學設立在臺灣的首府，並由一位通曉英文與日文的會士來負責管理，兩三年內將會非常的成功，學生數也會超過西班牙的任何一所學校。無庸置疑，這樣的一所學校將會贏得日本人與臺灣人的同情與尊重。〔註69〕

〔註68〕楊嘉欽〈道明會玫瑰省戴剛德神父在臺傳教紀略（上）〉《高雄文獻》第 2 卷第 2 期，2012 年 6 月，頁 170。

〔註69〕"A New Church Rises"（1906.6.20 from Toatiutia by Clemente Fernandez）in Fr. Pablo Fernandez ed., *One Hundred years of Dominican Apostolate in Formosa*, p.236.

其實林茂才在這封信中，主要提到日本人對受過良好教育的歐洲人較尊重，尤其同時會說英文的人，更易為日人尊重，所以他認為來台的會士應該多學幾種外文，如英文、法文，也才容易得到日人的尊重，也因此提出設立學校來讓會士們得到尊重，傳教工作也方便進行。

筆者認為，學校的設立在道明會傳教的過程中是必備的設施。透過學校教育可開啟民智，更可藉由學校的管道灌輸宗教教育，從中培養教會的可造之才。

自明治四十二年（1909）開始，依據明治三十八年 11 月頒布的府令第八十八號〈私立學校規則〉向臺灣總督府提出申請，〔註70〕但應都未獲許可設立。

大正三年（1914）道明會玫瑰省省會議決定在各傳教區內創辦女子學校。〔註71〕這個決議或許是促成靜修女學校設立的原因，專以女性為主，而不是以傳統男性為主的學校。

大正五年（1916）當時臺灣監牧林茂才向馬尼拉的道明會玫瑰省借了 6 萬元，買下當時蓬萊町天主堂對面的臺北製酒會社的廠房，〔註72〕並開始興建約 836 坪的二樓校舍及約 560 坪的宿舍，〔註73〕並於該年 11 月向臺灣總督府提出申請，同年 12 月 15 日得到總督府的設立認可。〔註74〕

靜修女學校以林茂才為校長，並聘請原任教於東京女子高等師範學校的教師藤田あぐり為副校長，並教授修身及國語，另由同校畢業的樋口ふぢ與日本女子大學教育科畢業的甲野まさ二人擔任教務主任。〔註75〕

該校設立申請書中提到，該校設立的目的為「本校以對內地人女子與臺灣人女子，施以初等與高等普通教育 以陶冶其品性 使之得為人良妻賢母資格，授兼以日常生活上有益之知識技能 為其目的」，〔註76〕不過在此辦學目

〔註70〕 "The Formosa Mission： 1928 Edition"（1928.5. by Tomas Pascual）in Fr. Pablo Fernandez ed., *One Hundred years of Dominican Apostolate in Formosa*, p.263.

〔註71〕〈道明會在中國〉（1900～1954）：http://www.catholic.org.tw/dominicanfamily/index.htm），2012 年 7 月 10 日。

〔註72〕竹中信子《植民地台湾の日本女性生活史 2 大正篇》（東京：田畑書店，1996年 10 月初版一刷），頁 114；〈靜修女學校成る〉《臺灣日日新報》大正五年 12 月 22 日七版。

〔註73〕大國督《台湾カトリック小史》，頁 291。

〔註74〕〈私立靜修女學校設立認可（ケレメンテ、フエルナンデス）〉《臺灣總督府公文類纂》2517 冊 3 號，1916 年 12 月 1 日。

〔註75〕竹中信子《植民地台湾の日本女性生活史 2 大正篇》，頁 115。

〔註76〕「財團法人臺灣教區天主公教會私立靜修女學校規則」收於〈私立靜修女學

標的後面也應隱藏了「這些教育中也多少希望能達到傳教的目的」〔註 77〕。基於前者的目標，該校分為以日人為主的第一部及以臺灣人為主的第二部，二部所授之科目雷同，第二部則增加「漢文」教育。學制上，二部皆有預備科（第二部稱初等科，三年）及高等女學科（四年），另有特別科，教授西班牙語、法語、英語、繪畫（高等科才有）音樂、唱歌（個人教授）刺繡等科目。〔註 78〕

大正十一年（1922）臺灣新教育令公布，同年臺灣總督府以府令第一三八號公布新〈私立學校規則〉，並同時廢止明治三十八年（1905）的〈私立學校規則〉（府令第八十八號），因此依據舊法設立的靜修女學校便廢止，並於同年 11 月 8 日依據新法重新得到設立認可。〔註 79〕此時校長則由當時臺灣監牧楊多默接任，並基於總督府的教育方針，將宗教與教育分離。1924 年增設日文、歐文打字部。〔註 80〕

靜修女學校的管理表面上是由臺灣監牧區主教擔任校長，但草創初期面臨許多的困難，當時校長林茂才便將管理權委託道明會玫瑰省，〔註 81〕道明會玫瑰省亦請菲律賓的聖道明傳教修女會修女協助經營管理。

再者，我們由靜修女學校的設立及課程的安排，可以看到當時日本對女子的教育主要著重於女性社會技能的培養，尤其在家政方面。雖不似對男性的培養積極，但也幫助當時女性憑藉知識能與社會、世界接軌，增加見聞，加上入學的女性多屬富家閨秀，多少打響靜修的名氣，同時學生畢業後進入社會，任職公部門、銀行、公司都有很好的表現。竹中信子在其書中曾提到當時靜修女學校為了自行培養教師人員，也決定從第一屆畢業

校規則中改正認可（靜修女學校長）〉《臺灣總督府公文類纂》6706 冊 36 號，1919 年 1 月 1 日。
〔註 77〕大國督《台湾カトリック小史》，頁 291。
〔註 78〕「財團法人臺灣教區天主公教會私立靜修女學校規則」收於〈私立靜修女學校規則中改正認可（靜修女學校長）〉《臺灣總督府公文類纂》6706 冊 36 號，1919 年 1 月 1 日。
〔註 79〕〈彙報／學事〉，《臺灣總督府府報》2799 號，大正十一年 11 月 11 日。
〔註 80〕大國督《台湾カトリック小史》，頁 292～293。
〔註 81〕學校管理權的移轉應可作如此的理解：靜修女學校是由道明會玫瑰省臺灣區會創立，因此學校管理權屬於臺灣區會，道明會玫瑰省不會介入學校的經營。後來可能因臺灣區會無法負擔學校的管理與經營，因此將管理權轉交道明會玫瑰省，如此道明會玫瑰省便對靜修女學校有直接管轄權，後來雖校長仍由臺灣監牧擔任，實際管理權則在道明會玫瑰省省會長。

生（第一部 38 名，第二部 29 名）中挑選品學兼優的學生，前往日本內地更好的學校就讀，留學回來後，則需留校任教幾年，但因當時女性畢業後就傾向結婚的意願，若繼續就學再返校任教耗時太久，多數畢業生意願不高。〔註 82〕

　　日治時期道明會所創立的孤兒院稱爲「高雄天主公教會孤兒院」，另稱「養生堂」，〔註 83〕 此是日治時期高雄地區社會事業中重要的兒童保護事業。該院在明治三十三年（1900）以後便交由聖道明傳教修女會負責管理，明治三十六年（1903）並由該會修女弗西法（Fosepha）開始接任孤兒院院長。〔註 84〕這些修女以西班牙人爲主，有時也會有日籍修女，如大國督書中就有一位日籍修女，名坂本小須磨。

　　孤兒院的經營主要依靠資產收入、臺灣支部補助金、獎勵金、助成金與寄附金支持，其中助成金的部分，都會有財團如明治救濟會、大正救濟會、昭和救濟會、慶福會、臺灣社會事業協會、愛國婦人會的捐助。〔註 85〕

　　孤兒院羅厝支院在日治時期的官方資料目前並無任何記載，只有大國督的書中有提及，該支院又稱「仁慈堂」，〔註 86〕目前有留下來的資料只有信徒認養孤兒時，需要簽寫〈教友求乞仁慈堂女子條規〉，內容如下：

一、聖教會付給仁慈堂女子與教友切願者就是顧該女子靈魂肉身的平安今世並身後之福。

二、教友求乞仁慈堂女子意係爲相助聖教會稱家道之有無送給多少銀錢以便將資轉收外教遺孩

三、該看待仁慈堂女子與自己家人親生無異並不得任意毒打驅使如女婢等事

四、該善教其靈魂事如學習問答切要及各等要緊道理經文及至開明悟時領其到堂告解領聖體及各等奉教人之本份

五、該堂女年及笄或要修道或要出嫁他人毫不得相強拂其意思

〔註 82〕　竹中信子《植民地台湾の日本女性生活史 2 大正篇》，頁 117。
〔註 83〕　《臺灣省通志 卷二 人民志 宗教篇》（南投：臺灣省文獻會，1971 年）
〔註 84〕　永岡正己總合監修《植民地社會事業關係資料集（臺灣編）》44（東京：近現代資料刊行會，2001 年 6 月），頁 321～322。
〔註 85〕　永岡正己總合監修《植民地社會事業關係資料集（臺灣編）》44，頁 321～322；大國督《台湾カトリック小史》，頁 379。
〔註 86〕　《臺灣省通志 卷二 人民志 宗教篇》（南投：臺灣省文獻會，1971 年）

六、該堂女既已定意出嫁或在家修道所有應得加頁或辦嫁妝與自己
　　家人無異一體看待有當與本堂神父相商

七、該堂女倘不遵教訓亦可暫時送入仁慈堂內姑婆代爲勸責但所費
　　衣食該教友應當供給

八、教友既然求乞仁慈堂女子因家中乏人相幫或立女兒姊妹均可如
　　日後將該堂女配合自己家人或作小媳婦切不准乃聖教嚴禁

九、該堂女嫁後其夫身故倘要再嫁應由本堂神父主簡擇配其財禮仍
　　由故夫家生領但該堂女所生子女不准擅賣外教人

十、教友倘不遵以上所擬條規本堂神父立即將該女收回仁慈堂其原
　　銀不還（參閱圖 4-1）

圖 4-1：教友乞求仁慈堂女子條規（萬金天主堂收藏）

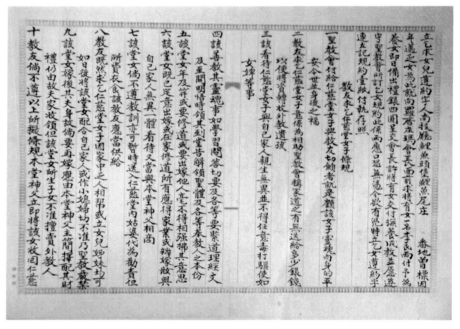

　　由以上的條規內容，我們可以看到當時天主教會除了要求教友認養女孤
兒後，要求善待外，同時也要顧及她的信仰生活，並尊重其日後出嫁或修道
的選擇，最後還禁止成爲童養媳。

　　當時孤兒院所收養之院童多以女性爲主，但因這些孤兒幼時多病弱、或
是畸形兒、營養不良，因此死亡率高，但部分孩童經過修女的照顧後存活下
來。孤兒的生活中除了有修女的陪伴外，對於其一般教育也有重視，教授學

校所上的科目，如修身、國語、漢文、算術、裁縫等，院童中也有入公學校就學，其中也有後來就讀靜修女學校。〔註87〕再者，孤兒院也施行宗教教育，所以其中有幾位院童後來也成為女傳道員。〔註88〕

　　整體而言，日治前期天主教在臺灣的傳教，並未受到多大的阻撓，相反的可能更因為日本政府的到來，使臺灣的社會秩序較為安定，更利於天主教會的傳教。

表 4-1：日治時期道明會在臺之傳教據點／信徒人數
（至昭和十五年（1940））

管轄堂區		兼管堂區		人數	管轄堂區		兼管堂區		人數
蓬萊町天主堂	572	石碇天主堂	135	845	斗六天主堂	206	竹山天主堂	114	379
		新店傳道所	71				勞水坑傳道所	59	
		和尚洲天主堂	67		樹仔腳天主堂	224	水尾傳道所	73	224
樺山町天主堂	190	新竹、台東	48	238			西螺傳道所	63	
淡水天主堂	82	石門傳道所	4	126	埔羌崙天主堂	223	斗南天主堂	193	790
		小基隆傳道所	40				鹿寮天主堂	212	
基隆天主堂	156	四角亭傳道所	135	331			土庫傳道所	162	
		瑞芳傳道所	28		嘉義天主堂	84	民雄天主堂	72	383
		大武崙傳道所	12				沙崙仔天主堂	75	
臺中天主堂	195	彰化天主堂	40	423			小梅傳道所	67	
		劉厝傳道所	38				大湖傳道所	48	
		三家春傳道所	87				北港傳道所	37	
		秀水傳道所	63		臺南天主堂	161	大灣天主堂	165	370
羅厝天主堂	873	員林天主堂	304	1669			新化天主堂	44	
		面前厝天主堂	290		高雄天主堂	985	五塊厝天主堂	455	1796

〔註87〕陳殘（1900～1977）為孤兒院院童，1916～1919 年就讀靜修女學校，畢業後投身傳教工作（慈親樓《天主教慈親樓建立十周年紀念（1983～1993）》（高雄：多明我出版社，1993 年六月），頁 55）。

〔註88〕大國督《台湾カトリック小史》，頁 380～381；當時孤兒院的院童中，因當時多不知其姓名，因此院方便以「受」作為這些院童的姓，若以此為依據，筆者翻閱天主教慈親樓中女傳道員的名字及部分女傳道員的生平，其中可能是院童，後來成為女傳道員者，有以下幾位：受有（1896～1983）陳殘（1901～1977）受撿品、受得實、受物（慈親樓《天主教慈親樓建立十周年紀念（1983～1993）》，頁 73～75）。

	番子田傳道所	157			山下天主堂	206
	大東傳道所	45			舊城傳道所	129
田中天主堂 288	大新天主堂	270			鳳山傳道所	21
	赤水傳道所	125	821	萬金天主堂	1128	1128
	鼻仔頭傳道所	114		總計：9737 人（含高雄、羅厝孤兒院人數：66、11 人）		
	北斗傳道所	24				

資料來源：大國督 著《台湾カトリック小史》，頁 437～441。有 "□" 記號者，表示 1895 年以前已設立者

　　據表 4-1 當時全台有天主教堂 26 座、傳道所 25 間；教育、救護事業有臺北傳道學校、靜修女學校、高雄天主教孤兒院（含羅厝分部）；傳教士 18 人（其中 1 人為臺灣人）傳道員 21 人、信徒有 9737 人（其中有日本人及其他外國人）。〔註89〕

　　透過表 4-1 所呈現的傳教成果來看，道明會在日治時期社會秩序相對穩定的情況下，加上臺灣百姓對天主教與道明會外籍會士的印象也較熟悉與緩和，傳教自然較清朝時期順利。

　　同時此時期傳教人員的增加（道明會士、聖道明傳教修女會、男女傳道員）及新傳教方法的運用（如佈道大會、教會書籍、期刊的印製與發送、電影的輔助），信徒人數也增加不少。

　　傳教據點方面，仍以中、彰、雲、嘉的擴展最為明顯，且成果豐碩，同時也循著清朝期的傳教方式，由某一據點向四方擴展。還有有些原是清朝時期傳教重鎮，在此時則被鄰近城市所取代，如沙崙仔天主堂就被嘉義天主堂所取代。

　　新設的傳教點，如淡水、基隆等傳教點的建立對道明會玫瑰省會士而言，具有歷史的意義；中彰地區傳教點的建立，則是循往例在北上路程中，對新地區進行傳教工作的推展；其他地區則是在原有傳教基礎上更進一步的擴張。不過臺南、高雄、屏東地區的擴展似乎停頓，以信徒人數來看當然有增加，但傳教點卻擴張有限。

　　筆者認為臺南地區傳統文化、民間信仰根深蒂固，同時該地區也是英國長老教會的大本營，挾著豐沛的資源（新樓醫院、臺南神學院、長老教中學、女學、公報社），展現強大的競爭力，道明會在此擴展有限；高屏地區雖然據點少，但以信徒人數看，全台最多，道明會士或許認為該地區基礎已穩固，

〔註89〕《臺灣省通志 卷二 人民志 宗教篇》（南投：臺灣省文獻會，1971 年）；大國督《台湾カトリック小史》，頁 380～381。

加上又有修女的協助，遂將大多數的傳教人力，投入至其他地區。

　　筆者以《天主教慈親樓建立十周年紀念（1983～1993）》一書中記錄之女傳道員的生平，其中長期在高雄左營傳教為廖鶯（1901～1994）黃蜜（1909～1992），另有在屏東傳教的是黃蜜與李專（1909～1981），其他人的傳教區域以中彰雲嘉地區居多，若以此結果而言，筆者上述的推論應可成立。

第五節　戰時體制下的天主教政策

　　1930 年起，隨著日本帝國對外侵略擴張的野心日益興盛，臺灣被定位為日本南進的基地，這樣的轉變，臺灣當然受到相當的影響。政治方面，總督府一方面壓制民族主義、共產主義的政治和社會運動；社會方面則積極推行日語等教化運動，加速臺灣人的同化。

　　昭和十一年（1936）臺灣總督小林躋造以「皇民化、工業化、南進基地化」作為統治臺灣的原則。昭和十二年（1937）中日戰爭全面爆發，日本本國呼籲要發揚國民精神，第一次近衛文麿內閣發表了「國民精神總動員計畫實施要綱」，臺灣也受到此影響，加速皇民化運動的推行，[註90]意圖使臺灣人徹底同化為「皇國民」。

　　在此政策下致力將臺灣人教育成所謂的「皇國民」，首先便是推行「改姓名」、常說「國語」運動，鼓勵臺灣人養成日本式的生活習慣，供奉日本神祇，並且在同年（1937）禁止所有報刊上的中文版，加強言論的統治。[註91]並隨七七事變發動後所公布的「戰時總動員法」後，實行戰時的體制，即實施計口授糧，進而推行物資的全面配給。

　　在皇民化運動推行日本式生活之時，同時也提高日本國家神道地位，開始出現「國有神社，家有神棚」的口號，要求臺灣人參拜神社。對於臺灣的民間宗教則採取壓制的政策，將敬神思想、神社參拜列為運動的第一要項，同時要求徹底的同化，提出對臺灣民間宗教、寺廟種種的改善，[註92]因此而有「寺廟整理運動」的出現，企圖將臺灣人的民間信仰從根拔起，以達其皇民化的目的。[註93]

〔註90〕黃昭堂《臺灣總督府》（臺北：前衛，1995 年修訂版二刷），頁 171。
〔註91〕盛清沂《臺灣史》（南投：臺灣省文獻會，1994 年一版四刷），頁 501。
〔註92〕蔡錦堂〈日治時期之臺灣宗教政策〉《臺灣風物》42 卷 4 期。
〔註93〕蔡錦堂〈日治時期之臺灣宗教政策〉《臺灣風物》42 卷 4 期。

昭和十六年（1941）太平洋戰爭爆發，臺灣總督長谷川清更將「皇民化運動」改組為「皇民奉公會」，標榜「臺灣一家」，以促進臺灣人高昂的鬥志，實踐決戰生活，強化勤勞態度的目標。

一、神社參拜問題

本章第二節曾討論到，明治政府將「宗教自由」納入憲法中，就日本政府的認知上，他們公開強調「神道不是宗教」，此可由政府管理單位的不同就可呈現：神道由內務省神祇院負責，其他宗教則歸文部省宗教課管理。所以當時的大日本帝國憲法所標榜的「宗教自由」，其實是基於不可與國家主義體制牴觸前提下的自由。〔註94〕

1920 年代中葉後，因國際經濟、政治局勢的惡化，也造成日本國內的動盪，日本政府因應國內外的變局，加強國內的統制與監視，神社參拜便是鞏固國內的向心力方式之一。對於靖國神社的祭拜，當作是「忠君愛國」的榜樣，參加神社的祭典，被認為臣民應盡的義務。另一方面民間宗教也要摒棄獨尊本教的觀念，幫助國家從事國民教化的工作。但為有效的控制宗教界能切實的奉行國策，便著手制訂宗教法進行宗教統制。其中強制參拜神社卻與基督宗教禁止的偶像崇拜教義衝突，如同中國「祭祖祭孔」所引發的禮儀之爭。日本政府與基督宗教各教派雙方開始就「參拜神社是否是宗教行為」論辯的開始，具體而言是昭和七年（1932）的「靖国神社参拝拒否事件」（靖國神社拒絕參拜事件），不過這樣的問題早在昭和四年（1929）就已經發生長崎海星中學不實施神宮式年遷宮祭的事件。

昭和四年（1929）10 月 2 日日本伊勢神宮舉行式年遷宮祭，這是每 21 年新建伊勢神宮，以表達國民對皇室與皇祖崇敬所形成的祭典，也為了這個目的便強制全國人民需要向伊勢神宮參拜，當然也包括日本的天主教學校。當時時任教廷駐日第二任大使總主教加迪尼（Mario Giardini，1877～1947）與東京總主教亞歷斯尚邦（Jean Alexis Chambon，1875～1948）便認為這儀式是迷信，因而要求此儀式不可舉行。〔註95〕

海星中學校長代巴（ダイバー）收到此通知後，立刻尋求當時長崎主教

〔註94〕西山俊彦《カトリック教会の戦争責任》（東京：サンパウロ，2003 年 11 月初版 2 刷），頁 26。

〔註95〕高木一雄《大正 昭和カトリック教会史 2》（東京：聖母の騎士社，1985 年 4 月），頁 253。

早坂久之助（1833～1959）〔註 96〕先前與爲得到長崎縣學務課諒解所討論的結果。一周後學務課則提出「國家的行事不能任意以宗教儀式來解釋。今後對於國家的行事一定要參加」的忠告。此時配屬將校與後備軍人會、部分有力人士、青年團開始對海星中學與教會抱持著不好的印象，不久當地報紙也報導了此事件，對海星中學大加撻伐，縣政府也對海星中學提出可能會取消對學校的認可，因此海星中學校長便以「學校方面仍堅守不進行其他宗教行事的原則，但神宮作爲日本皇室的祖廟含有尊崇的意味，無論如何都會進行遙拜」作爲回應，獲得長崎縣政府接受，此事件到此告一段落。〔註 97〕

　　雖然海星中學不實施式年遷宮祭的事件暫告一段落，卻也顯示了天主教會面對日本國家主義高漲，並且欲透過宗教來強調國民的愛國精神，無形中勢必與天主教會的一神信仰教義衝突，此事件只是開始，而昭和七年的「靖国神社参拜拒否事件」更讓天主教會必須正視及深思此問題。

　　昭和七年（1932）5 月 5 日東京上智大學約有 60 名學生進行戶外軍事訓練時，帶隊的配屬將校〔註 98〕陸軍大佐北原一視率領學生順道前往臨近的靖國神社參拜，其中 2 位信仰天主教的學生拒絕參拜，北原便向陸軍省報告該事，此事引發陸軍省的調查。後來又有同是天主教學校的東京曉星中學、長崎的海星中學，都有同樣拒絕參拜神社的情況，陸軍省便計畫決定將配屬學校的將校自這些學校撤離。〔註 99〕

　　當時學校的軍訓教育可折抵兵役役期，以學生立場而言是非常重要之

〔註 96〕 早坂久之助，又名早坂善奈朗。1883 年生於仙台的天主教家庭，第二高等學校畢業後，前往羅馬烏爾班大學留學，1917 年晉鐸，1921 年擔任駐日宗座代表秘書。1927 年教宗任命其爲長崎教區主教，成爲日本首位日籍主教。1934 年創立日本本地女修會——長崎純心聖母會，1937 年退休，1959 年病逝。（高木一雄《日本・ヴァチカン外交史》（東京：聖母の騎士社，昭和 59 年（1984）11 月 1 刷），頁 55；維基百科〈早坂久之助〉：http://ja.wikipedia.org/wiki/%E6%97%A9% E5% 9D%82%E4%B9%85%E4%B9%8B%E5%8A%A9，2012 年 9 月 24 日）

〔註 97〕 高木一雄《大正 昭和カトリック教会史 2》，頁 253～255。

〔註 98〕 配屬將校的實施主要是在一次戰後，日本政府爲提升陸軍裝備，並在國家財政拮据的考量下，大正十一年將部分現役將校配屬至各學校以爲救濟方式，加上此時民主思想與俄國革命成功的影響，爲避免危險的思想在學生間擴大，文部省、陸軍省加速進行軍事教育的實施，因此在大正十四年公布施行〈陸軍現役將校學校配屬令〉，自此配屬將校在學校內遂占有重要地位，若配屬將校辭職，將會使得學校在社會上的信用破產，等同於廢校。（高木一雄《大正 昭和カトリック教会史 2》，頁 259～260。）

〔註 99〕 《讀賣新聞》昭和七年 10 月 14 日朝刊 7 頁。

事，因此軍訓教官辭職，軍訓課程無法實施，將直接影響到學校經營，而與軍方決裂，對天主教會的發展也會受到影響。〔註100〕

上智大學的事情發生時，當時廣島主教羅斯（John Ross，1875～1969））也爲神社參拜問題困擾，他認爲當時教會法（1917 年頒布）的第 1258-2 條規定：「基於純粹的禮節，或爲了向對方表達敬意的因素，教徒被動出席或純粹以物品的形式，出現在葬禮、婚禮或其他非天主教的隆重典禮時，可以嚴正的理由被容許……。」〔註101〕日本天主教會高層討論後認爲，爲了根本解決問題，應該取得日本官方的正式聲明，確定靖國神社或明治神宮等神社的參拜非宗教儀式。〔註102〕

9 月 22 日東京總主教亞歷斯尙邦（Jean Alexis Chambon）向當時文部大臣鳩山一郎提出照會，該照會中希望日本政府能明白說明要求學生參拜神社的理由乃是基於愛國的意義，其中並無宗教的意義，因爲如此可以減輕關於參拜神社的困難。〔註103〕9 月 30 日由文部省次官粟屋謙回函說明：「學生兒童等參拜神社是基於教育上的理由，在此場合要求學生兒童的團體的敬禮，不外乎只是愛國心與忠誠的表現」，〔註104〕文部省明確的表達參拜神社只是表現愛國心及忠誠的表現。

10 月 1 日《報知新聞》首先披露上智大學學生拒絕參拜神社的事件，不過報導中則未明說學校名稱，隨後 10 月 14 日《讀賣新聞》則以「『軍教精神に背く』と配屬將校引き揚げ決意 上智大學外二校に对して 軍部憤激、文部省狼狽」爲標題，詳細地報導該事，並將相關學校名稱刊出。〔註105〕報導一出，隨即引發在鄉軍人會、國粹主義的團體及部分神官僧侶對基督教的批

〔註100〕維基百科〈上智大生靖國神社參拜拒否事件〉：http://ja.wikipedia.org/wiki/%E4%B8%8A%E6%99%BA%E5%A4%A7%E7%94%9F%E9%9D%96%E5%9B%BD%E7%A5%9E%E7%A4%BE%E5%8F%82%E6%8B%9D%E6%8B%92%E5%90%A6%E4%BA%8B%E4%BB%B6，2012 年 7 月 29 日。

〔註101〕Adrien Cance, *Le Code de droit canonique. Commentaire succinct et pratique*, tomo3, pp.86～87，轉引自陳聰銘〈1930 年代羅馬教廷結束「禮儀之爭」之研究〉《中央研究院近代史研究所集刊》第 70 期，2010 年 12 月，頁 122。

〔註102〕陳聰銘〈1930 年代羅馬教廷結束「禮儀之爭」之研究〉，頁 122。

〔註103〕西山俊彥《カトリック教会の戦争責任》，頁 41。

〔註104〕文部省回函原文（節錄）：「学生生徒児童ヲ神社ニ参拝セシムルハ教育上ノ理由ニ基ツクモノニシテ此ノ場合ニ学生生徒児童ノ団体カ要求セラルル敬礼ハ愛国心ト忠誠トヲ現ハスモノニ外ナラス」（文部省〈雜宗 140 號〉昭和七年 9 月 30 日）轉引自 西山俊彥《カトリック教会の戦争責任》，頁 45。

〔註105〕《讀賣新聞》昭和七年 10 月 14 日朝刊 7 頁。

判，皇道派的陸軍大臣荒木貞夫更直言：「基督徒與他們所經營的學校是反國家的、是賣國奴。外籍教師與傳教士都是母國派來的間諜。」，〔註106〕可見此事在當時日本社會所引發的震撼。軍部也積極醞釀配屬將校自上智大學、曉星中學離職，二校的生存岌岌可危。

自9月30日東京總主教接到文部省的正式回函後，昭和八年（1933）1月教廷代表穆尼（Edward Mooney）發出正式聲明，同意信徒可參拜神社：

> 在這些神聖的場所，就是一般熟知的神社（jinja），它們是一個人對國家的愛的紀念館，同時也是道德的信條，而且能不厭煩地持續慶祝，這許可乃是基於一不可磨滅的原因，此原因乃是經由一般判斷後認可，日本天主教徒可以參拜神社，這是根據日本政府當局的正式聲明，了解參拜神社只是表示對國家的愛與天皇的忠誠，表明了在參拜神社的儀式下，很明顯的，信徒去參加此類的儀式，也不會被認為是參加非天主教徒的宗教禮儀。〔註107〕

昭和八年（1933）2月上智大學的預科長橋本重次郎發表談話：「此後上智大學是自霍夫曼校長以下全校以『神社參拜不僅作為國民的習慣，更是國民精神涵養上不可欠缺的東西』謹慎的態度來進行神社參拜」，同時也提到對於「以任何理由拒絕參拜神社者，全校自校長以下也一致謹慎的反對」。之後橋本提出辭呈，3月上智大學的校長、神父、學生全體參拜神社，12月陸軍省則繼續派遣軍訓教官前往二校任職。〔註108〕「靖国神社參拜拒否事件」至此可謂告一段落，上智大學最後接受日本政府參拜神社的要求，避免了廢校的危機，對於日本天主教會來說，他們接受了日本政府對「參拜神社不是宗教儀式」的說法，某種程度迴避了一場可能招致的迫害。

另外日本發生「靖国神社參拜拒否事件」的同年（1932），滿洲國成立。滿州國成立後也將祭孔制定為國家法定祭日，這對當地的天主教神職與信徒也產生困擾。〔註109〕

昭和十年（1935）教廷也委請當時吉林代牧區主教高德惠（Auguste Ernest Gaspais）對滿洲國祭孔問題進行研究與討論，並由他致函滿洲國政府詢問祭

〔註106〕西山俊彥《カトリック教会の戦争責任》，頁29。
〔註107〕George H. Minamiki, SJ. "The Yasukuni Shrine Incident and the Chinese Rites Controversy", *The Catholic Historical Review*, Vol.66, No.2, 1980.4, p.220.
〔註108〕西山俊彥《カトリック教会の戦争責任》，頁30～31。
〔註109〕陳聰銘〈1930年代羅馬教廷結束「禮儀之爭」之研究〉，頁124。

孔禮儀及禮儀中的配件，如雕像、牌位等是否具宗教意涵，也得到滿洲國政府以祭孔禮儀並無任何宗教意涵回應，再經滿洲國的主教討論後提出結論與建議。〔註110〕同年5月教廷正式同意滿洲國境內信徒可參與祭孔相關禮儀，教會學校可陳列孔子圖像、祖先牌位等。

　　日本的神社參拜與滿洲國的祭孔禮儀，讓羅馬教廷重新思考東亞中國文化圈社會的禮儀問題。

　　首先昭和十年（1935）12月教廷駐日大使馬瑞嘉（Paolo Marella，1895～1984）發布〈在日修道会並びに教育施設の長上に対する訓令〉（對在日本各修道會與各教育單位長上的訓令，〈L'Instruction du Délégue Apostolique au Japon, Archéveque Paul Marella, aux Supérieux des Instituts et Congrégations religieuses du Nippon, Tokyo, le 8 Décembre 1935〉）中提出幾項原則，其中提到若面對「宗教或非宗教的意義混淆的禮儀時，單以其世俗的因素或民間的象徵（significatio mere civilis），並且可以理解的場合中，這儀式是可容許的。」〔註111〕，此訓令某種程度的表示教廷上層對日本參拜神社儀式的理解。

　　昭和十一年（1936）5月26日羅馬教廷傳信部樞機主教畢若迪（Pietro Fumasoni Biondi，1872～1960）〔註112〕責成教廷第四任駐日大使馬瑞嘉（Paolo Marella，1895～1984）發布「祖国に対するカトリック信者の責務についての訓令」（關於天主教徒對國家的責任，〈Instructio ad Ex.mum D.Paulum Marella, Archiepiscopum Tit. Docleensem,Delegatum Apostolicum in Japonia circa catholicorum officia erga patriam〉），此訓令表示「建議日本天主教徒在面對因著祖國法律與習慣發展出來的基督教以外的宗教禮儀可以參加的場合……除非國民的禮儀與習慣明白地違反信仰與正確的道德，則不鼓勵改變與推薦....

〔註110〕有關滿洲國主教所提出的結論與建議，請參閱 陳聰銘〈1930年代羅馬教廷結束「禮儀之爭」之研究〉《中央研究院近代史研究所集刊》第70期，2010年12月，頁125。

〔註111〕「宗教的意義と非宗教的な意義の混淆したものについては、単に世俗的なもの significatio mere civilis と理解できる場合は、許容することができる。」（西山俊彦〈神社參拜と宗教行爲の規定の恣意性──「信教の自由」原理の確立と「カトリック教会の戦争責任」に関連して〉）：http://peace-appeal.fr.peter.t.nishiyama.catholic.ne.jp/senseki-index.htm，2007年12月30日。

〔註112〕Pietro Biondi 時任總主教，於1919～1921年擔任首任教廷駐日大使。（片岡瑠美子〈駐日教皇使節ビオンディ大司教の長崎教区訪問の報告〉《純心人文研究》第13號（長崎：長崎純心天主教大學，2007年3月），頁77；陳聰銘〈1930年代羅馬教廷結束「禮儀之爭」之研究〉，頁127。

因此，認識與尊重日本人的宗教心與愛國心，這是傳教士們在這點對信徒的教導上，不亞於其他的國民」，〔註113〕並正式同意日本信徒可至神社參拜，日本的神職人員仍依規定宣誓。

　　昭和七年（1932）年「靖国神社参拜拒否事件」的發生至昭和十一年（1936）羅馬教廷正式同意日本信徒可參拜神社，羅馬教廷這時期的變化始自 1919 年一次大戰後，國際局勢的變化，教廷也開始重視東亞地區的傳教工作。

　　1919 年教廷欲與日本建立正式外交關係，派遣畢若迪（Pietro Fumasoni Biondi）為首任教廷駐日大使，同時對中國的傳教工作也重新重視，1922 年派遣剛恆毅（Celso Benigno Luigi Costantini，1876～1958）為首任駐華教宗代表來華，並於 1924 年在上海主持第一屆中國教務會議。這幾位後來在教廷處理東亞地區問題上，也都扮演重要的角色。

　　在此過程中，教廷面對的重要問題就是解決禮儀問題，據陳聰銘的研究，當時教廷從天主教教會發展的歷史中，尤其是初期教會時期與面對羅馬帝國政府「皇帝崇拜」的折衷態度，擷取此歷史經驗作為面對東方禮儀問題的解決態度，〔註114〕才有了上述天主教會面對日本「靖国神社参拜拒否事件」、滿洲國的祭孔的解決方式，也才有 1936 年教廷訓令的出現，依此 1939 年 12 月 8 日教廷也解除中國禮儀禁令。

　　日本政府在參拜神社此議題上，得到羅馬教廷的認可後，可說在其國內的具有外國身分的天主教，只要再將其國內教會體制內的外國傳教士排除，已成為其可利用的部分。隨後昭和十三年（1938）〈國家動員法〉、昭和十四年（1939）〈宗教團體法〉的制定與公布，便開始進行日本的宗教報國的政策。對於日本天主教會方面，強制要求學校學生、信徒前往神社祭拜成為正當的行為，並且日本天主教會此後時常有「皇軍武運長久祈願祭」的舉行，也有飛機的奉獻儀式；〔註115〕而天主教會接受了日本政府「參拜神社非宗教行為」

〔註113〕「日本のカトリック信者がキリスト教以外の宗教儀礼に由来する行為へと祖国の法律とか慣習によって命じられ奬められる場合……それぞれの国民の儀礼や慣習が、明らかに信仰と正しい道徳に反するものでない限り、それらを変えるように働きかけたり、勧めたりしてはならない……従って、日本人の宗教心と愛国心を認識し尊重して、信者がこれらの点で他の国民にひけをとらないように教えることは宣教師の務めである」（西山俊彦《カトリック教会の戦争責任》，頁 58～59。）

〔註114〕陳聰銘〈1930 年代羅馬教廷結束「禮儀之爭」之研究〉，頁 116～119。

〔註115〕〈長崎教區下五島地區年表──早坂司教時代を中心に：1929～1939〉：http://

的說法，一方面避免了天主教在日本受到迫害的危機，卻也製造了日本政府利用與要求其國內天主教會配合其對外侵略的合理地位。

臺灣方面，受到參拜神社影響的除信徒外，另一受到影響的就是靜修女學校。大正十一年（1922）臺灣總督府公布新〈私立學校規則〉，靜修女學校依據新法重新得到設立認可。此時校長由當時臺灣監牧楊多默接任，並基於總督府的教育方針，將宗教與教育分離。

1936 年 5 月教廷訓令發布後，8 月 22 日《臺灣日日新報》便以「天主公教會から分離外人校長は勇退　國民精神の養成上　小宮元之助氏校長に就任」為題，報導了靜修女學校的經營者由先前的財團法人臺灣天主公教會轉換為新組織的財團，原校長道明會士楊多默辭職，並由小宮元之助〔註 116〕接任新校長，作為「任命內地人校長與將教會財團自學校的經營中分離，而由其他的財團經營樹立新的例子」，〔註 117〕這是當時臺北州知事今川淵所表達的態度。後來小宮因病辭任，再由師範學校出身的鈴木讓三郎接任至戰爭結束。

山本禮子對殖民地高等女學校的研究中，她提到當時整個經營權的轉換是非常突然的，1936 年 8 月 21 日老師們突然被通知集合，參加交接儀式的進行，過程卻非常的平和，不似長老教會所屬的學校，如長榮中學校、女學校、淡水中學校、淡水女學校，經營權移轉過程中的波折，以日人女學生居多的天主教學校則相當的平靜。〔註 118〕這似乎呼應了臺灣天主教會，即道明會也接受教廷的對日態度，為了教會的生存，採取妥協的態度。

二、日本天主公教團的成立

中日戰爭開始之後，日本政府對臺灣天主教外國神職人員的外出旅行漸漸地加以限制，外國神父要離開居住地，必須事先向當地的警察駐在所提出申請，並且派警察跟蹤神父，且將其所講的話記錄下來。若未按照申請的行程，私自前往其他地方，回來後警察就會有所責難，但基本上仍未禁止天主

---

frsimoguchi.web.fc2.com/hama/nenpyo3.html，2012 年 8 月 2 日。

〔註 116〕小宮元之助（？～1941），長崎人，律師。當時以長崎的田舍新聞的通信員身分從軍來臺（尾崎秀眞〈臺灣新聞界の回顧〉《臺灣時報》昭和 14 年（1939）2 月號，頁 71～72）。他應是天主教徒，道明會首次申請成立財團法人，就是委託小宮的事務所進行。

〔註 117〕《臺灣日日新報》昭和十一年（1936）8 月 22 日，二版。

〔註 118〕山本禮子《植民地台灣の高等女学校研究》（東京：多賀出版，1999 年 2 月一版 1 刷），頁 240～241。

教的傳教。〔註119〕

　　昭和十四年（1939）4月7日日本政府發佈以宗教統制為目的的〈宗教團體法〉，〔註120〕將宗教團體分為神道、佛教、基督教三個系統，藉著保護、監督之名目達到直接統治各宗教團體的目的。〈宗教團體法〉成為戰時體制下統制宗教的法典。

　　〈宗教團體法〉將所有宗教團體法人化，納入保護，並將宗教團體的活動，置於政府全面統制之下，各宗教附屬於以神社為中心的國體觀念，成為動員宗教界奉行國策，要求各宗教組織協助戰爭的法源，最終目的在透過宗教達成思想統制，得以動員所有宗教組織來協助戰時國防體制。

　　昭和十五年（1940）4月〈宗教團體法〉正式施行，同年6月文部省召集神道、佛教、基督教的代表，以「因應目前時局之宗教活動策略」為題，召開協議會，希望各教宗派合併。基督宗教方面則採取合併新教、舊教的措施，文部省對教會的認可，採取50教會、5000個教團成員的嚴格標準，同時認可的條件有（1）財政獨立（2）教會自治權的確立（3）與外籍宣教師斷絕關係（4）除去復活教義（5）將皇道思想融入教義（6）外人宣教師的名義轉成日本人宣教師名義。〔註121〕

　　文部省所設定的條件「除去復活教義」一條，此為天主教的重要教義，因此對於天主教會而言實是非常困難，但最後則是將天主教所稱的「神」全部改稱以具人神混雜意義的「天主」稱號。所以後來「日本天主公教教團規則」中仍存在復活的教義。〔註122〕

　　昭和十五年（1940）9月日本天主教會為了因應新體制於東京召開臨時主教會議，主要討論日本天主公教團認可申請所附帶的教團規則，其中較為重要的是決定日本天主公教教團全由日人擔任教區主教，〔註123〕亦即許多傳教區由外籍傳教士擔任主教者皆須替換為日人主教，其實早在1938年東京主教由原為亞歷斯尚邦（Jean Alexis Chambon），正式由日人土井辰雄（1892～1970）

〔註119〕楊嘉欽〈道明會玫瑰省會士戴剛德神父在臺傳教紀略（下）〉《高雄文獻》第2卷第3期，2012年9月，頁145。

〔註120〕〈宗教團體法〉《臺灣總督府府報》第3567號，1939年4月29日。

〔註121〕高木一雄《大正　昭和カトリック教会史2》（東京：聖母の騎士社，1985年4月），頁166。

〔註122〕高木一雄《大正　昭和カトリック教会史2》，頁172。

〔註123〕高木一雄《大正　昭和カトリック教会史2》，頁170。

〔註124〕接任。1940 年以後多位外籍主教便向羅馬教廷提出辭呈，並由日籍神職人員接任，由道明會玫瑰省所管轄的四國、臺灣監牧便分別由日人田口芳五郎（1902～1978）〔註125〕、里脇淺次郎（1905～1996）〔註126〕接任。昭和十六年（1941）日本天主公教教團獲得設立認可，〔註127〕並切斷與羅馬教廷之關係，協助推行國家政策。同年 10 月土井辰雄、田口芳五郎一行便前往伊勢神宮參拜。〔註128〕

昭和十六年（1941）日本天主公教教團成立後，同年 8 月日本天主公教教團在東京召開了緊急教團顧問會，確立教團的非常時期體制，並發表了〈日本天主公教非常時期體制要綱〉，宣布為了針對時局，設立一臨時事務機關「時局奉仕局」，各教區長館均設支局，教團中青年會、婦人會等組織均應參與各種活動，以宗教報國，日常的傳教祈禱與禮儀外，均應強化軍事援護及慰靈奉仕等活動。

當時在日本長崎擔任教區神父的里脇淺次郎來台，接任新的臺灣監牧區主教，以方便傳教工作的繼續。由日人神職替代西班牙籍神職的作法並非僅

〔註124〕土井辰雄（1892～1970）日本宮城縣仙台市人，曾前往羅馬留學，1921 年晉鐸，曾任教廷代表秘書。1937 年被任命為第一位日人東京主教。1960 年由教宗若望二十三世任命為第一位日人樞機主教，1970 年逝世。（http://www.sen1.org/dosou/sen1_start.htm，2010 年 11 月 3 日擷取）

〔註125〕田口芳五郎（1902～1978），日本長崎縣西彼杵郡外海町人，此地是日本兩三百年來是隱居於地下的天主教徒的聚集地，日本首位日籍主教早阪久之助便是長崎的主教。1928 年晉鐸，1941 年出任大阪主教兼任四國監牧區主教，其間也曾帶領宗教宣撫班前往菲律賓，並對當時日本天主教在菲律賓的發展提出建言。1969 年出任大阪教區總主教，1973 年教宗任命為樞機主教，其致力於傳教與慈善事業、教育事業的設立，1978 年病逝。（http://ja.wikipedia.org/wiki/田口芳五郎，2013 年 5 月 5 日擷取）

〔註126〕里脇淺次郎（1904～1996），日本長崎縣西彼杵郡外海町人，其與田口芳五郎皆屬於當地出津教會。里脇家族數代皆為天主教徒。中學畢業後進入長崎的天主教修院。1928 年畢業於長崎公教神學校哲學科，1932 年晉鐸。1934 年羅馬宗座傳信大學博士課程結業，同年接任長崎大浦教會，1941 年受命擔任臺灣教區監牧。戰後返回日本接任長崎大神學校校長，1946～55 年任長崎教區總代理。其間曾前往美國天主教大學留學（1949～51 年）。1955 年任鹿兒島首任主教，1969～90 年任長崎教區監牧。1979 年教宗任命其為樞機主教，1996 年病逝長崎。遺作為《カトリックの終末論》（日本：聖母の騎士社，1993 年）。

〔註127〕陳玲蓉《日治時期神道統治下的臺灣宗教政策》（臺北：自立晚報，1992 年 4 月一版一刷），頁 61。

〔註128〕〈長崎教區下五島地區年表──山口、里脇大司教時代を中心に：1940～1989〉：http://frsimoguchi.web.fc2.com/hama/nenpyo4.html，2012 年 8 月 2 日。

限臺灣，其中在日本的海外占領地也都同樣。〔註129〕同時此由日人神職取代外籍神職的作法，大國督表達認為應盡力的培養臺灣本地神職，不僅只是靈魂方面的救贖，更可為致力於日本精神的修養、信徒的教化方面才能有所成效，臺灣天主教會才能越發繁榮。〔註130〕

另外 1941 年前往菲律賓的宗教班成員小野豐明的日記中曾記載，回程時途經臺灣，停留 5 日，期間接受了里脇淺次郎、古川重吉（1900～1970）大國督、井手雄太郎及臺北方面信徒的招待。在其日記中記載到此次臺灣的經歷，使其對臺灣天主教會的重要性有了新的認識。由於臺灣是進入南洋的必經之地，在軍事、經濟方面具有特別的意義，因此臺灣天主教可成為日本天主教會與南方天主教會間重要的聯結。〔註131〕

日本政府對於海外占領地也希望透過宗教宣撫工作的進行，以利海外地區的統制。例如在菲律賓，便有比島宗教班的成立與派遣，〔註132〕關於此部份因與本文主題無關，略之。

三、日本國內外籍傳教士的處理

昭和十二年（1937）中日戰爭爆發後，日本本土對於外國人的管制也越加嚴格，昭和十四年（1939）公佈內務省令第六號〈外国人ノ入国、滞在及退去ニ関スルノ件〉，開始要求外國人在日本各地的旅行、宿泊都必須在規定時間內向當地的警察機關報備。

〔註129〕原誠〈日本軍政下のインドネシアのカトリック教会——フロレス島を中心に——〉：「日米開戦後これらの人々は「敵国人取扱措置要領」にもとづいて各地に軟禁・抑留され、約 150 名の日本人神父がこれらの教会，修道院，その他の職務を遂行せねばならなくなった。……すでに日米開戦前の 1941年 8 月に，陸軍参謀本部の極秘の要請を受けてフィリピンに神父 3 名（塚本昇次，池田実，伊藤誠二，各神父），神学生 5 名（池田勇，金松敏，森周一，生田正利，西村四帰児），信者 5 名からなるカトリック宗教宣撫班を派遣し」（http://theology.doshisha.ac.jp:8008/mhara/hara.nsf/504ca249c786e20f85256284006da7ab/0bf5b272dd286f7749256546003eed72？OpenDocument，2005年 6 月 28 日）

〔註130〕大國督《台湾カトリック小史》，頁 425～428。

〔註131〕小野豐明《比島宣撫と宗教班》（東京：中央出版社，昭和二十年（1945）3月），頁 147）收錄於小野豐明、寺田勇文等編《比島宗教班關係史料集》第2 卷（東京：龍溪書舍，1999 年 12 月復刻版一刷）。

〔註132〕關於此議題請參閱 寺田勇文〈宗教宣撫政策とキリスト教会〉（池端雪浦 編《日本占領下のフイリピン》（東京：岩波書店，1999 年 9 月初版 2 刷）一文。

昭和十六年（1941）太平洋戰爭爆發，日本對英美宣戰，立刻修正公佈內務省令第三十二號〈外国人ノ入国、滞在及退去ニ関スルノ件〉〔註 133〕及〈敵国人取扱措置要領〉，居留在日本的外國人（包含外籍傳教士），便隨著日本與各國間的外交關係，命運有不同的變化。

依據〈敵国人取扱措置要領〉屬於敵對國的傳教士則採取強制拘禁或強制驅逐，當時居留日本的英、美兩國傳教士皆被軟禁或強制居留，對於中立國的傳教士如西班牙則較爲寬鬆。而居住在要塞地區與軍事基地周圍的外籍人士則必須離開。

同時臺灣外籍傳教士也是面臨同樣的狀況。首先昭和十四年（1939）臺灣總督府府令第五十號公佈〈外国人ノ入国、滞在及退去ニ関スルノ件〉，〔註 134〕昭和十六年（1941）臺灣灣總督府府令第一百五十三號修正公佈〈外国人ノ入国、滞在及退去ニ関スルノ件〉，〔註 135〕英國長老教會的英籍宣教師被驅逐，在臺道明會玫瑰省傳教士在當天就有一批警察進入各地神父的居所搜查，並搜走一些外文文件，以作爲其擔任間諜的證據，且監禁多位西班牙的神職人員，但不久釋放，允許天主教能夠在附近地區繼續傳教。〔註 136〕

道明會士在戰爭初期因是西班牙籍的關係，未受到強制拘留，不過後期的傳教活動也受到極大的限制，〔註 137〕臺灣總督府要求所有在基隆和高雄的外國人都需離開當地，迫使天主教的外籍神職人員必須離開，〔註 138〕前往臺

〔註 133〕 高木一雄《大正 昭和カトリック教会史 3》，頁 110。

〔註 134〕 〈外国人ノ入国、滞在及退去ニ関スルノ件〉《臺灣總督府府報》第 3566 號，1939 年 4 月 28 日。

〔註 135〕 〈外国人ノ入国、滞在及退去ニ関スルノ件〉《臺灣總督府府報》第 4271 號，1941 年 8 月 21 日。

〔註 136〕 "The War As Seen…By A Dominican Missionary"（Constantino Montero）in Fr. Pablo Fernandze ed., One Hundred Years of Dominican Apolate in Formosa, pp.275～276.

〔註 137〕 西班牙在太平洋戰爭爆發後，以中立國自居，昭和二十年（1945）日軍欺壓菲律賓的西班牙人，西班牙政府表達抗議，之後西班牙政府宣佈與日本斷交，所以在日的西班牙傳教士也被視爲敵人受到壓迫（高木一雄《大正 昭和カトリック教会史 3》，頁 121。）。但臺灣的道明會玫瑰省似乎沒有這樣的情形，筆者認爲或許里脇、涂敏正介入與日人協調有關；另一方面天主教會在日本統治區所受到的待遇，或許也與羅馬教廷所處的義大利與日本同屬同盟國有關。

〔註 138〕 "The War As Seen…By A Dominican Missionary"（Constantino Montero）in Fr. Pablo Fernandze ed., One Hundred Years of Dominican Apolate in Formosa, p.274.

灣其他非要塞地區。

四、在臺道明會玫瑰省會士的回應

　　昭和十六年（1941）3 月里脇淺次郎抵臺就任臺灣監牧。同年 7 月里脇淺次郎（1904～1996）與日籍岩永神父抵達基隆港，由當時的臺灣監牧楊多默、道明會玫瑰省臺灣區會長洪羅肋（Angel Rodriguez，1873～1945）涂敏正前往接船，隨後前往臺北，7 月 6 日於臺北樺山町天主堂正式就職，當時與里脇共同主持就職彌撒的兩位神父是岩永與涂敏正。從此可推測幾個狀況，便是里脇將來所倚重的應是屬於同國的「邦人」，而非道明會玫瑰省會士，另一個狀況是道明會玫瑰省對於里脇的到來呈現不歡迎的態度。這幾個狀況可由涂敏正所記錄的日記中看出端倪：

> 1941.6.29 余到臺北準備準備歡迎新主教，是日被舊主教多默及戴神
> 　　父氣壞，無理說話，不欲歡迎新主教之意，本想夜行車回到南部，
> 　　但後被洪公溫情勸慰挽留參加歡迎。〔註139〕

　　或許可以如此的推測，這個時候臺灣天主教內部分成兩派，一派是道明會玫瑰省中較年輕的神父為主，另一派則以日人主教里脇與教區神父涂敏正為主，表現道明會玫瑰省對於臺灣監牧撤換的不滿。

　　里脇就職後，便開始到臺灣各地的教會巡視，我們可由涂敏正的日記來觀察其行程：

> 1941.7.10　同新教區長到臺中
> 1941.7.11　到臺南（余暫時在斗六下再往）
> 1941.7.12　到高雄，惟是多默等不能下，留在臺南，因警局禁止
> 1941.7.14　警局命令洋鐸等不能居留高雄要塞地帶
> 1941.7.15　余被命到萬金教會接任
> 1941.7.17　洋人司鐸修女等一共十餘人奉命撤退到高雄要塞地帶
> 　　　　〔註140〕

　　由涂敏正這個時間的紀錄，我們可以看到涂敏正隨時陪伴里脇身邊，遠重於隨行的岩永神父，當然涂敏正對臺灣天主教的狀況較岩永熟悉，又同是「邦人」自然受到里脇的重視。里脇後來以高雄作為主教公署，涂敏正被任

〔註139〕涂敏正〈涂敏正神父日記〉，古偉瀛編《臺灣天主教史料彙編》（臺北：國立
　　　　臺灣大學出版中心，2008 年 12 月初版），頁 239。
〔註140〕涂敏正〈涂敏正神父日記〉，古偉瀛編《臺灣天主教史料彙編》，頁 240。

命管理萬金，筆者認為應可與會聽說日文的涂敏正就近商量事情，並且掌控天主教在臺灣最早且人數最多的兩個堂區。

另一面客觀而言，此時道明會玫瑰省的神父已無法在臺灣的重要都市傳教，其他地方的傳教士外出都需向當地的警察機關申請，並有警察的監視，非常不自由，上述涂敏正日記中的紀錄也證實了當時道明會士寸步難行。傳教工作若要繼續，里脇與涂敏正便是工作必須結合的夥伴。

如前述，太平洋戰爭爆發後，道明會玫瑰省會士雖未受到留置，但是傳教工作受到很大的限制。涂敏正的日記便記載著：

1941.12.10　高雄教會被日軍強制佔住，同時中、北各處洋人司鐸被日人軟禁

1941.12.19　總督府警務局長到高雄命令教區長要撤退全島洋司鐸，不許居留臺灣。後經教區長要求商量始得收回成命。〔註141〕

昭和十六年（1941）日籍神父古川重吉（1900～1970）擔任臺北樺山町天主堂本堂神父，服務在臺日籍天主教徒。

日治末期的臺灣天主教是否有為日本政府「協力」一直是個疑問，里脇為高雄前金玫瑰堂所寫的〈五十年前在臺司牧紀要〉一文中，曾提到日警曾強迫其安置神社，並且要在教堂的祭台前懸掛日本國旗，皆遭拒絕，並強調其在臺期間「保護臺灣的神父、教友以及教會的權利和自由，並為自己在臺灣 5 年間，誓言『絕對沒有做過一件對不起人的事』」。〔註142〕這樣的說法或許可以表明他的心跡，由上述涂敏正日記 1941 年 12 月 19 日所描述的情況來看，當時里脇也似乎有協助道明會玫瑰省會士們，避免他們被驅逐。

昭和十七年（1942）「臺灣基督教奉公會」成立，也有日本天主公教教團臺灣教區的參加〔註143〕，事前也有教師研習活動，里脇當時以「禁教下のキリシタン」為題發表演說〔註144〕。以目前的資料而言，當時臺灣天主教並無上述青年會或婦人會信徒組織，因此暫時並無協助政府的任何跡象。

〔註141〕涂敏正〈涂敏正神父日記〉，古偉瀛編《臺灣天主教史料彙編》，頁 241～242。

〔註142〕里脇淺次郎、李庭茂譯〈五十年前在臺司牧記要〉《高雄主教座堂開教一百三十五週年紀念特刊》（高雄：玫瑰天主堂，1994 年），頁 19。

〔註143〕鄭連明主編《臺灣基督長老教會百年史》（臺北：臺灣基督長老教會，1984 年），頁 263。

〔註144〕古偉瀛〈從修會到教會——里脇淺次郎與臺灣天主教〉，頁 228。

日本政府自明治維新以來，面對有眾多外籍傳教士的各基督教派乃是以國際外交的角度來處理，一方面基於明治憲法中宗教自由的規定，二方面最主要的就是要透過對基督宗教的「尊重」，作為與西方國家建立友好關係的外交手段，所以對於在臺的外國人（包含道明會玫瑰省會士）都儘量維持其在臺的利益，尤其是土地的問題。

日本政府若要禁止基督宗教的傳教，首先面對的便是外交問題，同時更是由日本政府主導整個基督教政策，我們可由《臺灣總督府公文類纂》相關的檔案中發現，日本政府的內務省及拓殖務省常有公文間的往來討論有關外國人在臺的權利問題。

檜山幸夫〈戰前日本統治臺灣權力構造〉一文中，討論了日本領臺初期在臺灣總督府與中央政府間，設置具有監督與指導性質的機構，先有臺灣事務局，後有拓殖務省，皆扮演此類角色，因此臺灣統治政策的決定權，由中央掌控，執行權則歸臺灣總督府〔註145〕。此情況表現在外國人與基督宗教政策上最為明顯，與日後臺灣總督府對於臺灣民間信仰的態度所採取的方式是不同的。

昭和十二年（1937）中日戰爭爆發後，日本與臺灣進入戰時體制，國家神道漸提升到國教的地位，並且跳脫宗教的意念，透過神社的參拜，結合國家人民的愛國情操，成為一種「忠君愛國」的表現。同時也意圖利用宗教團體的力量，要求宗教團體成為國家對外侵略政策的協力者。

日本政府發佈〈宗教團體法〉，要求宗教組團成為國家的協力者，但首要面對的是各基督教派中的外籍傳教士。隨著戰事的擴大，日本政府基督教策略則是先對外籍傳教士開刀，各傳教區主教全由日人擔任，對外籍傳教士透過監視、監禁、接收及控制教會學校……等手段，最後拘留敵對國的外籍傳教士或迫其離台。

外籍傳教士所引發的外交問題解決後，接下來便是單純的宗教問題。臺灣的基督教除天主教外（監牧由日人擔任），長老教會已無外國人存在，便要求其成為日本天主公教教團與日本基督教團的一員，教義亦做修正，達到日本政府宗教統制，透過宗教的力量來達到思想統制，並配合推行國家政策。

另一面由當時臺灣天主教會面臨此變化時，傳教團體本身似乎產生兩股爭執的力量。一是以道明會玫瑰省的青壯派為主，一是以里脇與涂敏正為主。

〔註145〕檜山幸夫〈戰前日本統治臺灣權力構造〉《臺灣總督府檔案之認識與利用入門》（南投：國史館臺灣文獻館，2002年12月），頁44。

涂敏正雖是臺灣第一位本土神職人員，卻是道明會玫瑰省會士馬守仁（Manuel Prat）擔任福建廈門教區主教時所培育出來的神父，因此他是教區神父，而非屬於道明會玫瑰省的神父，所謂的「血統」上便與道明會不同。

昭和十六年（1941）日本天主公教教團的成立，日本本土或海外殖民地都陸續以日籍神職取代外籍神職，對一直努力經營臺灣傳教的道明會而言，里脇的出現似乎剝奪其功勞，因此對於里脇採不歡迎的態度，對里脇所倚重的涂敏正自然也會有同樣的態度。一位曾與涂敏正共事多年的國籍神父臧詳明（1923～2013）曾言：「後來到日本念神學校的李天一、李惟添，都是涂敏正與日本人里脇主教所促成的，西班牙神父都是反對、批判的。」〔註146〕

太平洋戰爭爆發後，西班牙神父被日方限制行動，傳教工作只得倚靠里脇與涂敏正維持，涂敏正成為教會和日官方間的溝通者，戰後里脇被遣返，由涂敏正代理主教一職，又成為教會和國民政府間溝通的橋樑，也看到了臺籍神父在外籍修會團體中所扮演的角色。

〔註146〕陳梅卿〈代打者──臺灣神父 涂敏正〉《史苑》第 63 卷第 2 號（東京：立教大學史學會，2003 年 3 月），頁 117。

第五章 戰後臺灣天主教的變化

　　1945 年二次大戰結束，臺灣社會與生活漸漸回歸穩定。1949 年大陸淪陷，許多大陸軍民遷移來臺，使原本穩定的生活也產生震動。這樣的震動也影響了天主教在臺灣傳教情況的轉變，由原本以道明會爲主的傳教單位，形成今日臺灣天主教諸修會共同傳教的局面，更建立起正式的教會體制。

　　本章主要討論 1949 年以後道明會在面對臺灣政權轉換之際，再度掌握傳教主導權後，因應此時大陸政局的混亂，大批中外男女修會、教區神職來臺，「支援」道明會在臺灣傳教的情形。而教會神職人員本地化的課題也開始挑戰道明會在臺灣的領導權。

第一節　道明會在臺灣南部勢力的形成

　　1946 年當時臺灣監牧里脇淺次郎與日人神職古川重吉被遣返日本，臺灣監牧一職委任涂敏正（1906～1976）代理，1947 年接到羅馬教廷的正式委任狀。

　　1946～1948 年涂敏正代理臺灣監牧期間，首要面對教會的經濟困難及爭取教產回歸教會所有，這些狀況都經過涂敏正的努力得到援助與解決。〔註1〕在傳教工作方面，1946 年他利用高雄孤兒院院舍部分空間，籌辦神學校，當時有 12 名修生，同年也召開男傳道大會，討論傳教與生活的問題。〔註2〕翌年再與幾位道明會玫瑰省會士召開首次主教會議，隨後在高雄召開全國傳道

〔註1〕涂敏正〈涂敏正神父日記〉，古偉瀛編《臺灣天主教史料彙編》（臺北：國立臺灣大學出版中心，2008 年 12 月初版），頁 253。

〔註2〕涂敏正〈涂敏正神父日記〉，古偉瀛編《臺灣天主教史料彙編》，頁 253；江傳德《天主教在臺灣》，頁 250、252。

大會討論傳教方針；〔註3〕文化事業方面，1948 年並籌辦天主教刊物《台光月刊》；〔註4〕信徒培育方面，高雄玫瑰堂的信徒組織公教進行會成立，信徒也開始參與教堂的運作與管理。〔註5〕

涂敏正代理臺灣監牧二年多後，1948 年 3 月向羅馬教廷提出辭呈，4 月教廷正式來函批准，〔註6〕並派任涂敏正推薦的道明會玫瑰省會士陳若瑟（Josè M. Arregui，1903～1979）接任第四任臺灣監牧，臺灣天主教會領導權轉回道明會玫瑰省。

陳若瑟接任監牧後，仍然延續了涂敏正時期經濟拮据的狀況，這使得原以為擺脫日治戰時體制下限制傳教的束縛，卻又因經濟的問題迫使傳道員因生活問題而另謀他職，縱使當時有三位教區神父（即涂敏正、李天一、李惟添）、12 位道明會士的協助，傳教工作的進展仍有限。〔註7〕此時適逢大陸局勢緊張，大批的軍民陸續來臺，其中也包括中外男女修會與教區神職。面對如此混亂的情況，遂成為陳若瑟要面對及處理的問題，對臺灣天主教的發展也展開了新的變化。

一、臺灣天主教會體制的建立

當時大陸局勢趨於嚴峻，國民政府也來到臺灣，在此時局不穩定的時期，可說人心惶惶，就連道明會士們也對臺灣未來時局感到憂心。道明會士李安斯（Elias Fernandez，1899～1956）在 1950 年 3 月的道明會傳教刊物《Dominican Missions》第 368 號曾發表當時他對臺灣政局的描述：

> 國民黨現在在臺灣。他們被毛澤東的勢力趕出大陸，尋求避難到這個島上，在無庸置疑的領袖蔣介石領導下，正積極的準備防範共產黨所發動的突擊。

> 新政府正在暗示共產黨將在春天發動攻擊。坦白說，我們對在這裡的傳教感到憂心。美國已經公開宣告將不會主動協助防衛臺灣，而且我們無法看到蔣氏政權以他們所擁有的資源與孤立的地位，得以防堵共產黨的驚人毀滅力量。

〔註3〕涂敏正〈涂敏正神父日記〉，古偉瀛編《臺灣天主教史料彙編》，頁 256。
〔註4〕涂敏正〈涂敏正神父日記〉，古偉瀛編《臺灣天主教史料彙編》，頁 257。
〔註5〕涂敏正〈涂敏正神父日記〉，古偉瀛編《臺灣天主教史料彙編》，頁 253。
〔註6〕涂敏正〈涂敏正神父日記〉，古偉瀛編《臺灣天主教史料彙編》，頁 258。
〔註7〕"The Mission in Formosa —— From 1949 on" in Fr. Pablo Fernandez ed., *One Hundred years of Dominican Apostolate in Formosa*, p.288.

當時在此地流行著除非有神的介入，否則臺灣將會步上中國的後路，被共產黨征服，落入共產黨的統治的感覺。

另有一種感覺也在流行，即臺灣的獨立被欺騙了。當日本投降時，他們也放棄所控制的島嶼。因此臺灣人也被導引去相信，就如同韓國人將會得到自由。但事實並非如此，中國人來了。

許多臺灣獨立的積極擁護者試圖對抗中國人，但蔣介石的軍隊迅速解決了他們，叛亂雖短暫，卻血花四濺。現在，臺灣獨立的所有夢想必須被壓抑。

或許這是最好的。或許中國人在臺灣，並與臺灣人的領導者們合作，將會幫助這個國家彌補政治上的缺陷。經濟方面，臺灣也許會穩定，但沒有理由可相信臺灣人已經有能力自組政府，他們可以被信任去統治他們在政治與國家的命運。

政治上的劇變也影響了臺灣的傳教。國民政府撤退來臺，大批的傳教士與修女也從中國北方與滿州來到臺灣，我們也張開手臂熱忱地歡迎這些天主教修會的到來。〔註8〕

上述的文字中，我們可以看到當時的道明會士對臺灣政局的擔心，他不信任蔣介石政權的能力，也不認為臺灣人有能力自組國家，對於後者，筆者訪問道明會士戴剛德（Constantino Montero Alvarez，1909～2007）時，他也有類似的看法：「當時的日式教育除了醫生、教師外，根本禁止臺灣人學習政治、法律等科目。所以臺灣人基本上就缺乏政治人才，戰後在政治上無法勝任。」，〔註9〕這似乎表示當時在台的道明會會士對臺灣人的看法，而李安斯認為臺灣人與新政府間應該互相合作，臺灣的政治才能穩定。

時局的變動，促使了人的遷徙。時任監牧的陳若瑟面對因大陸淪陷而大量來臺的中外修會與神職，也必須協助安置他們，如主徒會在臺北、耶穌會在新竹、方濟會在臺南、美國瑪利諾會在臺中、聖言會在嘉義，另外女修會也分布在臺灣各地。

教廷傳信部鑑於情勢及時局，可能認為這是積極傳教的機會，便於 1949

〔註8〕 "Formosa under the Nationalists：1950"（by Fr. Elias Fernandez）in Fr. Pablo Fernandez ed., *One Hundred years of Dominican Apostolate in Formosa*, pp.291～292.

〔註9〕 楊嘉欽〈道明會玫瑰省戴剛德神父在台傳教紀略〉（下）《高雄文獻》第 2 卷第 3 期，2012 年 9 月，頁 156～157。

年 12 月 30 日宣布將臺灣監牧區約以大安溪爲界，劃分爲臺北、高雄兩監牧區，臺北監牧區由主徒會管理，首任監牧爲郭若石（1906～1995，任期 1952～1959），高雄監牧區仍由道明會玫瑰省負責，監牧陳若瑟。

自 1951 年開始，臺灣傳教區又自臺北、高雄兩監牧區細分增加臺中（1951，美籍瑪利諾會士蔡文興（William F. Kupfer，1909～1998）任監牧）、嘉義（1952，國籍牛朝宗（1895～1972）任監牧）、花蓮（1952，法籍巴黎外方傳教會士費聲遠（André-Jean Vérineux，1897～1983）任監牧）等三個監牧區。1952 年原臺北監牧區升格爲臺北總教區，郭若石爲首任總主教，臺灣天主教教會體制正式成立，成爲中國第 21 個教省（參閱表 5-1）。

表 5-1：1950 年代臺灣各教區、監牧區成立時間及轄區

監牧區	成立時間	首任監牧	所屬修會	轄　區
臺北	1949	郭若石（國籍）	主徒會（國籍）	臺北、桃園、新竹、苗栗、宜蘭
高雄	1949	陳若瑟（西籍）	道明會玫瑰省	臺南、高雄、屏東
臺中	1951	蔡文興（美籍）	美國瑪利諾會	臺中、彰化、南投
嘉義	1952	牛朝宗（國籍）	教區	嘉義、雲林
花蓮	1952	費聲遠（法籍）	巴黎外方傳教會	花蓮、台東
備註	1952 年臺北監牧區升格爲臺北總教區			

資料來源：江傳德《天主教在臺灣》，頁 386。

經過此次教廷對臺灣傳教區的劃分，道明會玫瑰省所管理的區域萎縮至臺南以南的地區，臺灣天主教會的領導權也轉移至臺北，表面上來看，或許是道明會管轄區域的縮小，但就整個天主教會的傳教來看，則是人手的增加，及帶來新的氣象。道明會士們似乎也樂見這樣的情況：「現在工作已被分攤，主徒會擔負起北部的傳教工作，無庸置疑地將獲得較好的成果，每年受洗的人數必會增加」，〔註10〕1951 年李安斯發表的一篇文章中引用 1619 年馬地涅

〔註10〕 "Formosa under the Nationalists：1950"（by Fr. Elias Fernandez）in Fr. Pablo Fernandez ed., *One Hundred years of Dominican Apostolate in Formosa*, p.294.

奉命來臺傳教時，他向省會長所說的話：「Formosa is the advanced post and the key to the conversion of China」（臺灣將成為皈依中國的前哨與關鍵），〔註 11〕藉此引申出臺灣再度將成為前進中國傳教的橋頭堡，事實上，日後這樣概念也成為臺灣天主教的自我定位。

二、道明會在台灣南部的奠基

　　道明會體系方面，此時原在大陸傳教的道明會其他會省的會士、修女來臺，其中有玫瑰道明傳教修女會（1949 年來臺）、中華道明修女會（1949 年來臺）、道明會德鐸省（1954 年來臺）、聖若瑟道明修女會（1954 年來臺），陳若瑟也協助安置道明會體系的男女修會。

　　德鐸省會士因原在中國福建汀州教區〔註 12〕傳教，應該因為德鐸省的傳教區多屬客籍，所以陳若瑟便安排德鐸省會士前往屏東潮州地區傳教，1955 年原汀州教區主教雷新基（John Werner Lesinki，1904～1963）來臺後，便前往潮州負責屏東各鄉鎮的傳教工作（除屏東市、萬金、佳佐、屏東縣山地鄉等玫瑰省傳教區外），〔註 13〕由此更可看出希望藉德鐸省在福建汀州的傳教經驗，開闢臺灣南部客家地區的傳教企圖。

　　女修會的部分，玫瑰道明傳教修女會留在高、屏地區協助玫瑰省傳教；中華道明傳教修女會則到斗南；聖若瑟道明修女會因 1920 年在大陸汀州教區協助傳教，因此 1954 年接受雷新基的邀請來臺協助德鐸省在屏東地區的傳教工作。〔註 14〕

　　除了其他修會及道明會體系的修會來臺外，許多原在大陸傳教的玫瑰省中外會士也來到臺灣，其中國籍會士先後來臺者約有 6 位。〔註 15〕

〔註 11〕 "Formosa, Bastion of Christianity"（by Fr. Elias Fernandez）in Fr. Pablo Fernandez ed., *One Hundred years of Dominican Apostolate in Formosa*, p.295.
〔註 12〕 福建汀州教區包含長汀、上杭、連城、武平、永定、漳平、清流、寧化等縣，大部在今日福建省龍岩市，少數在三明市。此地區西以武夷山與江西省為界、南鄰接廣東省，其中長汀為客家人的主要聚集區。（陳支平、李少明著《基督教與福建民間社會》（廈門：廈門大學出版社，1992 年 9 月初版），頁 19；《福建省地圖冊》（福州：福建省地圖出版社，2006 年 4 月 7 印），頁 44、51。）
〔註 13〕 李良 編纂《高雄教區十五年史（1961～1975）》（高雄：高雄教區主教公署，1977 年 4 月），頁 119。
〔註 14〕 天主教男女各修會《阮的腳步阮的情》（臺北：臺灣天主教修會會士協會，2009 年 7 月），頁 200。
〔註 15〕 1950 年代來臺國籍會士有郭華（1955 來臺）、郭德業（1955 來臺）、陳紹基（1955

　　此時由於傳教人力大增，加上美援透過天主教福利會，在臺灣各地的教會發放救濟品給臺灣民眾，也吸引了不少民眾受洗成為信徒，據當時擔任高雄玫瑰天主堂本堂的會士戴剛德回憶：「當時每次遇到教會有慶典時，每次都有將近150～160的人領洗，而且每期的兒童暑期道理班，參加的小孩可說是非常的多，多至好幾百人。平常的日子教堂也成為兒童玩樂的地方。晚上都有信徒前來教堂前聊天和念經，所以教堂每天不管什麼時候都是非常熱鬧的。」〔註16〕另外我們也可由表 5-2 高雄玫瑰天主堂的領洗人數的變化，看到此時期（1950 年代）信徒人數的增加：

表 5-2：戰後高雄玫瑰天主堂領洗人數曲線圖（1946～1994 年）

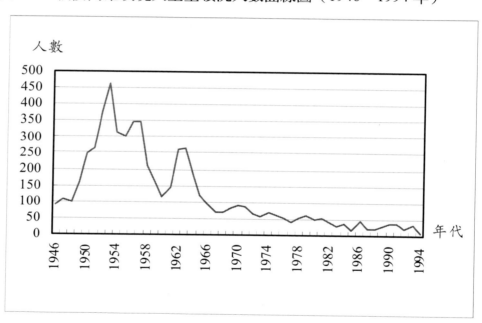

資料來源：據《高雄主教座堂一百三十五週年紀念特刊》中所列之數據繪製而成。

　　道明會玫瑰省面對傳教人力的充足，也開始進行新傳教區的開拓，如戴剛德於 1951～1956 年任職玫瑰堂本堂期間，前往鳳山地區傳教；臺南地區方

來臺）、鄭天祥（1955 來臺）、李伯鐸（1957 來臺）、馮觀濤（1958 來臺）。楊嘉欽〈李伯鐸先生訪問紀錄〉2003 年 7 月，未刊稿；江傳德《天主教在臺灣》，頁 335～336。

〔註16〕楊嘉欽〈道明會玫瑰省戴剛德神父在台傳教紀略〉（下）《高雄文獻》第 2 卷第 3 期，2012 年 9 月，頁 159～160。

面，除原有的臺南市中山路天主堂外，陳若瑟派遣會士嘉西力（Felipe Castilla，1921～？）前往臺南大灣，馬西略（Marcelino Delgado，1905～1997）前往臺南新化，周道南（Joseph Hernandez，1903～1975）前往臺南善化，1957 年移交給國籍會士李伯鐸（1926～）後，也在該地建造教堂，岳崎淵（Vicente Garcia，1908～1964）前往玉井、山上等地進行傳教工作。〔註17〕此時最重要的就是前往高屏地區山地鄉的傳教，並且獲得極大的傳教成果，此傳教發展過程將在下一節討論。

　　根據江傳德《天主教在臺灣》一書中的統計資料，自 1953 至 1960 年道明會士（玫瑰省、德鐸省）人數由 18 增至 48 名，當時教區神父只有 23 名，其他修會的神父除遣使會 16 名外，其餘都只有個位數。〔註18〕由此我們可以觀察到，戰後 1950 年代道明會玫瑰省雖然隨著各監牧區的劃分，但他們還是在臺灣南部保有其傳教優勢，並隨著同道明會系統的男修會、女修會的協助下，更積極地運用各種方式，擴展其傳教區域。

　　1950 年代以來道明會玫瑰省的傳教發展，雖然此時期道明會玫瑰省的管轄權及傳教區萎縮，反而讓他們可以集中力量，並配合美援的吸引力，得以進行原有傳教區的經營，及新傳教區的開拓。同時同屬道明會系統的德鐸省與修女會等生力軍的加入，使南部客家村落也有傳教成果的展現，更甚者高屏地區原住民的大規模入教，更是此時期重要的傳教成果。

表 5-3：1950～1960 年代道明會玫瑰省管轄之堂區

縣市	堂　區	創立	建堂	兼管堂區／傳教所	創立者	備註〔註19〕
高雄	玫瑰天主堂	1859	1860		郭德剛	教區
高雄	鼓山天主堂	1862	1864		郭德剛	教區
高雄	五塊厝天主堂	1881	1948		郭德剛	教區
高雄	左營天主堂	1932	1957		高道隆	教區

〔註17〕天主教臺南教區金慶委員會《天主教在臺南──臺南教區成立五十週年紀念 1961～2011》（臺南：聞道，2012 年 7 月），頁 98、106、108、112、119。
〔註18〕江傳德《天主教在臺灣》，頁 384。
〔註19〕天主教的堂區所有權有兩種形式，一是屬於教區，一是屬於修會直轄。屬於教區的堂口，土地及地上物皆屬教區財產，堂區本堂神父由教區主教安排、任命；修會直轄的堂口，土地與地上物、事業屬於修會財產，堂區本堂神父由該修會會士擔任，經教區主教任命。

高雄	鳳山天主堂	1952	1953		戴剛德	教區
高雄	大寮天主堂	1953	1956		德學智	教區
高雄	橋頭天主堂	1954	1957	梓官	利繼德	教區
高雄	後勁天主堂	1955	1959		高道隆	教區
高雄	旗山天主堂	1955	1958		戴剛德	直轄
高雄	六龜天主堂	1956	1956	二集團、寶山	戴剛德	教區
高雄	前鎮天主堂	1956	1960		周道南	教區
高雄	小港天主堂	1957	1958		周道南	教區
高雄	青島村天主堂	1957	1957		周道南	教區
高雄	仁武天主堂	1957	1958		陸理德	教區
高雄	路竹天主堂	1958	1960		郭　華	教區
高雄	後驛聖道明堂	1962	1966		陳若瑟	直轄
高雄	灣仔內天主堂	1962	1963		馬西略	教區
屏東	萬金天主堂	1861	1863		郭德剛	直轄
屏東	公園路天主堂	1953	1954		良雅師	直轄
屏東	和平路天主堂	1953	1963		良雅師	教區
屏東	佳平天主堂	1952	1953	泰武、武潭、萬安、佳興、平和、馬士	蘇士朗	教區
屏東	三地門天主堂	1953	1956	德文、馬兒、達來、大社、阿烏、沙漠、安坡、賽嘉、口社	蘇士朗	教區
屏東	霧台天主堂	1954	1959	好茶、阿禮、去怒、大武、佳暮	顏光明	教區
屏東	北葉天主堂	1953	1956	瑪家、涼山、佳義、筏灣、射鹿	陳紹基	教區
屏東	丹林天主堂	1953	1958	來義、古樓、大後、文樂、望嘉、南和、舊丹、春日、古華、士文	黎克義	教區
臺南	中山路天主堂	1866	1868		郭德剛	直轄
臺南	大灣天主堂	1890	1952	土庫、永康	嘉西力	教區
臺南	新化天主堂	1905	1952		馬西略	教區
臺南	善化天主堂	1954	1957	大內	周道南	教區
臺南	山上天主堂	1956	1956		岳崎淵	教區
臺南	玉井天主堂	1958	1959	楠西	岳崎淵	教區

資料來源：李良編著《高雄教區十五年史》，頁 45～114；天主教臺南教區金慶委員會
　　《天主教在臺南——臺南教區成立五十週年紀念 1961～2011》（臺南：聞
　　道，2012 年 7 月），頁 98、106、108、112、119。

　　由表 5-3 中可以看出 1950 年以後，道明會玫瑰省在臺南、高雄、屏東地
區積極的擴展傳教區，也在短時間內建堂，可說擴展非常快速，這應與當時
政局的變化，人口大量移入有關。同時一位玫瑰省會士的傳教區，常也包含
了臨近的區域，如鳳山、大寮為一區；橋頭、梓官為一區；旗山、六龜為一
區；前鎮、小港、青島村為一區，屏東的山地鄉如泰武、三地門、霧台、瑪
家、來義也各自有其傳教區域。

　　總結 1950 年代以來，臺灣天主教因著大陸政局的變化，也影響到臺灣天
主教的發展，由以往道明會玫瑰省的單槍匹馬，轉變成各修會共同傳教的時
期，1945 年所成立的中國聖統制，也漸轉移至臺灣，道明會玫瑰省在臺灣的
傳教區域及管轄權則限縮至臺南以南。

　　道明會在臺灣南部展現其強大的傳教力量後，此時道明會內部本身存在
的兩個傳教組織——玫瑰省與德鐸省，因傳教對象不同，原則上他們是站在
合作的基礎上。而此時由於中國天主教聖統制隨著國民政府也遷移至臺灣，
道明會即將面臨當時天主教會的新思潮——教會神職人員本土化的洗禮。

第二節　高屏原住民的傳教

　　1950 年代道明會玫瑰省在臺灣最大的進展應是高屏地區山地鄉的傳教。
戰後道明會玫瑰省再度展開原住民的傳教工作，並且得到亮麗的成果。道明
會玫瑰省在高屏地區山地鄉傳教的開始則是今日屏東縣泰武鄉佳平部落。

　　筆者訪問佳平出身、高雄教區首位原住民籍神父及道明會士尤間運（1957
～）時，他提到排灣族在臺灣南部分布狀況，若以行政區劃來界定，分布區
域包涵了屏東、台東 10 個鄉鎮，即太麻里、金峰、大武、牡丹、獅子、春日、
來義、泰武、瑪家、三地，這 10 個排灣族分布的鄉鎮中，可分為排灣族五大
系統，各系統皆有大頭目，其中泰武鄉便屬其中的一個系統，泰武鄉內包含
有泰武、佳平、佳興、武潭、平和、馬士、萬安等部落，該系統的大頭目便
在佳平，[註20] 也表示了佳平在屏東排灣族的區域中，占有重要的地位。

〔註20〕楊嘉欽〈尤間運神父訪問紀錄〉2012 年 9 月 5 日，未刊稿。

　　若根據 1950 年代在來義、古樓、佳平地區對當地排灣族進行調查的人類學家任先民曾提到屏東地區排灣族的系統：「頭目是族群中土地的領有者，首先開發某一領地者，是大頭目。人口增長以後，大頭目家直系子女分別可以當二頭目和三頭目⋯⋯，仍居同一領地，且可以擴充領域，形成大的部落族群，像來義和古樓。⋯⋯如果分支遷離本部落族群，而到另外地區開闢領地，則開闢領地的首領便爲大頭目，如佳平村。」〔註21〕由此調查說明中，我們也可以知道佳平也可能是屏東縣排灣族中的一個分支，但已有獨立的地位，與前述尤間運所描述的佳平部落的情況，有某種程度的契合。

　　清朝時期面對今日泰武鄉的原住民便已在臨近的平埔族聚落——萬金——設立隘寮，此隘則稱爲「萬巾莊隘」（今日萬金村附近的萬金營區），萬金的平埔族人便與排灣族早有往來，萬金亦成爲原住民的交易中心。十九世紀中葉來臺的外國人都對這批山上的原住民非常感興趣，萬金成爲他們前往山地的必經之地，這在他們所留存的紀錄中都可以看到，例如英籍商人必麒麟（W. A. Pickering，1840～1907）在 1865 年來到萬金時，對萬金與原住民間的往來做了以下描述：

　　　這位老平埔番曾經同那些蠻人做過許多交易，他們往往是在短暫的
　　　和平時期去到兩個山谷之間的中間地帶，在那裡與野蠻人進行物物
　　　交換⋯⋯。〔註22〕

　　1874 年來到萬金的美籍學者史蒂瑞（Joseph Beal Steere，1842～1940）也曾對萬金與佳平間的交易做過描述：

　　　萬金的平埔番（Pepowhans）每三天習慣地與山上的野蠻人交易，藉
　　　由兩者間頻繁的往來，許多平埔番多少會說野蠻人的語言，並且他
　　　們有買年輕野蠻女性爲妻的習慣。〔註23〕

　　既然萬金有這樣的條件，按理說，道明會玫瑰省應該很早就可以透過萬金村民的帶領，進入原住民部落傳教。1865 年郭德剛曾前往萬金附近的原住民部落，但因語言不通而作罷，〔註24〕另由會士良方濟的一封信中提到可能

〔註21〕任先民〈排灣族的頭目與平民〉，收錄於任先民攝影《屏東縣排灣族民族誌影像圖錄》（台東：國立臺灣史前文化博物館，2012 年 9 月），頁 11。

〔註22〕W. A. Pickering, *Pioneering in Formosa*（臺北：南天，1993 年 7 月），p.102.

〔註23〕Joseph Beal Steere, Paul Jen-Kuei Li（李壬癸）ed., *Formosa and Its Inhabitants*（福爾摩莎及其住民，臺北：中央研究院臺灣史研究所籌備處，2002 年 11 月初版），p.89。

〔註24〕山樂曼《美麗島・主的莊田》，頁 145，註22。

是因原住民出草的慣習及語言不通，讓他們望之卻步：

> 就在我到這裡之後幾天，非常喜悅地能夠去爬鄰近的幾座山。我由幾位信徒陪同，他們帶領我看到周圍真正美麗的鄉村風景。就在回程的路上，我最高興的就是與幾位原住民相遇的經驗。
>
> 我在路上遇見他們，當他們知道我不是漢人後，他們熱情地向前問候。他們開始問我許多問題，而且從他們口氣中，我發現某種親切與尊重的感覺。他們告訴我他們非常樂意我能為他們工作，教育他們的族人。
>
> 他們說話的腔調是甜美且音調優美的，令我非常感動，因為他們的語言似乎將我帶回菲律賓，他們所說的語言與菲律賓語是如此的相似。
>
> 我給他們所喜歡的一些禮物與酒，他們非常的高興。他們邀請我去拜訪他們在山上的部落，但是我的信徒嚮導勸告我，他們說去拜訪這些原住民必須要小心，而且天色已晚，此外，他們還說我還需要一位翻譯。
>
> 最後，我因而回絕他們的邀請，我同他們道別，而且表示我非常高興能遇到他們。〔註25〕

由會士良方濟的信中，我們可以看到道明會士本有意圖前往鄰近原住民的部落，但受到萬金信徒的建議，可能懼於原住民的出草，因而作罷。日後我們也沒有看到道明會士主動前往原住民傳教的企圖，直到1950年代，他們來到萬金與道明會士接觸後，才開啟原住民的傳教工作。

日治時期，臺灣總督佐久間左馬太的五年理蕃計畫，強勢地征服臺灣各地的原住民部落，並在1913～1914年間收繳南部排灣族、布農族的槍枝，解除其武裝。

1914年臺灣總督府囑託丸井圭治郎提出《撫蕃ニ關スル書》、《蕃童教育意見書》，提出利用警政體系，發揮警察的軟硬兼施的功能，實施積極的撫育，及強制的同化政策。此原住民同化政策中，蕃童教育就是其中重要的一環，使接受日式教育的蕃童日後在原住民社會成為日本統治者的化身，協助進行日本政府的同化政策；同時也利用對原住民的經濟控制，實施漢蕃隔離，加強

〔註25〕 "Bankimcheng: Responsiveness of the Aborigines"（1865.4.18 from Bankimcheng by Fr.Francico Herce）in Fr. Pablo Fernandez ed., *One Hundred years of Dominican Apostolate in Formosa*, p.59.

原住民社會對日本政府的依賴，使得原住民社會為求生存放棄其原有的傳統文化、習慣；最後就是安排原住民遷移下山，離開熟悉的山林，重新編組共同的農耕部落集團，使原住民部落尚未在新居所建立起自己的文化，便被強迫接受日本的文化，對日人效忠，自然使臺灣原住民的文化沒落。〔註26〕後來雖有1930年霧社事件的爆發，也更加強了臺灣總督府對原住民部落的教化。

今日泰武鄉的各部落，多數都已經由山上遷至山下，循著沿山公路（屏185縣道）由南而北，分別是平和、武潭、佳平、馬士、萬安，泰武則在八八風災後也遷至平原地區，目前仍留在山上的只剩佳興部落。

關於佳平部落接受天主教信仰的有幾種說法。首先據教會的資料記載：1951年玫瑰省會士包德良（Faustino Saez Munoz，1908～1987）透過萬金信徒潘平生之介紹，前往萬金東邊的排灣族部落——佳平（Kapian，今屏東縣泰武鄉佳平村）拜訪當時的女頭目馬路布祿（Mallublluv，漢名劉春美，1911～1959），以日語交談甚歡，該位女頭目也慨允擇日前往萬金天主堂拜訪，不久女頭目依約來到萬金，並表示受洗的意願，隨後包德良便委請曾就讀靜修女中，日語流利的萬金村民潘伏求之妻潘林環涼前往佳平講道。〔註27〕

道明會玫瑰省方面則是這樣紀錄著：

> 我們相信此大規模的入教可歸因於排灣族頭目對道明會士的好感。這好感起源於幾年前萬金庄流行的一場傳染病，他們得到道明會士仁慈、熱心的對待照顧。
>
> 由於這份的仁慈照護，他們也用仁慈回報。頭目允許道明會的傳道員能自由的在部落內行動，最受歡迎的傳道員則是亞納林環涼（Ana Lim Kuang-Liang，筆者按即潘林環涼），一位獻身教會、無私的、不屈不撓的教導部落居民的虔誠婦女。
>
> 由於她的努力，在排灣族地區內建立教堂成為必須，由林環涼所開始的工作，持續到傳教士能接續的時候，一定可以更進步。這目前仍無法完成，因為沒有傳教士會說排灣族語。〔註28〕

〔註26〕藤井志津枝《理蕃》（臺北：文英堂，1997年5月），頁269～273。

〔註27〕杜勇雄編《高雄教區山地開教四十五週年特刊》（高雄：天主教高雄教區，1993年12月），頁36～37。

〔註28〕"The Marian Year Begins"（Ultramar, Year XXXVII No.414, March 1954, p.60）in Fr. Pablo Fernandez ed., *One Hundred years of Dominican Apostolate in Formosa*, p.300.

　　黃子寧的研究中，她與萬金村首位平埔族神父潘瓊輝的訪談中提到這段山地傳教歷史展開的主動者是潘林環涼（亦是潘瓊輝神父的母親）。因爲她發現佳平村的原住民因與萬金村民潘平生友好，或領取美援物資，而來到萬金走動、停留，她便向當時本堂包德良提出可向原住民傳教的建議，但爲包德良冷淡回應。後來她繼續向後來的代理本堂陸理德（Donato Rodriguez Riano，1913～1991）建議，陸理德採納了潘林環涼的建議，請玫瑰道明傳教修女會來到萬金義診，潘林環涼也前往佳平，向村民以日語講道，其中最關鍵的就是用傳統民俗療法及天主教的聖水醫治好頭目女兒的疾病，女頭目便表達願意受洗。〔註29〕

　　筆者訪問尤間運時，他提到這段歷史時表示當時佳平與萬金村民的關係很好，經常有往來，而佳平村民要看診也需要到萬金。就有一次，佳平頭目的小孩看完病，家人坐在教堂前休息，包神父看到了便趨前與頭目一家寒暄，並爲她生病的小孩祈禱，沒想到不久頭目小孩的病很快就痊癒了，頭目非常高興，便表達要受洗的意願，並且邀請神父與日語流利的潘林環涼前往佳平傳教。受到頭目受洗的影響，佳平的原住民也開始受洗入教，據尤間運回憶他的父母親都是在 1952 年佳平第一批受洗的信徒。〔註30〕

　　透過上述四段有差異的道明會玫瑰省會士開始向原住民傳教的歷史，我們認爲在天主教傳教歷史的脈絡中，神父總是敘述的主角，男女傳道員則是重要的配角，所以我們統整四段敘述，可以認爲佳平女頭目小孩的疾病獲得醫治，成爲佳平入教的關鍵，同時潘林環涼也扮演重要的媒介，佳平大頭目劉春美全家可能在 1951 年左右受洗入教，〔註31〕1952 年便有佳平原住民的入教，道明會玫瑰省也開始重視原住民的傳教，便派遣會士專心以原住民爲主要的傳教對象，其中較重要的人則是會士蘇士朗（Castor Osorno，1919～1985）：

　　　由於無法給予原住民充足的教導，使得原住民的入教已經延遲了。
　　　原因在於會說原住民語的傳道員太少了。

〔註29〕黃子寧《天主教在屏東萬金的生根發展（1862～1962）》（臺北：國立臺灣大學出版委員會，2006 年 11 月初版），頁 283～285。
〔註30〕楊嘉欽〈尤間運神父訪問紀錄〉2011 年 8 月 11 日，未刊稿。
〔註31〕對於佳平大頭目劉春美受洗的時間，通俗的說法多在 1951 年，另有一說爲1949 年劉春美與其兄弟林耀東、林義治、林義良受洗入教。（杜勇雄 編《高雄教區山地開教四十五週年特刊》，頁 106。）

　　爲了解決這問題，加速這些山地居民的入教，幾位教士開始特別學
習原住民語，使得他們日後可以與原住民溝通。這些志願者中，蘇
士朗神父是其中一位。

　　他正專心的學習原住民語，爲此，蘇士朗神父必須放棄他在嘉義的
傳教工作……因此他應可以專心在此計畫上。〔註32〕

　　因此自 1953 年開始，以蘇士朗爲首的幾位道明會玫瑰省會士開始學習排
灣族語，積極的向屏東山地鄉傳教。1953 年底佳平天主堂落成，當天佳平領
洗者有 247 人，蘇士朗爲佳平首任本堂：

　　臺灣的聖母年是由高雄監牧區 247 位排灣族原住民的受洗開始展開
慶祝……教堂得以興建是得到中央政府確定許可後，並獲得道明會
玫瑰省會長宋照（Silvestre Sancho）慷慨的支持。負責的是一位年
輕的傳教士，他正待在佳平學習排灣族語。〔註33〕

　　佳平爲什麼可以在這麼短的時間內集體入教？筆者認爲曾經經過三次遷
村至今日的位置的佳平，〔註 34〕加上日治時期的同化政策與末期皇民化運動
的影響，使該地區排灣族原有傳統文化沒落，這或許成爲 1950 年代接受天主
教信仰的原因之一。

　　身爲佳平第二代信徒的尤間運曾向筆者表示，自他有記憶開始，部落中
的傳統祭儀很少舉行，小時候他幾乎未曾參加過任何排灣族的傳統祭儀，他
們活動、遊樂則環繞教堂爲中心，後來才又有五年祭的舉辦，但儀式都已經
簡化，多數由教堂的彌撒來取代。近來，受到政府鼓勵原住民傳統文化的保
存與提倡，許多的傳統文化才被追溯回來，不過例如泰武鄉的豐年節則先舉
行彌撒，彌撒結束後再舉辦祭儀，惟祭儀內容偏向娛樂、競賽方向來進行，
亦會要求部落內的青年學習排灣族傳統藝術。〔註 35〕

〔註32〕 "Aborigines Embracing Catholicism"（Ultramar, Year XXXIV No.411, January
　　　　1954, pp.57～60）in Fr. Pablo Fernandez ed., *One Hundred years of Dominican
　　　　Apostolate in Formosa*, pp.299～300.

〔註33〕 "The Marian Year Begins"（Ultramar, Year XXXVII No.414,March 1954, p.60）in
　　　　Fr. Pablo Fernandez ed., *One Hundred years of Dominican Apostolate in Formosa*,
　　　　p.301.

〔註34〕 楊嘉欽〈尤間運神父訪問紀錄〉2011 年 8 月 11 日，未刊稿；任先民〈屏東縣
　　　　泰武鄉排灣族的食、衣與生命禮俗〉，《民族學研究所資料彙編》第 20 期（南
　　　　港：中央研究院民族學研究所，2007 年 10 月），頁 108。

〔註35〕 楊嘉欽〈尤間運神父訪問紀錄〉2012 年 9 月 5 日，未刊稿。

　　部落組織方面，神父的角色在部落內具有地位，屬於宗教的角色，政治的角色則仍歸頭目，但二者的角色並不會衝突。就婚姻來說，若頭目不贊成部落內某對男女的婚姻，這婚姻是無法成立的。信徒婚禮的進行有的先在教堂進行婚禮彌撒，後再用傳統的方式進行，也有相反的程序，視信徒需要及當時狀況做調整。〔註36〕

　　彌撒的進行方面，1950 年代天主教剛傳入佳平時，神父主持彌撒都用拉丁文，並且背對信徒，只有講道時用母語，並面對信徒。大約直到 1970 年代才有國語的禮儀本、神父面對信徒主持彌撒。現在尤間運用國語在泰武鄉的各部落主持彌撒，講道則用母語。

　　道明會玫瑰省面對原住民傳教儀式與慣習，如何理解與應對，就目前的資料來看並無任何顯示。但藉由上述尤間運描述他童年時期，部落對傳統的態度淡泊，道明會神父似乎並不干涉他們的傳統文化與祭儀，由於傳統文化的沒落，反而由教會禮儀來取代，教會成為重要的精神中心。

　　道明會玫瑰省在佳平首先建立教堂後，也開始往鄰近的部落傳教：

　　還有 67 位原住民接受再生之水的洗禮。他們正式的入教是由蘇士朗神父在莊嚴的聖誕節主持的……。

　　這 67 位新受洗的排灣族原住民，加上本月稍早在無染原罪聖母節受洗的 247 位排灣族原住民，在排灣族部落（筆者按此指佳平）的傳教工作可說成功地完成了，所有部落居民現在都是天主教徒了。

　　蘇士朗神父現在將其注意力投注在鄰近的另一個原住民村莊——萬安部落（Amabuan，筆者按此為日治時期的稱呼，昔稱 Kazazalan）……。

　　蘇士朗神父對萬安的傳教是樂觀的。這是因為萬安的頭目是佳平頭目的親戚，佳平才剛舉行大規模的洗禮，他相信後者將會對前者產生影響。蘇士朗神父有信心不久之後所有萬安的居民將會成為天主教徒。〔註37〕

〔註36〕楊嘉欽〈尤間運神父訪問紀錄〉2012 年 9 月 5 日，未刊稿。

〔註37〕 "More Aborigines are Baptized"（*Ultramar,* Year XXXVII No.416,March 1954, pp.64～66）in Fr. Pablo Fernandez ed., *One Hundred years of Dominican Apostolate in Formosa*, p.302.

圖 5-1：道明會玫瑰省會士與佳平頭目合影

（圖中後排左起依序爲黎克義、顏光明、排灣青年、蘇士郎、陳紹基，前排左起
爲佳平女頭目、菲律賓拉特朗學院首位菲律賓校長 Isidoro Katigbak、女頭目之
夫。資料來源：Fr. Pablo Fernandez ed., *One Hundred years of Dominican Apostolate
in Formosa*, p.313.）

　　之後佳平鄰近的部落也開始大規模接受天主教，直到今日，各部落信徒
人口，據每周日來到泰武鄉，輪流至各部落主持彌撒的尤間運表示佳平約有
98%、武潭約有 80%、泰武 85%、馬士 100%、萬安 75%、佳興 50%、平和因
爲早期位於瑪家鄉的山區，路途遙遠，後來雖遷村至山下，信徒人口仍少，
約 20%，此區以佳平法蒂瑪堂爲主要堂口，其他各部落的教堂爲分堂。〔註38〕
　　就在佳平開始有了好的成果後，道明會玫瑰省便開始將注意力投注在高屏
地區的山地鄉。道明會玫瑰省在會士蘇士朗之後，也派遣會士顏光明（Marcelino
G. Cabeza，1928～1993）前往三地門、霧台，黎克義（Miguel Galera Robledo，
1928～1993）前往來義、國籍會士陳紹基（福建福安，1926）前往瑪家北葉村。

─────────────
〔註38〕楊嘉欽〈尤間運神父訪問紀錄〉2012 年 9 月 5 日，未刊稿。

1958 年會士戴剛德由旗山前往高雄六龜傳教，並以此為據點進入布農族為主的桃源、三民及以魯凱族為主的茂林，翌年該地區由會士包德良接任。

道明會玫瑰省的會士為了進入及擴展原住民部落傳教的工作，也運用了一些方式：

> 南臺灣原住民的傳教工作繼續達成豐碩的成果。短短一年多的時間，已有超過 1200 人受洗，而且不久大約 3000 名已接受一年的教育的原住民也將受洗。

> 這驚人的成功歸功於熱心奉獻的道明會神父及來自原住民部落協助道明會神父的 16 位傳道員，他們的傳教工作已擴展到 22 個部落。

> 他們傳教有固定的策略，即傳道員就生活在部落內，他們便規律的、勤奮地教導慕道者。傳教士一年中定期拜訪這些部落並協助傳道員的工作。

> 傳教士拜訪部落期間，也對傳道員進行再教育、與新入教者談話，主持感恩祭與其他教會事務，他們認為所做的事情對於保持原住民信仰的熱忱是必須的。

> 為了維持原住民信仰的熱忱，宗教的外在形式是很重要的事情——不外乎聖堂、祈禱室——都是需要非常注意的。這些設施必須興建，甚至只有不太大的規模。

> 此外，慕道者上課的空間也需要興建，診療所與其他必須的設施也都不可忽視，這些方法才能使我們驚人的成就得以維持。〔註39〕

由上述的引文中，我們可以看到道明會玫瑰省會士訓練來自原住民部落的傳道員，來協助他們傳教，配合醫療傳教的進行，加上原住民部落頭目的影響力，自然可以形成大規模的集體入教的情形。

首先在培育原住民傳道員方面，如上所述 1955 年當時蘇士朗已在佳平培訓原住民傳道員有 16 位，這些原住民傳道員帶領玫瑰省會士進入原住民部落傳教，如當時有一位原住民傳道員杜靜男，他也是霧台原住民，便是由他帶領會士蘇士朗進入霧台傳教。〔註40〕

〔註39〕 "More Conversions Made"（*Ultramar*, Year XXXVIII No.429, June 1955, p.60）in Fr. Pablo Fernandez ed., *One Hundred years of Dominican Apostolate in Formosa*, pp.305～306.

〔註40〕 杜勇雄 編《高雄教區山地開教四十五週年特刊》，頁 87。

再者，原住民頭目的協助也非常重要，如蘇士朗便是在佳平大頭目劉春美的協助下，認識了瑪家佳義的頭目劉秀菊（原住民名 Labaos），後來劉秀菊也受洗入教，村民也接連入教，後來又循著劉秀菊與三地鄉女頭目 Reseres 友好的關係，帶領蘇士朗向其講道，加上當時玫瑰道明傳教修女會修女白恆達（Eugenia Villanueva），同時也是醫生的她治癒了女頭目丈夫謝魯遠的疾病，〔註41〕促使三地鄉頭目接受天主教信仰，也開啟三地鄉原住民接受天主教信仰的開始。

筆者認為高屏地區的排灣族雖經歷了日治時期的強制同化政策，造成其傳統文化的沒落，而部落組織仍在，傳統觀念一息尚存，天主教藉由部落頭目接受後，並進而影響其部落居民，或許加上天主教教義可以某種程度地與其傳教宗教信仰結合，道明會士及其所訓練的原住民傳道員也試圖將天主教與原住民傳統觀念結合，進而促進原住民能更容易接受天主教信仰。

道明會玫瑰省對高屏原住民傳教亮麗成果的同時，其他天主教修會也進入其他縣市的原住民部落，也獲致不錯的成果。耶穌會士丁立偉（Oliver Lardinois）的研究中，分析此時期原住民大量入教受洗的原因，除了當時美援的背景外，尚有下列幾點：〔註42〕

1. 日治時期日人對臺灣原住民傳統信仰的衝擊，使原住民在戰後尋找另一宗教來填補心靈的慰藉。
2. 訓練當地年輕傳道員，運用其母語傳教，並將教義與原住民傳統信仰、倫理聯結，吸引老一輩的原住民易於接受與了解。
3. 原住民傳統社會中長老與頭目的影響力。
4. 天主教會對臺灣原住民的社會、醫療服務。
5. 拉丁文莊嚴的禮儀對原住民的吸引。

筆者認為若以此來對照道明會玫瑰省在高屏排灣族部落的傳教，前四項原因應可成立。而第 5 項筆者則認為當一個人接受某宗教信仰後，自然也應會接受其宗教儀式，禮儀對原住民的影響雖不無可能，但筆者認為影響不高，只是在排灣族入教的過程中，筆者目前並未有任何的資料可供佐證。

〔註41〕 江傳德《天主教在臺灣》，頁 303～304；杜勇雄 編《高雄教區山地開教四十五週年特刊》，頁 94。
〔註42〕 丁立偉 等著《活力教會——天主教在臺灣原住民世界的過去現在未來》（臺北：光啓文化，2005 年 1 月初版），頁 39～41。

最後，筆者回顧道明會玫瑰省會士在高屏原住民部落傳教的過程，似乎也是道明會玫瑰省在菲律賓傳教的複製。語言的學習當然是第一階段；第二階段是訓練部落內的原住民傳道員，透過他們來協助傳教士進入部落，但這些原住民傳道員在部落內的身分，則需要再進一步的了解。

我們可藉由人類學家的調查報告中看到，當時排灣族由於經歷日治與國民政府遷村的關係，使得排灣族在頭目與平民間的界線較爲寬鬆，平民也已開始富有，〔註 43〕傳統的社會組織已不似往昔嚴格，但是社會組織中對於頭目的身分仍受到尊敬，由此可以推測原住民傳道員在當時若是平民，應也是可以在傳教工作上展現出成果的，不若道明會對菲律賓土著傳教時，傳道員的身分多數是部落中首領的子弟。

第三階段則是對原住民傳統文化採取由天主教教義替代的方式，並興建祭祀空間，使原住民更易接受天主教信仰，再憑藉部落組織的影響力，促成集體受洗入教，最後則是運用社會、醫療服務來維持與原住民間的關係。

1950 年代道明會對高屏原住民的傳教，不僅是臺灣傳教工作的重大成果，對其來說，相較於對臺灣漢人的傳教，道明會對臺灣原住民的傳教則是更得心應手的。

第三節　教育與社會事業的興辦

自 1950 年代開始道明會玫瑰省由於其他修會的來到，人力充足，他們也開始在許多堂區自己或與其他修會合作，興辦社會公益事業、教育事業等（參閱表 5-4）。

表 5-4：1950～1960 年代道明會玫瑰省管轄堂區之附屬事業

縣市	堂　區	創立	建堂	創立者	附屬事業	備註
高雄	玫瑰天主堂	1859	1860	郭德剛		教區
高雄	鼓山天主堂	1862	1864	郭德剛	1966 露德診所	教區
高雄	五塊厝天主堂	1881	1948	郭德剛	1961 增德幼稚園	教區
高雄	左營天主堂	1932	1957	高道隆	1964 樂仁幼稚園	教區

〔註 43〕任先民〈排灣族的頭目與平民〉，收錄於任先民 攝影《屏東縣排灣族民族誌影像圖錄》，頁 11。

高雄	鳳山天主堂	1952	1953	戴剛德		教區
高雄	大寮天主堂	1953	1956	德學智		教區
高雄	橋頭天主堂	1954	1957	利繼德	1964 道明幼稚園	教區
高雄	後勁天主堂	1955	1959	高道隆	1969 啓智幼稚園	教區
高雄	旗山天主堂	1955	1958	戴剛德	1964 道明醫院	直轄
高雄	六龜天主堂	1956	1956	戴剛德		教區
高雄	前鎮天主堂	1956	1960	周道南	1961 聖家幼稚園	教區
高雄	小港天主堂	1957	1958	周道南	若瑟醫院、幼稚園	教區
高雄	青島村天主堂	1957	1957	周道南	1965 聖馬丁醫院	教區
高雄	仁武天主堂	1957	1958	陸理德	1962 聖德幼稚園	教區
高雄	路竹天主堂	1958	1960	郭　華		教區
高雄	後驛聖道明堂	1962	1966	陳若瑟	1973 曉明幼稚園	直轄
高雄	灣仔內天主堂	1962	1963	馬西略		教區
屏東	萬金天主堂	1861	1863	郭德剛		直轄
屏東	公園路天主堂	1953	1954	良雅師		直轄
屏東	和平路天主堂	1953	1963	良雅師	1974 立德幼稚園	教區
屏東	佳平天主堂	1952	1953	蘇士朗		教區
屏東	三地門天主堂	1953	1956	蘇士朗	1963 聖若瑟醫院	教區
屏東	霧台天主堂	1954	1959	顏光明		教區
屏東	北葉天主堂	1953	1956	陳紹基	1963 聖若瑟幼稚園	教區
屏東	丹林天主堂	1953	1958	黎克義		教區
臺南	中山路天主堂	1866	1868	郭德剛	1958 崇愛醫院	直轄
臺南	大灣天主堂	1890	1952	嘉西力		教區
臺南	新化天主堂	1905	1952	馬西略		教區
臺南	善化天主堂	1954	1957	周道南		教區
臺南	山上天主堂	1956	1956	岳崎淵		教區
臺南	玉井天主堂	1958	1959	岳崎淵		教區

資料來源：李良 編著《高雄教區十五年史》，頁 45～114；天主教臺南教區金慶委員
　　　　會《天主教在臺南──臺南教區成立五十週年紀念 1961～2011》（臺南：
　　　　聞道，2012 年 7 月），頁 98、106、108、112、119。

一、社會公益事業

　　社會公益事業方面，道明會玫瑰省開始在許多堂區自己或與其他修會合

作，興辦醫院或診所，如 1950 年邀請聖功修女會在高雄玫瑰堂旁成立樂仁醫院；1951 年玫瑰道明修女會在高雄法蒂瑪堂成立惠華醫院、在屏東開辦玫瑰醫院；1958 年在臺南市開辦崇愛醫院、旗山聖道明醫院等。1963 年在三地門開辦聖若瑟醫院、1966 年在鼓山開辦露德診所……等。

教堂旁開設診所或醫院可說彌補了當時臺灣社會醫療設施不發達的情形，其中婦產科就非常重要，如原位於高雄玫瑰堂旁由聖功修女會所開辦的樂仁醫院（今日高雄聖功醫院的前身），即以婦產科聞名。

而臺南的崇愛醫院則是由玫瑰省所開辦，該院為三層樓房，並分為門診部及住院部，醫師原聘請美籍遣使會士郭禮（Adam Golli）擔任，後由聖道明傳教修女會修女費度柔（Fe Dural）醫師接任。旗山、三地門所開設的醫院也都彌補了偏鄉醫療資源不足的困境。

這些道明會玫瑰省所開辦的社會公益事業中，在當時台灣社會皆扮演重要的角色，但自 1970 年代以後卻漸漸減少。以整個高雄教區來說，1961 年原有 12 間診所，1966 年曾擴展到 21 間，但隨後下滑至 1975 年的 6 間，〔註44〕至 2010 年高雄教區已無任何教會診所存在，自然玫瑰省在高雄教區自辦或合辦的診所也全數關閉，玫瑰省在臺南市原仍經營崇愛醫院，至 1990 年也決定關閉。

以臺南市崇愛醫院為例，當時該院在臺南市屬於中型醫院，加上是由美籍醫師看診，因此 1960～1980 年代在臺南市頗負盛名，並且在當時台灣醫療環境不佳的時代中，扮演重要的角色。

自 1980 年代末始，崇愛醫院開始面臨新的挑戰與競爭。1988 年 2 月衛生署辦理「77 年度台灣地區教學醫院暨地區醫院評鑑」，這是臺灣首次的醫院評鑑，之後每三年辦理評鑑一次。同年臺南市的逢甲醫院、新樓醫院評鑑為地區教學醫院、郭綜合醫院成為地區醫院，臺南市立醫院、成大醫院也於同年成立；1992 年逢甲醫院改為奇美醫院，1993 年成大醫院成為醫學中心。

筆者認為這些新式大型醫院的成立，自然成為崇愛醫院的競爭對手，而要符合醫院評鑑的標準，病床數、人員、設備、空間都可能需要進行擴充與調整，更有可能需要另外闢地新建醫院，道明會玫瑰省亦非以醫療傳教作為其本業，所以可能在多方與成本考量下，1990 年道明會玫瑰省臺灣區會決定關閉崇愛醫院。

〔註44〕江傳德《天主教在臺灣》，頁 598～599。

二、教育事業

另一個應屬道明會重視的傳教方式則是教育事業，會士們首先是開辦學前教育。道明會玫瑰省所屬的許多堂口，由於修女會的協助，開始開辦幼稚園。由上表 5-4 中可以看到 1960 年代道明會玫瑰省所負責的堂區，多數都附設幼稚園或托兒所。

因時局關係，軍人及其眷屬大量移入，形成聚落，如鳳山、大寮的眷村，高雄部分地區成為工業地區，如小港、前鎮，加上此時適逢戰後嬰兒潮〔註45〕，人口大量增加，所以教堂附設的幼稚園提供安置幼童與學前教育的場所。

由於這些幼稚園多設在教堂旁邊，教育過程中可以直接地將教會精神點滴地灌輸給兒童，同時也可以藉此吸引兒童家長接觸、認識教會，也是傳教的另種方式。

中等教育方面，原由道明會玫瑰省於日治時期成立，並委託聖道明傳教修女會管理的靜修女中，此時正式移交給該修女會。

1955 年當時玫瑰省臺灣區會長李安斯在高雄市籌備設立道明中學，翌年因李安斯病逝香港，道明中學的籌備工作由國籍會士鄭天祥接手。1958 年道明中學奉准立案招生，由鄭天祥擔任首任校長、會士馮觀濤擔任訓導主任、會士薛仁勘（Ceferino Ruiz，1911～2000）擔任總務主任。

1961 年高雄教區成立，鄭天祥成為高雄教區首任主教，道明中學校長一職由馮觀濤接任、江綏接任訓導主任、郭德業接任總務主任，1961 年以後整個道明中學由國籍會士經營。李伯鐸曾向筆者表示，當時道明中學在籌備的過程中似乎已經決定由鄭天祥來擔任校長，不過其中的決策過程，他並不清楚，〔註 46〕筆者也曾試圖探詢是否在此時玫瑰省已經決定由國籍會士經營學校的方向，但始終沒有答案。

1978 年中華道明會成立，玫瑰省將該校移交中華道明會經營，仍由馮觀濤擔任校長（任期 1961～1990），至 1992 年以前道明中學校長皆由中華道明會士擔任，1992 年以後方遴選校內外具有教育行政背景之信徒擔任校長至今。

〔註45〕據陳紹馨的研究，臺灣戰後嬰兒潮大約在 1947 年開始，出生率約 40%，1951
　　　年為最高峰，出生率達 50%（陳紹馨《臺灣省通志稿》卷二〈人口志 人口篇〉
　　　（臺北：臺灣省文獻會，1964 年 6 月），頁 283～284。）
〔註46〕楊嘉欽〈李伯鐸先生訪問紀錄〉2003 年 7 月 23 日，未刊稿。

表 5-5：道明中學歷任校長

任別	校長	任期	備註
1	鄭天祥	1958～1961	道明會士
2	馮觀濤	1961～1990	道明會士
3	潘清德	1990～1991	道明會士
4	曾仰如	1991	道明會士
5	潘清德	1991～1992	道明會士。前任校長曾仰如因意外過世，由其代理。
6	黃龍章	1992～1995	曾任雲林正心中學教務主任
7	宋弘茂	1995～2009	曾任道明中學教務主任
8	張艷華	2009 至今	曾任道明中學教務主任

資料來源：洪國賓編《歡慶五十 傳承道明——天主教道明中學五十周年紀念專輯，1958～2008》（高雄：高雄市私立道明高級中學，2008 年 3 月），頁 23。

　　道明中學成立之初，首先招收男生初、高中各二班，共計 204 人，[註47]之後慢慢增班。1966 年開始招收女生，至 2012 年已是擁有國、高中學生數近 5000 人的學校規模，期間曾開辦普通科、電工科、商科、補校，日後職業科及補校陸續結束，今日純粹是以國、高中為主的完全中學。

　　馮觀濤擔任校長期間，治校嚴格，當時教職員都須穿著制服，且對教師教學成效、考試命題十分重視及要求，因而建立起該校在高雄地區對學生管理嚴謹及高升學率的名聲，也吸引許多學生就讀。筆者印象中的馮校長非常嚴肅，不苟言笑，讓學生望而生畏，資深教職員對馮校長的印象也認為他非常嚴格，雖然如此，他們會覺得他認真治校，更以身作則。

　　除教學成效外，馮觀濤也很重視校園內宗教信仰的傳達。每年聖誕節、復活節前後，校內都會辦理如聖誕彌撒、公拜苦路等宗教活動和慶祝活動，也利用此時舉辦慈善捐助活動，培養學生對弱勢團體的關心。

　　馮觀濤對於信仰的傳播與維持也很重視，積極鼓勵教職員接受天主教信仰，教職員信徒最高曾達 120 位。其中曾任該校總務主任的中華道明會士陳介鐵，便是馮觀濤邀請他加入修道生活。校內也成立教職員、學生信徒團體，並且定期舉辦聯誼、避靜活動；每周三都由馮觀濤主持彌撒，教職員與學生信徒都會前往參加，也曾舉行校內信徒的聖經考試，教職員及學生信徒都被

〔註47〕道明中學四十週年校慶專輯編輯委員會《天主教道明中學四十週年校慶專輯》（高雄：天主教道明中學，1998 年 3 月），頁 75。

要求參加，筆者就讀該校國中部期間，便參加過兩次聖經考試。

　　課程中也加入宗教教育，宗教教育的授課老師原配置於輔導室，也負責帶領學生信徒團體。1988 年成立宗教輔導室，首先於高一開設倫理課程，培養學生的價值觀，負責籌辦全校的宗教活動、儀式，帶領學生信徒團體、慕道團體。今日則全校皆開設生命教育課程。

　　道明會創立學校，辦學是重要的目的，傳教也是另一目的，培育神職人員也是目的之一。

　　據道明中學的統計資料顯示，曾就讀道明中學後來選擇修道生活的神父約有 17 位（道明會 6 位、教區 11 位）修女約有 8 位（道明會 7 位、其他修會 1 位），其中現任臺南教區主教林吉男便是該校校友。〔註48〕筆者無法確定就讀道明中學與日後選擇修道生活間的關聯性，但筆者就讀該校國中部期間，因教區所屬的聖若瑟修院臨近該校，該修院的修生即是就讀道明中學，放學後則回到修院過著團體生活，1988 年中華道明會自己也在校內開辦聖道明修院，〔註49〕修生也就讀該校。

　　校內信徒方面，隨著天主教在臺灣信徒數的減少，教職員信徒也在減少中，目前該校教職員共有 222 人，〔註50〕教職員信徒有 86 位。學生信徒方面，以前的學生信徒人數極多，學生信徒團體極易成立，且宗教活動的營隊也非常容易舉辦；但今日學生信徒屈指可數，宗教活動的營隊也多數停辦。

　　校內信徒的減少與學生慕道人數未增加的挑戰下，該校的宗教輔導室於2003 年擴編為「生命教育中心」，除了負責原有校內的相關宗教活動、慕道課程外，也深化原來的倫理課程內涵，不再只是偏重宗教教育，而是朝向學生價值觀的培養。

　　綜合來說，面對著台灣社會的開放、教育的鬆綁、社區學校的增加與競爭、少子化、多元的升學管道，升學率不再是唯一的指標，這些轉變都正衝擊著道明中學的傳統教育價值，教育宗旨心態、方法、內容、目標也正面臨著挑戰。

〔註48〕道明中學四十週年校慶專輯編輯委員會《天主教道明中學四十週年校慶專輯》，頁 179～182。

〔註49〕葉耀明編《道明會中華聖母總會區成立 30 週年紀念特刊，1978～2008》（高雄：中華道明會，2008 年 6 月），頁 126。

〔註50〕〈2012 教育機構統計表〉《牧民福傳報》第 163 期（高雄：天主教高雄教區，2013 年 4 月 14 日），3 版。

第四節 道明會會士本土化的發展

羅馬教廷在十六世紀鼓吹天主教各修會應培訓各殖民地當地的傳教士，同時期所召開的特利騰大公會議（The Council of Trent，1545～1563）中更明確地規定，各傳教團所建立的教區應交給在地的傳教士負責。1622 年教廷成立傳信部後不久，教廷便要求培養海外本地的傳教士，特別是培養高級神職人員。這是羅馬教廷爲了對抗西、葡兩國保教權所採取的策略；地方主教爲了塑造其權威，要求修會承認主教的權力，違者則將其傳教區轉教本地神職管理，例如 1772 年當時馬尼拉主教桑喬（Sancho de Santa Justa y Rufina）上任後，將修會的傳教區轉爲堂區，主教透過堂區管理將所有神職納入其管轄之下，並要求各修會必須承認主教的巡視權，違者則剝奪其傳教區，並轉讓給菲律賓神職管理。〔註51〕

另方面，十八世紀末殖民母國的國王爲提高其權力，其中一項表現就是對教會保教權的強化，因此開始進行對修會會士的壓抑，採取的方式就是將修會會士所管理的堂區，代之以殖民地當地的神職人員。

由上述的例子，可以看到教廷與世俗政權爲了能控制在殖民地擁有大權的天主教修會，殖民地當地神職的培育便成爲其政治的籌碼，但是因爲教廷與世俗政權的各自政治算計，當地神職的培育雖有成果，但終究無法取代歷史悠久的各大修會，當地神職也只是附庸。十九世紀以來，自由主義與民族主義浪潮的衝擊下，教會與歐洲國家、殖民地的反殖民力量間，漸漸朝向政教分離的趨勢進行。

一、1920 年代天主教會在中國與日本的本土化趨向

十九世紀中葉以後的中國天主教會，外籍神職人員仍扮演主要角色，雖有國籍神職的培育，也只是附屬的地位，各堂區實際的管理權仍掌握在各修會手中；雖有監牧區或代牧區的成立，中國天主教教會高層亦仍由各修會會士擔任。

二十世紀初，民國建立，中國朝向現代國家邁進，並也試圖與教廷建立直接正式的外交關係，教廷在遣使會士雷鳴遠（Vincent Lebbe，1877～1940）鼓吹「中國歸中國人、中國人歸基督」，積極建議教廷冊封國籍主教的聲音下，

〔註51〕施雪琴《菲律賓天主教研究：天主教在菲律賓的殖民擴張與文化調適（1565～1898）》，頁 177，179。

漸體認到天主教若要在中國擴展，培育本地神職人員乃是迫切的事項。

　　一次戰後，民族自決風行，世界各地的民族解放運動及反殖民運動的興起，教廷將目光轉向亞非、中南美等廣大的傳教區。此時的中國五四運動興起，伴隨反殖民主義的反對基督教運動也醞釀而起，加上共產主義傳入中國，也助長了此股風潮。教廷為了不在此風潮中成為標靶，進而被淘汰，勢必需要擺脫帝國主義的色彩，調整其傳統的傳教策略，培育本地神職便成為其主要目標。

　　1919 年 11 月教宗本篤十五世（Benedict XV，1914～1922 在位）發表了《夫至大》（Maximum illud）的牧函〔註52〕，該牧函中標示了需要積極培養本地神職人員及傳教士應該忘卻本國的國家利益，以傳播信仰和拯救靈魂最重要，同時也希望能去除狹隘的排外思想和各修會之間的門戶之見。〔註53〕

　　1922 年 4 月 4 日第一次「非基運動」〔註54〕爆發，對中國的基督宗教各教派進行批判。教宗庇護十一世（Pius XI，1922～1939 在位）面對中國的政治變化，體認到必須與中國建立正式的外交關係與本地化教會，1922 年 6 月任命剛恆毅（Celso Benigno Luigi Costantini，1876～1958）為首任駐華宗座代表來華。

　　剛恆毅來到中國，隨後開始巡視中國各地的傳教情況，同時積極籌備全國天主教教務會議。會議籌備期間，為了讓該會議也能有國籍神職參與，1923年得到美國方濟會的同意，將原漢口代牧區中的四個縣（蒲圻、嘉魚、崇陽、通城）分出，另成立蒲圻監牧區，由方濟會國籍神父成和德（1873～1928）

〔註52〕「牧函」是由主教或主教們對地區司鐸、信徒所寫的書信；「通諭」是由教宗欲向世界傳達其想法及理念，藉由天主教中某項教義、某重大議題的深入闡釋或說明所發布的正式文件。

〔註53〕劉國鵬《剛恆毅與中國天主教的本地化》（北京：社會科學文獻出版社，2011年 1 月），頁 90。

〔註54〕第一次非基運動起源於預計在 1922 年 4 月 4 日北京清華大學舉辦「世界基督教學生同盟」第十一屆大會，之前 2 月部分深受共產主義思潮影響的青年學生於上海開會，籌備成立「非基督教學生同盟」來公開反對第十一屆大會，3月該同盟發表宣言表示基督教在中國充當了經濟侵略之先鋒，青年會是培養資本家的走狗。（劉國鵬《剛恆毅與中國天主教的本地化》，頁 178。）關於此運動的主導者，多數認為是中國新文化運動的延續，但中國學者陶飛亞則認為此運動是由共產國際所推動，並由中國共產黨與社會主義青年團所實施的政治運動。（陶飛亞《邊緣的歷史——基督教與近代中國》（上海：上海古籍出版社，2005 年），頁 68～89。）

擔任首任監牧，成爲中國第一個國籍監牧區；〔註55〕翌年第二個國籍監牧區
——河北蠡縣監牧區也成立，由遣使會國籍神父孫德禎（1869～1951）擔任
監牧。〔註56〕

　　1924 年 5 月 15 日第一屆中國教務會議於上海召開，此會議決議傳教的任
務是「向教外人傳教，並且準備建立由中國籍神職人員所建立的教會，也明
示傳教士是爲中國而來，但中國不是爲傳教士所設立，所以傳教士是爲教會
服務，並不是爲修會服務。傳教區不可以視爲某一修會的私產。」〔註57〕

　　此次教務會議的決議確立了中國天主教會將朝向在中國建立以中國神職
爲主的教會體制，同時也某種程度向修會宣示，必須服從教廷的領導，傳教
的工作也應著重在於「傳教」，希望能將各修會背後的國家因素消除，回歸至
羅馬教廷的領導。

　　1926 年 2 月教宗庇護十一世發布《聖教會以往的成績》（Rerum Ecclesiae）
通諭，此通諭強調除延續本篤十五世《夫至大》的精神外，提倡培育本地神
職，成立本地修院以培養本地神職，創設本地男女修會，也鼓勵傳教附屬機
構如學校、醫院的成立等；同年 6 月庇護十一世又發表了《自吾登基伊始》（Ipsis
Pontificates Primordiis）牧函，該牧函強調天主教會不是帝國主義的走狗傳言
外，並強調會加快推行各傳教區本地化，以本地神職取代外國傳教士。〔註58〕

　　教宗庇護十一世的兩份文件發布後，在中國本地神職的培育方面，因一
次大戰的爆發，歐美的傳教士被徵召入伍者多，傳教區只有從中國信徒中培
養神職來填補外籍傳教士的不足，加上 1912 年中華民國建立後，信徒要求參
與教會的期望日盛，間接地也表達要求教廷給予中國神職更多發言權與地位
之期望。而剛恆毅來到中國後也積極選送中國修士前往羅馬傳信大學進修，
積極地爲中國本地教會的成立進行奠基。〔註59〕

　　再者，成立中國本地教會方面，首先須有中國主教的產生。同年 3 月遴
選 6 位中國新主教〔註60〕，新主教人選經教廷同意後，10 月 28 日此 6 位主教

〔註55〕　劉國鵬《剛恆毅與中國天主教的本地化》，頁 137；劉嘉祥編著《剛恆毅樞機
　　　　　回憶錄》，頁 106。
〔註56〕　劉嘉祥編著《剛恆毅樞機回憶錄》，頁 107。
〔註57〕　劉嘉祥編著《剛恆毅樞機回憶錄》，頁 120。
〔註58〕　劉國鵬《剛恆毅與中國天主教的本地化》，頁 260～261。
〔註59〕　劉國鵬《剛恆毅與中國天主教的本地化》，頁 249。
〔註60〕　6 位中國新主教：宣化代牧區趙懷義（北京教區神父，1880～1927）、蒲圻代
　　　　　牧區成和德（方濟會士，1873～1928）、蠡縣代牧區孫德禎（遣使會士，1869

於羅馬由教宗庇護十一世祝聖爲主教，正式朝向中國教會神職人員本地化前進。

值此時期，道明會玫瑰省在福建地區的發展，1900～1949 年間有 81 位外籍會士先後來華，尤以 1918 年以後有 60 位外籍會士來華，若由玫瑰省的教務統計資料來看，在中國會士應仍以外籍會士爲主。直到 1946 年中國聖統制建立，福建成爲一個教省，福州、廈門、福寧皆升格爲教區，其中福州爲總主教區，由會士趙炳文（Theodoro Labrador，1888～1980）擔任總主教。1948 年會士茅中砥（Juan Bautista Velasco Díaz，1911～1985）任廈門主教、國籍主教牛朝宗（1895～1972）署理〔註 61〕福寧教區，至此福建地區才第一次有本地教會建立。

表 5-6：1920 年以後道明會玫瑰省在福建地區會士人數表

地　區	時　間	監　牧	會　士	資料來源
廈門	1920		24	IV, p.100
福州	1925	1	46	IV, p.208
廈門	1925	1	24	IV, p.208
福州	1930s	1	23	IV,p.298
廈門	1930s	1	20	IV,p.298
福寧	1930s	1	21	IV,p.298
福州	1948	1	12	IV, p.349
廈門	1948	1	14	IV, p.349
福寧	1948	1（國籍）	15	IV, p.349

資料來源：Jose Maria Gonzàlez ed., *Historia de las Misiones Domincanas de China*（1900～1954），頁碼如表中所標示。

除中國外，此時教廷的眼光也注意到了鄰近的日本。大正八年（1919）

<hr>

〔註 61〕 ～1951）、汾陽代牧區陳國砥（方濟會士，1875～1930）、台州代牧區胡若山（遣使會士，1881～1962）、海門代牧區朱開敏（耶穌會士，1868～1960）。「署理」有代理、協助之意。天主教會中有署理主教一職，通常是協助教區主教的工作，或教區正式主教尚未任前，由署理主教暫時管理教區事務。牛朝宗（字會卿），河北清河縣人。1922 晉鐸，1943 年任山東陽穀代牧區主教，1948 年兼任福建福寧代牧區署理主教。（趙慶源 編著《中國天主教教區劃分及其首長接替年表》，頁 115、132。）因此我們推測或許由於他有此經歷，就在牛朝宗來臺後，隨即接任嘉義監牧區監牧。

羅馬教廷欲與日本政府建立正式外交關係，便派遣畢若迪（Pietro Fumasoni Biondi，任期 1919～1921）為首任教廷駐日宗座代表，雙方開始洽談互派使節的問題。

　　大正十年（1921）教廷派遣吉拉迪尼（Mario Giardini，任期 1921～1930）為繼任宗座代表，此時除了繼續與日本政府討論建立正式的外交關係外；另方面，如前述，庇護十一世此時發表兩份文件，鼓勵當地教會的成立，因此在與日本政府協商互派使節的問題過程中，教廷也提出日本的傳教方式將會作修正，一方面派遣優秀的神職人員赴日，二方面則是培養日人神職人員，期待日後能全由日本神職來管理當地的天主教會，首先承諾便是將日本教務中最重要的職位——宗座代表秘書皆由日人神職擔任，〔註 62〕第一位便是早坂久之助，而日後日本天主教中幾位重要的主教，如土井辰雄、田口芳五郎都曾擔任過此職務，日後更晉升樞機一職。

　　我們由此可知，1920 年代羅馬教廷面對一次戰後民族運動的蓬勃發展及共黨勢力的興起，為了延續天主教會在亞洲的發展，自本篤十五世開始便開始重視與鼓勵本土教會、修會的建立，意圖使天主教會能融入當地的社會中，不再視天主教為外來宗教、西洋宗教，更進一步與當地政府建立正式的外交關係。

　　臺灣方面，1913 年道明會對臺灣的管轄權自廈門脫離，獨立成為一監牧區，切斷與中國的關係，並與日本天主教建立聯繫，因此當剛恆毅來華時，其就任命令中，便明白寫著臺灣不屬於宗座駐華代表負責區域：

> 鑑於中國教務日益昌盛，代牧、監牧林立。為表示對中國人民之關懷，和滿足各地教會首長之其望，並增進教會之榮耀，決設立宗座代表。……以吾人之宗座最高權力，明文正式成立宗座駐華代表，並指定其職權遍及全國五教會區域，且包括各大小島嶼，但臺灣監牧區除外。……。〔註 63〕

　　雖然臺灣與日本天主教建立起關係後，實質上仍由道明會玫瑰省負責管理臺灣教務。

〔註 62〕　高木一雄《日本・ヴァチカン外交史》（東京：聖母の騎士社，昭和 59 年（1984）11 月 1 刷），頁 54～55。

〔註 63〕　劉嘉祥編著《剛恆毅樞機回憶錄》，頁 91～92。

二、1950 年代道明會玫瑰省國籍會士的成長

雖然道明會玫瑰省在福建的傳教多數仍以外籍會士為主，其對國籍會士的培育亦同時在進行，由表 5-7 中看到，1900 年以前道明會玫瑰省對國籍會士的培育大約有三條路徑，即（1）馬尼拉培育、中國傳教，（2）中國培育、中國傳教，（3）馬尼拉培育、海外傳教等三類。

表 5-7：道明會玫瑰省培育國籍會士統計表（1600～1900 年）

年　代	馬尼拉培育，中國傳教	中國培育，中國傳教	馬尼拉培育，海外傳教	合　計
1600～1700	1	0	1	2
1701～1800	10	0	1	11
1801～1829	4	6	3	13
1830～1900	3	4	4	11
合　計	18	10	9	37

資料來源：Jose Maria Gonzàlez ed., *Historia de las Misiones Domincanas de China*（1900～1954），pp.448～449.此統計表之人數乃以發初願者來計算。

由表 5-7 我們可以看到道明會玫瑰省培育國籍會士的人數不多，以接受培育後並前往中國傳教者來看，十八世紀時大多送往馬尼拉的聖道明（Santo Domingo）會院培育後，再回到中國進行傳教，這其中某種程度的與當時清朝禁教的背景有關；十九世紀以來對國籍會士的培育則是部分送至馬尼拉，部分則在中國進行培育，但人數上仍然不多，其中 1840 年以後，進入道明會的中國人數並未大量增加，只有 2 位，反倒是道明會玫瑰省的外籍會士在 1800～1900 年間約有 91 位來到中國，1840 年以後更有多達 78 位曾來到中國，〔註64〕其中也包含多位曾在臺灣傳教的會士。〔註65〕

1926 年庇護十一世發布前述的兩份文件後，確立以建設中國本地教會及培養本地神職為目標後，道明會玫瑰省所培育的國籍會士則大多集中在 1940 年代左右，人名可參閱下表 5-8。

〔註64〕 Jose Maria Gonzàlez ed., *Historia de las Misiones Domincanas de China*（1900～1954）,pp.443～447.

〔註65〕 這些先來臺灣再前往中國的會士約有 11 位，時間約介於 1859～1898 年間，之後便未見此情形。（Jose Maria Gonzàlez ed., *Historia de las Misiones Domincanas de China*（1900～1954）,pp.444～445.）

表 5-8：1920 年代以後道明會玫瑰省培育的國籍會士（統計至 1950 年）

姓　名	中文名	出生年月日	地　區	省　籍	初願	現居地
Vicente Lim		1916.01.10	賽岐	福建	1937.10.12	臺灣
Jose Tsai		1915.03.20	Na-e	福建	1941.10.16	廈門
Jose Feng	馮觀濤	1925.01.16	桑洋	福建	1947.08.05	羅馬
Jose Kuo	郭華	1921.03.04	羅家巷	福建	1947.08.05	香港
Pedro Li	李伯鐸	1926.12.16	郵亭前	福建	1947.08.05	香港
Juan Cheng	陳紹基	1926.12.26	郵亭前	福建	1947.08.05	香港
Jose Tang	鄭天祥	1922.06.28	福州	福建	1947.08.27	羅馬
Domingo Tang　＊	鄭天寶	1913.07.01	福州	福建	1948.01.15	香港
Vicente Kou ◎	郭德業	1927.01.30	Zein	福建	1948.08.28	香港
Alberto Wei ◎	魏政賢	1921.7.29	Limpong	福建	1949.12.09	香港
Jose Hung　＊	黃履臻	1916.04.08	頂頭	福建	1950.02.23	香港
Domingo Liu　＊		1928.08.24	Kaoshanshi	福建	1951.08.22	香港
Esteban Liu ◎		1929.01.26	Kentau	福建	初學	香港
Pedro Lin ◎		1929.06.21	Longuong	福建	初學	香港
Jose Chiang ◎	江綏	1931.01.20	福州	福建	初學	香港
Francisco Lin ◎		1929.01.09	Longuong	福建	初學	香港
Vicente Ting ◎		1931.05.31	Sa-chau	福建	初學	香港
Juan Chian ◎		1933.08.07	福州	福建	初學	香港
Vicente Chen ◎		1932.02.01	Lankau	福建	初學	香港
Domingo Lien	連生	1935.09.24	福州	福建	初學	香港
Simon Cheng ◎		1932.10.22	Nanyin	Chengting	1953.05.12	香港

資料來源：Jose Maria Gonzàlez ed., *Historia de las Misiones Domincanas de China*（1900
　　　　～1954），pp.449～450.：本表中有"＊"者其為終身修士，有"◎"者表示其
　　　　為神父，中文部分為筆者所加。

　　由表 5-8 我們可以看到道明會玫瑰省所屬的國籍會士，約在 1940 年代開
始進入修會，他們原都在自己家鄉附近修院，如李伯鐸與陳紹基他們小學畢
業後就進入溪墘的小修院，再前往福州的大修院，〔註 66〕由於時局動盪，遂

再遷移至玫瑰省所屬的香港大雅博大修院（convento de San Alberto de Hongkong）進修，其中鄭天祥（1922～1990）與馮觀濤（1925～2005）已前往羅馬聖多瑪斯大學進修。上表中我們也可以看到有些神父仍在初學的階段，有可能的原因是他們原是教區或其他修會的神父，因為想加入道明會，所以先要約有一年的時間來學習道明會的基本精神，初學結束後，才會發初願成為正式會士。

道明會玫瑰省在臺灣的會士培育工作，就如第四章第三節所述，道明會玫瑰省曾建立過修院，培育臺灣人成為天主教神職，但始終沒有成果，雖然在 1935 年有涂敏正成為第一位臺籍神父，但是他屬於教區神父，非道明會士。

1949 年陳若瑟繼任臺灣監牧後，在梵蒂岡的期待與命令下繼續之前涂敏正所籌備的修院。〔註 67〕該修院原設立於之前高雄孤兒院的位置，但因 1948 年聖母無原罪方濟傳教修女會〔註 68〕來臺，陳若瑟將原孤兒院的位置作為該修女會會院，將原位於孤兒院的神學院遷至五塊厝，由涂敏正擔任修院院長，後稱為「聖若瑟修院」（後又遷至高雄市建國一路與凱旋路現址），隸屬高雄教區。後來涂敏正辭院長職，職缺由道明會士羅道真（Ursino Gonzalo，1903～1987）接任，當時有 21 位修生，由 6 位教授、3 位神父、3 位信徒照顧修士生活，不過似乎也沒有成果。

道明會玫瑰省在臺灣的會士培育工作中仍舊沒有突破，直到 1950 年代初期才有前述部分國籍會士來臺。

1955 年起，道明會玫瑰省國籍會士先後來到高雄，隨即接受當時監牧陳若瑟的安排：郭華（1921～1984）與西籍會士戴剛德前往旗山、六龜傳教；郭德業（1927～1978）擔任鼓山天主堂本堂，1964 年接任高雄玫瑰天主堂；陳紹基（1926～）前往屏東縣瑪家鄉北葉村；李伯鐸（1926）於 1958 年前往臺南善化，兼管新市、新化、玉井、山上等地，1961 年接任高雄鼓山天主堂本堂，當時他請寶血修女會來到鼓山開設露德診所，請左營海軍

〔註 67〕 "Gotechhu：Another Seminary in Formosa"（by Fr. Emilio Calderon）in Fr. Pablo Fernandez ed., *One Hundred years of Dominican Apostolate in Formosa*, p.290.

〔註 68〕 聖母無原罪方濟傳教修女會，在台簡稱「聖功修女會」。1931 年前往中國山東傳教，1948 年因大陸局勢混亂，便由天津來臺，原暫住靜修女中，1949 年當時臺灣監牧陳若瑟承諾待五塊厝小修院完工後，孤兒院空出的房舍便可提供該會修女作為會院。該修女會目前在台主要事業有高雄樂仁社會服務中心、樂仁幼稚園、聖功醫院、臺南聖功女中。（聖功修女會《聖功修女會在臺灣成長史 1948～1988》（臺南：聖功修女會，2008 年 4 月），頁 17～19。）

醫院的醫生來看診，但後因虧損無法維持而關閉，原診所空間則成立幼稚園。〔註69〕

　　道明會士培育方面，1953 年道明會玫瑰省會長宋照（Silvestre Sancho，1893～1981）要求玫瑰省臺灣區會成立培育道明會士的修院，因此同年監牧陳若瑟與當時副省會長李安斯便在屏東購地興建修院，名為「至聖玫瑰傳道學校」（Apostolic School of the Holy Rosary），當時共有 20 位修生，這 20 位修生的身分不明。筆者以為後來該修院可能無法經營，因此在 1967 年玫瑰省與德鐸省在高雄合辦小修院，院址設於道明中學，是為「聖道明修院」，〔註70〕之後陸續有修士潘清德（1953～）、徐清賢（1953～）、杜山雄、潘陸瑜、潘貝頎（1955～）等人，除杜山雄、潘陸瑜外，其餘日後皆成為道明會神父，〔註71〕1972 年該修院與教區的聖若瑟修院合併管理，該修院結束經營。〔註72〕

　　1968 年德鐸省在原臺北縣泰山鄉貴子路購地興建會院，名「聖雅博會院」，由德籍會士溫保祿（Paul Heribert Welte）任院長，當時有六名修士：夏偉（Erwin Schawe，1940～1988）、葛道明（德籍，1944～2007）、何廣明（德籍，1970 年還俗）、曹世鐸、吳春洲、陳瑞雄。1970 年由德籍會士郭世光（Richard Rupicka，1913～？）任院長時，除許思孟已為神父，並轉入道明會外〔註73〕，另有林吉基（1947～）、侯倉龍（1940～）等修士，加上 1972 年聖道明修院結束，原有的修士也轉至此，並在輔仁大學修習神、哲學。〔註74〕

　　1976 年由會士許思孟任院長，也有新修士與望會生的加入：陳介鐵（1925～1992）、潘清雨（1956～）、葉耀明（1957～）、林國進、潘永達（1955～）、尤間運（1957～）、連榮輝、潘三富等人，日後除林國進、連榮輝、潘三富外，其餘皆為道明會神父或終身修士。〔註75〕

〔註69〕楊嘉欽〈李伯鐸先生訪問紀錄〉2003 年 7 月 23 日，未刊稿。
〔註70〕江傳德《天主教在臺灣》，頁 547。
〔註71〕《天主道明會中華聖母總會區紀念冊》（高雄：中華聖母總會區，1982 年），頁 26。
〔註72〕江傳德《天主教在臺灣》，頁 547。
〔註73〕許思孟（1927～2006），福建上杭人，原屬福建汀州教區神父，1955 年晉鐸，來臺後與德鐸省會士一同在屏東傳教，後來轉入道明會，1972 年初學，1973 年初願，1976 年擔任雅博會院院長職。
〔註74〕《天主教道明會中華聖母總會區紀念冊》，頁 25～26。
〔註75〕《天主教道明會中華聖母總會區紀念冊》，頁 27。

三、中華道明會的成立

　　1960 年代天主教會正面臨的另一次的挑戰。當時國際上正經歷冷戰高峰期、經濟衰退、中東的危機、越戰的開打、文化大革命先後發生，這些事件亦漸漸促使當時社會產生一套新的價值觀，這個價值觀企圖突破原有的束縛、改造社會、改善教育，改革的風氣興起，歐美社會都開始面臨此風潮的洗禮。

　　某種程度被視為保守的天主教會，面臨這樣的時代變局，教宗若望二十三世（John XXIII，1958～1963 在位）及保祿六世（Paul VI，1963～1978 在位）開啟天主教會的改革局面，1962～1965 年召開了梵蒂岡第二屆大公會議（簡稱「梵二」），此會議決議的各項憲章、法令，包含了禮儀、組織、司鐸、修會、信徒及信徒團體、傳教方式等方面。其中「適應化」是該會議中重要理念之一，如用當地語言編寫禮儀本、禮儀也儘量採取適應各民族天性：「各民族風俗中，只要不是和迷信錯誤無法分解者，教會都惠予衡量，並且盡可能保存其完整無損，甚至如果符合真正禮儀精神的條件，教會有時也採納在禮儀中」、〔註76〕「在彌撒內或行聖事時……使用本地語言，多次為民眾很有益處，可准予廣泛的使用」；〔註77〕神職培育方面：「每一國家與每一不同禮儀，均應由主教會議議定一種特有的『司鐸培養條立』，且經適當時期後重新修改，並（每次）於一定時間經宗座核准施行」〔註78〕，因此我們今日所看到天主教會的樣貌，皆是在梵二之後所呈現出來的樣貌。

　　而神職人員的本地化與禮儀適應化已是自 1920 年代以來天主教會高層的主流思潮，1960 年代梵二大公會議的召開，筆者以為這是羅馬教廷藉由此次會議將前述的主流思潮，透過全世界的主教、神職討論後，制定憲章、法令成為各地天主教會發展的準則，也作為天主教會對世界變局的正式回應。

　　政治層面上也表現出這樣的趨勢。除在 1952 年已先行成立臺北總教區，並且任命臺灣天主教首任總主教郭若石外，1961 年再自臺北教區、高雄監牧區分割出臺南、新竹等教區，而高雄監牧區也升格為教區，首任教區主教鄭天祥。1962 年嘉義、臺中教區成立，1963 年花蓮教區成立，至此臺灣天主教的七個教區完全成立。

〔註76〕中國主教團秘書處編譯《梵蒂岡第二屆大公會議文獻》（臺北：中國主教團秘書處，1996 年 10 月 6 版），頁 157。
〔註77〕中國主教團秘書處編譯《梵蒂岡第二屆大公會議文獻》，頁 156。
〔註78〕中國主教團秘書處編譯《梵蒂岡第二屆大公會議文獻》，頁 409～410。

表 5-9：1960 年代臺灣各教區成立時間及轄區

教　區	成立時間	首任主教	原屬修會	轄　區
臺北	1952	郭若石（國籍）	主徒會（國籍）	臺北、宜蘭
高雄	1961	鄭天祥（國籍）	道明會玫瑰省	高雄、屏東
臺南	1961	羅　光（國籍）	教區	臺南、澎湖
新竹	1961	杜寶晉（國籍）	教區	桃園、新竹、苗栗
臺中	1962	蔡文興（美籍）	美國瑪利諾會	臺中、彰化、南投
嘉義	1962	牛朝宗（國籍）	教區	嘉義、雲林
花蓮	1963	費聲遠（法籍）	巴黎外方傳教會	花蓮、台東
備註	1959 年臺北教區主教郭若石辭職，由北京總主教田耕莘樞機署理臺北教區。			

　　由表 5-9 我們可以看到 1960 年代臺灣天主教各教區的成立，雖然升任主教一職已擺脫原屬修會的背景，無法參與原屬修會事務，但當時教區主教的任命應該也考慮到修會在當地的勢力，先求穩定，如臺中、高雄、花蓮，新成立的教區，如臺南、新竹則直接晉用國籍神父爲教區主教；再者其中幾位主教，牛朝宗原爲山東陽穀教區主教兼任嘉義監牧、費聲遠原爲遼寧營口主教兼任花蓮監牧，但由於大陸局勢的變遷，整個中國天主教會制度遷移至臺灣，這些有兼任職的主教也順勢正名，因此我認爲 1960 年代臺灣天主教聖統制成立，這應是教廷與中共政權的對立上，接續與中華民國政府間外交、宗教的政治考量。

　　當時新升格的高雄教區中，由教區中人事的任命，我們也可以看到強烈的道明會背景：主教鄭天祥（國籍，道明會玫瑰省）、副主教高道隆（Emilio Calderon，1921～？，道明會玫瑰省）、總務主任蘇以道（Claudio Espeso，1904～1964，道明會玫瑰省）、代理秘書長紀律（國籍教區神父）、聖若瑟修院院長魏政賢（1921～2008，國籍道明會德鐸省）；另教區諮議會成員有雷新基（道明會德鐸省）、陳若瑟（道明會玫瑰省）、高道隆（道明會玫瑰省）、杜明德（Antonio Dominguez，1915～1991，道明會玫瑰省）、司密斯（Thomas J. Smith，1909～1972，美籍遣使會士）、郭世光（Richard Rupicka，1913～？，道明會德鐸省）高師謙（1897～2007，國籍教區神父），高雄教區主教座堂本堂由道明會玫瑰省會士戴剛德擔任。〔註79〕

<hr>

〔註79〕李良編纂《高雄教區十五年史（1961～1975）》，頁 13；江傳德《天主教在臺灣》，頁 419。

　　由以上高雄教區初成立時的人事安排上，鄭天祥有顧慮道明會在高屏的傳教地位，也可以看到當時高屏地區仍以道明會的勢力為主，因此在人事的安排上必須有此考量，而非單單我們可能朝向「任用自己人」的想法。

　　1964 年高雄玫瑰天主堂本堂神父戴剛德將調職，原職由國籍會士郭德業接任，玫瑰堂的信徒聯名向主教鄭天祥與當時教廷駐華公使高理耀陳情，請求能讓戴剛德神父繼續留任，但玫瑰堂信徒呈給教廷駐華公使高理耀的陳情書中，則提及鄭主教上任後，將西籍道明會士調至偏鄉，任用同鄉及親近的會外神職接任主要教堂，同時信徒陳情書中也表示當時新接任的神父不諳台語，因此輕視本地信徒，而親近外省信徒。這件事情在許多玫瑰堂老一輩的部分信徒中，都有這樣的印象。

　　由上述的事件來看鄭天祥在教區成立之初的人事安排上，其實考慮到道明會在高屏地區的道明會各派勢力，同時由此事件我們也可以聯想到或許鄭天祥所要進行的是本土化教會的建立，卻引發了玫瑰堂信徒不滿。

　　此事件也引發另一討論，即主教是否有權力要求修會會士前往其他地方，這便牽涉到了主教與修會間的關係。地區主教主要管理教區內事務，神職人員管理只限教區神父，無法干涉與介入教區內各修會事務。若教區內有事或堂區需要修會協助，主教必須與修會會長討論，請求修會的協助，修會同意協助教區，如管理某堂區，才會出現本章第一節表 5-3 中，會士管理堂區的情形，主教依其職權，則可關心堂區事務。因此地區主教與修會間是合作、尊重的關係，〔註 80〕所以上述事件在正常的情形下，是無法讓主教一意孤行的。

　　上述的請願事件似乎也牽引出國籍會士與西籍會士間的合作。1950～60年代國籍會士陸續來到臺灣，他們與西籍會士同住一起，並也一同前往其他地方傳教，國籍與西籍會士以西班牙文作為溝通的語言，但由於文化不同，因此相處之間多少也會有問題。李伯鐸曾向筆者表示西班牙會士就有如西班牙鬥牛士的精神，非常有衝勁，認為好的、對的事就會積極去做，如在福安的西班牙神父生活都過得很辛苦，不過他們也甘之如飴，但是西班牙神父的脾氣有時也很固執，非常難溝通。〔註 81〕

　　若我們由歷史發展來推論的話，或許有另一種可能性，即道明會玫瑰省

〔註 80〕楊嘉欽〈高雄教區劉振忠總主教訪問紀錄〉2010 年 11 月 17 日，未刊稿。
〔註 81〕楊嘉欽〈李伯鐸先生訪問紀錄〉2003 年 7 月 23 日，未刊稿。

在臺灣傳教的過程中，對臺灣本地會士的培育始終沒有成功，而來臺的國籍會士都是在教廷推動教會本土化運動下的成果，看在歐洲經歷正規培育來臺的西籍道明會士眼裡，雙方或許就有程度上的差別，生活中或許更讓國籍會士不悅。

　　1970 年道明會玫瑰省在馬尼拉舉行省會議，國籍會士與會者有馮觀濤、陳紹基、李伯鐸三人，當時馮觀濤曾詢問二人是否願意自臺灣區會獨立出來，陳紹基表示沒意見、李伯鐸則表示獨立有利有弊，但可嘗試。此會議中馮觀濤便提出國籍會士要自臺灣區會分出來，獨立成一區會，當時臺灣區會長高道隆事先並不知情。〔註82〕1970 年 12 月玫瑰省宣布成立中華區會，並由會士郭德業擔任首任區會長，至此玫瑰省在臺灣就有兩個區會。當時中華區會會士名單，如下表 5-10：

表 5-10：1970 年道明會玫瑰省中華區會成立會士名單

姓　名	出生地	生卒年	初　願	晉　鐸	備　註
江　綏	福建福州	1931		1959	離開修會，轉任教區神父
馮觀濤	福建福安	1925～2005	1947	1952	
郭德業	福建福安	1927～1978	1948	1954	
郭　華	福建福安	1921～1984	1947	1953	
陳紹基	福建福安	1926	1947	1953	
李伯鐸	福建福安	1926	1947	1953	離開修會
黃履臻	福建福安	1916～1993	1950		
魏政賢	福建武平	1921～2008	1949	1953	
江禮貴	福建福州	1933		1958	離開修會
曾仰如	福建羅源	1935～1991	1953	1959	
王永信	福建寧德	1929		1957	離開修會
鄭天寶	福建福州	1926～1980	1947	1973	
曹世鐸	河北天津	1938		1971	轉爲教區神父
林吉基	臺灣屏東	1947		1976	轉爲教區神父
陳主憐	臺灣高雄	1935			離開修會
侯倉龍	臺灣雲林	1940	1968	1973	

〔註82〕楊嘉欽〈李伯鐸先生訪問紀錄〉2003 年 7 月 23 日，未刊稿。

潘清德	臺灣高雄	1953	1973	1980	
許思孟	福建上杭	1927～2006	1973	1955	
徐清賢	臺灣屏東	1953	1973		
陳介鐵	浙江餘姚	1925～1992	1977		

資料來源：李良編著《高雄教區十五年史》，頁 193～195；葉耀明編《道明會中華聖母總會區成立 30 週年紀念特刊，1978～2008》（高雄：中華道明會，2008年 6 月）。

　　1974 年中華區會會士在義大利拿坡里所舉行的選舉大會中，申請自玫瑰省獨立出來，以中華聖母為主保，成立中華聖母總會區〔註83〕。1976 年當時道明會總會長龔諾藹任命江綏為總會長代理（Vicar General），後來又任命侯倉龍為總會長代理進行籌備事宜，1978 年中華聖母總會區（簡稱中華道明會）正式成立，由總會長任命侯倉龍為首任會長，〔註84〕當時會士名單如下表 5-11：

表 5-11：1978 年道明會中華聖母總會區成立會士名單

姓　名	出生地	生卒年	初　願	晉　鐸	備　註
馮觀濤	福建福安	1925～2005	1947	1952	
郭　華	福建福安	1921～1984	1947	1953	
黃履臻	福建福安	1916～1993	1950		終身修士
魏政賢	福建武平	1921～2008		1953	
曾仰如	福建羅源	1935～1991	1953	1959	
鄭天寶	福建福州	1926～1980		1973	
陳介鐵	浙江餘姚	1925～1992	1977		終身修士
許思孟	福建上杭	1927～2006	1973	1955	
陳紹基	福建福安	1926	1947	1953	
侯倉龍	臺灣雲林	1940	1968	1973	
潘清德	臺灣高雄	1953	1973	1980	
徐清賢	臺灣屏東	1953	1973	1982	
潘永達	臺灣屏東	1955	1979	1984	望會生

〔註83〕當時中華區會人數未達到會省 30 人成立的資格，只得以總會區成立，直接隸屬道明會總會長。
〔註84〕葉耀明編《天主教道明會中華聖母總會區成立十周年紀念冊》（高雄：中華道明會，1988 年），頁 13～14。

葉耀明	廣東新會	1957	1980	1985	望會生
林國進	臺灣高雄	1950	1979		望會生
潘貝頎	臺灣屏東	1955	1981	1985	望會生
潘清雨	臺灣高雄	1956	1981	1985	望會生

資料來源：李良編著《高雄教區十五年史》，頁 193～195；天主教道明會中華聖母總
　　　　　會區《天主教道明會中華聖母總會區紀念冊 1978～1982》（高雄：中華道
　　　　　明會，1982 年 4 月），頁 26～27。

　　中華道明會成立後，玫瑰省與德鐸省便將部分事業轉移給中華道明會，
其中堂區有臺北吉林路天主堂、高雄灣仔內加大利納堂，2011 年 11 月玫瑰省
也將萬金天主堂移交給中華道明會管理；學校有道明中學、新基中學，但新
基中學後來移交給高雄教區；會院的部分則有聖道明會院（位於道明中學內）
聖雅博會院（臺北縣泰山鄉貴子路，現更名為文藻會院），同時對中國大陸傳
教是目前天主教會的重要工作之一，因此福建則屬於中華道明會的傳教區。

　　1920 年代以來在天主教會進行本地教會建立的方針下，加上梵二之後天
主教會的革新、本土化與適應化的潮流，道明會在此時期也配合著教廷的本
土化方向，自 1911 年開始加拿大（1911）美國加州（1912）澳紐（1950）巴
西（1952）越南（1969）菲律賓（1971）等本土會省的成立，而中華道明會
也是在此本土化潮流中，得以成立屬於臺灣（中國）本土的道明會。

第五節　道明會玫瑰省在臺的現況

　　臺灣天主教在 1950 年代以來神職人員迅速增加，信徒人數大增，堂區也
相對增加，更促成了正式教會體制在臺灣的建立，但 1960 年代中期以後，呈
現停滯的趨勢。

　　據瞿海源的研究，他認為自 1963 年起天主教的信徒人數便呈現停滯的現
象，[註85] 若從表 5-12 高雄教區 1961～1975 年的信徒人數統計曲線來看，大
約在 1966 年以後的信徒人數便處於持平的狀態，同時 1986 年的高雄教區信
徒統計約 45937 人，[註86] 2000 年信徒人數統計約有 46454 人，[註87] 2010

〔註85〕瞿海源〈台灣地區天主教發展趨勢之研究〉，收錄於氏著《台灣宗教變遷的社
　　　　會政治分析》（臺北：桂冠，1997 年 5 月初版一刷），頁 215。
〔註86〕黃忠偉編《天主教高雄教區二十五週年紀念冊》（高雄：善導週刊社，1986
　　　　年 6 月），頁 10。

年信徒人數有 45950 人，〔註88〕

表 5-12：1961～1975 年高雄教區信徒數曲線圖

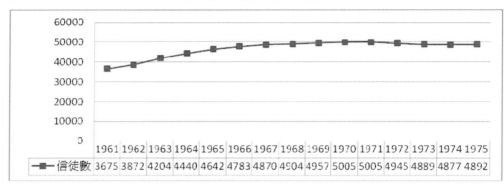

	1961	1962	1963	1964	1965	1966	1967	1968	1969	1970	1971	1972	1973	1974	1975
信徒數	3675	3872	4204	4440	4642	4783	4870	4904	4957	5005	5005	4945	4889	4877	4892

資料來源：江傳德《天主教在臺灣》，頁 598～599。

再者我們從表 5-13 成人與兒童受洗的人數來看，1961～1975 年則呈現下滑的趨勢。

表 5-13：1961～1975 年高雄教區成人與兒童受洗人數曲線圖

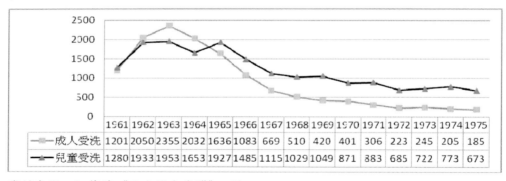

	1961	1962	1963	1964	1965	1966	1967	1968	1969	1970	1971	1972	1973	1974	1975
成人受洗	1201	2050	2355	2032	1636	1083	669	510	420	401	306	223	245	205	185
兒童受洗	1280	1933	1953	1653	1927	1485	1115	1029	1049	871	883	685	722	773	673

資料來源：江傳德《天主教在臺灣》，頁 598～599。

由表 5-12 與表 5-13 的情況與近十年的統計資料來看，我們可以說高雄教區自 1961 年成立至今五十年來，教區的信徒人數並未有顯著的成長，也代表了新進信徒反有減少的趨勢，而對天主教有興趣且已經在接受受洗準備的慕

〔註87〕 黃忠偉編《天主教會高雄教區成立四十週年特刊》（高雄：天主教高雄教區，2001 年 6 月），頁 20。
〔註88〕 台灣地區主教團秘書處 編譯《台灣天主教手冊（2012 年）》（臺北：天主教教務協進會，2012 年 4 月），頁 463。

道者也相對減少（參閱表 5-14），因此 1960 年代以後台灣天主教的發展趨勢符合瞿海源的研究成果。

表 5-14：1961～1975 高雄教區慕道者人數曲線圖

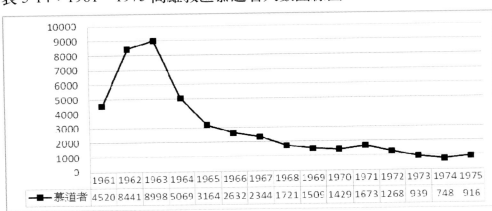

	1961	1962	1963	1964	1965	1966	1967	1968	1969	1970	1971	1972	1973	1974	1975
慕道者	4520	8441	8998	5069	3164	2632	2344	1721	1509	1429	1673	1268	939	748	916

資料來源：江傳德《天主教在臺灣》，頁 598～599。

　　除了受洗與慕道人數逐年減少外，天主教高雄教區方面，傳道員也由 1961 年的 179 人（男 126，女 53）減少至 1975 年的 90 人（男 71，女 19），[註89] 2010 年高雄教區的傳道員也只有 17 位（男 5，女 12），[註90] 由以上的數據我們可以看到 1960 年代以後的天主教高雄教區的發展都呈現下滑的趨勢，不過這是臺灣天主教的整體現象。

　　由臺灣天主教在 1960 年代以後的發展趨勢來看，道明會玫瑰省在 1960 年代以後的發展狀況似乎也受到影響。

　　首先是管理堂口的減少。1950 年代道明會玫瑰省仍管理約 30 多個堂區，1961 年臺南教區成立後，除中山路天主堂仍由該修會直轄管理外，其餘皆移交臺南教區；高雄教區方面所管理的堂區也漸漸退出，目前只有管理屬於高雄教區的屏東市和平路天主堂、直轄的堂區如屏東市公園路天主堂、屏東縣萬金天主堂、高雄市三民區聖道明堂、苓雅區五塊厝天主堂等堂區。其中直轄的屏東縣萬金天主堂及該堂名下附屬產業亦於 2011 年 12 月全數移交中華道明會。

〔註89〕江傳德《天主教在臺灣》，頁 598～599。
〔註90〕台灣地區主教團秘書處 編譯《台灣天主教手冊（2012 年）》（臺北：天主教教務協進會，2012 年 4 月），頁 463。

　　附屬事業方面自 1970 年代以來道明會玫瑰省只剩聖道明堂的曉明幼稚園，其餘所開辦的幼稚園大多移交高雄教區或關閉，而 1958 年成立的道明中學至 1978 年中華道明會成立後，該校也移交中華道明會。

　　現今道明會玫瑰省在臺灣只有管理堂區的工作，進行單純的傳教工作，其他的附屬事業大多完全結束。

　　在如此情境下，今日道明會玫瑰省臺灣區會的現況如下：

一、天主教聚落的變遷

　　道明會玫瑰省在臺灣 150 年的傳教中，漢人仍是會士們傳教的主要對象，平埔族人只有在屏東萬金的周邊地區，而高山原住民則需待 1950 年代才有傳教成果的呈現。

　　道明會玫瑰省會士在此過程中，爲了保護信徒，並且試圖維持信徒信仰，所採取的方式都是以建立信徒聚落的形式來進行，此形式包含了主動與被動。所謂「主動」就是由道明會士購地或信徒捐地租與信徒居住或耕種，如高雄市玫瑰天主堂、臺南市中山路天主堂、屏東萬金天主堂、田中八分天主堂；所謂「被動」就是會士利用原有的聚落，聚落居民大多數爲信徒，如高雄鼓山天主堂、高屏地區原住民部落。

　　不論是何種方式所形成的聚落，該聚落則是以教堂爲中心，環繞於教堂周圍。土地的所有權也有兩種，一種屬於道明會玫瑰省所有，一種則屬於信徒全體共有，信徒組織信徒團體管理，如高雄玫瑰堂、萬金的聖母會、羅厝的天主教臨終會。

　　由於天主教會強調嬰兒受洗，所以聚落信徒的信仰也漸漸家族化，信徒家庭內的小孩，自小便生活於此信徒聚落，日常與信仰活動也以教堂爲中心，加上會士們的關心與經營，道明會士與天主教信仰在聚落內信徒的心中自然佔有深刻的記憶。

　　以高雄玫瑰堂爲例，目前高雄玫瑰堂的信徒中對玫瑰省會士印象較深的應屬戰後嬰兒潮出生的這個世代。就如筆者曾在碩論〈高雄前金天主教聚落研究〉中提到的，此世代的當地信徒的童年生活多是圍繞在玫瑰堂內，平日的祈禱、週日的主日學、暑假的道理班、甚至修院的生活經驗等，這些都是多數此世代玫瑰堂信徒的共同回憶，〔註91〕增進了信徒與會士間的關係與印象。

〔註91〕楊嘉欽〈高雄前金天主教聚落研究〉，頁 97～99。

　　以前信徒們對玫瑰省會士都非常尊敬，都會稱呼部分會士「某某公」，如「良公」（即良雅師）「包公」（即包德良）「洪公」（即洪羅肋）「白公」（即白斐理），另一方面因為會士們為外國人，生活上也較偏向西化，經濟狀況也較當時臺灣居民為佳，所以筆者父親常回憶有些玫瑰省會士，如戴剛德神父就常會抽雪茄、喝啤酒、外出則騎著德製的機車，看在當地孩童的眼中是非常新鮮的景象。

　　玫瑰省會士們不僅對信徒的信仰生活關心，常常拜訪信徒，同時也會要求信徒日常生活的行為，以戴剛德神父為例，他似乎是較嚴格的神父，據筆者父親回憶，聚落內信徒偶有聚賭的情形，戴神父就會拿著棍子來制止信徒的聚賭行為，信徒們一聽到神父前來，立刻一哄而散，筆者也曾向戴神父求證，他只是淡淡地說：「我也不知道，我只是要規勸他們而已」。〔註92〕同樣的情況也曾在萬金聽聞。

　　萬金因為長期多數都是由玫瑰省會士擔任本堂（其中日治末至光復初曾分別由涂敏正與李惟添擔任本堂），加上萬金村中約有 2/3 的村民為天主教徒，村民與會士的感情更緊密，筆者曾聽一位萬金村民說過，以前萬金的青年若要到外地工作，或出遠門、回來都會到教堂向神父告別與報平安，從這樣的例子，可以知道在萬金的玫瑰省會士在當地村民心目中的重要性。

　　另一則關於霧台的原住民信徒對會士的描寫，也同樣可以感受到會士在信徒心目中的印象及地位：

> 記得我幼稚園中班時，我與父親及顏光明神父下山到水門。那時的交通沒有那麼好，也沒有車可以搭，只能步行。……在我的記憶中顏神父是一位很隨和的神父，不管他走到那裡都是坦然自得。爸媽的婚禮宴席，還是顏神父出錢的。……從我父親的口述中得知，作孩子的我們真感恩這位神父。所以這次的旅程更格外的親切，他好似我的叔叔……每當在故鄉提起這曾經為我們付出可敬的顏光明神父，多少人為他流淚。因為他沒架子距離可言，一切為他的羊群服務，也許再次尋問當地的教友，那一位神父最好，可能他還是我們心目中的模範神父。〔註93〕

〔註92〕楊嘉欽〈道明會玫瑰省戴剛德神父在台傳教紀略〉（下）《高雄文獻》第 2 卷第 3 期，2012 年 9 月，頁 156～157。

〔註93〕奧斯丁〈與顏光明神父下山記〉，收錄於杜勇雄編《高雄教區山地開教四十五週年特刊》，頁 62。

　　玫瑰省會士除對信徒信仰與日常生活的關心外，也包括了生活環境的改善。如 1970 年會士黎克義協助今日屏東縣來義鄉丹林村民鋪設飲用水管，有七公里之長，為當地解決了多季缺水之困境。﹝註 94﹞由上述信徒對會士的回憶，我們可以看到當時會士在信徒心目中的分量，不單是信仰的指導者，也是生活中的陪伴者、協助者。

　　不過隨著部分因都市化所造成聚落的解體，信徒的信仰也開始產生變化，尤其以都市內的聚落最為明顯，如高雄玫瑰堂、臺南中山路天主堂。以高雄玫瑰堂為例，1957 年道明會玫瑰省在政府要求繳納地價稅的壓力及當地信徒的要求下，成立「聖徒會苓雅寮教友基地整理委員會」開始將土地廉價售予信徒，聚落土地所有權由修會公有轉為信徒私有，﹝註 95﹞而聚落周圍道路的開闢，使聚落成為開放性空間，更切斷了信徒聚落與教堂間的關係，信徒生活空間的性質消失了，教堂轉化成單純的天主教信仰空間。

　　聚落的解體、信徒的外徙都使得信徒信仰的維持面臨挑戰，部分信徒家族成員因成家、工作遷離聚落後，信仰漸漸薄弱，後代子孫的信仰也漸漸消失。

　　相較於存在於都市的信徒聚落，非都市地區的信徒聚落，如萬金、原住民部落，情況則較輕微。以萬金為例，該地區的土地所有權多數仍歸道明會玫瑰省臺灣區會所有，聚落較為完整，教堂仍維持著信徒信仰與生活雙重的空間性質，加上玫瑰省會士的長期經營，使得當地會士與信徒間的關係緊密，雖然也可能有信徒信仰衰退的問題，但是當地的凝聚力仍強；另一個例子就是原住民部落，以佳平為例，原住民部落大多位於山腰地區，部落完整，加上部落組織中頭目的影響力、原住民對宗教的重視，都使得玫瑰省會士易於傳教及經營，縱然今日已移交高雄教區，該地區的原住民信徒仍能維持信仰。

　　道明會玫瑰省雖然附屬事業減少，而所管理的堂口也減少，這讓他們可以更專心致力於堂區的經營，其中新成立的堂區也有其傳教成果呈現。

　　目前玫瑰省臺灣區會所管理堂區在天主教高雄教區中信徒數皆不少，以 2000 年的統計資料來看，屏東市公園路天主堂有 1040 人、和平路天主堂有

﹝註94﹞ 杜勇雄編《高雄教區山地開教四十五週年特刊》，頁 44。
﹝註95﹞ 楊嘉欽〈高雄前金天主教聚落研究〉（臺南：成功大學歷史所碩論，1998 年 6 月），頁 58。

399 人、高雄市聖道明堂有 523 人、五塊厝天主堂有 1835 人、萬金天主堂有 3315 人。〔註96〕2012 年會士徐天德也提到現在屏東市公園路信徒數約有 900～1000 人、五塊厝約有 900 多名信徒、聖道明堂約有 500 名信徒。〔註97〕與 2000 年的統計相差不大。或許會士們在傳教艱困的年代與地區仍有其能吸引人的地方，同時他們也開始運用新的方式來協助傳教。

二、新傳教方法的嘗試

若回顧道明會玫瑰省在臺灣的傳教史中，可以觀察到道明會會士幾乎都是一個人前往某地進行傳教，並且憑藉著會士個人的特質來吸引民眾及經營堂區，當然也有會士與堂區信徒格格不入的情況發生，但換另一人前往可能就得到不同的成果。

這樣的傳教方式與團隊合作似乎不同，若他們全力集中於某地的傳教，是否可能得到更大的成果呢？這是筆者所疑問的。中華道明會首任會長侯倉龍曾向筆者表示，他在會長任內，都盡量安排年輕會士出國進修，並且依照他們的興趣去學習、進修學位，回國後，再依據個人所學及興趣來進行傳教工作，因為耶穌也是「派遣門徒倆倆出去傳教」。〔註98〕所以我們認為道明會會士憑藉個人特質來經營堂區與傳教，當信徒凝聚

圖 5-2：萬金天主堂的西樂隊

（楊嘉欽攝／2011 年）

圖 5-3：萬金天主堂的轎班

（楊嘉欽攝／2011 年）

起來後，也透過多樣的方式來維持信仰或將信仰生活推廣，可吸引更多的人來加入教會。

以每年萬金天主堂 12 月的堂慶來說，這可說是萬金村的大事，每家會在

〔註96〕黃忠偉 編《天主教會高雄教區成立四十週年特刊》（高雄：天主教高雄教區，2001 年 6 月），頁 21。
〔註97〕楊嘉欽〈徐天德神父訪問紀錄〉2012 年 11 月 2 日，未刊稿。
〔註98〕楊嘉欽〈侯倉龍神父訪問紀錄〉2011 年 6 月 2 日，未刊稿。

此刻宴請遠地前來或歸來的親友，此外，堂慶的部分，從交通的引導、接待各堂區前來的團體到彌撒的規劃、進行，我們都可以看到萬金村民的積極參與，同時彌撒之後的聖母遊行，萬金天主堂的轎班、西樂隊、藝能團體（打棍子隊、聖歌隊）也都全程參與。

1984 年萬金天主堂經教宗若望保祿二世（John Paul II，1978～2005 在位）冊封爲聖殿，無形中提升了萬金天主堂及其主保無染原罪聖母的地位，12 月的堂慶也更吸引了全台各地信徒的前來。1991 年時任本堂的玫瑰省會士余萬德（Epifanio Adad）與中國天主教教友傳教協進會共同策畫了第一次的聖母環島遊行。〔註99〕

圖 5-4：「福傳 150 萬金永流傳」行腳活動一景

（楊嘉欽攝／2010 年）

2002 年玫瑰省會士盧懷信到任後，開始營造萬金、赤山村的聖誕氣氛。每年 12 月開始，舉行該堂區的每家每戶的馬槽設計比賽，也在教堂區域內，擺設馬槽的裝置藝術，也在村莊街道掛上具有聖誕氣息的形象燈飾。12 月的堂慶首開系列活動的開場，隨著固定的聖母遊行，也成爲當地重要的宗教活動，不論信徒或非信徒都會出來歡迎，12 月 24 日則是最高峰，先有教堂前的娛樂活動，後有大約 9 點或 10 點的子夜彌撒。這段時間也漸漸吸引許多人來此參觀或參與教會活動。2008 年適逢天主教在台 150 周年前夕，盧懷信再度策畫了第二次萬金聖母環島出巡活動。

2011 年適逢天主教在萬金成立 150 週年，所以 2010 年會士盧懷信與萬金堂區的信徒首先在 11 月 27 日舉行「福傳 150 萬金永流傳」的行腳活動，作爲慶祝萬金開教 150 年的開幕活動。此活動乃是爲重現當時玫瑰省會士由高雄前金步行至屏東萬金的活動，全程約 36 公里。該活動中約有 60、70 位青壯年村民全程參與，人數上看起來雖然不多，但接近萬巒的時候，就有萬金的學生會、青年會加入行腳隊伍，前往目的地。

同年 12 月，屏東縣政府更與萬金天主堂合作，舉辦「2011 年萬金聖誕季」

〔註99〕 中國天主教教友傳教協進會編《天主教爲國祈福聖母環島巡禮紀念專輯》（臺北：中國天主教教友傳教協進會，1994 年 11 月初版），頁 5。

系列活動，2012 年雙方也再次合作舉辦「2012 年萬金聖誕季」的活動。將近一個月活動的時間，吸引了許多人造訪該地區，也藉此活絡臨近地區的觀光活動。

圖 5-5：萬金聖母遊行路線圖（楊嘉欽繪製）

地圖來源：Google 衛星圖

由玫瑰省會士在萬金的經營，他們憑藉著天主教在當地宗教的優勢，利用現今社會流行的社區營造工作，突顯出萬金與赤山地區的宗教及活動成爲一種特色，也試圖將萬金聖母及其遊行活動營造爲天主教版的「媽祖」與「媽祖遶境」。這樣的方法是否可以增加信徒數，還有待觀察，不過增加了萬金天主堂與臺灣天主教會的曝光度，及當地的觀光活動，還是有助益的。

三、神職人員的缺乏

玫瑰省面臨的另一個挑戰則是神職人員的缺乏。玫瑰省是一海外傳教修會，自然需要有許多該會的會士前來協助傳教工作，不過在玫瑰省在台灣傳教的過程中，1945 年以前會士平均多在 10 位以內。戰後隨著政府的撤退、各修會的神職也撤退至臺灣，人數大增，玫瑰省臺灣區會的會士曾經達到 30 多位，〔註 100〕不過隨著神職人員培育的減少，加上會士回國、凋零等因素，使得在臺會士日益減少，今日玫瑰省臺灣區會士只有 10 位（屏東 3 位、高雄 4位、臺南 3 位）。〔註 101〕

〔註 100〕江傳德《天主教在臺灣》，頁 596。
〔註 101〕楊嘉欽〈徐天德神父訪問紀錄〉2012 年 11 月 2 日，未刊稿。

因此為了培育後繼者，修院的設置自然成為必要，但如前述，玫瑰省在日治、戰後都嘗試設立修院培養會士，但終究無法成功而關閉。因此玫瑰省便轉向其他國家尋求有意願的人，目前玫瑰省正在培育的修士中緬甸有 17 位、越南 2 位、韓國 1 位、大陸 25 位。〔註 102〕

同時玫瑰省臺灣區會方面，現任會長徐天德（Tomàs Miguel Blàzquez）曾向筆者表達，該會目前除了希望能有新會士前來協助外，目前在台的會士都是學習國語，因此他們更希望曾經在臺灣傳教並且會說台語的會士能夠回來協助，不過希望渺茫：如曾經擔任過臺灣區會長的安敬道（Jose Angel Lopez）目前則在澳門任會長，菲律賓華人會士施炯坤也在澳門管理該會修士、曾任臺南、萬金本堂的會士黃家樂（Juan Carlos Martinez）則在阿根廷、國台語皆通的會士山樂曼（Miguel Angel Sanroman）目前在西班牙阿維拉、甫卸任萬金天主堂的神父盧懷信（Ruben Martinez）則將前往印尼傳教等。

目前擁有 20 名會士的中華道明會也面臨同樣的情形，現在也前往中國大陸尋找可培育的人員，之後將這些培育人員由大陸送至香港、菲律賓學習英文，再透過臺灣駐菲辦事處辦理來臺的傳教簽證，來到臺灣輔仁大學接受哲學、神學教育，待他們晉鐸後，再回大陸進行傳教工作。

神職人員缺乏其實也是今日天主教會共同面臨的問題，因著天主教在臺灣培育的神職減少，也表示著基層小修院人數的減少，臺灣各地的小修院陸續關閉，高雄教區的聖若瑟修院 2000 年停止招生，〔註 103〕同年中華道明會的「道明修院」也停辦，〔註 104〕原本道明中學中都有許多修生就讀，〔註 105〕使道明中學同時負有培養、教育小修生的任務也消失，今日台灣天主教會培育神職則主要以輔仁大學神學院及天主教臺灣總修院為主，也以成人為主要對象。道明會德鐸省面對神職缺乏的問題打了退堂鼓，2007 年該會臺灣區會正式解散，而玫瑰省與中華道明會則繼續努力培養新會士。

由以上的討論，我們會看到的是玫瑰省會士長期經營與會士個人特質的展現。早期他們藉著將信徒聚集在一起，形成天主教聚落，憑藉著他們較佳

〔註 102〕楊嘉欽〈徐天德神父訪問紀錄〉2012 年 11 月 2 日，未刊稿。
〔註 103〕黃忠偉編《天主教會高雄教區成立四十週年特刊》，頁 160。
〔註 104〕葉耀明編《道明會中華聖母總會區成立 30 週年紀念特刊，1978～2008》，頁 133。
〔註 105〕聖若瑟修院遷至道明中學附近，道明修院也設於道明中學內，所以這些修生早上都前往道明中學就讀，放學後則回到修院過團體生活。

的經濟狀況購買土地租與信徒耕種，協助改善信徒的生活。玫瑰省會士透過對聚落中共同信仰的建立，加上信徒的生命禮俗皆與教會緊密的聯繫在一起，自然很容易將信徒凝聚起來，同時會士由信仰的帶領轉化為對信徒現實生活的關心與協助，也會強化信徒對信仰的向心力，也因為如此，道明會玫瑰省會士在這些早期所成立的天主教聚落及日後高屏山地鄉的信徒記憶中是非常深刻的。

　　另一方面，部分玫瑰省會士也開始利用他們自己對於臺灣社會的觀察、了解，運用臺灣人熟悉的一些方式，如行腳、遶境的概念來轉化、表達自我宗教特色，嘗試融入台灣社會，而不是循著過去單純只著重傳教的方式，藉由這些方式來吸引人接觸信仰，進而企圖了解信仰、接受信仰。

　　由上所述，1960 年代以後的臺灣天主教的發展停滯，傳教也較為困難，影響的層面非常廣泛，原本道明會可以作為積極進入台灣社會的事業或方法、如醫療、教育等也多數關閉或正面臨著挑戰。雖然如此，筆者在訪談過程中，則是深刻的感覺到道明會玫瑰省、中華道明會多數會士認為他們所面臨的最大問題仍是會士不足，反而認為傳教本是他們的重要使命，面對困難便須克服，他們仍在繼續努力地運用各種方法企圖突破傳教的困境。〔註 106〕

第六節　信徒家族的變化

　　天主教會鼓勵信徒的嬰兒、配偶、親友受洗，使得信徒的信仰漸漸家族化，玫瑰省在臺灣的傳教區也有同樣的情形，隨著時代的變遷，信徒家族在社會參與、教會參與方面也都有變化，本節以高雄前金玫瑰堂的李步壘家族與田寮仔黃家為例來討論。

一、李步壘家族

　　李步壘（1815–1903）為漳州翰苑人（今漳州市龍文區步文鎮后坂村）。

〔註 106〕中華道明會士李漢民曾向筆者表示，他積極地接受講道的邀約，希望能夠運用道明會士的長才——宣道來鼓勵、影響信徒或非信徒（楊嘉欽〈李漢民神父訪問紀錄〉2010 年 10 月 5 日，未刊稿。）；另一位中華道明會士黃金昆則在 2009 年得到高雄教區總主教劉振忠的支持，成立聖保祿福傳中心。該中心隸屬高雄教區，目前由中華道明會士黃金昆擔任中心主任，該中心於 2009 年開始開設不同課程來訓練有意願的信徒，並運用多樣方式來進行傳教活動。（楊嘉欽〈黃金昆神父訪問紀錄〉2010 年 11 月 2 日，未刊稿。）

李步壘家中有六個兄弟，排行第二，其中有三個弟弟成年以後，前往南洋地區謀生〔註107〕。李步壘的家鄉自十七世紀以來多數信仰天主教，其自小即爲天主教信徒。如前述，1860 年代會士郭德剛返回廈門，再度返回臺灣時，李步壘一家與郭德剛來臺，玫瑰省會士利用此家族進入同文同種的臺灣非信徒群體中協助傳教，作爲吸收新信徒的核心。李步壘來臺後，居於教堂後方，但因爲高雄築港，遷居至教堂前方的天主教聚落。

李步壘平日以農作爲主，有時也充當傳道員，吸引一般平民接受天主教，鼓山堂區的建立便是在其的開創下建立的。李步壘與嚴鳳結婚後育有六男，但因時代久遠關於第二代家族成員的情況，現今之李姓家族成員皆不知。故只以李步壘次男李彩一房之後代子孫爲例。

第二代李彩之婚姻對象不明，育有子女數亦不明，子女自小便受洗爲信徒。長男李萬福曾在臺灣鐵道部工作，平常亦製作水車賣予當地農人，並將一些積蓄購買土地。

第三代李萬福與前金居民顏阿結婚，育有三男一女，分別是長女李玉麟、長男李庭飛（1915～1984）、次男李庭茂（1919～2011）三男李庭堂，皆自小受洗爲信徒。

教會參與方面，第四代長男李庭飛（1915～1984）畢業於高雄商業職業學校，後又就讀四年制台中傳道學校，在大高雄、大台中地區擔任傳道員，進行傳教工作。其曾擔任過高雄玫瑰堂聖母會會長、高雄教區教友代表會主席，熱心教務。1955 年李庭飛爭取天主教道明中學的創立與建校，成爲道明中學永久的創校董事。1967 年應聘爲臺灣省高雄市私立救濟院院長（今私立仁愛之家），並遷建至高雄市大寮區後庄里現址。1970 年受封爲「大聖額我略爵士」。

社會參與方面，李庭飛曾擔任過里長、苓雅區合作社理事主席。二二八事件期間，在天主教信徒間也多少有臺灣人仇視外省人的情勢出現，李庭飛爲消弭當時族群隔閡，曾組織教友聯誼會化解省籍衝突〔註108〕。1946 年李庭飛競選第一屆高雄市參議員，並未當選，但具候補資格。二二八事件後，當選參議員的陳啓清因調任省府委員而辭去議員一職，遺缺由同屬連雅區（今高雄市苓雅區）的李庭飛遞補〔註109〕，任期屆滿後未再參選。

〔註107〕李庭飛〈爲天主我們去──李步壘小史〉，1955 年，未刊稿。
〔註108〕楊嘉欽〈李貞珠女士訪問記錄〉，1996 年 11 月。
〔註109〕黃耀能主修《續修高雄市志》卷八〈社會志・二二八事件篇〉（高雄：高雄市文獻會，1993 年），頁 115。

　　李庭飛與員林游儉結婚後，育有四男二女，自小受洗為信徒。長女李幸珠為聖家傳教獻女會修女。長男李武志國小畢業後進入聖言會，前往菲律賓攻讀神學，曾擔任聖言會神父。

　　次男李庭茂（1919～2011）早年曾前往日本留學，回國後擔任玫瑰堂聖樂隊及合唱團之訓練工作。其亦熱心教務，歷任多屆傳協會委員，1986 年獲頒「教廷聖思維騎士」勳章。

　　李庭茂與前金信徒邱芳蘭結婚，子女自小受洗為信徒。長男李齊國曾擔任高雄教區傳教協進會主席，曾任高雄教區主教公署秘書、玫瑰堂傳協會委員及道明會玫瑰省臺灣區會秘書。

二、田寮仔黃家

　　另一個信徒家族則為高雄前金田寮仔地區的黃家。

　　高雄前金田寮仔據說最早便由黃姓族人來此開墾，在田野訪問中知道，其最早的祖先叫黃吉老〔註110〕，並且擁有大片的土地，是當地的大地主，對於其生平不詳。

　　據高雄玫瑰堂領洗步所載之記錄，登記第 2 號的黃振（1838～1897）於1860 年由郭德剛施洗成為信徒，代父為國籍傳道員蔡向，成為田寮仔黃家最早受洗成為天主教徒者。翌年其弟黃港（1847～1928）亦受洗，1863 年黃振的父母親黃發（1807～1863）、吳么（1807～？）、妹妹黃笑、兒子黃栓（1860～1919）、堂弟黃斷（1848～1925）都先後受洗成為天主教徒。〔註111〕由此可以認定田寮仔黃家部份宗族成員接受天主教信仰。

　　關於田寮仔黃家部份宗族成員受洗成為天主教徒的原因有幾種說法，一說為黃家因分家產生衝突，後請天主教神父協調，協助他們和平分家而受感動，進而接受天主教；〔註112〕一說則為透過李步壘與黃振、黃斷、黃港友好，進而促進其接受天主教。〔註113〕

　　關於黃振的生平不詳，僅有的資料即他曾於 1872 年將土地賣給郭德剛的

〔註110〕楊嘉欽〈黃勝先生訪問記錄〉、〈黃占女士訪問記錄〉，1996 年 10 月。

〔註111〕高雄玫瑰天主堂所藏《領洗冊》第一冊中第 2、7、27、28、29、31、34 號。

〔註112〕楊嘉欽〈黃勝先生訪問記錄〉1996 年 10 月，未刊稿。同時筆者根據高雄玫瑰天主堂所藏之《領洗冊》之紀錄，黃斷領洗之時（1863 年），只有 16 歲，此外在其之前仍有其他的黃姓在同時期或更早受洗，故筆者有此推測。

〔註113〕李幸珠 編著《天主的忠僕：李步壘》，頁 25～26；黃慧娟編著《尋根、感恩、傳承——信仰傳承 150 週年紀念》（高雄：編者自印，2010 年 12 月），頁 12。

契約。黃振後代黃東昇爲臺北教區神父。

黃斷、黃港未曾受教育，平日亦以農作爲主，其積蓄亦用來購買土地。

黃斷與當時鳳山廳赤山里崎仔腳（今高雄縣鳥松鄉一帶）許不（1856～？）結婚，許不本非天主教信徒，婚後受洗成爲信徒。二人育有一子黃竿管（1880～1920）。

第二代黃竿管與前金居民顏金（1884～？）結婚，婚後受洗成爲天主教信徒，育有一男三女，即長男黃勝、長女黃蜜、次女黃占、三女黃郡。

社會參與方面，長男黃勝（1915～2001）中學畢業後，原任職於日人經營之貨物承攬公司，戰後國民政府來台，設立高雄港務局，黃勝任職之日人公司爲港務局所接收，黃勝便順勢進入港務局工作，1980 年退休。

教會參與方面，黃勝曾擔任多屆玫瑰堂的聖母軍團長。1971 年進入高雄教區教友傳教協進會（簡稱傳協會），擔任過多屆的會長，亦擔任過多年玫瑰堂聖母會會計一職，亦曾擔任聖母會主席，管理會中事務〔註 114〕。黃勝曾獲羅馬教廷頒贈勳章，嘉獎其對教會之貢獻。長女黃蜜（1908～1992）擔任女傳道員，終身未嫁。

黃港與鳳山廳仁壽下里烏山庄（應爲今高雄市橋頭地區）的許果結婚，育有二男一女，即長男黃善、次男黃意、長女黃殺。

第二代黃意其與前金信徒鐘勉結婚，育有三女二男，分別是長男黃友信（1902～1948）、次男黃友仁（1908）、長女黃失福（？～1984）、次女黃戀、三女黃桂花，自小受洗爲信徒。

社會參與方面，長男黃友信（1902～1948）、次男黃友仁（1908）一起經營土地買賣的事業，一時家庭非常富有，並且曾在玫瑰堂天主教聚落的區域內興建二樓西式洋房，作爲其家族的居所。

教會參與方面，長女黃失福（？～1984）結業於第一屆高雄女傳道學校，在高雄地區進行傳教工作，當地信徒稱其「利亞姑」。黃友信長男黃慶祥（1927～）自公學校畢業後，念了二年的高等科，前往日本福岡讀中學，但在三年回台期間，遭逢戰爭爆發而輟學，戰後前往台中傳道學校就讀，畢業後，在台南新營擔任傳道員。黃慶祥次男黃敏正爲方濟會神父、長女黃慧娟爲聖家傳教獻女會修女。

由李步壘家族與田寮仔黃家等信徒家族的發展，可以看到他們的信仰皆

〔註 114〕楊嘉欽〈黃勝先生訪問記錄〉1996 年 10 月，未刊稿。

承繼家族傳統。

　　李步壘家鄉當地的李氏家族自天主教於十七世紀傳入中國後，世代皆為天主教徒，故李步壘的宗教信仰則是跟隨家族傳統而來。李步壘家族成員承襲家族傳統亦皆自小受洗為信徒，後代子孫皆承繼家族宗教。

　　黃振、黃斷、黃港三人會信仰天主教，起初透過與李步壘的交遊，而開始接觸天主教，真正接受天主教可能是因家庭的糾紛經過道明會會士的排解後，成為天主教信徒。家族成員皆是自小受洗為信徒，故其宗教信仰亦是承繼家族傳統。

　　配偶信仰方面，兩個家族第一代之結婚對象多數為非信徒，第二代成員漸有選擇以信徒為對象，第三代家族成員漸以信徒為結婚對象，同時區域也擴大至他處之天主教傳教區，如羅厝、田中。第四代成員之結對象，雖不限信徒，配偶婚後多數會受洗成為信徒。

　　教會參與方面，兩個家族第一代除李步壘兼任傳道員，為信徒講解教理外，其他較少參與教會事務。第二代、第三代皆未參與玫瑰堂事務。第四代隨著教育程度的提高，開始有家族成員參與教會事務，如李庭飛、李庭茂、黃勝，更有黃蜜、黃失福等擔任女傳道員。

　　成為神職人員者則集中於第四代、第五代的家族成員，如李武志曾任聖言會神父、李幸珠修女（聖家傳教獻女會）、黃慧娟修女（聖家傳教獻女會）、黃東昇神父（臺北教區）、黃敏正神父（方濟會）、黃貴雄神父（聖言會）。這些神職人員大多集中於戰後嬰兒潮的世代，符合天主教在臺灣發展的情況，不過也發現到其中皆無道明會的神職人員，一則因道明會玫瑰省在當時的培育皆未成功，二則可能因遷居他處，而受到其他修會的吸引加入。話雖如此，筆者認為信仰是在他們內心中已經建立，在適當的時機、適合的修道方式也就促成他們的加入。

　　筆者曾於碩士論文中討論過，玫瑰堂的信徒家族在第四代、第五代之後，因主動遷離天主教聚落，或因天主教聚落解體而被迫遷出，信仰維持上都有消弱的趨勢。〔註115〕此二家族也應有同樣的情形，惟該二家族成員則嘗試藉由家族信仰的歷史傳承來提振家族成員的信仰。

　　2001 年時任高雄教區主教單國璽在高雄玫瑰天主堂為李步壘子嗣舉行感恩祭，藉此促成李步壘後代宗親的聯繫，第五代李幸珠更前往漳州原鄉溯源，

〔註115〕楊嘉欽〈高雄前金天主教聚落研究〉，頁 107～108。

編輯出版《天主的忠僕：李步壘》紀念冊，帶動李步壘子嗣的聯繫，也促成宗親會的成立。之後單國璽也積極建議羅馬教廷冊封李步壘爲「眞福」，此事雖未得到教廷同意，但過程則給予李步壘子嗣們內心在天主教在臺傳教地位的榮譽感。

有了李步壘家族的經驗後，田寮仔黃家也由黃慧娟邀集如黃東昇、黃敏正、黃貴雄、白正龍等相關家族內的神職人員，開始進行家族信仰與關係的溯源，並編輯《尋根、感恩、傳承——信仰傳承 150 週年紀念》紀念冊，並於 2010 年 12 月舉行感恩祭與共融餐會，此舉不僅聯繫家族感情，似也欲藉由這幾位家族神職人員的帶領，鼓勵家族成員們了解及重視此天主教信仰的傳承。

結　論

　　天主教修會的創立與時機，就如前引用特爾慈「大教會的小派運動」及張春申的觀點，即天主教在教會體制、活動與世俗社會妥協的過程中，出現訴諸回到原始宗教教義的神祕主義，這些神祕主義進而發展成小派，這些小派部份與教會持對立的立場，部份則願意接受教會體制與領導，形成修會。由修會發展特有的修道與生活方式，進而帶領教會內部的革新。

　　十三世紀道明會的創立，乃是因應當時歐洲天主教會改革風潮下，面對修會腐化與反教會小派盛行，結合當時教會中的清規詠經團與托缽會士的形態，發展出新修會型態——托缽修會。此類修會強調貧窮生活，嚴格的修院紀律與修道生活，並且走進城市、鄉村進行宣講，修正傳統修院的隱居及自給自足的勞動生活，成為半出世半入世新修會。聖道明所創立的修會，除擁有新型態的修會生活外，主要透過宣講來反駁反教會理論、捍衛教義，學術、神學的研究成為道明會士重要的本質學能，更成為道明會的主要特色。

　　1492 年西班牙統一，同年哥倫布也在西班牙王室的支持下發現新大陸，在這雙重因素作用下，西班牙身為天主教與教廷重要的支持者，在十六世紀歐洲海外探險盛行的背景下，天主教傳播成為西班牙海外擴張的主要目的之一，西班牙傳教士們隨著該國船隊前往其海外殖民地，天主教遂傳至歐洲以外的地區。

　　天主教修會來到中南美洲後，開始向當地印第安人傳教。傳教士首先學習當地語言，結合並運用當地社會組織，培育當地原住民社會組織中頭目的子弟為協助傳教的人員，試圖透過社會階級的力量儘快進入印第安人的社會。傳教士面對新大陸原住民傳統信仰，採取靈活與適應的方法，運用天主

教教義重新詮釋與轉化印第安人的宗教觀念，如將教堂建立在印第安人原信仰空間的基礎，將其祭祀空間、神明以教堂、聖人取代；墨西哥地區印第安人傳統信仰中的女神信仰，則代之以西班牙的瓜達盧佩聖母，加上天主教傳教士的積極宣傳，成功地讓該聖母成爲當地重要的崇拜對象。

　　另由於當時新神學思潮與尊重印第安人人權的雙重因素下，天主教修會爲保護印第安人，發展出將信仰天主教的印第安人集中成立傳道村或改宗村之類的天主教聚落。若用今日多元文化的眼光來看，這類的聚落似仍具有白人種族與文化優越感的成分存在，但在當時可視爲天主教修會爲保護印第安人與集中傳教的方式。

　　道明會很早就到達該地區，惟當時較活躍的傳教修會以方濟會及耶穌會爲主。道明會在當地仍過著中世紀的修院生活方式，對新大陸印第安人的傳教不若方濟會、耶穌會活躍。

　　此時道明會在歐洲以外地區的傳教方式似未扮演開創者的角色。以中南美洲而言，道明會士轉向神學思考，藉由教義檢視西班牙政府殖民印第安人的合法性，並鼓吹尊重印第安人的尊嚴與權利，促使西班牙官方頒布新法保障印第安人的自由與權利，道明會在中南美洲的神學思考，也啓發了 1960 年代中南美洲解放神學的發展。

　　道明會在菲律賓的傳教也是循著其他先行者修會的腳步而來，甚至建立新會省──玫瑰省進行遠東的傳教工作。玫瑰省會士在菲律賓土著地區的傳教，基本是將中南美洲的傳教方式移植菲律賓。〔註1〕玫瑰省會士利用當地土著原有的社會組織，採取適應性的傳教方式，如學習當地語言、運用音樂、歌曲、舞蹈等方式來吸引土著入教，並將天主教聖人、聖母（如海上聖母）等形像取代其傳統信仰的神祇，也藉由宣稱醫療效果的洗禮吸引菲律賓人。

　　上述的傳教方法都不是由道明會傳教士所開創，但不諱言是可行的傳教方法，這些傳教方法的背後則是對於中南美洲的印第安人或菲律賓土著傳統信仰含有某種程度的寬容，玫瑰省會士對這些傳教方法，並不排斥，但他們認爲後來還是應著重於神學的思考與回歸教義。

　　1587 年玫瑰省會士到達菲律賓後，曾針對他們的傳教方式進行神學的討論，他們討論面對未開化的菲律賓土著傳教是否要著重每人學問的傳授與研

〔註 1〕 "Two Missionary Methods in China : Mendicants and Jesuits" in J. S. Cummins ed., *Jesuit and Friar in the Spanish Expansion to the East* ,p.75.

究，最後較偏向針對土著中領悟能力較高的人來培育的方式進行。〔註2〕因此就如第一章所曾提到的，玫瑰省會士對宣稱醫療效力的洗禮，雖可接受，但他們還是回歸教育信徒洗禮的神學意義。玫瑰省會士為了培育當地的傳教人員與教育信徒，遂設立西式學校教導當地人，如聖若翰拉特朗學院、聖多瑪斯大學。

　　玫瑰省會士在菲律賓傳教的另一對象，則是來菲貿易、居住的華人。西班牙菲律賓政府與玫瑰省會士透過在菲享有特權、華人集中、醫療傳教等方式吸引華人入教，但由於對華人仍有所提防，初期對於華人信徒也有不准回國與剪髮的要求，為吸引更多的華人入教，後來開放華人信徒不用剪髮。但是華人傳統祭儀則是被禁止的，願意接受天主教信仰的菲律賓華人也似乎願意接受此要求。

　　道明會玫瑰省會士經歷了自墨西哥來到菲律賓，運用許多適應性傳教方法，加上他們傳教的熱忱，實際上也獲致不錯的成果，他們也在過程中慢慢的調整自己的傳教方式，從中獲得不少的傳教經驗。另方面，玫瑰省對菲律賓華人傳教，也成為對華人文化了解與前往中國傳教的重要媒介，如高母羨便曾將 110 位中國作者著作中擷取出 673 則中國格言，並翻譯為西班牙文，〔註3〕1592 年他也將《明心寶鑑》翻譯為西班牙文，這些都為日後玫瑰省會士前往中國奠定傳教的基礎。

　　1632 年玫瑰省會士高琦首進入中國傳教，承接耶穌會在中國福建的傳教，並在當地士紳的協助下進入福安傳教。玫瑰省會士與耶穌會士對中國祭祖祭孔禮儀的迥異認知，使玫瑰省會士進入福安後，不到 2 年的時間，就開始在中國禮儀方面與耶穌會產生爭執，引發教會高層的重視，更造成日後天主教在中國的傳教陷入困境，甚而招致禁教。透過第二章呈現的中國信徒數目，天主教傳教士面對中國禁教，暗地傳教仍有收穫，不過中國禮儀問題卻也成為天主教傳教難以跨越障礙。

一、道明會玫瑰省的臺灣傳教

　　十七世紀西班牙菲律賓政府與道明會玫瑰省為前往中國、日本貿易與傳

〔註 2〕Diego Aduarte, *Historia de la Provincia del Santo Rosario de la Orden de Predicadores en Philippinas,Iapon y China, in BRPI,Vol.30*, pp.132～133.

〔註 3〕"Two Missionary Methods in China : Mendicants and Jesuits" in J. S. Cummins ed., *Jesuit and Friar in the Spanish Expansion to the East* ,p.83.

教，也爲了突破荷蘭在東亞貿易的阻礙及葡萄牙在東亞傳教權的壟斷，臺灣成爲西班牙菲律賓政府重要前進基地，道明會玫瑰省也隨同前來臺灣傳教，後因在臺的西班牙人遭到荷蘭人驅逐而中斷，直到十九世紀中葉，清朝政府在不平等條約的要求下，天主教得以再次來臺傳教，奠定天主教在臺灣發展的基礎。

二、菲律賓傳教模式的複製

道明會玫瑰省的海外傳教經歷中，在拉丁美洲、菲律賓、中國已有其他的天主教修會先行前往進入傳教，道明會玫瑰省可以在某種程度的傳教基礎上，修正或沿用既有的傳教方式進行。

臺灣是 1945 年以前道明會玫瑰省獨力傳教的區域，是全新的傳教體驗，玫瑰省會士們所採用的傳教方式，則是複製菲律賓傳教模式。以下筆者將分項討論道明會玫瑰省在臺灣的傳教情況。

（1）傳教對象

道明會玫瑰省會士來到臺灣後，首先面對的是與菲律賓華人外表相同、操著同樣語言的族群——漢人。由第三章第二節敘述道明會玫瑰省會士郭德剛來到臺灣後，漢人入教的情形，可以發現臺灣漢人多以個人入教居多，或直接來訪要求入教，並請求傳教士前往其居住地傳教，少有以宗族集體入教者；這些信徒身分多數是碼頭搬運工、農民等來到當地工作的外地或當地居民，並未見士紳階級的入教。

筆者認爲，臺灣漢人的入教與中國福建的漢人的入教是不同的。中國福建漢人入教是透過耶穌會士與士紳階級的交遊並進而接受信仰，由上而下帶動宗族的入教。

據學者研究，1860 年代以後臺灣由移民社會轉變爲定居社會，同時宗族型態也已形成，〔註4〕雖不似菲律賓華人仍是移民社會，在這樣的社會背景下，天主教初傳的打狗地區、後來新興的臺灣北部地區，多數是出外謀生的個人，離鄉背井與生活現實的壓力，加強部分外來居民心靈寄託的需要，臺灣中部地區則可能有處於夾縫中的弱勢宗族（如羅厝），並加上臺灣漢人社會所具有的傳統倫理道德傳統，不若中國大陸般的根深蒂固，束縛力較弱，亦可能基於現實利益，玫瑰省會士的出現及其宣傳的新宗教信仰，便易於被部分臺灣漢人所接受。

〔註4〕陳其南《家族與社會》（臺北：聯經，1995 年 3 月初版三刷），頁 91～92。

臺灣另一群信徒則是平埔族與高山族原住民。玫瑰省會士眼中臺灣的這批「Indian」，對這些會士來說應是熟悉的，因此自十七世紀以來，玫瑰省會士對臺灣原住民的傳教都是運用向菲律賓土著的傳教方式來進行，臺灣原住民因仍保存部落社會組織，藉由部落頭目的影響力，帶領部落居民的集體入教，這是玫瑰省會士對臺灣原住民傳教所呈現的現象，如同玫瑰省會士對菲律賓土著所呈現的現象是雷同的。

（2）傳教方式

玫瑰省會士來到臺灣後，首先學習語言，同時透過在街道遊歷，與人攀談，也會加入人群談話，藉機傳教，慢慢累積傳教成果。

1880 年代玫瑰省會士進入臺灣北部後，開始利用某定點舉辦佈道會，藉由其外國人身分來吸引群眾，公開宣講、傳教。這樣的方式也沿用到日治時期，此時除公開宣講外，也開始發送印刷品、書籍、播放宗教電影等方式來吸引人群，也可作為傳教媒介。

十九世紀玫瑰省會士在臺灣傳教，採用一種新的方式，即自福建帶領信徒家庭來臺協助傳教，藉由信徒家庭成員與臺灣百姓間同文同種的優勢，融入當地生活，透過信徒家庭成員與臺灣百姓間的交遊、互動，帶領百姓入教，如 1860 年代隨同玫瑰省會士來臺的李步壘家族，成功地帶領高雄鼓山地區的李中、洪統家族的入教。

以道明會的立場來說，舉辦佈道會似乎較符合其修會特色——宣講，加上日治時期也開始運用平面、影像媒體來作為傳教媒介，可以吸引大批的群眾，期待可以得到更好的成果，不過會士們也看到了佈道會的缺點——「來的快，去的也快」，較無法與群眾進行下一步更深入的互動，所以有會士會認為往昔進入民間、長期與當地居民交談，建立關係，透過更多的交談，更有可能帶領民眾認識、接受天主教。

另一種筆者認為的好方法，即利用信徒家庭融入當地社會來影響周圍鄰居，好像未成為會士當時運用的傳教方式，玫瑰省可掌握的資料中，對於李步壘家族的著墨不多，仍以會士的傳教作為主要敘事對象。

（3）禮儀問題

玫瑰省會士面對華人區域的傳教中，所面臨的重要問題就是中國人祭祖祭孔。這不僅引發清朝政府與羅馬教廷間的禮儀之爭，更造成後來天主教的禁教，日後也成為天主教在漢人文化圈傳播的隱形阻礙。

禮儀問題雖影響深遠，但中國與臺灣面對此問題卻呈現不同程度的表現。

中國百姓接受耶穌會採適應性傳教而接受天主教信仰，耶穌會士接受中國信徒的祭祖祭孔，並且經由與士紳階級交往，運用中國傳統宗族組織來擴展傳教。道明會玫瑰省在福安接手耶穌會的傳教，但玫瑰省會士卻反對並禁止中國信徒的祭祖祭孔行為，卻使中國福安信徒陷入兩難，也引發當地宗族的極大反彈。

菲律賓華人與臺灣漢人並非未面臨此兩難的境遇。玫瑰省會士對菲律賓華人傳教時，對於華人的髮式，基於日後可以成為進入中國的媒介，也採取放寬接受的態度，但對於華人傳統的祭祀行為則應該是禁止的，菲律賓華人在此方面有可能在西班牙菲律賓政府的統治下，也必須接受天主教會的不得崇拜偶像的要求。

臺灣方面，十九世紀玫瑰省會士來臺，時值中國仇外、仇教的激烈社會氣氛，禮儀問題成為當時臺灣漢人攻擊會士的說法之一，也成為漢人入教的障礙。不過，如前所述，筆者認為臺灣雖已轉為定居社會，百姓出外謀生或族群壓力，易於接受新事物，也包含了信仰，或許「傳統」會成為臺灣漢人入教的阻礙，但入教後的信徒則願意接受天主教會的要求，或將其轉化後呈現新面貌，玫瑰省會士對臺灣信徒將「傳統」轉化後的呈現，應是可以接受的，可由圖 6-1、6-2 推測出來。

臺灣原住民族群則無禮儀問題，他們傳統信仰，可能因漢化、或殖民政權的衝擊而消失，玫瑰省會士所傳播的新信仰提供其心靈的慰藉，對於天主教會的要求，亦能接受。會士對原住民的傳教祭儀也能夠接受存在。

圖 6-1：漢人信徒傳統正廳的轉化

（楊嘉欽提供）

圖 6-2：玫瑰堂信徒於殯葬禮儀後合影

（楊嘉欽提供）

　　由此可看出道明會玫瑰省也有適應性的傳教方式，關於中國禮儀，筆者認爲這是道明會玫瑰省與在中國的耶穌會對此問題的認知不同所致。

　　首先我們從雙方的傳教經歷來看。中國傳教的耶穌會是循著葡萄牙東來的航線來到東方，葡萄牙因爲重視貿易的進行與維持，因此他們對殖民地的經營與傳教，著重於沿海的港口，因此循此路線來的耶穌會其實傳教經驗較單純，成果也有限；而前往中國的托缽修會都是循西班牙的路線來到東方，西班牙對殖民的經營與傳教，則是全面性的，所以傳教士們的經驗與傳承豐富，也經歷了許多的討論與調整，獲致不錯的成果。

　　再者，耶穌會進入中國後，首先便學習中國語文，以利瑪竇來說，他先穿著和尚的袈裟，意圖對街上中國民眾傳教，卻被說和尚應在廟中，之後利瑪竇遂改變其穿著，學著中國士人的穿著方式，留起鬍子，開始藉由西洋科技來與士人交遊，經過幾年的時間，才進入京城，得到朝廷的歡迎；玫瑰省會士來到中國後，仍維持其一貫的穿著，他們也自認是僧侶，學習語文自然是必備的，他們透過中國福建當地士人的協助進入村莊，透過宣講、醫療向村民傳教。這自然讓人聯想耶穌會是對士紳傳教，道明會則是向窮人傳教的觀點。1589 年高母羨曾在其報告中提到：

> 假如他們未接受傳教士，這是因爲傳教士們不了解他們的語言。這對於要接受人們卻不懂如何與其交談，而且還要向他們傳教或尋求入教卻也無法解釋信仰教義都是很愚蠢的。雖然我們不了解一位懂華人語言與其書寫但表現不怎樣的耶穌會士可被接受的原因，神知道原因。一些會士不喜歡耶穌會士總是尋求國王的入教，對於窮人則不是他們傳教重要目標。畢竟，福音教訓我們向窮人傳教。我們應更人道地將福音傳給窮人。一些有錢人前來，但這並不代表我們做錯了，相對的福音的傳播仍應以窮人爲首要。〔註 5〕

　　高母羨報告中所提的應該是在菲律賓的情形，首先他提到學習當地語言的重要，再者他也表示菲律賓耶穌會主要向菲律賓當地貴族傳教，似乎是耶穌會的傳統，不過並不表示耶穌會不重視照顧窮人；而道明會的傳統就是回歸聖經的教導，向社會弱勢提供照顧。因此到了中國，玫瑰省會士很自然的就是向當地平民傳教。

〔註 5〕"Father Juan Cobo's Account" in Alfonso Felix, Jr. ed., *The Chinese in the Philippines, 1570～1770,Vol.1*, p.137.

　　傳教方式上，耶穌會運用科學來吸引中國士紳，托缽修會則是透過醫療傳教吸引平民入教，古明斯（J. S. Cummins）提到，此兩種方法都有其危險性。耶穌會運用科學打入中國士紳圈，也曾大力介紹伽利略的思想，但伽利略的思想後來受到教廷的打壓，因而質疑耶穌會教導的合法性，另一危險則是引發中國內部部分權力人士的忌妒，如康熙年間的楊光先所引發的「曆獄」便是一例。托缽修會運用醫療傳教，也同樣有危險性，部分中國人因為身體疾病受到傳教士醫治而入教，因此可能在醫治重要人物失敗，而引發他的怨恨或懷疑來傷害傳教士，﹝註6﹞亦或是可能中國人對西洋醫學的認識不多，也可能引發很多的誤會。

　　最後，就中國禮儀問題來看，耶穌會士范禮安（Alessandro Valignano，1538～1606）前往日本途中，曾於澳門停留數月，他認為傳教士們在中國傳教，必須學習中文，同時也要研習適應於中國的風俗習慣，需要了解、欣賞中國歷史文化。范禮安的傳教態度成為日後羅明堅（Michele Ruggieri，1543～1607）利瑪竇（Matteo Ricci，1552～1610）在中國傳教的基本態度。﹝註7﹞

　　利瑪竇面對中國禮儀，也曾陷入長時間的觀察與思考，最後他認為這是公眾的行為，而非宗教活動，因此可以妥協允許儀式的存在。利瑪竇的方式成為在華耶穌會士傳教的主要理念。但需要注意的是並非所有耶穌會士都同意利瑪竇的方式，只是在華耶穌會多數會士選擇支持利瑪竇路線，也同時壓抑了反對的聲音。﹝註8﹞

　　玫瑰省會士高琦與黎玉範則認為中國的祭祖祭孔是宗教行為，皆曾尋求與耶穌會士的協調未果。黎玉範只有採取較激烈的方式，訴諸於教會高層仲裁，使禮儀問題浮上檯面。黎玉範是名神學家，同時他也觀察了中國禮儀進行的形式後，才認定是宗教儀式，是偶像崇拜，顯示他不認同利瑪竇的觀念。﹝註9﹞

　　這場中國禮儀之爭中，除兩個修會不同的意見外，另有看法認為其實是耶穌會與道明會長期對抗中的一角。兩個修會對於教會的神學觀念：自由意志、

﹝註6﹞ "Two Missionary Methods in China : Mendicants and Jesuits" in J. S. Cummins ed., *Jesuit and Friar in the Spanish Expansion to the East* ,pp.101～103.

﹝註7﹞ 賈天佑〈耶穌會傳教士在中國〉收錄於羅光主編《天主教在華傳教史集》，頁10～11。

﹝註8﹞ "Two Missionary Methods in China : Mendicants and Jesuits" in J. S. Cummins ed., *Jesuit and Friar in the Spanish Expansion to the East* ,pp.58～60.

﹝註9﹞ "Two Missionary Methods in China : Mendicants and Jesuits" in J. S. Cummins ed., *Jesuit and Friar in the Spanish Expansion to the East* ,p.87.

聖母無染原罪等神學課題爭論不休，這也使得兩修會的爭論延伸到海外。〔註10〕

筆者認爲黎玉範等玫瑰省會士的觀念應是來自菲律賓華人的傳教經驗。〔註11〕華人在菲律賓西班牙殖民政府的鼓勵下入教，在政治力的影響下，他們也接受信教後的要求與改變，玫瑰省會士在經歷這樣的傳教經驗後，前往中國，可能很自然地會將他們傳教經驗套用到中國人。

玫瑰省會士隻身進入以儒家文化圈爲主的中國後，缺少了政治力的庇護，直接裸身面對的就是西方宗教與東方傳統社會的相遇。在此西方基督宗教價值觀與東方中央政府所支持的由儒家維繫的傳統社會價值觀勢必產生衝突，同時挑戰中央政府透過對宗教的控制延伸成對地方的控制，終於招致當地政治的鎮壓。

玫瑰省的會士們似乎沒體認到他們在新大陸、菲律賓等地的傳教，背後其實都有政治力——西班牙殖民政府的支持。政治力摧毀當地傳統信仰，而天主教傳入與傳教士熱忱適時彌補了當地居民信仰上的空白，讓居民願意接受新的宗教信仰。菲律賓部份華人便是面對類似情形下，接受天主教信仰。

臺灣漢人接受天主教，某種程度與政治有關。十九世紀中葉，臺灣開港，外國人得以進入臺灣各地，臺灣居民可能因離鄉背井的心情、現實生活的壓力或其他原因，選擇接受外國人的新宗教，既然自願選擇，傳統儒家文化的影響雖仍在，禮儀問題便不再是問題。

（4）天主教聚落

天主教傳教士爲便於集中傳教與保護中南美洲的印第安人，將印第安人帶離原居地，在新地區成立聚落。這樣的傳教傳統也帶到了菲律賓，將菲律賓土著進行「移民併村」，十七世紀玫瑰省會士來到臺灣北部亦曾意圖將當地原住民集中，這些的傳教措施都是在西班牙殖民政府的支持下來進行的。

十九世紀中葉玫瑰省會士再度來臺後，在對中國不平等條約的支持下，會士們透過傳道員購買土地來興建教堂、租與信徒、集中信徒來鞏固信仰，也藉此來保護信徒。同時此類聚落多數座落於當地居民聚集區的外圍，並非熱鬧繁榮之區。

〔註10〕J. S. Cummins, A Question of Rites : *Friar Domingo Navarrete and the Jesuit in China*（England : Scolar Press, 1993），p.36.

〔註11〕"Two Missionary Methods in China : Mendicants and Jesuits" in J. S. Cummins ed., *Jesuit and Friar in the Spanish Expansion to the East* ,p.92.

中國福建的天主教聚落則與臺灣不同。因爲中國福建的傳教乃透過當地士紳的引介進入原已完整的宗族聚落，會士可能只購地興建教堂，宗族成員入教後，亦不需遷出原聚落，天主教自然在聚落中發展，非經由會士刻意經營出來的。

（5）本土傳教人員培育

本土傳教人員的培育主要有兩類：一類爲協助傳教的傳道員，一類則爲神職人員。

天主教傳教士進入中南美洲、菲律賓後，便運用當地的社會組織與階級來培育當地傳道員，這些傳道員憑藉在當地社會階級的地位及與西班牙殖民政府所賦予的身分，帶動當地社會接受天主教。

十七世紀時，玫瑰省會士則教育原住民小孩，藉由原住民小孩間接影響其父母入教。十九世紀中，玫瑰省會士自福建帶領國籍傳道員來協助傳教，目前無法知道這批傳道員是否經過完整的訓練，但由前面章節的敘述可以看到他們是玫瑰省會士在臺灣的代理人、先遣隊。會士們對臺灣本地傳道員的培育似乎成果有限，另因爲男傳道員的薪水微薄，不足支持家用，使得男傳道員受限於社會責任皆無法持久與專職，反倒是女傳道員在社會所賦予的責任較輕，加上其身分較易進入家庭，傳教成果反而較佳。

神職人員培育方面，玫瑰省曾設立修院，培育該會的臺籍神職人員，若由資料來看，臺灣人似乎無法適應艱苦的修會生活，或會士所認爲的當時臺灣人程度不夠，所以 1945 年以前皆無臺籍道明會士，至 1960 年代以後，始有臺籍道明會士出現。1970 年代因著梵二大公會議積極建立本土修會的方向下，道明會第一個以國、臺籍會士爲主的修會——中華道明會才成立。

（6）教育事業

教育事業始終是基督宗教在臺灣的重要事業，透過教育可以培育傳教人員，可以教育信徒，使其在當時社會中得以晉升知識階層，改變社會地位。

道明會是重視教育的修會，因此玫瑰省會士在菲律賓傳教便設立聖多瑪斯大學與聖若翰拉特朗學院，這兩所學校不僅在天主教傳教人員的培養扮演重要的角色，另方面二校也培育出不少日後帶領菲律賓政治、社會轉變的知識份子。

玫瑰省會士十七世紀曾有在臺灣北部設立學校的計畫，但因西班牙在臺時間不久，而未成功設立。十九世紀會士也會開班教育信徒，但只限於教授

羅馬拼音，或由讀過書的傳道員教導基本的漢學。新式學校的設立需直到1916年才設立靜修女中。靜修女中的設立，應與臺灣社會日趨穩定及日本實施新式教育體制，促成玫瑰省會士認爲設立新式教育的時機成熟，便在玫瑰省同意下設立。該校以日本女性居多，臺灣女性相對少，故委託聖道明傳教修女會管理，玫瑰省臺灣區會並未直接參與。筆者曾以爲該校應可訓練許多女傳道員，但資料顯示這類的女性不多。

筆者認爲玫瑰省會士未積極在臺設立新式學校，並非不想設立學校，可能因在臺人力不足，無法兼顧而未設立。以傳道學校來說，都是由會士個人所創立及經營，因此可以想像這類學校應只有一個班級的規模，因此1916年會士林茂才設立靜修女中不久，便移交給道明會玫瑰省，玫瑰省再委託聖道明傳教修女會管理，而非屬區會事業。

再者，筆者認爲玫瑰省在臺灣的教育上，仍以傳教人員的培育爲重點，一般新式教育的推動，實非當時他們重點發展項目，同時在菲律賓已有前述的兩所歷史悠久的學校，由第五章表5-7可以看到玫瑰省會士送至馬尼拉國籍會士有18位，直到十九世紀以後才有國籍會士在中國境內的培育。戰後臺灣人口大增，對教育需求大，促成道明中學及幼稚園的設立，這些教育單位的設立，也同時負有傳教的功能，但是隨著1960年代以後，臺灣信徒人口發展停滯，幼稚園也漸漸關閉，道明中學原也有設置修院，也負責修生的正常課業的培育，隨著台灣天主教信徒人口的停滯，神職的培育也跟著停滯，道明中學的神職培育功能消失，進行正常學校體制的經營。

（7）社會救護事業

玫瑰省會士基於聖經的教導，朝向照顧社會弱勢，因此社會救護事業的設立就成爲必要。玫瑰省在菲律賓的開展便是先設立醫院，照顧病人，藉此作爲病人及其家人入教的媒介。十七世紀玫瑰省會士也曾計畫設立，卻未付諸實現。直到戰後在教堂旁設立診所，提供醫療需要，補充當時臺灣醫療設施欠缺的情況。隨著臺灣社會漸富裕，醫療資源也漸趨完備，醫療亦非玫瑰省的本業，至1990年代玫瑰省在臺附屬的醫療院所全數關閉。

筆者目前只能認爲可能因1990年代政府醫療評鑑制度與鄰近大型醫院的新建及競爭，玫瑰省不願再投入資源於醫療事業，而將原有建築租與他人或供作教堂的附屬空間使用。天主教修會中以醫療爲其本業之一者，如靈醫會、聖功修女會仍持續的經營醫院，更擴大經營規模，也作爲傳教的媒介。玫瑰

省所經營的崇愛醫院曾在臺南市享有盛名，是否真因 1990 年代台灣醫療環境的變化而決定結束，或另有其他原因，筆者尚無法了解，待日後再加探究。

（8）聖母信仰

聖母瑪利亞在天主教會中被視為「教會之母」、「恩寵之母」，視她為教會的信德與愛德的表率，所以天主教會對於聖母瑪利亞是非常尊敬的，因此臺灣許多人會認為天主教是拜聖母瑪利亞，一般人為有如此的觀念，或許也是因為天主教在傳教的過程中，也積極的以聖母的形象來作為傳教的重要媒介。

前述天主教在中南美洲的傳教中，試圖轉化當地的傳統信仰，其中也包括傳統女神信仰，遂導入聖母信仰，其中非常有名的便是墨西哥的瓜達盧佩聖母。天主教會來到菲律賓後，也將聖母信仰帶入，成為菲律賓人生活中非常重要的依靠。道明會玫瑰省方面，其本身就是以玫瑰聖母為主保（類似保護神的意思），他們在菲律賓的傳教中，藉由海上聖母協助菲律賓西班牙軍隊戰勝荷蘭軍隊的奇蹟，使海上聖母成為馬尼拉重要的信仰中心。每年 10 月的第二個星期日舉辦盛大的慶祝遊行。

玫瑰省來到臺灣後，並無強調聖母信仰的紀錄顯示，不過我們由臺灣最早興建的三座教堂：高雄玫瑰聖母天主堂、萬金無染原罪聖母天主堂、鼓山露德聖母天主堂，皆是以聖母瑪利亞作為教堂的主保，其中玫瑰聖母是道明會玫瑰省的主保，1854 年聖母無染原罪成為天主教的教義，1865 年教廷宣布「露德聖母顯現是奇蹟」，分別紀念此三教會事蹟，而成為臺灣最初三座教堂的主保。

圖 6-3：玫瑰聖母像

取自 http://www.rosary.org.tw/01/01_02_11_05.html，2013 年 5 月 30 日擷取。

圖 6-4：萬金聖母像

（楊嘉欽攝／2012 年）

天主教會在菲律賓、臺灣的聖母形象多數頭戴皇冠、身穿華麗的服裝，並一手持權杖、一手懷抱小耶穌，就連中華聖母也是類似的形象。聖母信仰在早期道明會玫瑰省的傳教區，是很重要的。

圖 6-5：中華聖母像

玫瑰經是向聖母瑪利亞祈禱的一種祈禱文，據說玫瑰經是聖母傳給聖道明，道明會也成為推廣玫瑰經的主要修會，每位道明會士皆會腰掛一串玫瑰念珠。今日臺灣各地天主教堂舉行彌撒前，多數皆會誦念玫瑰經，但筆者認為這是後來天主教會推廣的結果，反倒是臺灣早期道明會玫瑰省傳教區的老一輩的信徒，人人皆以誦念玫瑰經作為重要祈禱的形式，甚至有人玫瑰念珠不離手或掛在脖子的情形，此應也是道明會在臺灣傳教所帶來的現象。

取自 http://33-francis.blog.163.com/blog/static/1212752062010
91485639925/，2013 年 5 月 30
日擷取。

第五章第五節曾提到道明會玫瑰省所運用的新傳教方法中，由於萬金天主堂貴為聖殿，所以會士意圖將萬金每年 12 月堂慶舉辦的聖母遊行，與臺灣的每年農曆三月的媽祖遶境相比擬，更舉辦過二次的環島遊行，營造出聖母在臺灣天主教會的特別地位。

由以上的整理，可以理解到道明會玫瑰省在臺灣的傳教過程中，不論是臺灣漢人、原住民皆存有菲律賓傳教經歷的影子，與中國福建的以宗族為主的傳教模式不同。道明會玫瑰省在臺灣傳教的過程中，其中與菲律賓不同的應是道明會玫瑰省會士隨著臺灣政權的移轉，面對不同統治者也發展出不同的應對方式。

首先，十七世紀玫瑰省挾著西班牙殖民政府的力量來臺，透過西班牙的優勢軍力，讓玫瑰省會士順利進入北臺灣原住民部落內傳教，這是類似菲律賓的模式。十九世紀玫瑰省會士的來臺，則是依靠著不平等條約的保護下進行傳教，面對當時臺灣仇外、仇教的社會氛圍下，憑藉著其外國人的身分在臺灣活動，也由於當時打狗地區因是港口，外來事物多元，居民對外國人也較易接受、不陌生，所以道明會士在當地雖遭遇困境，傳教仍能進行。

　　臺灣進入日治時期，由玫瑰省會士的紀錄中，他們對日本政府的到來是有期待的，是否認同統治，筆者無法斷言；相對於清朝，筆者認為他們應是可接受的，日本政府是講求法令規章的近代國家，即便有許多會士們認為不合理規定，如外出須事先報備，但他們是有方向可依循的，只要遵守法律規定，他們在臺的權利，如土地所有權、旅行、傳教自由皆可得到保障，同時當時臺灣社會的穩定，有利於他們傳教，自然他們對日本政府統治是接受的。

　　道明會玫瑰省在中國、臺灣的活動，他們著重在傳教，對於政治並無太多的牽涉，維持對平民傳教的基礎上，因此在十九世紀的臺灣，他們遭逢政治壓力，僅只於據理力爭，並無太突顯的政治動作，日治時期的玫瑰省會士也遵守與配合臺灣總督府的法令，從財團法人的申請到臺灣監牧區的成立、靜修女中的成立、交出經營權，皆表現出玫瑰省會士不與世俗政治的衝突，至 1940 年代臺灣天主教會領導權由日本神職人員接手，縱使部份會士不悅，但仍是接受的。

　　戰後，中國天主教會體制來臺，道明會玫瑰省漸漸退出領導地位，雖然他們在臺灣南部仍有一席之地，但教會高層已由國籍會士取代，接受教廷朝向教會本土化的發展，中華道明會的成立再度讓道明會玫瑰省回到以西籍會士占多數的情況，臺灣傳教的主力也漸漸以中華道明會為中心。

　　信徒變遷方面，道明會玫瑰省在臺傳教 150 多年，筆者認為早期的傳教區的信徒，如玫瑰堂、萬金、高屏原住民……等，可說是以天主教聚落的存廢相關聯。玫瑰省會士藉由天主教聚落的集中傳教，維持與延續信徒信仰，進而發展出信徒家族，並透過各地信徒間的婚姻，建構起臺灣各地天主教社群的連結。但隨著部份地區都市化的結果，原有的天主教聚落消失，如高雄玫瑰堂、臺南，信徒四散，信徒與信徒家族信仰的維持也面臨挑戰。

　　市郊或鄉村的天主教聚落內的信徒可能也因為出外謀生或外移，也有信仰衰落的趨勢，但因聚落的完整，信徒與信徒家族信仰的維持較佳，如萬金、高屏山地原住民；同時也有外出信徒再度回到聚落後，回歸信仰的情況。

　　信徒變遷表現在社會地位方面則與教育有關。如前述，道明會玫瑰省在教育方面多著重在傳教人員的培育，一般教育只停留在識字教育的程度，後來雖有靜修女中的設立，因以日本女性居多，臺灣女性相對少，女性信徒的影響力有限，對信徒社會地位的提升幫助有限。

　　天主教信徒早期並未如臺灣長老教會的信徒可以經由接受所開設新式學校（如長榮中學、女中、淡江中學）的教育，日後得以在當時社會教育不普及的時代，因而提升個人及家族的社會地位，多數只停留在社會的中、下階層。信徒接受教育只有循著正規教育管道一途，道明會玫瑰省並未積極利用其資源發展一般教育，信徒仍徘徊於下層階級，無法晉升社會之中上層階級，後來有晉升社會上層階級者，多少是憑藉著自身實力。

　　戰後，雖有道明中學的設立，但筆者已看不出對信徒的社會地位提升的明顯幫助，若有晉升神職人員者，也只有個人在教會階層中的成長，其成就無法實質回饋其家族。

　　150多年來，玫瑰省作為道明會的海外傳教修會，他們如何定位臺灣天主教會？目前筆者並無資料可參照，但若由歷史的角度來觀察，或許可以獲得些成果。

　　十七世紀道明會玫瑰省會士馬地涅積極說服西班牙菲律賓總督攻臺，除了可以擺脫當時荷蘭在東亞的貿易阻礙，作為嘗試開拓中國、日本貿易的地點，另方面自然是作為前往中國的前哨，所以十七世紀玫瑰省會士由菲律賓出發，前來臺灣，以臺灣作為前往中國、日本的中繼站。會士停留臺灣期間也對原住民進行傳教。

　　十九世紀臺灣成為道明會玫瑰省的傳教區，並且隸屬福建廈門代牧區，菲律賓的玫瑰省會士便會分成前往臺灣、前往中國兩條路線。來臺的會士因為擁有向臺灣漢人傳教的經驗，語言表達亦無問題，因此此時來臺部份會士便會調往中國福建傳教，如郭德剛，也有幾位更升任廈門代牧區主教，如楊真崇、黎茂克、馬守仁等，在臺灣的玫瑰省會士都維持在5～8名左右，而大陸的福建、廈門兩個代牧區皆約有20多名會士在活動，玫瑰省的主力以中國為主，臺灣亦扮演橋樑教會的角色。

　　日治時期的臺灣傳教區於1913年升格為臺灣監牧區，成為獨立的傳教區，由玫瑰省管理，更透過亦由玫瑰省所管理的四國監牧區與日本天主教會建立聯繫關係，切斷與中國天主教的關聯。此時來臺的會士多數皆維持10名左右，但不再有會士從臺灣直接前往中國的紀錄。

　　戰後，政府遷台，1950年代中國許多的天主教中外修會、神職遭中共驅逐來臺，臺灣天主教的教會體制正式建立，成為天主教會的重要傳教基地。道明會玫瑰省會士李安斯就引用馬地涅的說法，臺灣將成為皈依中國的前

哨，隱約透露臺灣將再度扮演橋樑教會的角色。

1980 年代，此時臺灣的傳教成果已停滯了一段時間，臺灣本地神職人員的培育也陷入困境，適逢大陸改革開放，天主教會再度燃起前往中國傳教的希望，臺灣天主教會自然成為前往中國傳教的前哨站。在臺的許多男女修會前往中國招募有意修道的大陸青年，道明會玫瑰省也不例外，他們曾有多位在臺會士後來都前往中國招募國籍會士，如第五章第五節所提到的兩位會士安敬道與施炯坤目前皆在澳門培育會士，中華道明會則自大陸招募會士後，安排其經菲律賓、香港來臺，接受神學訓練，晉鐸後再回到中國傳教。

綜觀道明會玫瑰省在臺灣 150 多年的傳教，首先藉由玫瑰省在臺灣傳教的歷程，提供不同於現有基督宗教傳教研究的觀察面向，特別是在傳教方式、本土傳教人員的培育、教育事業及社會救護事業的設立與經營方面，皆可作為互相對照、觀摩的對象。

再者，就傳教方面來說，這群嚴守獨身貞潔的外國人，卻又不同於多數時間居於寺廟的僧侶，外表、穿著與十九世紀臺灣社會格格不入玫瑰省會士們，總是常常出現在街道，運用有點腔調的閩南語嘗試與人攀談，或舉辦佈道大會，宣講靈魂、來世、復活、天國的意義，這些外表與臺灣社會顯得格格不入的玫瑰省會士們依舊能夠憑藉部份因素吸引臺灣人受洗入教，而這些入教的臺灣人隨著子孫的繁衍，信仰也隨著延伸、擴大，成為臺灣社會中特別的一群。

玫瑰省會士在臺灣的傳教方式，為日後天主教在臺灣傳教活動建立基本型式，這些傳教方式或許並非完全由道明會玫瑰省所原創，但今日可以看到天主教各傳教單位、修會有不同的傳教方式，多數的方法仍在玫瑰省會士傳教方式的基礎上的調整、修正；另方面，玫瑰省會士在臺灣傳教過程中所曾強調的部份因素，如祭祖、聖母信仰等特徵，縱然日後天主教會對這些問題有調整或積極接受，仍是臺灣人對天主教的重要認知。

臺灣基督宗教的研究中，由於早期來臺的傳教士多是外國人，信徒社會地位的變化則是關注的要點，教育是協助信徒社會地位改變的重要關鍵。玫瑰省在臺灣的傳教過程，教育的發揮有限，信徒或其家族並未因信教而得以改變其社會地位，縱然家族中有成員成為神職，由於天主教神職人員的獨身、團體生活等特色，只有神職個人地位的變化，卻無法庇蔭家族晉升社會地位。

　　最後回到玫瑰省會士本身，會士們自十九世紀中葉再度來到臺灣，他們爲儘快融入臺灣社會，除語言學習外，服裝也跟著改變。清朝時期的在臺道明會士多數都穿著漢人傳統長袍馬掛的留影；進入日治時期後，會士們在照片中的穿著則是天主教神職人員的羅馬領黑色或白色長衫，今日會士多數穿著羅馬領的改良式白色唐裝、淡藍色襯衫或一般便服，這與時代變遷及其修會規定的調整有關。

　　會士的生活一直是多數人好奇的，筆者雖在第一章曾約略敘述會士一天的生活，仍無法概括全貌，特別是飲食。道明會士的用餐，採自助式，將荣餚盛至自己的盤中，回到圓桌與同會兄弟一同用餐，荣色方面多少都會有歐式餐點的風味。

　　道明會玫瑰省在臺灣的會士人數，除 1950 年代因時局的變化、人員的遷徙等因素，會士人數大增，但自 1960 年代以後，會士人數也漸漸減少，從清朝至今，整體平均而言，玫瑰省在臺會士人數大約都維持 9～10 位，並無太大的變動，其中變化的則是道明會玫瑰省由全臺唯一，成為眾多修會之一

　　玫瑰省爲道明會的海外修會，其性質乃是協助當地本土教會的建立，當本地教會建立並可自立後，他們會漸漸退出該地，再前往其他地區開拓新的傳教領域，菲律賓即是一例，目前道明會玫瑰省在菲律賓的會士不多，事業也大多已移交道明會菲律賓省。目前在臺的玫瑰省臺灣區會已漸將部份堂區移交給高雄教區及中華道明會，他們以少數的人力來經營現有高屏、臺南的堂區，往日與人攀談、舉行佈道會的情形已不復見，但今日他們運用傳統方法（如宣講）、新方法（如社區營造、聖母遊行），配合會士特質等因素，仍汲汲營營地協助臺灣天主教傳教工作的推動與進行。

參考書目

一、史料

（一）外文史料

1. "Bishop Salazar's Report to the King" in Alfonso Felix, Jr. ed., *The Chinese in the Philippines, 1570～1770*,Vol.1.

2. "Father Juan Cobo's Account" in Alfonso Felix, Jr. ed., *The Chinese in the Philippines, 1570～1770*,Vol.1.

3. E. H. Blair & J. A. Roberston ed., *The Philippine islands,1493～1898, Vol.3*（Cleveland Ohio：A. H. Clark,1903～1906）

4. E. H. Blair & J. A. Roberston ed., The Philippine islands,1493～1898, Vol.4（Cleveland Ohio：A. H. Clark,1903～1906）

5. E. H. Blair & J. A. Roberston ed., *The Philippine islands,1493～1898, Vol.6*（Cleveland Ohio：A. H. Clark,1903～1906）.

6. E. H. Blair & J. A. Roberston ed., *The Philippine islands,1493～1898, Vol.12*（Cleveland Ohio：A. H. Clark,1903～1906）.

7. E. H. Blair & J. A. Roberston ed., *The Philippine islands,1493～1898, Vol.20*（Cleveland Ohio：A. H. Clark,1903～1906）.

8. E. H. Blair & J. A. Roberston ed., *The Philippine islands,1493～1898, Vol.22*（Cleveland Ohio：A. H. Clark,1903～1906）.

9. E. H. Blair & J. A. Roberston ed., *The Philippine islands,1493～1898, Vol.30*（Cleveland Ohio：A. H. Clark,1903～1906）.

10. E. H. Blair & J. A. Roberston ed., *The Philippine islands,1493～1898, Vol.31*（Cleveland Ohio：A. H. Clark,1903～1906）.

11. E. H. Blair & J. A. Roberston ed., *The Philippine islands,1493～1898, Vol.32*（Cleveland Ohio：A. H. Clark,1903～1906）.

12. E. H. Blair & J. A. Roberston ed., *The Philippine islands,1493～1898, Vol.40*（Cleveland Ohio：A. H. Clark,1903～1906）.

13. Eladio Neira OP, Hilario Ocio OP.ed., *Misioneros Dominicos en el extremo oriente（1587～1940）*（Manila, 2000）

14. Fr. Pablo Fernandez ed., Felix B. Bautista translated, *One Hundred years of Dominican Apostolate in Formosa（1859～1958）*（Taipei：SMC.,1994）

15. Josè E. Borao ed., *Spaniards in Taiwan*（Taipei：SMC, 2001）

16. Josè Marìa Alvarez, *Formosa, Geogràfica e Històricamente Considerada , Tomo II*（Barcelona：Luis Gili,1930）.

17. Jose Maria Gonzalez ed., *Historia de las Misiones Dominicanas de China,1632～1954 & Bibligrafias*（Madrid：Ediciones Stvdivm,1955～1966）.

18. Joseph Beal Steere, Paul Jen-Kuei Li（李壬癸）ed., *Formosa and Its Inhabitants*（福爾摩莎及其住民,臺北：中央研究院臺灣史研究所籌備處,2002 年 11 月初版）.

（二）日文史料

1. 〈外國人力法人ヲ組織シ得ルヤ否ヤニ關スル回答（英國領事宛)〉,《臺灣總督府公文類纂》7334 冊 1 號，1926 年 1 月 1 日。

2. 〈外國人ノ士地取得二關スル件及土地貸借二關スル件〉,《臺灣總督府公文類纂》475 冊 15 號，1900 年 1 月 31 日。

3. 〈外国人ノ入国、滞在及退去ニ関スルノ件〉,《臺灣總督府府報》第 3566 號，1939 年 4 月 28 日。

4. 〈外国人ノ入国、滞在及退去ニ関スルノ件〉,《臺灣總督府府報》第 4271 號，1941 年 8 月 21 日。

5. 〈本島西班牙傳教師ノ享有權二關シ拓殖務次官（北垣國道）二回答并地方廳へ〉,《臺灣總督府公文類纂》132 冊 34 號，1897 年 7 月 22 日。

6. 〈在留外國人力總督ノ發佈スル諸規則遵奉スルニ付テ在本邦西班牙公使ヨリ照會二關スル件（元臺南廳)〉,《臺灣總督府公文類纂》9772 冊 21 號，1897 年 7 月 1 日。

7. 〈西班牙國宣教師外四人本島内地旅行免狀下付二關スル件〉,《臺灣總督府公文類纂》第 89 冊，文號 16，1896 年 10 月 3 日。

8. 〈西班牙國傳教者本島内二於テ享有スル權利二關シ（拓殖務次官北垣國道）へ回答〉,《臺灣總督府公文類纂》131 冊 5 號，1897 年 4 月 1 日。

9. 〈私立靜修女學校規則中改正認可（靜修女學校長）〉,《臺灣總督府公文類纂》6706 冊 36 號,1919 年 1 月 1 日。

10. 〈私立靜修女學校設立認可（ケレメンテ、フエルナンデス）〉,《臺灣總督府公文類纂》2517 冊 3 號,1916 年 12 月 1 日。

11. 〈宗教團體法〉,《臺灣總督府府報》第 3567 號,1939 年 4 月 29 日。

12. 〈明治四十三年法律第五十一號改正法律案二關スル件（拓殖局長）〉,《臺灣總督府公文類纂》7311 冊 1 號,1925 年 1 月 1 日。

13. 〈林振芳外二名〔張德潤、呂汝玉〕及潘文杰外三名敘勳ノ儀稟申並黄成章以下十三名勳章及附屬品送付二依リ傳達ノ件（總理大臣外數ヶ所）〉,《臺灣總督府公文類纂》221 冊 7 號,明治 30 年 12 月 27 日。

14. 〈法人ノ設立及監督二關スル府令發佈ノ件〉,《臺灣總督府公文類纂》871 冊 1 號,1903 年 03 月 05 日。

15. 〈法律第五十一號〉,《臺灣總督府府報》第 2937 號,1910 年 4 月 19 日,頁 77。

16. 〈財團法人設立不許可ノ件（西班牙國臣民マスエルプラート）〉,《臺灣總督府公文類纂》1644 冊 61 號,明治 43 年 9 月 27 日。

17. 〈財團法人臺灣教區天主公教會設立認可（ケレメンテフエルナンデス）〉,《臺灣總督府公文類纂》2498 冊 1 號,1916 年 1 月 1 日。

18. 〈彙報／學事〉,《臺灣總督府府報》2799 號,大正十一年 11 月 11 日。

19. 大國督《台湾カトリック小史》（東京：杉田書店,昭和 16 年（1941））。

20. 小野豐明、寺田勇文 編集《比島宗教班關係史料集》（東京：龍溪書舍,1999 年）。

21. 台湾総督府警務局編《台湾総督府警察沿革誌（二）——領台以後の治安狀況》（臺北：南天書局,1995 年 6 月二刷）。

22. 永岡正己總合監修《植民地社會事業關係資料集（臺灣編）》44（東京：近現代資料刊行會,2001 年 6 月）。

23. 城數馬《大日本帝國憲法（明治 22 年）詳解》（東京：信山社,平成 15 年（2003）8 月復刻版 1 刷）。

24. 臨時臺灣舊慣調查會《臨時臺灣舊慣調查會第一部調查第三回報告書——臺灣私法附錄參考書》第一卷下（東京：臨時臺灣舊慣調查會,1911 年 3 月）。

（三）中文史料

1. 〈1868.7.24 總署行閩浙總督文〉,中研院近史所編《教務教案檔》第二輯,967 號（南港：中研院近史所,1974 年 8 月）,頁 1276 下。

2. 〈1869.3.5 總署收閩浙總督英桂文〉，中研院近史所編《教務教案檔》第二輯，1023 號（南港：中研院近史所，1974 年 8 月），頁 1373 上。

3. 〈1887.8.20 總署收臺灣巡撫劉銘傳文〉，中研院近史所編《教務教案檔》第五輯，2123 號（南港：中研院近史所，1977 年 10 月），頁 2081。

4. 〈1887.10.17 總署收臺灣巡撫劉銘傳文〉，中研院近史所編《教務教案檔》第五輯，2125 號（南港：中研院近史所，1977 年 10 月），頁 2092 下。

5. 〈著兩廣總督耆英如法使堅持不移可相機辦理弛禁天主教事密諭〉，道光二十四年十月初二日（1844 年 11 月 11 日），朱金甫主編《清末教案》第一冊，頁 7。

6. 〈著兩廣總督耆英等將康熙年間舊建天主堂勘明給還該初奉教之人事上諭〉，道光二十六年正月二十五日（1846 年 2 月 20 日），朱金甫主編《清末教案》第一冊（北京：中華書局，1996 年 6 月），頁 14。

7. 《臺灣省通志 卷二 人民志 宗教篇》（南投：臺灣省文獻會，1971 年）。

8. 中國主教團秘書處編譯《梵蒂岡第二屆大公會議文獻》（臺北：中國主教團秘書處，1996 年 10 月 6 版）。

9. 方真真譯註《臺灣西班牙貿易史料（1664～1684）》（臺北：稻鄉，2006 年 2 月）。

10. 方真真譯註《華人與呂宋貿易（1657～1687）：史料分析與譯註》（新竹：國立清華大學出版社，2012 年 5 月）。

11. 必麒麟著，吳明遠譯《老臺灣》（臺北：臺灣銀行經濟研究室，臺灣研究叢刊第 60 種，1958 年）。

12. 李毓中主編、譯註《臺灣與西班牙關係史料彙編 I》（南投：國史館臺灣文獻館，2008 年）

13. 倪贊元纂輯《雲林縣采訪冊》光緒二十年（南投：臺灣省文獻會，1993 年 6 月）。

14. 唐贊袞撰《臺陽見聞錄》光緒十七年（南投：臺灣省文獻會，1996 年 9 月）。

15. 涂敏正〈涂敏正神父日記〉，古偉瀛編《臺灣天主教史料彙編》（臺北：國立臺灣大學出版中心，2008 年 12 月初版）。

16. 荷西·馬利亞·阿瓦列斯（José María Alvarez）著，李毓中、吳孟真譯著《西班牙在臺灣（1626～1642）》（南投：國史館臺灣文獻館，2006 年）

二、專書

（一）外文部分

1. Alfonso Felix, Jr. ed., *The Chinese in the Philippines, 1570～1770*（Manila ; New York : Solidaridad Publishing House, 1966～69）

2. Antonio Pigafetta, Theodore J.Cachey Jr. ed., *The First Voyage around the World, 1519～1522——An Account of Magellan's Expedition*（Toronto Buffalo London: University of Toronto Press, 2007）.

3. C. F. Zaid, Philippine *Political and Culture History Vol.1*（Manlia：Philippine Education Company,1957）.

4. Diego Aduarte, Historia de la Provincia del Santo Rosario de la Orden de Predicadores en Philippinas,Iapon y China,（Madrid：Departamento de Misionologia Espanola, 1962）.

5. Edgar Wickberg, *The Chinese in Philippine Life,1850～1898*（Michigan：A Bell & Howell Company,1996）.

6. Eugenio Menegon *Ancestors, virgins, and friars: Christianity as a local religion in late Imperial China*（Cambridge Mass: Harvard University Asia Center for the Harvard-Yenching Institute，2009）.

7. Fidel Villarroel OP. ed., *A History of the University of Santo Tomas，1611～ 2011*（Manila: University of Santo Tomas Pub. House,2012.）.

8. Gerald H. Anderson ed., *Studies in Philippine Church History*（Ithaca and London: Cornell University Press,1969）.

9. J. S. Cummins ed., A Question of Rites：Friar Domingo Navarrete and the Jesuit in China（England：Scolar Press, 1993）

10. J. S. Cummins ed., *Jesuit and Friar in the Spanish Expansion to the East*（London：Variorum Reprints, 1986）.

11. John Mcmanners ed. *The Oxford Illustrated History Of Christianity*（New York：Oxford University Press,1990）.

12. Thomas C. McGonigle, *The Dominican Tradition*（Collegeville, Minn.： Liturgical Press,2006）.

（二）日文部分

1. 山本禮子《植民地台湾の高等女学校研究》（東京：多賀出版，1999 年 2 月一版 1 刷）。

2. 池端雪浦《フィリピン革命とカトリズム》（東京：勁草書房，1987 年 10 月一版）。

3. 池端雪浦 編《日本占領下のフイリピン》（東京：岩波書店，1999 年 9 月初版 2 刷）。

4. 竹中信子《植民地台湾の日本女性生活史 2 大正篇》（東京：田畑書店，1996 年 10 月初版一刷）。

5. 西山俊彦《カトリック教会の戦争責任》（東京：サンパウロ，2003 年 11 月初版 2 刷）。

6. 村上重良《天皇制国家と宗教》（東京：講談社，2007 年 8 月一刷）。

7. 岡本哲男《聖ドミニコ修道会ロザリオの聖母管区四百年史，1587～1987》（日本松山：聖ドミニコ修道会ロザリオの聖母管区日本地区，1987）。

8. 高木一雄《日本・ヴァチカン外交史》（東京：聖母の騎士社，1984 年）

9. 高木一雄《大正 昭和カトリック教会史》（東京：聖母の騎士社，1985 年）

10. 高木一雄《明治カトリック教会史研究》（東京：キリシタン文化研究会，1978～1980）

11. 乗浩子《宗教と政治変動──ラテンアメリカのカトック教会を中心に》（東京：有信堂，1998 年 11 月）。

（三）中文部分

1. Bede Jarrett O.P.著，劉河北譯《聖道明傳》（高雄：多明我，2007 年 5 月再版）。

2. 丁立偉 等著《活力教會──天主教在臺灣原住民世界的過去現在未來》（臺北：光啓文化，2005 年 1 月初版）。

3. 山樂曼（Miguel Angel Sanroman）著《美麗島・主的莊田：臺灣天主教會歷史 1859～1950》（臺南：聞道，2013 年 4 月）。

4. 王任光《西洋中古史》（臺北：國立編譯館，1992 年 8 月修訂版）。

5. 王亞平《修道院的變遷》（北京：東方，1998 年 6 月一版）。

6. 王亞平《基督教的神秘主義》（北京：東方，2001 年 10 月）。

7. 尼古拉斯・塔林主編，賀盛達等譯《劍橋東南亞史 I》（雲南：雲南人民，2003 年 1 月）。

8. 任先民攝影《屏東縣排灣族民族誌影像圖錄》（台東：國立臺灣史前文化博物館，2012 年 9 月）。

9. 江傳德《天主教在臺灣》（臺南：聞道，2008 年 4 月初版）。

10. 呂實強《中國官紳反教的原因（1860～1874）》（南港：中研院近史所，1995 年 2 月三版）。

11. 李天綱《中國禮儀之爭──歷史、文獻和意義》（上海：上海古籍，1998 年 12 月）。

12. 貝根頓著，傅文輝譯《聖道明精神的復興》（高雄：多明我，2005 年 12 月再版）。

13. 依曼・杜菲著，王憲群譯《聖人與罪人──教宗的故事》（臺北：新新聞文化，2000 年 6 月）。

14. 卓新平《當代亞非拉美神學》（上海：上海三聯，2007 年 1 月）。

15. 林淑理《傳道員的故事：中國大陸及臺灣》（臺北：光啟文化，2007 年 9 月）。

16. 施雪琴《菲律賓天主教研究：天主教在菲律賓的殖民擴張與文化調適（1565～1898）》（廈門：廈門大學，2007 年 6 月）。

17. 柯毅霖（Gianni Criveller）著，王志成等譯《晚明基督論》（四川：四川人民，1999 年 7 月）。

18. 郝名瑋等著《拉丁美洲文明》（北京：中國社會科學，2000 年 5 月一刷二印）。

19. 崔維孝《明清之際西班牙方濟會在華傳教研究（1579～1732）》（北京：中華書局，2006 年 1 月）。

20. 張先清《官府、宗族與天主教──17～19 世紀福安鄉村教會的歷史敘事》（北京：中華書局，2009 年 5 月）。

21. 張春申《教會與修會》（台中：光啟，1980 年 7 月）。

22. 張綏《中世紀基督教會史》（臺北：淑馨，1993 年 2 月初版）。

23. 張鎧《中國與西班牙關係史》（鄭州：大象，2003 年 2 月 1 版）。

24. 盛清沂《臺灣史》（南投：臺灣省文獻會，1994 年一版四刷）。

25. 許列民《沙漠教父的苦修主義──基督教隱修制度起源研究》（上海：上海人民，2009 年 12 月 1 版）

26. 陳支平等著《基督教與福建民間社會》（廈門：廈門大學，1992 年 9 月初版）。

27. 陳其南《家族與社會》（臺北：聯經，1995 年 3 月初版三刷）。

28. 陳玲蓉《日治時期神道統治下的臺灣宗教政策》（臺北：自立晚報，1992 年 4 月一版一刷）。

29. 陳嘉陸譯《天主教來臺傳教壹百週年簡史》（高雄：天主教高雄教區，1959 年）。

30. 陳銀崑《清季民教衝突的量化分析（1860～1899）》（臺北：臺灣商務，1991 年 9 月初版）。

31. 陶飛亞《邊緣的歷史──基督教與近代中國》（上海：上海古籍，2005 年）。

32. 閔明我著，何高濟、吳翊楣譯《上地許給的土地──閔明我行紀和禮儀之爭》（鄭州：大象，2009 年 3 月一版 1 刷）。

33. 馮作民編《西洋全史（九）歐洲擴張史》（臺北：燕京文化，1975 年 8 月）。

34. 黃子寧《天主教在屏東萬金的生根發展（1861～1962）》（臺北：臺灣大學出版委員會，2006 年）。

35. 黃昭堂《臺灣總督府》（臺北：前衛，1995 年修訂版二刷）。

36. 黃智偉《省道台一線的故事》（臺北：如果，2011 年 8 月初版）。

37. 黃德寬譯《天主教在臺開教記——道明會士的百年耕耘》（臺北：光啓，1991 年）

38. 雷那神父等英譯，張志峰中譯《道明會初期文獻》（高雄：多明我，2006 年 9 月再版）。

39. 趙慶源編著《中國天主教教區劃分及其首長接替年表》（臺南：聞道，1980 年 9 月）。

40. 劉友古《伊拉斯謨與路德的宗教改革思想比較研究》（上海：上海人民，2009 年 12 月）。

41. 劉文龍《墨西哥：文化碰撞的悲喜劇》（臺北：淑馨，1992 年 2 月初版）。

42. 劉國鵬《剛恆毅與中國天主教的本地化》（北京：社會科學文獻，2011 年 1 月），頁 90。

43. 劉嘉祥 編著《剛恆毅樞機回憶錄》（臺北：天主教主徒會，1992 年）。

44. 蔡蔚群《教案：清季臺灣的傳教與外交》（臺北：博揚文化，2000 年 9 月）。

45. 鄭天祥主編《羅文藻史集》（高雄：高雄教區主教公署，1973 年 1 月）。

46. 鄭連明 主編《臺灣基督長老教會百年史》（臺北：臺灣基督長老教會，1984 年）。

47. 穆啓蒙編著，侯景文譯《天主教史》卷三（台中：光啓，1981 年 3 月三版）。

48. 鮑曉鷗（Jose Eugenio Borao Mateo）著，Nakao Eki 譯《西班牙人的臺灣體驗 1626～1642——一項文藝復興時代的志業及其巴洛克的結局》（臺北：南天，2008 年）。

49. 羅光主編《天主教在華傳教史集》（台中：光啓、臺南：徵祥、香港：眞理學會聯合出版，1967 年）。

50. 藤井志津枝《理蕃》（臺北：文英堂，1997 年 5 月）。

51. 顧安基著，孫純彥譯《天主教修會重整史》（臺南：聞道，2007 年 5 月初版）。

52. 顧保鵠主編《臺灣天主教修會簡介》（台中：光啓，1968 年 7 月初版）。

三、期刊論文

（一）外文部分

1. Alberto Santamaria, OP.”The Chinese Parian（El Parian de los Sangleyes）“ in Alfonso Felix, Jr. ed., *The Chinese in the Philippines, 1570～1770,Vol.1.*

2. Gayo Aragon, "The Controversy over Justification of Spanish Rule in the Philippines",in Gerald H. Anderson ed., *Studies in Philippine Church History* （Ithaca and London: Cornell University Press,1969）．

3. George H. Minamiki, SJ. "The Yasukuni Shrine Incident and the Chinese Rites Controversy", *The Catholic Historical Review, Vol.66*, No.2, 1980.4, p.220.

4. J. S. Cummins "Two Missionary Methods in China : Mendicants and Jesuits" in J. S. Cummins ed., *Jesuit and Friar in the Spanish Expansion to the East.*

5. John Leddy Phelan "Prebaptismal Instruction and the Administration of Baptism in the Philippines during the Sixteenth Century" in Gerald H. Anderson ed., *Studies in Philippine Church History*,.

6. Milagros C. Guerrero "The Chinese in the Philippines,1570～1770" in Alfonso Felix, Jr. ed., *The Chinese in the Philippines, 1570～1770,Vol.1.*

7. Nicholas P. Cushner, "Labor in the Colonial Philippines",in J. S. Cummins, *Jesuit and Friar in the Spanish Expansion to the East*（Hampshire :Variorum, 1986）．

8. Official interdiocesan organ ed., *Boletin Eclesiastico de Filipinas, vol.39* No.435,（Manila：University of Santo Tomas,1965.1～2）．

（二）日文部分

1. 高木一雄〈外国人居留地とキリスト教──東京居留地とカトリック教会〉,《聖母の騎士誌》月刊（東京：聖母の騎士社,2002年1月）。

2. 寺田勇文〈宗教宣撫政策とキリスト教会〉,池端雪浦 編《日本占領下のフイリピン》（東京：岩波書店,1999年9月初版2刷）。

3. 陳梅卿〈代打者──臺灣神父 涂敏正〉,《史苑》第63卷第2號（東京：立教大學史學會,2003年3月）。

4. 片岡瑠美子〈駐日教皇使節ビオンディ大司教の長崎教区訪問の報告〉《純心人文研究》第13號（長崎：長崎純心天主教大學,2007年3月）。

（三）中文部分

1.〈道明會在中國傳教史〉,羅光主編《天主教在華傳教史集》（台中：光啓、臺南：徵祥、香港：眞理學會聯合出版,1967年）。

2. 中村孝志,賴永祥譯〈十七世紀西班牙人在臺灣的佈教〉,中村孝志《荷蘭時代臺灣史研究 下卷──社會、文化》（臺北：稻鄉,2002年4月）。

3. 古偉瀛〈十九世紀臺灣天主教（1859～1895）──策略與發展〉,《國立臺灣大學歷史系學報》22期（臺北：臺灣大學歷史系,1998年12月）。

4. 古偉瀛〈從修會到教會──里脇淺次郎與臺灣天主教〉,古偉瀛《臺灣天主教史研究論集》（臺北：臺大出版中心,2008年4月初版）。

5. 古偉瀛〈臺灣天主教史上的里脇淺次郎與涂敏正〉，古偉瀛《臺灣天主教史研究論集》（臺北：臺大出版中心，2008 年 4 月初版）。

6. 古偉瀛〈臺灣天主教最早的正式教育機構——靜修女中〉《臺灣天主教史研究論集》（臺北：臺大出版中心，2008 年 4 月初版）。

7. 古偉瀛〈乙未之際的臺灣天主教_以傳教員張德潤為中心〉《成功大學歷史學報》第四十期（臺南：成功大學歷史學系，2011 年 6 月）。

8. 古偉瀛〈從調適模式到衝突模式——明末及清末兩階段的傳教比較〉，收錄於古偉瀛、趙曉陽主編《基督宗教與近代中國》（北京：社會科學文獻，2011 年 12 月）。

9. 任先民〈屏東縣泰武鄉排灣族的食、衣與生命禮俗〉，《民族學研究所資料彙編》第 20 期（南港：中央研究院民族學研究所，2007 年 10 月）。

10. 李毓中〈西班牙印度總檔案館所藏臺灣史料目錄——附道明會在臺傳教史書目〉，《臺灣風物》48 卷 1 期（臺北：臺灣風物雜誌社，1998 年 3 月）。

11. 林鼎盛〈儀式與意義：以臺灣天主教羅厝堂區為例〉（臺北：臺灣大學人類所碩論，2003 年 1 月）。

12. 施麗蘭〈涂敏正神父與里脇淺次郎教區長〉，《鐸聲》362 期，1997 年 1 月。

13. 范心怡〈天主教在山城埔里的發展〉（南投：暨南大學歷史所碩論，2010 年 1 月）。

14. 張欣儀〈天主教會與地方社群之關係——以桃園地區為例〉（新竹：清華大學歷史所碩論，2003 年 7 月）。

15. 許嘉明〈彰化平原福佬客的地域組織〉《中央研究院民族學研究所集刊》第 36 期（南港：中研院近史所，1975 年）。

16. 陳方中〈道明會與巴黎外方傳教會傳教方式與成果的比較研究（1859～1870）〉，輔仁大學天主教史料研究中心《慶祝輔仁大學創校七十週年臺灣天主教開教一百四十年學術研討會》（臺北：輔仁大學，1999 年 11 月）。

17. 陳怡君〈宗教經驗的召喚與祖先記憶的重塑：屏東萬金天主教徒的記憶、儀式與認同〉（臺北：臺灣大學人類所博論，2011 年 6 月）。

18. 陳淑慈〈萬金聚落空間之研究——以萬金天主教教會史料為基礎〉（高雄：樹德科大建築與古蹟維護研究所碩論，2002 年 6 月。）

19. 陳滿雄〈天主教道明會德鐸省在屏東平原傳教歷程之研究：自 1950 年代以來〉（高雄：高雄師範大學客家所碩論，2012 年 2 月）。

20. 陳聰銘〈1930 年代羅馬教廷結束「禮儀之爭」之研究〉，《中央研究院近代史研究所集刊》第 70 期（南港：中研院近史所，2010 年 12 月）。

21. 黃志弘〈天主教在臺擴展及其區域特性之研究〉（臺中：臺中教育大學社會科學教育所碩論，2006 年 6 月）。

22. 楊惠娥〈天主教在臺灣中部之傳教──以羅厝教會為例〉（臺南：成功大學歷史所碩論，2003 年 6 月）。

23. 楊嘉欽〈高雄前金天主教聚落研究〉（臺南：成功大學歷史所碩論，1998年 6 月）。

24. 楊嘉欽〈日治時期臺灣總督府對天主教之政策與態度〉，《第五屆臺灣總督府檔案學術研討會論文集》（南投：國史館臺灣文獻館，2008 年 11 月）。

25. 楊嘉欽〈道明會玫瑰省戴剛德神父在臺傳教紀略〉（上），《高雄文獻》第 2 卷第 2 期（高雄：高雄市立歷史博物館，2012 年 6 月）。

26. 楊嘉欽〈道明會玫瑰省戴剛德神父在臺傳教紀略〉（下），《高雄文獻》第 2 卷第 3 期（高雄：高雄市立歷史博物館，2012 年 9 月）。

27. 貫天佑〈耶穌會傳教士在中國〉，羅光主編《天主教在華傳教史集》（台中：光啟、臺南：微祥、香港：真理學會聯合出版，1967 年）。

28. 趙啓峰〈族群、宗教與認同──西班牙殖民時代菲律賓華人社會研究〉（嘉義：中正大學歷史所博論，2011 年 6 月）。

29. 趙殿紅〈西班牙多明我會士閔明我在華活動述論〉《暨南學報（哲學社會科學版）》31 卷 5 期（廣州：暨南大學，2009 年 9 月）。

30. 劉益誠〈萬金、赤山地區天主教眾日常生活研究〉（臺南：臺南師院鄉土文化研究所碩論，2002 年 6 月）。

31. 潘永達〈道明會的宣道靈修──默觀所得與人分享〉《神學論集》157 期（臺北：天主教輔仁大學神學院，2008 年 10 月）。

32. 潘貝頎〈高母羨和玫瑰省道明會傳教方法研探〉，輔仁大學天主教史料研究中心《慶祝輔仁大學創校七十週年臺灣天主教開教一百四十年學術研討會》，頁 32。

33. 蔡錦堂〈日治時期之臺灣宗教政策〉《臺灣風物》42 卷 4 期（臺北：臺灣風物雜誌社，）。

34. 鮑曉鷗（Jose Eugenio Borao Mateo）"The Catholic Dominican Missionaries in Taiwan，1626～1642"，林治平主編《臺灣基督教史──史料與研究回顧論文集》（臺北：宇宙光雜誌社，1998 年 6 月初版）。

35. 戴炎輝〈赤山地方的平埔族〉，戴炎輝《清代臺灣的鄉治》（臺北：聯經，1992 年）。

36. 戴剛德（Constantino Montero,OP.）〈十九世紀道明會臺灣北部開教史〉，輔仁大學天主教史料研究中心《慶祝輔仁大學創校七十週年臺灣天主教開教一百四十年學術研討會》（臺北：輔仁大學天主教史料研究中心，1999年 11 月）。

37. 檜山幸夫〈戰前日本統治臺灣權力構造〉，《臺灣總督府檔案之認識與利用入門》（南投：國史館臺灣文獻館，2002 年 12 月）。

38. 簡炯仁〈屏東縣萬巒鄉赤山、萬金庄的平埔族與天主教道明會〉，淡江大學歷史學系《臺灣開發史論文集》（臺北：國史館，1997 年 12 月）。

39. 羅漁〈天主教傳入臺灣的歷程〉，淡江大學歷史系《臺灣史國際學術研討會：社會、經濟與墾拓論文集》（臺北：淡江大學歷史系，1995 年 5 月）。

四、報紙、網站資料

（一）報紙、雜誌：

1.〈道明會來港一百五十周年 修會談會方與香港發展〉，《公教報》2011 年 10 月 30 日，15 版專頁。

2.〈『軍教精神に背く』と配属将校引き揚げ決意 上智大學外二校に対して 軍部憤激、文部省狼狽〉，《讀賣新聞》昭和七年 10 月 14 日朝刊 7 頁。

3.〈天主公教會から分離外人校長は勇退 國民精神の養成上 小宮元之助氏校長に就任〉，《臺灣日日新報》昭和十一年（1936）8 月 22 日，二版。

4.〈靜修女學校成る〉，《臺灣日日新報》大正五年 12 月 22 日七版。

5. 尾崎秀眞〈臺灣新聞界の同顧〉，《臺灣時報》昭和 14 年（1939）2 月號。

6. 李伯鐸〈臺灣與福安開教之比較（六）〉，《善導週刊》2005 年 7 月 3 日 8 版（高雄：善導週刊社）。

（二）網站資料

1.〈長崎教區下五島地區年表——早坂司教時代を中心に：1929～1939〉：http://frsimoguchi.web.fc2.com/hama/nenpyo3.html，2012 年 8 月 2 日。

2. Fr. Neira, Eladio OP 〈道明會在中國〉（1800～1900）：http://www.catholic.org.tw/dominicanfamily/ china_history_3.htm，2011 年 11 月 10 日）。

3. 西山俊彦〈神社參拜と宗教行爲の規定の恣意性——「信教の自由」原理の確立と「カトリック教会の戦争責任」に関連して）〉：http://peace-appeal.fr.peter.t.nishiyama.catholic.ne.jp/senseki-index.htm，2007 年 12 月 30 日。

4. 原誠〈日本軍政下のインドネシアのカトリック教会——フロレス島を中心に——〉：http://theology.doshisha.ac.jp:8008/ mhara/hara.nsf/504ca249c786e20f85256284006da7ab/0bf5b272dd286f7749256546003eed72？Open Document，2005 年 6 月 28 日。

5. 雲林縣大埤鄉公所網頁「觀光遊憩——豐岡村玫瑰天主堂」：http://www.tapi.gov.tw/tour/index-1.php？m=14&m1=7&m2=32&id=26，2011 年 12 月 1 日。

6. 維基百科〈上智大生靖国神社参拝拒否事件〉：http://ja.wikipedia.org/wiki/%E4%B8%8A%E6%99%BA%E5%A4%A7%E7%94%9F%E9%9D%96%E5%9B%BD%E7%A5%9E%E7%A4%BE%E5%8F%82%E6%8B%9D%E6

%8B%92%E5%90%A6%E4%BA%8B%E4%BB%B6，2012 年 7 月 29 日。

7. 維基百科〈早坂久之助〉：http://ja.wikipedia.org/wiki/%E6%97%A9%E5%
9D%82%E4%B9%85%E4%B9%8B%E5%8A%A9，2012 年 9 月 24 日。

五、天主教會相關紀念冊、文章、領洗簿

1. 中華聖母總會區編《天主教道明會中華聖母總會區紀念冊》（高雄：中華聖母總會區，1982 年）。

2. 天主教臺南教區金慶委員會《天主教在臺南──臺南教區成立五十週年紀念 1961～2011》（臺南：聞道，2012 年 7 月）。

3. 天主教男女各修會《阮的腳步阮的情》（臺北：臺灣天主教修會會士協會，2009 年 7 月）。

4. 《天主教高雄鼓山露德聖母堂一三○週年慶特刊》（高雄：鼓山露德聖母堂，1993 年 2 月）。

5. 道明中學四十週年校慶專輯編輯委員會《天主教道明中學四十週年校慶專輯》（高雄：天主教道明中學，1998 年 3 月）。

6. 李良編纂《高雄教區十五年史（1961～1975）》（高雄：高雄教區主教公署，1977 年 4 月）。

7. 李幸珠編著《天主的忠僕：李步壘》（高雄：李步壘子嗣宗親會自印，2008 年 5 月再版）。

8. 杜勇雄編《高雄教區山地開教四十五週年特刊》（高雄：天主教高雄教區，1993 年 12 月）。

9. 高雄玫瑰天主堂《高雄主教座堂開教一百三十五週年紀念特刊》（高雄：玫瑰天主堂，1994 年）。

10. 高雄玫瑰天主堂所藏《領洗冊》第一冊。

11. 慈親樓《天主教慈親樓建立十週年紀念（1983～1993）》（高雄：多明我出版社，1993 年六月）。

12. 聖功修女會《聖功修女會在臺灣成長史 1948～1988》（臺南：聖功修女會，2008 年 4 月）。

13. 葉耀明編《天主教道明會中華聖母總會區成立十周年紀念冊》（高雄：中華道明會，1988 年）。

14. 葉耀明編《道明會中華聖母總會區成立 30 週年紀念特刊，1978～2008》（高雄：中華道明會，2008 年 6 月）。

15. 黃忠偉編《天主教高雄教區二十五週年紀念冊》（高雄：善導週刊社，1986 年 6 月）。

16. 黃忠偉編《天主教會高雄教區成立四十週年特刊》（高雄：天主教高雄教區，2001 年 6 月）。

17. 黃慧娟編著《尋根、感恩、傳承——信仰傳承 150 週年紀念》（高雄：編者自印，2010 年 12 月）。

六、訪談紀錄

1. 〈黃占女士訪問記錄〉1996 年 10 月，未刊稿。
2. 〈黃勝先生訪問記錄〉1996 年 10 月，未刊稿。
3. 〈李貞珠女士訪問記錄〉1996 年 11 月，未刊稿。
4. 〈李伯鐸先生訪問紀錄〉2003 年 7 月 23 日，未刊稿。
5. 〈李漢民神父訪問紀錄〉2010 年 10 月 5 日，未刊稿。
6. 〈黃金昆神父訪問紀錄〉2010 年 11 月 2 日，未刊稿。
7. 〈高雄教區劉振忠總主教訪問紀錄〉2010 年 11 月 17 日，未刊稿。
8. 〈侯倉龍神父訪問紀錄〉2011 年 6 月 2 日，未刊稿。
9. 〈尤間運神父訪問紀錄〉2011 年 8 月 11 日、2012 年 9 月 5 日，未刊稿。
10. 〈徐天德神父訪問紀錄〉2012 年 11 月 2 日，未刊稿。